William Brugh Joy

Der Weg der Erfüllung

William Brugh Joy

# Der Weg der Erfüllung

## Die Psychologie der Transformation

Ansata-Verlag
Paul A. Zemp
Rosenstraße 24
CH-3800 Interlaken
1985

Aus dem Amerikanischen von Thomas Lindquist

Titel der Originalausgabe:
W. Brugh Joy
JOY'S WAY
A Map for the Transformational Journey
Erschienen bei J. P. Tarcher, Inc. Los Angeles



Umschlagbild: Robert Wicki
Gesamtherstellung: Zobrist & Hof AG, CH-Liestal

ISBN 3-7157-0067-X

## Inhaltsverzeichnis

Meinen beiden äußeren spirituellen Lehrerinnen:

Lona Brugh Joy –
die mich gebar
und mich Liebe lehrte,
mir Nahrung gab
und die Saat der Häresie einpflanzte

Eunice Jean Hurt –
die mich mit Liebe erweckte
und die Saat der Häresie
aufgehen ließ.

Tiefe Dankbarkeit

Tamara Comstock – begnadete Textredaktorin
Carolyn Conger – seelische Unterstützung
Jan Harlow – Umschlaggestaltung und Illustrationen
Fünfhundert Teilnehmern der Kurse auf der Sky Hi Ranch, von September 1975 bis Januar 1979 – Bestätigung auf dem Weg der Transformation
Wentzle Ruml III. – weitere Übersetzung und Bearbeitung schriftlicher und nicht-schriftlicher Quellen

**DER NARR**

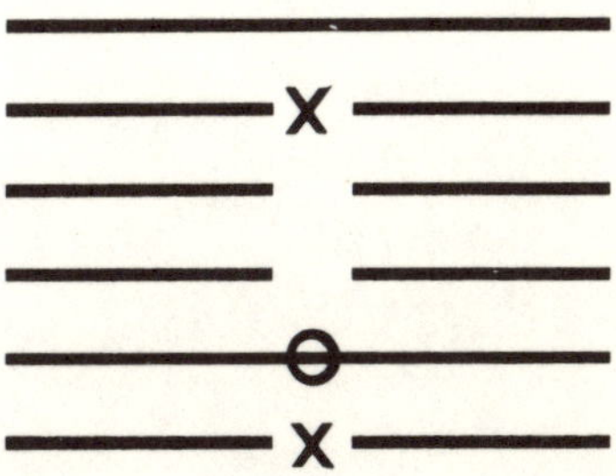

Mong, Die Jugendtorheit (4)

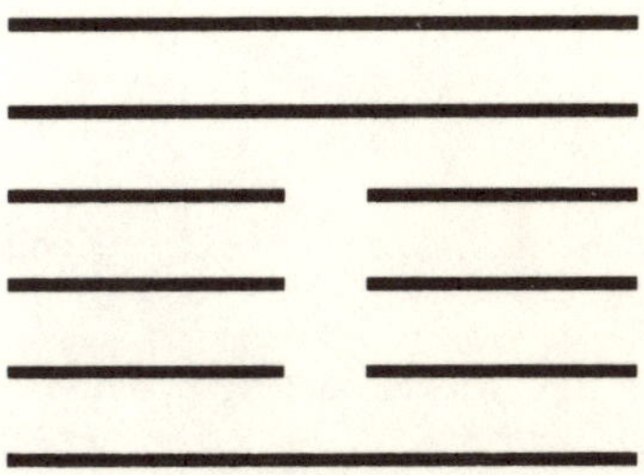

Die Mehrung (42)

Um den Toren zu entwickeln,
ist es fördernd, den Menschen in Zucht zu nehmen.
*I Ging / Buch der Wandlungen*
Richard Wilhelm

Freude ist das
untrüglichste Zeichen der Nähe Gottes

Teilhard de Chardin

EINLEITUNG

# Auf dem Weg zum Transformationsprozeß

Am ersten Januar 1974 war ich, damals vierunddreißig, ein sehr erfolgreicher und angesehener Arzt in Los Angeles, ein Internist mit der Spezialisierung auf Herz- und Lungenleiden. Im folgenden Herbst hatte ich, einer inneren Stimme folgend, die Praxis der orthodoxen Medizin aufgegeben und reiste auf der Suche nach Erkenntnis um die Welt – auf einer Reiseroute, die mich zur Findhorn-Community in Schottland, zur Großen Pyramide in Ägypten und auf Wanderungen durch Indien und Nepal führte.

Seit September 1975 halte ich auf einer Ranch, in einem abgelegenen Teil der Oberen Mojave-Wüste in Kalifornien, Kurse über den – wie ich es nenne – Transformationsprozeß.

Mehr als fünfhundert Menschen haben bis heute diese Kurse mitgemacht, und Tausende überall im Land haben meine Vorträge und Symposien besucht. Mittlerweile sind die Erfahrungen dieser Kurse vor meinem inneren Auge so klar geworden, daß ich darüber schreiben und sie, wie ich hoffe, noch klarer darstellen kann.

Vielleicht muß ich gerade jetzt, zu diesem Zeitpunkt, darüber schreiben, weil ich an einem Wendepunkt in meinem Leben stehe. Die Kurse sind mir zwar noch immer wichtig, aber ich spüre, daß ich im Begriff stehe, eine weitere Transformation durchzumachen, die letzte in einer ganzen Reihe. In einem ganz wirklichen, wenn auch nicht körperlichen Sinne, werde ich sterben; und in demselben wirklichen Sinn werde ich wiedergeboren werden. Ich bin dabei, mein gegenwärtiges Leben zu verlassen und in eine neue Phase einzutreten.

Dieses Buch bezeichnet daher ein Ende und einen neuen Anfang. Es handelt von meinem Weg zur Transformation – zur Erneuerung meines Seins –, aber es ist insofern auch eine Autobiographie, als die Transformationen, die ich selbst bisher erfahren habe, zur Entfaltung des Themas beigetragen haben: und so ist es in gewisser Weise ein «Do-it-yourself»-Buch oder ein praktischer Ratgeber.

Alle meine Transformationen geschahen aus eigener, freier Entscheidung; ich habe nichts verloren, sondern viel gewonnen durch meine Wandlung von einem sehr orthodox denkenden, sehr achtbaren jungen Arzt zu dem Menschen, der eben jetzt im Begriff steht, sein gegenwärtiges Leben aufzugeben, und ich wünsche es mir nicht anders. Seien Sie willkommen, mit mir auf die Reise zu gehen, so weit Sie mögen oder können. Die Transformation – diese Erneuerung, die ich erlebt habe, die Sie erleben können – ist das Thema dieses Buches. Ein faszinierendes Thema, beängstigend für manche Menschen und, realistisch betrachtet, nicht ganz ungefährlich. Bei der Lektüre dieses Buches – beim Mitgehen auf die Reise – werden Sie ein Partner der mehr als fünfhundert Menschen sein, die bei den Kursen auf der Sky Hi Ranch mit mir zusammengearbeitet haben.

Zuerst aber ein kurzer Rückblick auf jenen jungen Arzt im Jahre 1974.

Sein Studiengang und seine praktische Ausbildung waren die denkbar besten. Nach dem Grundstudium (abgeschlossen 1960) und dem Medizinstudium (1964), beides an der University of Southern California, ging er für ein Jahr als Assistenzarzt an das

Johns Hopkins Hospital, um sich auf das Gebiet der inneren Medizin zu spezialisieren (1964–66), und danach für zwei Jahre an die Mayo Clinic, wo er seine Ausbildung zum Internisten fortsetzte (1966–68). Während des Vorstudiums war er in die akademische Verbindung Phi Beta Kappa aufgenommen worden; als Student an der Medical School wurde ihm die ehrenhafte Aufnahme in die Alpha Omega Alpha zuteil. Und als niedergelassener Arzt wurde er «Fellow» des American College of Physicians und des American College of Chest Physicians. Er wurde vom Admiral des Eleventh Naval District ausgezeichnet für seinen Dienst am Balboa Naval Hospital in San Diego, Calif. (1968–70), und gehörte von 1970 bis 1974 zum Kollegium des Hospital of the Good Samaritan in Los Angeles, während er zugleich als Assistant Professor der Klinischen Medizin an der University of Southern California lehrte. Er hatte eine große, einträgliche und wachsende Praxis. Alles in allem besaß er das, wovon die meisten Menschen in seinem Alter träumen.

Was konnte einen solchen Arzt nur veranlassen, alles hinzuwerfen und sich in die unorthodoxen und verrufenen, vielleicht sogar skandalösen Bereiche der spirituellen und psychischen Heilung vorzuwagen? Was veranlaßte ihn, neun Monate lang durch Europa, Äypten, Indien und Nepal zu reisen? Was drängte ihn, in die kalifornische Wüste zurückzukehren und dort ein Zentrum für Menschen zu gründen, die sich versammelten, um seine neuen Ideen zu teilen und weiterzuentwickeln?

Und, so werden Sie fragen, wer sind diese Leute, die dort zu diesen Kursen über den Weg der Erneuerung zusammenkamen? Ein Querschnitt der ersten fünfhundert Teilnehmer zeigt Psychologen, Psychiater, Ärzte, Krankenschwestern, Rechtsanwälte, Steuerberater, Chiropraktiker, Spiritisten, Yogalehrer, leitende Angestellte, Persönlichkeiten von Film und Fernsehen, Hausfrauen, Juweliere, Ehe- und Familienberater, Sozialarbeiter, Künstler, Schriftsteller, Drop-outs, Drogen-Dealer, Prostituierte und Pfarrer aller großen Konfessionen.

Bei diesem buntgemischten Menschenhaufen bewirkte das Erlebnis der Transformation tiefe und gründliche Veränderungen in der Realitätserfahrung jedes einzelnen, und es steigerte seine Fähigkeit, etwas zu fühlen und zu erfahren, das wir nicht anders bezeichnen können denn als natürliche Zustände der Bewußtseinserweiterung.

In diesem Buch will ich versuchen, mit einfachen Worten jene inneren und zugleich «objektiven» Erfahrungen wiederzugeben, die mein Leben veränderten. Die vielen neuen Ideen und Techniken werden der Reihe nach, ähnlich wie bei den Kursen, vorgetragen. Zuerst werden wir die Grundgedanken entwickeln und dann fortschreiten zu komplizierteren Einsichten und Anwendungsformen. Begriffe und Techniken werden nicht in «zeitlicher» Reihenfolge dargestellt, wie sie mir eingegeben wurden, sondern in praktischer Reihenfolge, die sich, wie ich finde, am besten bewährt hat. Wenn ich von persönlichen Erlebnissen erzähle, dann nur, um die Grundprinzipien zu erläutern, um an Beispielen zu zeigen, wie sie sich bei mir entwickelten, ohne damit sagen zu wollen, wie sie mit meinem übrigen Lebenslauf zusammenhingen.

Weil die Ereignisse in meiner Wirklichkeit, in der *wirklichen* Wirklichkeit, nach ihrem eigenen Zeitplan und ihrer eigenen Logik eintreten, mit eigenen Ursachen und Wirkungen, gebe ich diesem Buch freien Lauf und lasse es selbst seine Ordnung entfalten, wie es sie entfalten will. Was einzig zählt, ist nicht die lineare, logische Reihenfolge der Ereignisse, die während meiner Transformation eintraten, sondern sind die neuen Dimensionen der Erfahrung, die sich vor uns auftun – Dimensionen, wo der angeblich feste Körper des Menschen sich als feingeknüpftes Netz von Energiefeldern erweist; wo Krankheit kein endgültiger Zustand ist, sondern eine manifest gewordene Störung im Wechselspiel der Energien; wo die Erfahrung der Bedingungslosen Liebe über die Schranken menschlicher Liebe hinausweist; wo die Sterblichkeit selber sterben muß – und zur Unsterblichkeit wird; wo ich die Göttlichkeit aller Lebensformen begreife, der physischen wie der nicht-physischen, der strukturierten wie der unstrukturierten, ob sie zur gegebenen Zeit in bestimmter Form existieren oder nicht existieren.

Nur der rationale Teil meines Bewußtseins verlangt nach Informationen, die in logischer Reihenfolge auftreten; die nichtrationalen Bereiche empfinden eine solche Reihenfolge als schwerfällig, wie in Zeitlupe, als überflüssig, vielleicht sogar einem höheren Grad von Verständnis entgegenwirkend. Aus diesem Grunde hat jedes Kapitel dieses Buches wichtige Informationen mitzuteilen, die manchmal in einem unmittelbaren Zusammenhang mit dem Inhalt des vorangehenden oder anschließenden Kapitels stehen – und manchmal nicht. Sogar innerhalb eines Kapitels kann es Abschnitte geben, die keinen direkten Zusammenhang mit den benachbarten Passagen haben. Sie sollen erste Ausblicke vermitteln, und erst nach vielen solchen Ausblicken wird sich die ganze Weite unseres Forschungsvorhabens auftun, vielleicht – und besonders – auch mir selbst. Bitte, haben Sie Geduld mit mir. Freuen Sie sich am sprunghaften Spiel der Ideen. Nur unsere äußere Vernunft erkennt und begreift die Dinge in zeitlicher Reihenfolge; unser inneres Sein braucht weder Zeit noch Reihenfolge. Entspannen Sie sich also, und erlauben Sie mir, die Tausende von Ideen und Entdeckungen frei sich entfalten zu lassen, von denen ich Ihnen erzählen will.

Ich möchte hier auch nicht ausführlich schildern, wer oder was ich bin: Im Fortschreiten dieses Buches wird mein Charakter deutlicher sichtbar werden. Mich mit zwei Zeilen oder auch zwei Abschnitten vorstellen zu wollen, das wäre lächerlich. Kein Mensch läßt sich auf diese Weise beschreiben, auch wenn wir oft das Gegenteil annehmen. Ich bin, genau wie Sie selbst, ein individuelles Kollektiv. Welche der vielen eingeübten oder brachliegenden Personifizierungen unseres Wesens in einem bestimmten Augenblick vorgezeigt wird, hängt ganz von den Bedingungen des Augenblicks ab. Lassen Sie mich von vielen solchen Augenblicken erzählen, lassen Sie mich Ihnen viele meiner Seiten zeigen, und irgend etwas in Ihrem Bewußtsein wird die Tatsachen, von denen dies Buch berichtet, zu einem Bild zusammensetzen – zu Ihrem ganz persönlichen Bild von mir, wie Sie es sich auch im täglichen Leben machen würden. Wer oder was ich bin, ist wirklich belanglos, solange die Erkenntnisse, die ich mitteilen kann, eine verwandte Saite in Ihnen zum Schwingen bringen. Nicht Ihren bewußten Eindruck von mir möchte ich beeinflussen, sondern Ihre Wahrnehmung der Realität.

Ähnlich unbestimmt, vielleicht sogar verwirrend, werden Sie manchmal die Wahl meiner Worte finden. Aber es gibt einen guten Grund für solche Unbestimmtheit. Die Transformation, dieser Prozeß der Erneuerung, verlangt manchmal ein Überwechseln von der linken Hirnhälfte, wo vermutlich die Wörter und ihre Bedeutungen verstanden werden, zur rechten Hirnhälfte, wo dies nicht der Fall ist. Um aber über Phänomene zu sprechen oder zu schreiben, die das Verständnis der linken Hirnhälfte übersteigen, haben wir leider nichts als Wörter zur Verfügung, und diese können ein solches Thema nur annäherungsweise und von außen umschreiben. Nehmen wir zum Beispiel das Wort *Seinsheit*. Es klingt ganz ähnlich wie das Wort «Sein», und tatsächlich bedeutet es all das, was «Sein» bedeutet – und viel mehr. Während Ihr Sein sich weitgehend auf die alltägliche Wirklichkeit beschränkt, ist Ihre Seinsheit ganz Sie selbst – auf *allen* Ebenen der Wirklichkeit. Zu den sonderbaren Wörtern und Wendungen, auf die Sie hier stoßen werden, gehören auch *Impression* und *Naturform*. Diese Wörter sind, weil auch sie sich der linken Hirnhälfte entziehen, wahrhaft undefinierbar. Wenn Sie aber bei der Lektüre dieses Buches bereit sind, auf solche Wörter zu achten und sie in sich eindringen zu lassen, so werden Sie schließlich feststellen, daß Sie sie verstehen und ihre Bedeutung erkennen – und doch werden Sie nicht in der Lage sein, sie zu definieren. Weil aber diese Wörter ganz ähnlich klingen wie alltägliche Ausdrücke unseres normalen, in der linken Hirnhälfte beheimateten Wortschatzes, werde ich sie, wenn sie zum erstenmal im Text auftauchen, durch *Kursivschrift* hervorheben. Und in manchen Fällen werde ich Ihnen gewisse Fingerzeige hinsichtlich ihrer Bedeutung geben.

Ich habe auch die Absicht, eine Reihe von Persönlichkeiten auf den folgenden Seiten zu erwähnen. Zu einigen, wenn auch nicht allen, werde ich ein paar erklärende oder beschreibende Bemerkungen anfügen. Einige Namen werden Sie vielleicht kennen, andere werden Ihnen unbekannt sein. Die meisten von ihnen haben ihre Gedanken veröffentlicht – einige in leicht zugänglichen Zeitschriften oder Büchern, während andere nur in Fachbuchhandlungen vertreten sind und wieder andere nur in wissenschaftlichen Zeitschriften schreiben. Einige haben überhaupt nichts veröffentlicht. Aber sie alle haben die Grenzen zu einem neuen Bewußtsein erkundet und *Bewußtsein* ist wieder eines jener Wörter, die hier eine weitere Bedeutung haben als in der gewöhnlichen Welt der *äußeren Vernunft* und deshalb Ihre Aufmerksamkeit verdienen.

Ganz allgemein aber möchte ich zu solchen veröffentlichten Berichten sagen: Soweit ich sie zitiere, will ich sie nur als Bestätigung meiner Ausführungen heranziehen. Sie zeigen Parallelen zu dem, was ich sagen möchte, und widersprechen ihm ganz gewiß nicht; aber ich will nicht behaupten, daß sie meine Ansichten beweisen. Je weiter ich vorangehe auf diesem Weg, desto weniger halte ich es für möglich, irgend etwas zu beweisen.

Als orthodoxer Schulmediziner vertraute ich auf die gottähnlichen Eigenschaften der Wissenschaft, ich fühlte mich gesichert in meiner Fähigkeit, Verhaltensweisen zu befolgen, die allgemein als normal gelten, und war überzeugt, daß Millionen Männer, Frauen und Kinder lediglich unschuldige Opfer von Krankheiten waren, die nur die Wissenschaft und der Intellekt erfolgreich bekämpfen konnten. Heute aber, als ein von Ehrfurcht ergriffener und tief bewegter Mensch, erkenne ich die harte, «objektive» Wirklichkeit als eine unergründliche Welt, erfüllt von Wundern und unbegrenzten Möglichkeiten, wobei die Wissenschaft nur eine Art von Gerüst ist, eines von vielen Struktursystemen, die die menschliche Vernunft ersonnen hat in ihrem Bemühen, die Phänomene des Lebens zu begreifen.

Die Wissenschaft ist nur ein Beitrag unter vielen. Es gibt andere, die ähnlich ausführlich sind und in gleicher Weise als Hilfsmittel zum Verständnis dienen – so etwa die verschiedenen begrifflichen Systeme der Religion, der Metaphysik, der Psychiatrie, Psychologie und Philosophie, des Rechts, der Politik, der Ökonomie usw. Ein jedes versucht die Realität nach festgefügten hypothetischen Mustern zu ordnen, die wir als Theorien, Glaubensbekenntnisse, Dogmen, Gesetze und Meinungen bezeichnen. In Wahrheit sind sie alle nur Ideen über das Leben, deren Urheber stets versäumen, auf die hypothetische Natur ihrer Thesen hinzuweisen.

Die Befreiung von den hypothetischen Grundlagen, auf denen alle Glaubenssysteme beruhen, ist der entscheidende Schritt zur Transformation. Am Anfang sind wir noch in Hypothesen befangen, die wir für absolute Wahrheiten halten. Im Verlauf unserer Transformation erkennen wir, daß es nur zeitweilig gültige Gedankengebilde sind, die uns nur relative Wahrheiten lehren können, und daß diese relativen Wahrheiten immer nur im Kontext des sie ordnenden Denkens gültig sind. Die Transformation eröffnet Perspektiven des menschlichen Bewußtseins, die sich nicht aus einem einzigen Blickwinkel allein erfassen lassen.

Die Transformation erweitert den Kontext der Realität. Das Bewußtsein wird emporgetragen in Bewußtseinszustände, in denen wir uns die Vieldimensionalität unserer Existenz nicht mehr nur vorstellen, sondern direkt erleben, sie nicht mehr ersinnen, sondern unmittelbar wahrnehmen; in denen wir jedes Dogma und jede Wahrheit nur als Teilaspekt eines überbewußten

Ganzen erkennen, das wir Seinsheit nennen. In der Totalität solcher Seinsheit gibt es nichts Absolutes – kein richtig oder falsch, kein Höheres oder Niedriges, nur das unendliche Wechselspiel der Kräfte, der feinen und der groben Kräfte, die nur in ihrer wechselseitigen Beziehung einen Sinn haben. Absolute Wahrheiten sind Konstruktionen unserer rationalen Vernunft. Die Wirklichkeit ist niemals mit solchen Konstruktionen zu verwechseln. Die Transformation, die Befreiung von festen Überzeugungen, vereinigt die Fragmente des Bewußtseins zu einer universellen Bewußtheit.

In diesem Buch ist, wie Sie sehen werden, viel von *Körperenergien* und *Energiefeldern* die Rede. Wie Sie vielleicht wissen, hat Körperenergie nichts mit der Nahrung zu tun, die wir essen, und Energiefelder haben nichts gemein mit jenen Arten von Energie, die Autos, Haushaltsgeräte und Dieselmaschinen antreiben. Wohl gibt es eine gewisse Beziehung zu Licht, Magnetismus und Elektrizität; aber dies ist keine Beziehung im Sinn der konventionellen Wissenschaft.

Unsere höchsten Energien sitzen nicht im Kopf oder im Körper, wo die meisten sie vermuten. Aus meiner umfangreichen Erfahrung mit ihnen – und bestätigt durch viele andere Menschen, einschließlich der fünfhundert Teilnehmer an meinen Kursen – weiß ich genau, daß unsere Energiefelder nicht nur den ganzen physischen Körper durchdringen, sondern sich auch in einiger Entfernung um diesen ausbreiten.

Die *Chakras* sind Zentren dieser Energien – sowohl im Körper selbst wie unmittelbar außerhalb seiner Oberfläche. Der Weisheit Asiens seit Jahrtausenden bekannt, gelten die Chakras im Westen als etwas Geheimnisvolles und werden, vielleicht aus diesem Grunde, in den meisten Nachschlagewerken noch immer nicht erwähnt. Sie bilden einen nebelhaften Energiekomplex, zusammengesetzt aus größeren und kleineren Zentren, deren Strahlung von bestimmten Regionen des Körpers ausgeht. Das Chakra-System ist unlösbar verbunden mit der Form und Funktion des physischen Körpers und der weniger physischen Körper sowie mit den verschiedenen Ebenen des Bewußtseins. Das Anzapfen dieser Energien – wobei wir die gewöhnliche «objektive» Alltagswelt verlassen und in die Tiefe der latenten Energien vordringen – bedeutet eine radikale Abkehr von dem, was den meisten von uns als «normal» gilt. Das Anzapfen dieser Energie ist ein Spiel mit dem Feuer, und es hat ernste, mitunter gefährliche Folgen.

Menschen, die ihre Macht-Trips gegenüber anderen noch nicht durchgearbeitet haben, und auch diejenigen, die sich nicht zutrauen, die erschütternden Veränderungen geschehen zu lassen, die als Folge einer Bekanntschaft mit dem Transformationsprozeß in ihrem Leben eintreten könnten, sollten die in diesem Buch geschilderten Techniken lieber nicht ausprobieren. Jeder ist für seine eigene Erfahrung verantwortlich. Zur menschlichen Reife gehört auch die Fähigkeit, sich bewußt und «in aller Ehrlichkeit» zu prüfen, um sich für oder gegen ein Vorhaben zu entscheiden oder den Zeitpunkt dieses Vorhabens zu bestimmen. Die Folgen einer unreifen Beurteilung, eines Herumspielens mit dem Chakra-System, sind manchmal Psychose, schwere Neurose, Beschleunigung eines Krankheitsverlaufs und Selbstmord. Doch das Erwachen zu gewissen Bewußtseinszuständen kann uns Gaben von unschätzbarem Wert verleihen – Gaben, wie etwa die Beherrschung eines oder aller Psi-Phänomene, Heilkräfte, wie sie der konventionellen Wissenschaft bislang unbekannt sind, heitere Gelassenheit und Kenntnis des Lebens.

Daß es das Chakra-System tatsächlich gibt, steht außer Zweifel, wie ich auch mit dem Inhalt dieses Buches zeigen werde. Aber niemand weiß, was es wirklich ist, und kein Lebender kennt es in allen seinen Aspekten. Trotz jahrtausendelanger Bemühung um dieses Wissen, hat es noch keiner zu ergründen vermocht. Ich selbst möchte die vorsichtige Überzeugung äußern: Das Chakra-System ist ein interdimensionales System der Energieumwandlung. Es ist durch Gedanken steuerbar und fähig, Materie in verschiedene Formen von Energie umzuwandeln (und umgekehrt), und transzendiert die Schranken von Raum und Zeit.

Ähnlich wie der Regenbogen aus einer Brechung des Lichts durch die Prismenstrukturen unzähliger Wasserpartikel hervorgeht, wobei die Frequenzen, aus denen gewöhnliches Licht zusammengesetzt ist, aufgefächert werden, so scheint auch das Chakra-System verschiedene Aspekte irgendeiner ursprünglichen Energie durch den Körper aufzufächern. Dieser Vergleich findet auch Bestätigung durch die Art, wie manche Hellseher diese Kraftzentren und ihre Ausstrahlung als farbiges, dauernd wechselndes Lichterspiel wahrnehmen, ähnlich dem Licht, das man durch Buntglasfenster einfallen sieht. Ich selbst habe diesen Regenbogen durch Ereignisse gefunden, die mich zu meinem heutigen Verständnis des Chakra-Systems und zu den mit diesen Kräften verbundenen Bewußtseinszuständen führten.

Dieses Buch will nicht gefallen. Es will Sie verunsichern in den beschränkten Möglichkeiten der Erfahrung, die Sie heute haben, wie zugänglich und unbegrenzt sie Ihnen auch vorkommen mögen, und Sie zu neuen Möglichkeiten führen, die wahrhaft grenzenlos sind. Dieses Buch wendet sich an alle diejenigen, die für das Erwachen bereit sind, die im tiefsten Grunde ihres Bewußtseins wissen, daß sie bereit sind für die Wandlung von unbefriedigenden, gesellschaftlich konditionierten Lebensformen zu Bewußtseinszuständen, die Ihnen den Weg zur Selbstverwirklichung eröffnen – Menschen also, die sich bewußt werden, daß ihre engen Beschränkungen nichts anderes sind als die von ihrem eigenen Denken gesetzten Grenzen.

Ich wollte dieses Buch eigentlich nicht schreiben, und es macht mir auch keinen besonderen Spaß, mich jetzt hinzusetzen und es auszuarbeiten. Das gesprochene Wort ist nicht dasselbe wie das geschriebene. Ein Gesichtsausdruck oder eine einfache Handbewegung, zusammen mit behutsamer Modulation der Stimme, kann binnen Sekunden vermitteln, was schriftlich auszudrücken Stunden dauern würde. Wieso habe ich mir überhaupt eine Inkarnation ausgesucht, in der die verbale Art der Kommunikation eine so beherrschende Rolle spielt? Wieso bin ich nicht in eine Zeit inkarniert, in der telepathische Kommunikation augenblicklich übermitteln könnte, was wir als Menschen unserer heutigen Zeit allein durch die Sprache erarbeiten und unvollkommen wiedergeben müssen? Viel lieber würde ich die Welt erforschen oder die Gemeinsamkeit mit anderen Menschen erleben, meditieren oder andere unterrichten, als ausgerechnet ein Buch zu schreiben. Warum also tu ich das?

Ich schreibe dieses Buch wegen einem Traum, den ich vor kurzem träumte, und wegen einer inneren Stimme, die mir nicht mehr erlauben will, meinen gewohnten Mittagsschlaf zu halten. Der Traum, oder wenigstens dessen letzter Teil, an den ich mich erinnere, handelte davon, daß ich meine eigene Krankengeschichte unterzeichnen sollte. Als ich sie durchlas, um eine Zusammenfassung des Falles niederzuschreiben, fiel mir auf, daß die Akte in Unordnung geraten war; Laborbefunde waren herausgefallen, und die übliche Reihenfolge der Blätter war sichtlich durcheinandergeraten. Ich brachte die Akte wieder in Ordnung und unterschrieb sie. Die Unterschrift, die von mir verlangt wurde, war etwas sonderbar, denn mein Name war als Joy, William Brugh, M. D., vorgedruckt und nicht, wie gewohnt, William Brugh Joy, M. D. Es erinnerte mich an das Unterschreiben eines Totenscheins. Rechts über meinem Namen war ein Sternchen gedruckt und die Anweisung: *Siehe obigen Kasten.* Und in diesem Kasten stand die Empfehlung: BITTE, BEEILEN SIE SICH! In Großbuchstaben, und mit Rotstift unterstrichen – nicht mehr und nicht weniger.

Die Deutung dieses Traums war mir klar. Alle Erkenntnisse über den Transformationsprozeß sind mir durch die Meditation eingegeben worden, durch Träume oder inspirierte Bewußtseinszustände, auf Reisen oder während der Gruppenarbeit. Wenn ich mit diesen Gruppen arbeitete, pflegte ich diese Erkenntnisse mitzuteilen, weiterzuentwickeln und auszubauen, und mit jedem neuen Kurs gewann ich noch tiefere Einsicht. Weil ich aber gewöhnt bin, spontan zu arbeiten, verliefen keine zwei Kurse nach dem gleichen Muster, und niemals wurden die verschiedenen Aspekte des Themas in gleicher Weise beleuchtet. Diese Informationen, wie sie mir zufielen und wie ich sie bisher vorgetragen habe, waren desorganisiert wie in meinem Traum, und es wurde nötig, sie in schriftlicher Form zu ordnen und zusammenzufassen.

Außerdem versinnbildlicht der Traum den Abschluß – den Tod – dieser ersten Phase meiner Arbeit mit den Techniken der Transformation. Die dringende Mahnung, das Buch zu vollenden (BITTE, BEEILEN SIE SICH!), erreicht mich von irgendwoher im Innern meiner Seinsheit, weil in naher Zukunft noch ein weiterer, tieferer Aspekt sich mir erschließen will. Es ist Zeit für mich, in diesem gegenwärtigen Aspekt meiner Arbeit zu sterben, um in einem neuen wiedergeboren zu werden.

Noch merkwürdiger ist die Stimme, die immer wieder meinen Mittagsschlaf stört. Während der Kurse pflege ich um vier Uhr morgens aufzustehen und bis zehn oder elf Uhr abends zu arbeiten, und ich habe festgestellt, daß ein Schläfchen von zwei bis vier Uhr nachmittags ein sehr guter Ausgleich ist. Vor ein paar Tagen, als ich gerade einschlafen wollte, stand plötzlich der ganze

Entwurf des ersten Kapitels vor meinem inneren Auge, und gleichzeitig hörte ich eine Stimme, die mir deutlich und eindringlich befahl: «Steig aus dem Bett und schreibe den Gesamtplan zu diesem Buch nieder!» Ich versuchte die Stimme zu überhören, aber der Impuls und die *Impression* waren unwiderstehlich; also stand ich auf und brachte die Bilder zu Papier, die ich gesehen hatte. Danach konnte ich sofort einschlafen.

Heute, als ich im Einschlafen begriffen war, begann das Buch Form anzunehmen. Ich lag im Dämmerschlaf, aber gleichzeitig war mir bewußt, daß ich die Einleitung diktierte, und die Sätze wiederholten sich immer wieder in meinen Gedanken. Ich versuchte mein Bewußtsein zu überreden und versprach, ich würde gleich damit anfangen, nachdem ich mich ausgeruht hätte.

Mein Bewußtsein ließ sich nicht überreden. Inzwischen sind zwanzig Minuten vergangen. Unfähig einzuschlafen, habe ich angefangen. Es fließt ganz leicht. Während ich einen Abschnitt beende, sehe oder höre ich die Worte des nächsten.

Ich bin bereit, den Abschluß dieser Phase meines Lebens geschehen zu lassen.

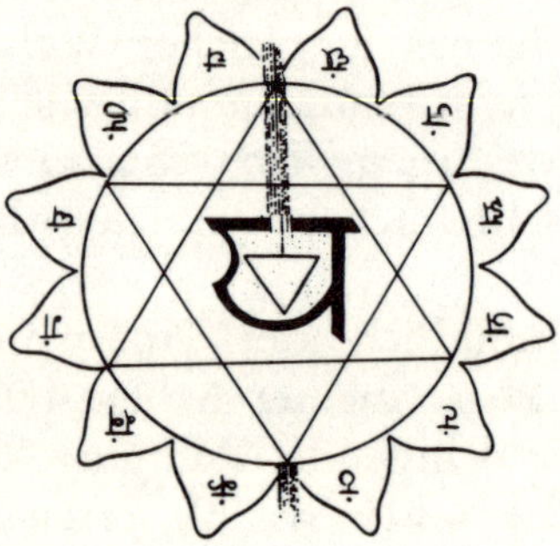

Erstes Kapitel

# Grundbegriffe

*Der Prozeß des Erwachens ist die subtile Erkundung in das Offensichtliche*

Obwohl ich mich zweifellos anschicke, mit den vieldimensionalen Aspekten menschlicher Bewußtheit zu verschmelzen, befinde ich mich erst sechs Jahre lang auf diesem Wege, und darum möchte ich als Anfänger mitteilen, was ich bislang erfahren habe. Damit Sie diese seltsame und wunderbare Erfahrung mit mir miterleben können, wird es hilfreich sein, wenn Sie ebenfalls den Standpunkt des «Anfänger-Bewußtseins» einnehmen.

Dieser Begriff gelangte mit dem Zen-Buddhismus in die westliche Welt, aber auch heute noch gibt es nur wenige, die ihn wirklich verstehen. Bei richtiger Anleitung ist er jedoch ein unschätzbar wertvolles Werkzeug, das Menschen aller Bildungsgrade, aller sozialen Schichten und religiösen Bekenntnisse helfen kann, neue Ideen aufzunehmen oder sich mit alten, in festen Überzeugungen und Glaubenssystemen erstarrten Ideen auseinanderzusetzen. Das Anfänger-Bewußtsein ist jene unverstellte, offene, tolerante, wachsame und aufnahmebereite Geisteshaltung, die alles und jedes mit einer Frische erlebt, wie wir sie gewöhnlich nur dem ganz Neuen entgegenbringen. Handelt es sich zum Beispiel um eine Erfahrung, die Sie schon einmal gemacht haben, so müssen Sie jede, auch nur im entferntesten damit verbundene Erinnerung unter Kontrolle halten. Denn die Erinnerung darf nicht den Genuß und die Erprobung einer Tätigkeit, eines Gefühls oder Gedankens im gegenwärtigen Augenblick beeinflussen. Auf diese Weise kann das Geschehen des Augenblicks in all seiner Ursprünglichkeit und Vielfalt aufleuchten. Für das Anfänger-Bewußtsein gibt es *nichts,* was schon einmal passiert ist.

Bei den Kursen pflege ich das Phänomen des Anfänger-Bewußtseins auf zweierlei Weise zu demonstrieren: erstens, indem ich ein Musikstück vorspiele. Aus der Schallplattensammlung der Ranch, die über fünfhundert Aufnahmen aller Geschmacksrichtungen und Musikstile enthält, läßt sich meist schnell eine Platte finden, die allen oder doch den meisten Kursteilnehmern unbekannt ist. Wie zum Beispiel Dvořaks *Das goldene Spinnrad,* Vivaldis *Gloria* oder Hovhanness' *Mysterious Mountain.* (Eine vierte Aufnahme, die uns die Frische des Unbekannten lehrt und anschließend überraschend zeigt, was passiert, wenn eine reaktivierte Erinnerungsspur die Erfahrung beeinflußt und verzerrt, ist Rossinis Ouvertüre zu *Wilhelm Tell.* Die ganze Komposition dauert knapp zwölf Minuten, aber die meisten haben allenfalls den Schluß einmal gehört. Nach der unbekannten, wunderschönen Musik am Anfang brechen die Kursteilnehmer beinahe immer in Gelächter aus, wenn plötzlich das kraftvolle Thema des «Lone Ranger» erklingt, das wir aus Rundfunk und Fernsehen kennen. (Für das Anfänger-Bewußtsein wäre die *ganze* Ouvertüre nichts als musikalische Vibration von unterschiedlicher Intensität und Rhythmik).

Wenn ich eines dieser Stücke zum erstenmal vorspiele, finden die Kursteilnehmer es fesselnd und aufregend, und es ist ihnen, wie ich sagte, meistens unbekannt. Wenn ich es ein zweitesmal vorspiele, hören sie zwar noch das meiste davon, aber sie fangen bereits an, die «guten» Stellen vorwegzunehmen und die übrigen Passagen aus ihrem bewußten Hören auszuschließen. Immer wieder schweifen ihre Gedanken ab. Dann spiele ich es gleich anschließend ein drittesmal vor, und nun sind die meisten gelangweilt; sie hören nur noch die Hälfte oder noch weniger von dem, was ans Ohr dringt. Die Psychologen bezeichnen diesen Vorgang als «Gewöhnung», und genau diesen Aspekt der menschlichen Bewußtheit will das Anfänger-Bewußtsein überwinden.

Dieser Gewöhnungsmechanismus, wie immer er funktionieren mag, hat ein Ausfiltern der sensorischen Wahrnehmung zur Folge. Bei solchen Vorgängen kann die Wissenschaft nachweisen, daß normalerweise der ganze sensorische Input das Gehirn erreicht. (Es ist gleichgültig, ob es sich um das Medium der Musik handelt oder ob andere Sinne angesprochen werden.) Wir müssen daher folgern, daß das Ausfiltern irgendwo zwischen den Empfangszentren des Gehirns und der Wahrnehmung des Einzelnen stattfindet.

Mit einem letzten Schritt kommen wir nun zu einer erschütternden Erkenntnis: Ganz gleich, ob es sich um Musik oder andere Sinnesreize handelt, wird auch das erste Erleben bereits gefiltert. Nur ein kleiner Teil *jeder* Gesamt-Erfahrung erreicht unser Bewußtsein. Tatsächlich scheint unser Alltagsbewußtsein zu schlafen. So stark wird es durch die frühere – kulturelle, persönliche oder sonstige – Konditionierung gefiltert, daß die tatsächliche sensorische *Impression,* wenn sie unser Bewußtsein erreicht, bereits stark verzerrt ist. Die Zuhilfenahme des Anfänger-Bewußtseins ist ein Versuch, die Filter zu umgehen, um das Bewußtsein für umfassendere Erfahrungen zu öffnen.

Immer wenn ich dieses Gewöhnungs-Experiment mit einer Gruppe durchführe, bitte ich die Teilnehmer, nach jedem Vorspielen der Aufnahme zu sagen, was sie erlebt haben. Nach dem ersten Anhören berichten sie, wie die Musik ihnen gefallen oder mißfallen hat, und schildern die Bilder, die vor ihnen aufgestiegen sind, oder die Gefühle, die sie in ihrem Körper empfunden haben. (Die Reaktionen der Leute drehen sich, wie vorherzusehen, öfter um sie selbst als um die Musik.) An diesem Punkt habe ich ihnen noch nichts über das Anfänger-Bewußtsein erzählt. Und wenn ich die Aufnahme ein zweites- und drittesmal vorspiele, sind die meisten ein wenig verärgert, weil sie meinen, es gehe mir mit meiner Hartnäckigkeit lediglich um das Anhören von Musik. Wenn ich dann aber die Idee des Anfänger-Bewußtseins erläutere, wenn ich den Mechanismus der Gewöhnung sowie die Filter des

Bewußtseins erkläre und anschließend die Musik zum viertenmal vorspiele, berichten die meisten hinterher, daß sie nicht nur Klänge von köstlicher Schönheit vernommen, sondern auch ganze Passagen und Instrumente gehört haben, an die sie sich nach dem ersten Anhören gar nicht erinnern konnten. Die Musik wird vieldimensional, sie wird frisch erlebt und tiefer aufgenommen. Hinsichtlich dieses einen Musikstücks und dieser einen Gelegenheit haben wir etliche dieser Filter umgangen.

Dann bitte ich die Teilnehmer, einen lieben Freund oder eine Freundin, die vielleicht mit ihnen zusammen den Kurs besucht, anzusehen und eindringlich zu spüren. Die Teilnehmer sollen dabei versuchen zu verstehen, wieviel sie von diesem Menschen, den sie so gut zu kennen glauben, tatsächlich erleben. Natürlich haben sie noch nicht genug Übung mit dem Anfänger-Bewußtsein, um gleich alle Aspekte dieses vertrauten Menschen zu sehen, aber immerhin haben sie den springenden Punkt begriffen. Und damit kann die Reise zu größerer Bewußtheit beginnen. Versuchen Sie es selbst einmal.

Hier fällt mir ein Wort von Arthur C. Clarke ein, aus seinem Buch *Tales of Ten Worlds,* das Doktor John C. Lilly in seinem Werk *Simulations of God* zitiert: «Der Mensch, den man liebt, existiert gar nicht, sondern er ist ein Bild, durch die Linse des Bewußtseins auf jenen Bildschirm projiziert, der ihm, bei geringster Verzerrung, am besten entspricht.» Der Mensch, den Sie lieben, ist nur ein Teil des Menschen, den Sie vor sich sehen. Der Mensch, den Sie hassen, ist nur ein Teil des Menschen, den Sie vor sich sehen. Alles, worauf Sie *reagieren,* ist nur ein Teil dessen, was da ist. Und der Mensch, den Sie lieben, der Mensch, den Sie hassen, und alles, worauf Sie reagieren, sind Projektionen aus Ihrem Inneren. Wie ich den Teilnehmern unserer Kurse immer wieder sage: «Selbst wenn Sie einen Menschen so umfassend zu sehen meinen, wie es mit Ihrem Alltagsbewußtsein nur möglich ist, sehen Sie dennoch nur einen Bruchteil dessen, was Sie aus einem höheren Bewußtseinszustand sehen könnten.»

Aber immer der Reihe nach. Als erstes muß man sich beim Erwachen fragen, ob es in einem bestimmten Augenblick vielleicht noch mehr zu erleben gibt; dann muß man es erleben. Dann, wenn es erlebt ist, muß man sich vorstellen, daß da vielleicht noch mehr zu erleben ist. Und so weiter, den ganzen Zyklus hindurch, bis zur Unendlichkeit. Die volle Beherrschung dieser Technik dauert Jahre, aber auch eine teilweise Beherrschung ist schon ein Schritt in die richtige Richtung. Es ist eine Grundlage der Bewußtseinserweiterung auf allen Ebenen der Erkundung des Geistigen.

Das zweite Beispiel, anhand dessen ich den Kursgruppen das Anfänger-Bewußtsein demonstriere, bin ich selbst. Gruppe für Gruppe trage ich ihnen immer dieselben Informationen und Erfahrungen vor, manchmal mit nur einem halben Tag Pause zwischen dem Ende des einen Kurses und dem Beginn des nächsten, und dabei empfinde ich immer dieselbe Frische und Energie, Erregung und Einsicht wie beim ersten Mal, als diese Ideen in meinem Bewußtsein Gestalt annahmen. Nach drei Jahren dieser Praxis und ununterbrochen damit lebend, entdecke ich immer noch neue Aspekte an allen diesen Ideen. Diese Frische betrifft nicht nur die verbalen Mitteilungen, sondern auch die Musik.

Hier drängt sich Ihnen vielleicht die Frage auf: Der gute Mann hat wohl einige Attribute des Anfänger-Bewußtseins geschildert und ein paar Beispiele angeführt – aber wie erreicht man tatsächlich ein Anfänger-Bewußtsein? Meine Antwort lautet: Erfassen Sie es einfach, und fangen Sie an. So einfach ist das. Lassen Sie es kommen. Es wird.

Ihre äußere Vernunft – Ihre «objektive» Alltagsvernunft – ist nur der kleinste Teil Ihres gesamten Bewußtseins, der irgend etwas begreift. Wenn sie, im gewöhnlichen Sinn des Wortes, etwas begreift, so tut sie dies nur auswählend und nach Maßgabe Ihrer rassischen, kulturellen, erziehungsbedingten, religiösen und familiären Konditionierung. In der Alltagswirklichkeit sind wir konditionierte Lebewesen, die einander nachahmen, die nach vorgeformten Vorstellungen über die Wirklichkeit leben, die ihr Bewußtsein an einem Konsensus ausrichten, der sich nur immer selbst zu bestätigen scheint. Vielleicht überrascht es Sie aber zu erfahren, daß viele Menschen die Realität ganz anders erleben, und Sie werden sich fragen, ob überhaupt schon irgend jemand das außerhalb unseres Körpers Befindliche ohne die ausfilternde Wirkung des Bewußtseins erlebt hat.

Diese verwunderte Frage erwachte in mir während meiner neunmonatigen Reise um die Welt, nachdem ich 1974 meine ärztliche Praxis aufgegeben hatte. Die Europäer, die Ägypter, die

Inder, die Japaner, sie alle – als große Gruppen – nehmen die Welt gemäß den Lehren ihrer Glaubenssysteme wahr, wie sie in ihren jeweiligen Kulturen herrschen, und sie würden höchst energisch ihr jeweiliges System der Wirklichkeit als das einzig «wirkliche» verteidigen. Wenn Sie dieses Phänomen genauer betrachten, werden Sie feststellen, daß die Kulturen sich in verschiedene Subkulturen unterteilen, und Sie werden eine noch feinere Unterteilung in Dörfer und Städte erkennen. Damit aber haben Sie eine erste Vorstellung von den vieldimensionalen Aspekten des menschlichen Bewußtseins auf der Ebene der Ideen und der Konditionierung. Was den Zusammenhalt einer großen Menschengruppe – etwa einer Nation oder eines Kontinents – bewirkt, ist ein großes, allgemein verbindliches Glaubenssystem, eine Reihe von Ideen über die Realität; und dieses Prinzip gilt auch für kleinere und immer kleinere Einheiten der menschlichen Gesellschaft. Erstaunlicherweise lebt und verhält sich unser Alltagsbewußtsein, als ob diese Ideen die ganze Wirklichkeit wären! Noch erstaunlicher ist die Fähigkeit des menschlichen Geistes, viele dieser Ideen über die Wirklichkeit gleichzeitig zu speichern und sie der Reihe nach in die äußere Vernunft hervortreten zu lassen. Viele dieser Ideen widersprechen einander, entweder relativ oder absolut. Aber beim Speicherungsprozeß spielen diese Widersprüche keine Rolle, und weil die Ideen nicht gleichzeitig in die äußere Vernunft hervortreten, ist sie blind gegen diese Widersprüche.

Ein paar kurze Beispiele sollen genügen: Das offenkundigste sind jene Wissenschaftler, die, aufgrund ihrer Ausbildung, empirische Beweise für die Realität verlangen, wie sie diese, durch ihre Konditionierung bedingt, wahrnehmen, die aber dann womöglich kulturelle und religiöse Gefühle hinsichtlich des Sabbat-Gebots hegen – und vertreten! –, ohne jemals den grundlegenden Widerspruch zwischen ihrem Arbeitsleben und ihrem religiösen Leben in Frage zu stellen. Oder jene Ärzte, die ihren Patienten ständig die Prinzipien von Krankheit und Gesundheit erklären und deren persönliches Leben das beste Beispiel für unausgewogene Lebensgewohnheiten ist, die aber gleichwohl ihre Erklärungen und ihre Lebensform verteidigen, ohne den Widerspruch zwischen ihren beiden persönlichen Anschauungen zu erkennen. Oder jene religiösen Eiferer, deren Wahnvorstellungen vielleicht aus dem unbewußten Streben entspringen, das Unvereinbare des Göttlichen und des Satanischen in Einklang zu bringen. Und auch jene Umweltschützer, die saubere Luft verlangen und nichts gegen die Plastikbecher haben, die bei ihren Versammlungen üblich sind. Jene Leute, die gefühlsmäßig und in spiritueller Hinsicht Vegetarier sind und dennoch eine Vorliebe für Leder haben. Jene Bürgerrechtskämpfer, die gleiche Rechte für die radikale Linke fordern und sie der radikalen Rechten verweigern wollen. Das Erschreckende ist hier nicht, daß alle diese Leute gewisse Widersprüche in sich verkörpern, sondern die viel grundlegendere Tatsache, daß *keine* Überzeugung die Realität wirklich widerzuspiegeln vermag. All dies sind nur strukturelle Ideen, hervorgegangen aus einem kleinen Teil aller Möglichkeiten des menschlichen Geistes.

Falls einige der sonderbaren Widersprüche, die ich hier angeführt habe, Ihnen lächerlich vorkommen, bitte ich Sie, doch einmal gewisse Erscheinungen zu bedenken, mit denen Sie Tag für Tag leben. Regierungen, Staaten, Organisationen, Religionen, politische Parteien, Firmen, Familien und viele andere «Dinge» sind eigentlich gar keine Dinge, sondern auf einem Konsensus beruhende Ideen, die als real hinzunehmen wir konditioniert sind. Sie haben keine wirkliche Substanz und erfüllen nur gewisse Funktionen in unserer Gesellschaft oder in unserem persönlichen Leben. Wenn Sie in die Schule gehen, auf die Bank, zur Arbeit oder in ein Geschäft, dann gehen Sie wohl meist in ein bestimmtes Gebäude. Aber das Gebäude ist ja nicht die Schule, die Bank, die Arbeit oder das Geschäft. Es ist vielmehr die symbolische Verkörperung einer Funktion: Wird die Funktion anderswohin verlagert oder wird das Gebäude für eine andere Funktion genutzt, dann erhält das Gebäude einen anderen symbolischen Namen. Aus diesem Blickwinkel betrachtet, existieren weder der Staat Kalifornien noch, in unserem Fall, die Sky Hi Ranch. Sie sind nur willkürlich abgegrenzte Gebiete, deren Dasein durch Konvention, Übereinkunft und das Gesetz garantiert ist. (Und das Wort *Ranch* selbst ist in unserem Fall verwirrend. Sky Hi ist keine Rinder- und auch keine Cowboy-Ranch. Auf Sky Hi züchten wir Seelen.) Falls Sie gewillt sind, Vater und Mutter zu ehren, dann bedenken Sie bitte, daß Ihr Vater und Ihre Mutter, auch wenn sie noch am Leben sind, nicht eigentlich existieren. Die betreffenden Personen existieren wohl, aber «Vater» und «Mutter» sind lediglich Namen für Funktionen oder Verwandtschaftsbeziehungen. Und Sie selbst natürlich, so wirklich und körperlich Sie als Person sein mögen, sind Sohn oder Tochter nur durch einen soziologischen Konsensus.

Was ich damit sagen will, ist, daß wir für gewöhnlich nicht mit Dingen leben, sondern mit Ideen von Dingen. In vieler Hinsicht sind diese Ideengebilde praktisch und wertvoll, nützliche Werkzeuge des Zusammenlebens und der Kommunikation untereinander. Jetzt aber, da wir uns auf das Erwachen vorbereiten, müssen wir sie als Fallstricke erkennen, als automatische, unwillkürlich wirkende Mechanismen, die doch nur einen kleinen Teil unseres Bewußtseins bilden. Unsere Benennungen, Gefühle und vorgefaßten Meinungen hindern uns daran, die volle Möglichkeit unserer Seinsheit zu erfahren. Unsere Ideen über die Dinge halten uns davon ab, die Dinge selbst wahrzunehmen.

Die *äußere Vernunft* ist jener Teil des Bewußtseins, der hauptsächlich aus konditionierten Ideen über die Realität besteht. Unsere Wahrnehmung ist äußerst begrenzt, bei dem Bemühen zu erfahren, was in einem bestimmten Augenblick wirklich existiert. Jeder Mensch reagiert – wie der Pavlovsche Hund – auf ein Stichwort, auf das er trainiert wurde. Ein und dasselbe Stichwort kann die verschiedensten Reaktionen hervorrufen, aber auf jedes bestimmte Stichwort antwortet jeder einzelne mit nur einer Reaktion, oder bestenfalls mit einigen wenigen. In jedem Fall wird diese Reaktion durch den Mechanismus der Erinnerung verstärkt. Diese Einschränkung der Erfahrung stellt sich in frühem Alter ein und verändert sich meist ein Leben lang nicht mehr.

Die Methode des Anfänger-Bewußtseins verlangt, daß der Erinnerung Einhalt geboten wird, während man sich neuen Erfahrungen öffnet. So wird die konditionierte Reaktion abgekoppelt – getrennt – von dem Stichwort, das sie stimuliert. Mit dieser Freiheit wird neue Entwicklung möglich.

Sobald wir dieses Prinzip verstehen, sobald wir mit dem Anfänger-Bewußtsein die Dinge sehen, wie sie sind, statt so, wie wir sie zu sehen konditioniert sind, können wir allmählich auch die Ursache aller irrsinnigen Folgen der Konditionierung ermessen – wie Krieg, Zerstörung, Mord, Gefangenschaft, Kreuzigung, Grenzen usw. Wir erkennen sie als Konflikte zwischen Anschauungen und, was noch wichtiger ist, als Folge unserer allzu menschlichen Gewohnheit, unsere Überzeugung als Wirklichkeit anzusehen. Wenn wir dieses Prinzip verstehen, können wir auch lernen, die Herrlichkeit unserer schöpferischen Möglichkeiten in ihrer vielgestaltigen Variation auf solche Themen wie Leben, Religion, Staat usw. zu erkennen. Der Unterschied zwischen schrecklichem Irrsinn und schöpferischem Reichtum ist nichts anderes als die Erkenntnis, daß Glaubenssysteme lediglich Glaubenssysteme sind und keine Wirklichkeit haben. Auf dieser Bewußtseinsebene können wir alles schaffen, was wir uns wünschen, und sobald wir erkannt haben, daß wir nur in einem Ideenreich der Existenz leben, das auf keinerlei wesenhafter Wirklichkeit beruht, können wir die Möglichkeit ins Auge fassen, daß es für uns auch noch andere Wege gibt, die Realität zu erfahren und zu verwirklichen. Dieses Hinterfragen führt uns natürlich, ganz mühelos und unvermeidlich an die Schwelle zu höheren Bewußtseinszuständen heran.

Mehr noch als Glaubenssysteme und Konditionierung sind es womöglich die Emotionen, die – ob bewußt wahrgenommen oder unterbewußt wirksam – als einer der Hauptmechanismen der Erfahrung die Perspektive des einzelnen zu beherrschen scheinen. Emotionale Reaktionen, wodurch auch immer ausgelöst, sind zweifellos gültige Erfahrungen – das heißt, sie finden wirklich statt. Aber wir müssen uns fragen, ob die emotionale *Art* der Reaktion tatsächlich angemessen ist oder ob uns nicht andere Wege der Erfahrung offenstehen, sei es im Zusammenwirken mit dem emotionalen Reflexbogen oder unabhängig von diesem.

Erweitert der emotionale Reflex unsere Bereitschaft zur Erfahrung des Lebens, oder schränkt er sie ein? Ich glaube, daß die Emotionen bei der überwältigenden Mehrzahl aller Menschen einschränkend wirken. Die emotionalen Reaktionen sind verhältnismäßig primitive, mächtige reaktive Erfahrungen, die wir – wenn überhaupt – kaum verstehen. Ich glaube, daß manche negativen Aspekte des Emotionalen, wie Zorn, Furcht, Feindseligkeit und Depression, nur dann richtig funktionieren, wenn sie zu einer Einsicht führen oder wenn sie dem äußeren Bewußtsein signalisieren, daß irgendwo ein Fehler in der Wahrnehmung oder im Verständnis gemacht wurde. Diese Auffassung von den Emotionen können wir nur dann richtig verstehen, wenn wir wissen, daß wir Energie auch auf anderen Wegen freisetzen können als über die Emotionen, und wenn wir erkennen, daß die negative Reaktion ein Signal von innen ist und nicht ein Faktum der äußeren Realität. Ihre Furcht bedeutet nicht, daß Sie unbedingt in einer realen Gefahr schweben, und Ihre Depression besagt nicht wirklich, daß Sie am Boden zerstört sind.

Die Ausbildung des Arztes ist ein Beispiel dafür, wie die emotionalen Reaktionen ent-konditioniert und neu-konditioniert sowie durch andere, angemessenere Arten der Energie-Freisetzung ersetzt werden. Während des Vorstudiums vor den klinischen Semestern an der Medical School ist der tiefe und wesenhafte emotionale Bereich des Studenten konditioniert durch – und eingestellt auf – die allgemeinen emotionalen Reaktionsmuster seiner Familie, die wiederum mit der Gesellschaftsstruktur zusammenwirken, in der die Familie lebt. Während des Klinikums beginnt sich das emotionale Reaktionsmuster des Studenten sofort aufzulösen, weil es, beinah ohne Vorwarnung, durch das Erlebnis der Sektion eines toten Menschen – eines Leichnams – erschüttert wird. Lassen Sie mich dies mit ein paar Einzelheiten aus meiner eigenen Ausbildung illustrieren.

Ich erinnere mich noch deutlich an den ersten Tag meines Anatomie-Kurses am Anfang meines Studiums an der Medical School. Da wurde jeweils einer Gruppe von vier Studenten ein Leichnam zugewiesen, den sie ein ganzes Jahr lang studieren sollten. Die Leichen lagen keineswegs auf dem Seziertisch bereit, sondern sie waren, in Plastiksäcke eingehüllt, auf Regalen in einem anderen Raum gestapelt. Zu jeder Leiche gab es folgende Informationen: Name, Alter zum Zeitpunkt des Todes (falls bekannt), eine kurze Geschichte der letzten Krankheit (die uns aber vorenthalten wurde, weil wir im Verlauf des Kurses herausfinden sollten, welche Ereignisse den Tod unserer Leiche verursacht haben mochten) und eine Mitteilung, ob der Leichnam testamentarisch der Universität übereignet worden war oder ob es sich um ein menschliches Wrack ohne Angehörige handelte, das in der Gosse oder auf der Sozialstation des Landeskrankenhauses gestorben war. Die Leichen waren in Formaldehyd getränkt.

Um zu verhindern, daß uns der Leichnam während des Studienjahres austrocknete, mußten meine Kommilitonen und ich ihn auf einem Wägelchen in den Anatomiesaal rollen, den Plastiksack abstreifen und den ganzen Körper mit einer Substanz, ähnlich geliertem Petroleum, einstreichen. Dann wickelten wir ihn in Mullbinden, die mit demselben Gelee getränkt waren, wobei wir jeden einzelnen Finger und jeden Zeh, die Nase, die Ohren und natürlich auch den ganzen Körper umwickelten. Erstaunlicherweise überstanden alle sieben Studentinnen meines Kurses dieses Stadium ohne nachteilige emotionale Folgen, während fünf oder sechs männliche Studenten in Ohnmacht fielen, an Übelkeit und Erbrechen litten oder Schwindelgefühle oder andere körperliche Symptome ihrer emotionalen Reaktion erlebten.

Ganz unabhängig von meiner bisherigen emotionalen Veranlagung wußte ich ohne Zweifel, daß ich auf diese Erfahrung möglichst ohne Emotionen reagieren mußte. Meine psychologische Abwehr bestand unter anderem darin, zu leugnen, daß dieser Leichnam ein Mensch wie ich gewesen war – er war eher ein interessantes Studienobjekt, das eine Struktur, ähnlich der meinen, widerspiegelte. Und natürlich setzte ich mich, wie alle Medizinstudenten, mit Humor zur Wehr.

Was ich hier sagen will, ist, daß wir ohne Kontrolle über unsere emotionale Veranlagung unfähig sind, die Erfahrungen unseres Lebens zu erproben oder zu erweitern. Der Medizinstudent weiß, daß die Begegnung mit dem Leichnam erst der Anfang seiner Einführung in das Reich der medizinischen Wissenschaft ist. Was ihm noch bevorsteht, ist die Begegnung mit dem Sterbenden – dem sterbenden Greis (nicht allzu schwierig), mit dem sterbenden Kind (emotional sehr belastend) und mit dem Sterbenden von zwanzig bis fünfundzwanzig Jahren (die eigene Altersgruppe des Studenten, wohl die schwierigste Begegnung) – sowie mit dem tatsächlichen Tod und der Leichenschau eines Menschen, den er ärztlich betreut hat. Während der Leichenöffnung ist der Körper nicht grau, steif und lederig, wie er es im Anatomiesaal ist. Diese Toten sind blaß, schlaff und scheinen zu schlafen oder zu schlummern.

Meine erste Leichenschau nahm ich an einem Kind von vier Jahren vor. Es kostete mich alle Anstrengungen meiner Seinsheit, um auf den Vorgang nicht so zu reagieren, wie meine Emotionen es mir befahlen, aber aus einer neuen Perspektive war es mir schließlich möglich, den Körper zu untersuchen und die Leichenöffnung ohne emotionale Reaktion vorzunehmen. Nun war ich auch fähig, die Herrlichkeit des Todes zu erkennen, die Schönheit dieser leblosen Hülle eines menschlichen Wesens, das diese Gestalt belebt hatte. An diesem Punkt wurde mir klar, daß meine emotionale Reaktion durch meine eigene Angst vor dem Tod und dem Sterben bedingt gewesen war und daß solche Ideen nicht aus der Wirklichkeit entstammten, sondern aus Geschichten, die ich gelesen oder im Kino gesehen hatte, aus meinen Reaktionen auf den Tod naher Anverwandter. Die Neu-Konditionierung meines ganzen Reaktionsmusters im Sinne anderer Möglichkeiten, als ich dem Tod oder dem Sterbenden gegenüberstand, war eine grundlegende Erfahrung für mich, die eine bedeutende praktische Einsicht in mir entstehen ließ: Konditionierte Reaktionsmuster können, die richtige Motivation vorausgesetzt, verändert werden. Die Möglichkeit negativer Folgen – Verlust an Sensibilität, vielleicht Verdrängung, Sublimation oder sogar Unterdrückung – war mir noch nicht bewußt geworden, aber der positive Gewinn war eindeutig: Die allmähliche Beherrschung meiner emotionalen Reaktionen konnte mir neue Dimensionen der Wahrnehmung eröffnen, die vorher durch den Gefühlsausbruch für mich unzugänglich oder blockiert gewesen waren. Diese grundlegende Einsicht über die Kontrolle der Emotionen entwickelte sich später zu meinen Ideen über die Umwandlung sexueller und emotionaler Energien, so daß es mir gelang, psychologische Mittel zu entdecken, die wir brauchen, um alle durch Unterdrückung entstandenen Neurosen zu überwinden.

Bei den Patienten oder auch bei Beobachtern in der Not-Ambulanz regen sich oft paradoxe Glaubenssysteme – also Widersprüche –, die sie gleichzeitig vertreten. Einerseits bewundern diese Leute den Arzt bei seiner Arbeit. Andererseits aber verurteilen sie den Doktor, weil er «unsensibel» ist gegen das Geschehen um ihn her, gegen den Tod, gegen traumatische Verletzungen, die mitunter lebenslange Folgen haben werden, oder gegen die emotionalen Reaktionen der Angehörigen des Patienten. Wenn jemand darauf beharrt, wir sollten unseren Emotionen freien Lauf lassen, dann bitte ich ihn manchmal, sich vorzustellen, welche Konsequenzen ihr Standpunkt für den Arzt in der Not-Ambulanz hätte. Wollte dieser Arzt auf den Anblick der Verletzten, die von einem Verkehrsunfall oder einer Brandkatastrophe hereingetragen werden, oder auf die Gefühle der Angehörigen des Patienten emotional reagieren, dann wäre er nur von geringem Nutzen für die Gesellschaft. Der Arzt, der seine Emotionen meistert (im Unterschied zu demjenigen, der die Emotionen *verdrängt*), ist ein Mensch, der Emotionen erleben und ausdrücken kann, wenn er dies will, der ein tieferes Verständnis für seine eigene emotionale Veranlagung hat und der auf andere Menschen in einer Krise durchaus sensibel reagieren kann. Er ist kein eiskalter Intellektueller, der seine emotionalen Reaktionen abwehrt. Beachten Sie aber, daß es darauf ankommt, ob der Arzt sich frei entscheiden kann. Je höher die seelische Entwicklung des einzelnen, desto größer ist die Zahl der Reaktionen, die ihm offenstehen.

Die erste Stufe, um solche Herrschaft über die Emotionen zu entwickeln, besteht darin, sie unter Kontrolle zu halten – entweder durch psychologische Abwehrmechanismen oder durch die Technik der Identifizierung mit dem – wie wir sagen – *Beobachter-Aspekt* des Bewußtseins. (Der Beobachter-Aspekt wird später ausführlich behandelt werden.) Dann stellen sich Einsichten und neue Erfahrungen ein, die der Psyche – als Feedback – ganz neue Reaktionsmuster und ein neues Verständnis vermitteln, und dies führt schließlich zu einer umfassenden Neu-Bewertung und Erneuerung der emotionalen Struktur des einzelnen. Dann ist der Mensch fähig zu agieren, statt zu reagieren.

Der folgende Abschnitt zielt darauf ab, gewisse starke emotionale Reaktionen zu provozieren, wie sie durch die Gesellschaft konditioniert sind. Ich bitte Sie aber, stets den Grundsatz im Sinn zu behalten, daß diese Reaktionen sich auf kulturell erzeugte Ideen über die Wirklichkeit beziehen und keineswegs die einzig möglichen Reaktionen sind, die uns auf gewisse Stichwörter offenstehen. (Falls Ihnen der Aspekt des Todes und des Sterbens besonders unangenehm ist, blättern Sie bitte weiter auf Seite 39, letzter Absatz.

Ein gutes Beispiel für die unterschiedlichen emotionalen Reaktionen der Menschen auf ein einzelnes Stichwort oder eine Idee bieten ihre unterschiedlichen Einstellungen zur Idee der Einäscherung und Einbalsamierung des menschlichen Leichnams. Aber lassen Sie mich diese Idee noch stärker emotional belasten, indem ich hier Wörter gebrauche, die starke Reaktionen hervorrufen. Bei der Einäscherung verbrennen oder verkohlen wir den Verstorbenen und verwandeln seinen Körper mittels Feuer und einem stumpfen Instrument in Asche und Knochenfragmente. In unserer westlichen Welt fegen wir die Reste anschließend in einen Behälter, den wir in einer Urnenhalle aufstellen, im Meer oder in der Erde versenken oder in den Wind streuen. Im Osten werden die Reste von der Verbrennungsstätte direkt ins Wasser, meistens in einen Fluß gekehrt.

Ich möchte behaupten, daß die meisten Menschen im Westen heftig und negativ auf eine solche Behandlung des einstmals lebendigen Menschenleibes reagieren. Ich habe zum Beispiel gehört, es sei eine Sünde, den Leichnam einzuäschern; es sei primitiv und gedankenlos; es sei häßlich und lieblos; der Körper müsse erhalten werden, weil dieser Körper irgendwann in der Zukunft dieselben Funktionen wieder ausführen werde, wie er es im Leben tat; der Vorgang der Einäscherung sei unmenschlich gegen die Seele des Verstorbenen, die das Feuer womöglich schmerzhaft erlebe; es sei eine Entweihung des Lebens, den Körper auf solche Weise zu zerstören; die Seele des Verstorbenen könne keine Ruhe finden, wenn ihr Körper zerstört sei, usw. In unserer westlichen Kultur sind es die beiden großen Gruppen der Juden und Katholiken, die sich traditionell weigern, ihre Toten einzuäschern (wenn auch vielleicht nicht aus den Gründen, die ich genannt habe), und es gibt Millionen und Abermillionen anderer Menschen, denen die Idee der Einäscherung einfach unvorstellbar ist.

Aber für Millionen Menschen, und vielleicht sind sie in der Überzahl, ist es unvorstellbar, etwas anderes zu tun, als den Leichnam einzuäschern. Diese Menschen – vorwiegend im Osten – glauben, daß es notwendig sei, den Körper zu verbrennen, um die Seele zu befreien; daß die Seele den Körper nicht gänzlich verlassen könne, bevor dessen Gestalt aufgelöst sei; daß das Feuer ein Sinnbild der Sonne, des göttlichen Wirkens, der Verwandlung sei; daß der Körper eigentlich bedeutungslos für die Wanderung und die Entwicklung der Seele sei, nur ein zeitweilig benutztes Vehikel, das wir im Tode ablegen wie ein altes Kleid.

Diese Ideen sind sicherlich beunruhigend verschieden, aber ich möchte jetzt etwas aussprechen, das – auf andere Weise – vielleicht ebenso schockierend ist. Ist es nicht möglich, daß diese gegensätzlichen Auffassungen – und zugleich der ganze Mittelbereich aller möglichen Reaktionen dazwischen – *in gleicher Weise berechtigt* sind? Kann es nicht sein, daß sie nicht auf Wirklichkeit, sondern auf der individuellen Betrachtungsweise des einzelnen beruhen? Ist es nicht möglich, daß in Wahrheit gar kein Unterschied besteht und daß alle diese emotionalen Reaktionen auf Fragen um Leben und Tod eher auf Furcht und unreifem Denken beruhen, denn auf einem Verständnis der Dinge?

Falls Sie ein normaler Mensch unserer westlichen Kultur sind, dem die Idee der Einäscherung unbehaglich ist, wird es Sie vielleicht interessieren, was ein Beobachter sehen würde, der einen Leichnam – vielleicht den Ihren – aus der Sterbekammer des Krankenhauses bis zum Begräbnis auf dem Friedhof begleiten könnte. Allerdings ist es üblich, die trauernden Hinterbliebenen gegen die Realität des Todes abzuschirmen und alles friedlich und sanft zu gestalten.

Kaum ist ein Mensch im Krankenhaus gestorben, werden alle Schläuche und Kanülen, die in den Körper – in die Venen, die Luftröhre, den Magen, die Blase oder wo auch immer – eingeführt waren, herausgezogen. Die Augen werden geschlossen, indem die Lider durch Fingerdruck hinuntergedrückt werden. Meist werden die Bettlaken gewechselt, falls sie arg verschmutzt sind. Und Decke und Laken werden bis ans Kinn heraufgezogen. Die Arme werden seitlich oder auf die Brust gebettet, und die Beine werden gestreckt. Ein Kissen wird unter den Kopf geschoben. Erst dann darf die Familie den Leichnam sehen. Später – nach diesem letzten Besuch, wenn die Angehörigen nicht mehr im Wege sind – wird das Rektum verstopft, der Penis wird mit einer Schnur abgebunden, damit die Blase sich nicht entleert, und die Vagina wird aus dem gleichen Grunde verstopft. Die Füße werden zusammengebunden, die Hände werden zusammengebunden, und am großen Zeh wird ein Namensschild befestigt. Der Leichnam wird auf eine Bahre gelegt und mit einem Haufen Kissen und einem großen Laken zugedeckt, damit nicht gleich jeder sieht, was da über die Korridore zur Leichenhalle des Krankenhauses geschoben wird – die meist unauffällig im Keller oder im Wirtschaftstrakt untergebracht ist. Niemand außer dem bevollmächtigten Personal, den Ärzten oder den Leichenbestattern und ihren Gehilfen, hat Zutritt zu diesem Teil des Krankenhauses. Unschuldige Passanten sollen vor zufälligen Kontakten mit der Realität des Todes bewahrt werden.

Der Leichnam wird in einem großen Kühlschrank verwahrt, bis eine Autopsie vorgenommen wird oder der Bestattungsunternehmer ihn abholt. Meistens, wenn auch nicht immer, bedeckt ein großes Leintuch den ganzen Körper. Die Leichenstarre – *rigor mortis* – tritt binnen Stunden ein. Sie «weicht» später von selbst, so daß der Körper, wenn später die Autopsie vorgenommen wird, wieder schlaff ist. (Falls aber der Leichnam vor der Autopsie einbalsamiert wurde, ist er durch die Einwirkung der Chemikalien wieder versteift.)

Soll eine Autopsie durchgeführt werden, dann wird der Leichnam aus der Kühltruhe geholt und auf den Seziertisch gelegt, ein großes, rechteckiges Gebilde mit Edelstahlplatte und Abflußrinnen oder schrägen Vertiefungen, die während der Sektion die Körperflüssigkeiten aufnehmen und zu einem Abfluß am Fußende des Tisches leiten. Hat die Familie eine volle Autopsie bewilligt, dann wird zunächst der Brustkorb geöffnet, und zwar erst mit einem Skalpell, das die Haut aufschneidet, und dann mit einer elektrischen Säge und einem Meißel, wobei Brustbein und Schlüsselbein durchgetrennt werden, um Herz und Lungen freizulegen. Der Einschnitt, der die Leibeshöhle öffnet, wird vom unteren Teil des vorderen Brustkorbs bis zum Schambein geführt.

Soll das Gehirn untersucht werden, dann trennt ein Assistent – während der Pathologe selbst mit der Beseitigung der inneren Organe beschäftigt ist – mit der elektrischen Säge die ganze Schädelplatte ab, um das Gehirn herauszunehmen. Vor dem Aufsägen des Schädelknochens aber wird ein Schnitt durch die Kopfhaut gelegt, ausgehend vom Nacken und über beide Ohren, so daß die Kopfhaut über das Schädeldach gezogen werden kann, um den Knochen selbst freizulegen. Die schlaffe Kopfhaut liegt über dem Gesicht. Falls das Gehirn nicht untersucht werden soll, wird das Gesicht meistens mit einem Tuch zugedeckt.

Alle Organe werden sorgfältig untersucht und gewogen, es werden Gewebeproben entnommen und auf Glasplatten aufgebracht, um sie unter dem Mikroskop zu studieren. Die Augen und das Gesicht bleiben meist unberührt, ebenso die Genitalien, die Beine und Füße, die Arme und Hände. Nachdem die Organe entfernt sind, wird das Rückgrat von vorne untersucht, und aus der Gegend des Hüft- oder Kreuzbeins wird ein Stückchen Knochenmark entnommen.

Um dem Leichenbestatter die Arbeit des Einbalsamierens zu erleichtern, wird der Pathologe mitunter alle bei der Sektion durchgetrennten Hauptschlagadern abbinden – aber nur wenige

Pathologen sind so rücksichtsvoll. Dann werden die entnommenen Organe wahllos in die Leibeshöhle zurückgeworfen. (Das Gehirn wird nicht wieder in den Schädel gelegt, sondern ein paar Tage lang in eine Flüssigkeit getaucht, um es vor der Untersuchung zu «fixieren». Vor dieser Fixierung oder Balsamierung ist das Gehirn eine puddingartige Substanz, und die Fixierung verfestigt es, um es leichter bearbeiten zu können.) Die Schädelplatte wird wieder an ihren Platz getan, die Kopfhaut wird über den Schädel gezogen und mit ein paar Stichen festgenäht, so daß der Körper wieder geschlossen ist.

Wenn der Leichenbestatter die Leiche abholt, hüllt er sie in ein schwarzes oder dunkelblaues Tuch oder in einen Sack und fährt sie in einem fensterlosen schwarzen oder weißen Lieferwagen zum Bestattungsinstitut. Was dort geschieht, ist in Büchern wie *The High Cost of Dying* oder *The Loved One* ausführlich geschildert worden. Die Kunst des Leichenbestatters besteht im wesentlichen darin, möglichst alle Hinweise auf die Tatsache, daß der Betreffende tot ist, zu beseitigen. Der Leichnam wird mit seinem besten Anzug, die Leiche mit ihrem besten Kleid angetan. Schuhe gibt es meist keine, und nur die sichtbaren Teile des Körpers – das Gesicht, der Oberkörper, die Arme und die Hände – werden sorgfältig aufbereitet.

Dann kommt das Begräbnis. Alles geschieht mit höchster Würde. Die Musik ist schön, die Blumen sind schön, der Leichnam ist schön, und die trauernden Hinterbliebenen, wiewohl schmerzgebeugt, erhalten den – vom Leichenbestatter gewiß nicht geleugneten – Eindruck, daß der Leichnam für immer so schön bleiben wird. Dies ist bedauerlicherweise nicht der Fall. Je nach der aufgewandten Mühe des Leichenbestatters und je nach der Geldsumme, die die Familie aufzubringen bereit war, geht die Leiche binnen sechs Wochen bis zwei Jahren in Verwesung über. Nach zehn Jahren kann man den Leichnam nicht mehr als intakt bezeichnen: nur noch die Kleider, das Skelett, das Haar, die Zähne, die Finger- und Zehennägel und Teile der Haut sind übriggeblieben.

Wenn man den ganzen Vorgang des Sterbens und der Beseitigung des Leichnams beobachtet, beschleicht einen das Gefühl, als sei es dem Betreffenden nicht erlaubt zu sterben, als würde er zurückgehalten, nicht um seinetwillen, sondern mit Rücksicht auf die lebenden Hinterbliebenen. Selbst bei denjenigen unter uns, die wir alle diese Fakten um den Tod und das Sterben kennen, führen unsere Glaubenssysteme und die emotionalen Reaktionen, die sie hervorrufen, zu einer beinah unbegreiflichen Rechtfertigung. Wieso lassen wir nicht die objektiven und natürlichen Aspekte des Todes in unserem Bewußtsein zu? Wieso sperren wir uns dagegen, diese gigantische Täuschung zu durchschauen, an der wir alle irgendwann teilnehmen? Wie können wir überhaupt die Realität begreifen, wenn wir sie dauernd verfälschen, um einen ihrer Aspekte zu verbergen, der uns emotional beunruhigt?

Die Abschwächung der Emotionen, und folglich die Verhinderung einer Erfahrung der Wirklichkeit, ist ein typisches Merkmal der modernen Zivilisation, vor allem bei uns im Westen. Diese unwirkliche Wirklichkeit ist dauernd bestrebt, etwas zu verbergen, das nicht mit dem Glaubenssystem unserer Kultur vereinbar ist. Die Menschen im Osten finden, wir Leute des Westens seien unglaublich körperorientiert, und zwar bis an die Grenze des Irrationalen: Die im Westen übliche Gleichsetzung des Selbst mit dem Körper – bei gleichzeitiger Verschleierung der Wirklichkeit des Todes – beschränke, wie der Asiate sagt, unsere Offenheit für die Gesamtheit des Lebens. Ich muß dem beipflichten und feststellen, daß hauptsächlich die ungezügelten emotionalen Reaktionen schuld sind an dieser Verschwörung gegen unsere Realitätswahrnehmung.

Nur wenige erkennen, oder sind bereit zu erkennen, daß der physische Leib nicht in einem kurzen Augenblick stirbt. In der Medizin wie in der Rechtsprechung gibt es eine heftige Kontroverse darüber, was eigentlich den körperlichen Tod ausmacht. Der wissenschaftliche Fortschritt hat heute die Möglichkeit erreicht, den Körper auch ohne eines oder mehrere seiner wichtigen Organe – ohne das Gehirn, das Herz, die Nieren, die Nebennieren, die Bauchspeicheldrüse, große Teile des Verdauungstrakts, die Fortpflanzungsorgane, die Milz, die Wirbelsäule, die Lungen – am Leben zu erhalten, für Zeitspannen von etlichen Stunden bis zu mehreren Jahren, und zwar durch mechanische Hilfsmittel oder durch die Transplantation von Organen. Alle medizinischen und juristischen Autoritäten sind sich darin einig, daß der juristische Tod eintritt, sobald das zentrale Nervensystem (d. h. das Gehirn) zerstört ist. Tatsächlich aber stirbt der Körper im Laufe einer viel längeren Zeitspanne. Auch wenn das Gehirn binnen Minuten stirbt, leben die Zellen, die Haare und Nägel wachsen lassen, noch monatelang weiter, nachdem der Betreffende begraben wurde. Ironischerweise wird gerade dieses Sterben der Zellen durch die Einbalsamierung hinausgezögert, denn sie wirkt der natürlichen Verwesung des Fleisches entgegen.

Irgendwann, in nicht allzu ferner Zukunft, wird die Wissenschaft lernen, jenen Mechanismus zu entschlüsseln, mittels dessen eine undifferenzierte Protein-Zelle sich in genau diejenige Zelle oder Zellen verwandelt, die zu werden ihr bestimmt ist. Dann wird es möglich sein, die langlebigen Zellen der Körperhaare oder -nägel zu entnehmen und sie anzuregen, ganze Körperwesen zu produzieren. Falls Ihnen die Möglichkeit einer solchen Differenzierung allzu unwahrscheinlich vorkommt, bedenken Sie doch bitte, daß wir alle auf diese Weise entstanden sind: Unsere körperliche Gestalt geht aus einer einzigen Zelle hervor, bei der Empfängnis noch undifferenziert, aber ausgestattet mit Zellmaterial aus dem Ovum der Mutter und mit genetischem Material von beiden Eltern. Der Mediziner Doktor Harold Saxon Burr von der Yale University hat mit seinen Arbeiten nachgewiesen, daß diese sich entwickelnde Zelle, die Zygote, von einem Energiefeld umgeben ist, das – *unabhängig vom Zellkern* – zumindest die Wachstumsrichtung der Zelle einleitet und kontrolliert. Mit anderen Worten, trotz aller gegenteiligen Hypothesen, wie sie in der heutigen Wissenschaft geläufig sind, steht das Wachstum in diesem Stadium nicht gänzlich unter der Kontrolle der Gene. Manche radikale Denker, und auch ich selbst, sind sogar der Meinung, daß dieses Energiefeld eine noch elementarere Einheit unserer Seinsheit darstellt, unterhalb der Ebene des Physischen, elementarer als das Physische, vielleicht eine Manifestation von Energie im Bereich zwischen dem Physischen und dem Nicht-Physischen, ein interdimensionales Bindeglied, von dem sich die moderne Naturwissenschaft noch nichts hat träumen lassen.

Und damit sind wir, über die Protein-Zelle und ihr Energiefeld, in das Gebiet der Physik gelangt. Auch wenn Sie vielleicht nur flüchtige Kenntnisse der modernen Physik besitzen, werden Sie wissen, daß Materie nicht das ist, was unsere Sinne uns darüber mitzuteilen scheinen. Unsere Sinne sagen uns, daß unser Körper ein festes, «reales Ding» ist, eingeschlossen in die feste, «reale» Hülle der Haut. Diese «Realität» ist es, die wir als unser physisches Selbst erfahren. Wir ahnen nichts von den Vorgängen unseres Körpers im Bereich der Zellen, geschweige denn im molekularen und atomaren Bereich, und wenn wir versuchen, uns die subatomaren Ebenen vorzustellen und sie mit unserer körperlichen Gestalt und Struktur in Verbindung zu setzen, so sind dies intellektuelle Ideenspielereien und keineswegs der Erfahrung zugänglich. Im Anschluß an mystische Erlebnisse oder Erfahrungen mit halluzinogenen Drogen aber berichten manche Menschen, daß sie etwas von den zellularen, atomaren und subatomaren Vorgängen in ihrem Körper gespürt haben. Solche Berichte sind relativ selten, doch das Erstaunliche dabei ist, daß die Wissenschaft solche Erfahrungen nicht als gültig anerkennt. In diesem Fall vertreten zwei Fachdisziplinen, die beide unter der allgemeinen Bezeichnung «Wissenschaft» zusammengefaßt werden, einander widersprechende Glaubenssysteme: Die Biologie sagt uns, daß wir nicht erfahren können, was die Physik uns als Realität darstellt.

Solche Widersprüche und Verleugnungen sind typisch für die Wissenschaft. Die herrschende Theorie einer jeden Zeit ist geneigt, auch nur die Möglichkeit dessen zu leugnen, was knapp jenseits ihres Horizonts liegt. Von den alten Griechen bis in die Gegenwart hat sich die Kenntnis des menschlichen Körpers weiterentwickelt – von der Ebene der äußeren Form und Struktur über die Ebene der Organsysteme und der Zellen, über die molekulare und submolekulare Ebene bis hin schließlich zur atomaren und subatomaren Ebene. Auf diesen letzteren Ebenen finden wir keine Materie mehr – wir finden nur noch kreisende oder oszillierende Energiefelder, und zwischen diesen beobachtbaren Interaktionen der Energie finden wir die unglaubliche Menge dessen, was uns als Nichts erscheint. Die Wahrheit ist, daß unser Körper – wie alle «Materie» – zusammengesetzt ist aus einem großen Teil solchen Nichts und einer Winzigkeit an Materie oder Energie-Interaktionen. Der Atomkern und seine Elektronen sind beides Energien, und die Entfernung zwischen ihnen, im Verhältnis zu ihrer Größe, ist proportional der Entfernung zwischen Sonne und Erde. Da ist wirklich eine Menge Nichts.

Eine geläufige Theorie der modernen Physik behauptet, daß alle Materie – und mithin alle Energie – in Wirklichkeit eingefangenes Licht sei. Ich finde diese Vermutung faszinierend, denn viele Menschen, die mystische und kosmische Erfahrungen hatten, berichten von Lichtern in verschiedenen Farben, die allseitig von den Gegenständen ausstrahlen. Dieses Licht scheint eine wesenhafte Eigenschaft des Objekts zu sein und nicht nur von ihm widergespiegelt. Das heißt, der Gegenstand selbst sendet Licht aus und ist auch bei völliger Dunkelheit zu sehen. Ganz abgesehen von der Beschaffenheit eines wesenhaften Lichts, wissen wir – trotz all unserer Intellektualität – nicht einmal, was gewöhnliches Licht ist. Unser Verständnis auf diesem Gebiet ist immer noch ein nur theoretisches.

Licht und Schall sind in der konventionellen Medizin als Energien anerkannt, die heilen können. Licht in seinen verschiedenen Frequenzen, die wir als Farben kennen, hat sich als wirksam in der Beeinflussung gewisser Anomalien des Körpers erwiesen. Blaues Licht wird zum Beispiel eingesetzt, um Gelbsucht bei Kindern zu behandeln, und der Wirkungsmechanismus ist zweifellos bekannt: Die Frequenz des blauen Lichts vermag die chemische Verbindung des Bilirubin-Moleküls aufzubrechen und es dadurch in eine für das zentrale Nervensystem weniger toxische Substanz zu verwandeln. Oder ein anderes Beispiel: Ultraviolettes Licht wird eingesetzt zur Behandlung gewisser Hautkrankheiten und ferner in der Sterilisierungstechnik, um Bakterien abzutöten und die Reproduktion der Viren zu beeinflussen. Sonnenbräune wie Sonnenbrand werden beide durch Lichtstrahlen von nicht mehr sichtbarer Frequenz hervorgebracht, und wenn Licht einer einzigen Frequenz – wie beim Laserstrahl – erzeugt wird, so kann es Körpergewebe durchtrennen und, außerhalb der Medizin, auch Metalle, Textilien und andere Materialien zerschneiden.

Der Schall wird in der orthodoxen Medizin in Form von Ultraschall eingesetzt – das sind Schallfrequenzen jenseits des menschlichen Hörbereichs. Diese Frequenzen werden in der Inhalationstherapie von Erkrankungen der Atemwege benutzt, um Flüssigkeiten zu verdampfen, ferner in technischen Diagnosegeräten, die Schallwellen durch den Körper schicken, um ein sogenanntes Echogramm zu erstellen, und in direkter Anwendung am Körper, um verletztes Gewebe zu heilen. In tieferen, für das Ohr wahrnehmbaren Frequenzen wird der Schall eingesetzt in Form von Musik, um Kunden im Kaufhaus, Pflegepersonal im Operationssaal und Büro- oder Fabrikarbeiter zu beruhigen. Das Sonargerät arbeitet mit Schallwellen im Meer auf ganz ähnliche

Weise wie jene diagnostischen Geräte, die Echogramme erstellen. Und weitere Erkenntnisse über den Schall werde ich später, im Abschnitt über hochintensiven Schall, mitteilen – nämlich in Form von überlaut abgespielter Musik als einem Instrument zur Einleitung gesteigerter Bewußtheitserfahrungen.

Auch wenn wir vielleicht erkannt haben, daß Schall und Licht uns psychologisch beeinflussen können, haben die meisten von uns wohl noch nicht begriffen, daß unser psychischer Aspekt, ähnlich wie unsere körperliche Struktur, nicht mehr und nicht weniger sein könnte als ein wechselseitiges Zusammenspiel von Energien. Und das ist es, wie ich glaube. So wie ich es verstehe, ist die «Dichte» dieser psychischen Energie viel geringer als die Dichte dessen, was wir als Materie kennen, und vermag daher die Energiefelder zu durchdringen, welche die Materie bilden.

Haben diese Informationen bereits Ihre Neugier auf die Frage geweckt, was wir wirklich sind? Hat sich dadurch Ihre Auffassung darüber, was wirklich und was nur scheinbar ist, bereits verändert? Falls Sie erkennen, daß der Körper eine Interaktion von Energien ist, können Sie auch erkennen, daß eine Krankheit ebenfalls eine Interaktion von Energien sein muß? Ist es also nicht vorstellbar, daß es noch unerforschte Kombinationen von Energie-Interaktionen gibt, die Krankheits/Energie-Interaktionen beeinflussen können? Könnten nicht auch vom menschlichen Denken hervorgebrachte Energiefelder zu diesen therapeutischen Konfigurationen zählen? Könnten essentielle Gedanken – also Gedanken in einem Zustand, bevor sie sich zu Sprache oder Ideen, zu Bildern oder Visionen formen – noch elementarer sein als die Materie selbst? Könnte essentielles Denken sogar Materie erzeugen – sie und ihr Gegenstück, die Energie, erschaffen – oder zumindest ihre Formen und Strukturen organisieren? Was uns heilt, ist nicht das Penizillin oder irgendwelche andere Arznei in Tabletten- oder flüssiger Form. Was heilt, ist tatsächlich eine Kombination von Energiekräften, die andere Energiekräfte zu beeinflussen vermag. Es gibt viele solcher Energie-Konfigurationen, die bislang der Wissenschaft unbekannt sind oder von ihr geleugnet werden und die jene Energiefelder beeinflussen können, die sich als die scheinbare körperliche Gestalt manifestieren.

Indem ich Ihnen die Haltung eines Anfänger-Bewußtseins nahelegte, habe ich Sie mit nur einigen Grundbegriffen bekannt gemacht – aber doch genug, wie ich hoffe, um den Durchschnittsleser aus seinem bequemen Glaubenssystem hinsichtlich der Realität aufzurütteln und ihn an Bewußtseinsdimensionen heranzuführen, die auf wissenschaftlicher Erforschung und persönlicher Beobachtung wie auch auf mystischen, spirituellen und holistischen Wirklichkeitserfahrungen begründet sind. Ich glaube, wenn das sich entfaltende Bewußtsein eines Menschen mit mehr neuen Informationen aus verschiedenen Glaubenssystemen bekannt gemacht wird, dann brauchen wir uns weniger mit Phantasien zu begnügen und können unsere Möglichkeiten als bewußte Menschenwesen besser verwirklichen.

Diese ganze Thematik der Glaubenssysteme erinnert mich stets an die alte Geschichte von den blinden Weisen, die den Elefanten untersuchten. Falls wir uns erlauben, nur den Schwanz oder den Rumpf oder die Beine zu untersuchen, gelangen wir zur Überzeugung, es handle sich um eine runde Röhre von unterschiedlichem Durchmesser, während die einigende Struktur uns völlig entgeht. Schlimmer noch, wir schaffen uns da ein Tier, das gar nicht existiert.

Wir sind natürlich alle mehr oder minder verblendet durch unsere menschlichen Beschränkungen, und es könnte wohl sein, daß wir sie niemals ganz loswerden. Soweit dies aber möglich ist, lassen Sie uns doch den ganzen Elefanten erfahren.

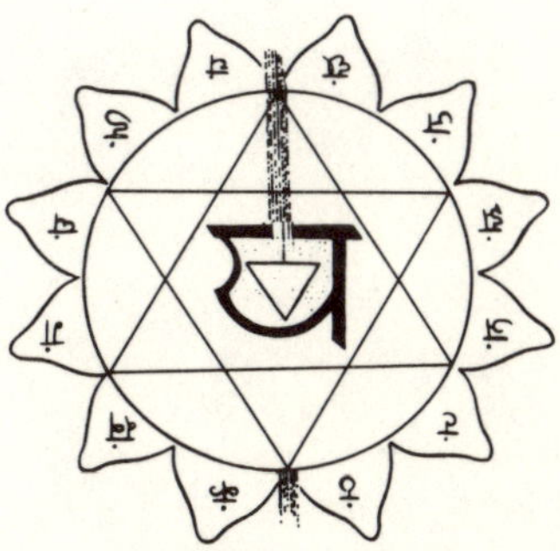

ZWEITES KAPITEL

# Lehrer, Psi-Phänomene und das Beispiel des Hologramms

*Manche Lehrer sind Hallen, und manche Lehrer sind Treppen; um Weite und Tiefe in Deinem sich erweiternden Bewußtsein zu erfahren, mußt du beide finden.*

Bei meiner gegenwärtigen Arbeit betone ich immer wieder, daß es im Grunde nur einen Lehrer gibt – das Leben selbst. Das Leben ist der große Lehrer. Während wir auf dem normalen Weg zu Erwachsenen heranreifen, begegnen wir manchen spezialisierten Lehrern – z. B. Vater und Mutter, Brüder, Schwestern, Spielkameraden, ferner den berufsmäßigen Lehrern in unseren öffentlichen und privaten Bildungssystemen und unseren Ehepartnern –, und doch möchte ich den Begriff Lehrer so weit ausdehnen, daß er alle menschliche Erfahrung einbezieht. Was ein bestimmter menschlicher Lehrer uns lehrt, kann wahr oder falsch sein, aber alle Lebenserfahrungen zusammengenommen sind wahrhaft gültig. Nur in der Art, wie wir sie interpretieren, können uns mögliche Fehler unterlaufen.

Durch unser kulturelles Erbe, und mehr noch durch unsere

Bildungssysteme, sind wir meist darauf trainiert oder konditioniert, uns Lehrer immer als etwas außerhalb von uns vorzustellen. Jede neue Information muß, um gültig zu sein, von einem einzelnen oder von einer Institution stammen, die den Konsensus auf einem bestimmten Fachgebiet repräsentiert, oder sie muß logisch aus kontrollierten wissenschaftlichen Experimenten und mit Hilfe wissenschaftlicher Methoden abgeleitet sein. Jede Information, die aus anderen Quellen stammt, wird angezweifelt und ist mehr oder minder leicht zu widerlegen. Diese Sanktion ist so stark, daß sie die meisten Menschen bei uns im Westen zwingt, gewisse Erfahrungen für unwahrscheinlich oder gar für unmöglich zu halten, die für eine zunehmende, aber immer noch geringe Zahl von Menschen in unserem Kulturkreis ganz real und normal sind. Zwar werden diese Dinge von den meisten unserer Mitbürger im Westen geleugnet, aber sie existieren: Sie sind weder durch intellektuelle noch durch sonstige Autoritäten verbürgt; sie sind nicht aus Experimenten oder nach wissenschaftlichen Methoden abgeleitet; und sie sind nicht außerhalb von uns. Sie sind innere Lehrer der Erfahrung, des Lebens selbst.

Ich spreche in diesem Zusammenhang vom Westen oder der westlichen Kultur, weil die Menschen vieler anderer Kulturen heute das Leben und die Wirklichkeit auf andere Weise erfahren – und weil dies für sie ganz natürlich ist. Diesen Menschen würde es schwerfallen zu verstehen, wieso die westliche Wissenschaft grundlegende Erfahrungen des Lebens leugnet – wie etwa *Telepathie* (Senden und/oder Empfangen durch Impressionen von anderen bewußten Lebensformen), *Präkognition* (Erkennen der Zukunft), *Postkognition* (gegenwärtiges Sehen von Ereignissen, die sich in der Vergangenheit zutrugen), *Psychokinese* (Bewegen oder Beeinflussen von Gegenständen einzig durch die Macht der Gedanken), *Hellsehen* (Sehen von Ereignissen in der Ferne; darunter häufig auch Visionen der aurischen Felder und Chakras von Menschen und Tieren), *Hellhören* (Hören von Klängen oder Stimmen aus der Ferne, aus der Vergangenheit oder der Zukunft), *Clairsentience* (Fühlen der emotionalen Reaktionen anderer Lebewesen und/oder ihrer Schmerzen und/oder ihrer anderen Körperempfindungen), *Materialisation* und *Dematerialisation* (Erscheinen- oder Verschwindenlassen von Gegenständen in der eigenen Umgebung oder in der Ferne).

Zwar bestreitet die westliche Wissenschaft diese Phänomene,

die wir als Psi-Phänomene bezeichnen, aber ich selbst habe zu umfassende und zu tiefe Erfahrungen mit ihnen gemacht, als daß ich umhin könnte, sie nicht zu akzeptieren. Außerdem sind viele hochangesehene Männer und Frauen bereit, in Veröffentlichungen und Vorträgen über solche Phänomene zu sprechen, die die Macht des Geistes über die Materie beweisen – Leute wie Paul Brenner, David Bresler, Barbara Brown, Elmer und Alyce Green, Valerie Hunt, Shafica Karagulla, Stanley Krippner, Lawrence LeShan, John C. Lilly, Evarts Loomis, Jaquelyn McCandless, Edgar Mitchell, Richard Moss, Thelma Moss, Kenneth Pelletier, J. B. Rhine, Elisabeth Kübler-Ross, James Rota, O. Carl Simonton, Harold Stone, Robert Swearingen, Charles T. Tart, William A. Tiller und Jack Zimmerman. Und viele, die geachtete Stellungen im akademischen Leben, in der Naturwissenschaft und in der Medizin bekleiden, diskutieren ernsthaft und aufgeschlossen über diese Themen: Wenn ich mich hier auf die erwähnten Namen beschränke, so deshalb, weil diese Leute mir in den vergangenen drei Jahren begegnet sind. Die meisten kenne ich persönlich, und ich glaube, daß sie alle aufrichtig, ehrlich und von ihren Forschungen und Erfahrungen inspiriert sind. Jeder, der sich heute weigert, Phänomene der Macht des Geistes über die Materie als gültige Bestandteile der Realität anzuerkennen, lebt noch im finsteren Zeitalter einer unaufgeklärten Wissenschaft.

Ich habe nicht das Bedürfnis, die Existenz der Psi-Phänomene zu beweisen, weder mir selbst noch anderen. Vielmehr liegt ein Teil meines Interesses darin, solche Psi-Fähigkeiten bei mir wie bei anderen weiterzuentwickeln, nicht als Ziel an sich, sondern als Stufen zu einer umfassenden Bewußtheit. Wie sie funktionieren und warum sie funktionieren, das ist weniger wichtig als die unmittelbare Erfahrung selbst. Solche Fragen nach dem Wie und Warum hemmen meist sogar die natürliche Bereitschaft zu solchen Erfahrungen. Ich weiß allerdings, daß das, was wir als Psi bezeichnen – solange wir es nicht unmittelbar erfahren, sei es durch einen anderen begabten Menschen oder durch persönliches Erleben –, für die meisten in unserer westlichen Gesellschaft nur ein Thema leichtfertiger, intellektueller oder skeptischer Unterhaltungen ist. Doch wie fest die Glaubenssysteme der Leichtfertigen, der Intellektuellen und der Skeptiker auch verankert sein mögen, diese Leute verurteilen sich selbst zu einer beschränkten Erfahrung des Lebens.

Ich glaube, daß der Mensch gegenwärtig überhaupt eine Revolution von höchst erstaunlichen Ausmaßen auf dem Gebiet des menschlichen Bewußtseins erlebt. Dieses erweiterte Bewußtsein wird unser Verständnis von Raum und Zeit so fundamental verändern, es wird die meisten geläufigen wissenschaftlichen Hypothesen hinsichtlich der Materie und ihrer Struktur so dramatisch in Frage stellen, daß schließlich Bestätigung finden wird, was alle Religionen der Welt behaupten – nämlich die Existenz menschlichen Bewußtseins auch in Formen außerhalb des physischen menschlichen Leibes.

Ich stütze diese Behauptungen auf meine persönlichen Erfahrungen. Für mich ist eine Bestätigung oder Widerlegung durch andere Menschen oder durch ihre Schriften weniger wichtig als meine eigene unmittelbare Erfahrung in diesen Dingen. Um falschen Vorstellungen über meine Fähigkeiten vorzubeugen, möchte ich sagen, daß meine Erfahrungen, wie ich glaube, noch nicht über ihre ersten Entwicklungsstufen hinaus sind. Sie stellen sich nur sporadisch ein, und meistens sind sie mir nur dann zugänglich, wenn ich mit anderen Menschen zusammenarbeite, sei es in Workshops oder Kursen oder gewissen therapeutischen Interaktionen. Ich bin sehr empfänglich für die emotionalen Muster, denen andere im Augenblick unterliegen, und manchmal werden mir auch ihre allgemeinen Muster in der Zukunft und in der Vergangenheit bewußt. Wohl kann ich in der Regel den allgemeinen Trend erfassen, aber in diesem Stadium meiner Entwicklung sehe oder erkenne ich nur selten Einzelheiten über meine Zukunft und über die Vergangenheit oder Zukunft eines anderen – oder auch nur über die gegenwärtigen Aktivitäten eines anderen. Meist aber brauche ich nur kurz mit einem Menschen zu sprechen, bis mir Dinge bewußt werden, die mir in unserem Gespräch nicht mitgeteilt wurden. Ich hatte bereits Erfahrungen im Hellhören und Clairsentience, sowohl über weite Distanz als auch an Ort und Stelle, in Verbindung mit Erfahrungen des telepathischen Rapports.

Die Mehrzahl meiner Psi-Erfahrungen gehören in den Bereich der Telekinese lebenden Gewebes – d. h. des «Heilens». Bedenken Sie aber, daß ich *alle* Psi-Phänomene als Nebenprodukte einer Entfaltung höherer Bewußtseinszustände betrachte, gleichgültig ob diese Entfaltung durch den eigenen Willen oder durch «Zufall» geschieht. Das Heilen ist nur eines von verschiedenen

Psi-Phänomenen, und man darf sich nicht dazu verleiten lassen, der Fähigkeit zu heilen eine übertriebene Bedeutung beizumessen.

Sobald ich Energie durch meine Hände schicke, wird der Schmerz irgendwo im Körper ganz leicht und dauerhaft gelindert, gleichgültig ob dieser Schmerz psychologischen oder physiologischen Ursprungs ist, gleichgültig ob es sich um meinen Körper oder den Körper eines anderen Menschen handelt. Manchmal sind Geschwülste einfach unter meinen Händen verschwunden, und oft berichten die Menschen mir, daß sie ein Gefühl haben, als wären meine Hände physisch in ihrem Inneren. Abgesehen von solcher Telekinese, wird mir durch Hellsehen häufig bewußt, was einem anderen Menschen fehlt, bevor mein logisches Denken diese Einsicht aus den mitgeteilten Tatsachen folgern konnte.

An dieser Stelle muß ich aber eingestehen, daß ich mich oft getäuscht habe und daß bei anderen Gelegenheiten nichts geschah, als ich Energie durch meine Hände weitergab. So verwirrend diese Zwischenfälle sein mögen, geben die überwiegend positiven Erfahrungen mir doch Anlaß, mit tieferen Erkundungen fortzufahren.

Wenn wir solche Themen diskutieren, so gehören Lehrer und parapsychologische Phänomene zusammen. Psi-Fähigkeiten werden meistens, vielleicht sogar immer von Lehrern gelehrt, die einen fortgeschrittenen Zustand erweiterten oder natürlichen Bewußtseins erreicht haben, und das Wissen des Lehrers selbst stammt zum großen Teil von parapsychologischen Phänomenen. Bedauerlicherweise sind nicht alle Lehrer das, was sie zu sein behaupten – oder was sie oftmals zu sein glauben. Viele Lehrer ahmen einfach die Arbeit anderer Lehrer nach. Gute Lehrer sind selten. Hervorragende Lehrer des höheren Bewußtseins sind Juwelen. Mit einiger Sorgfalt ist es möglich, sie zu unterscheiden.

Ich erkenne hervorragende Lehrer an gewissen Kriterien. Sie sind vor allem *inspiriert*. Ihre Ideen und ihre Seinsheit können jeden erheben und stärken, der mit ihnen in Kontakt kommt. Sie sind immer auf einem oder mehreren Gebieten der Parapsychologie begabt. In der Regel, aber nicht immer, sind sie sich seit früher Kindheit ihrer Bestimmung bewußt. Ihre Ego-Struktur ist frei von größeren «Knoten», die ihre Lehren beeinträchtigen könnten. Ihre Einstellung zum Leben ist prüfend; sie sehen die zugrundeliegende Struktur in Bereichen wie der Religion, der

Gesellschaft, den Lebensformen und den zwischenmenschlichen Beziehungen. Sie sind Visionäre, die in ihrem Inneren eine sich entfaltende Entwicklungstendenz der menschlichen Erfahrung spüren. Sie verstehen die scheinbaren Paradoxien und Widersprüche zwischen dem Individuum und der Gruppe und haben diese für sich selbst gelöst. Sie sind in der Lage, eine Perspektive zu vermitteln, die das konditionierte Denken aufrüttelt, so daß es sich einem höheren Bewußtsein öffnet. Sie sind fähig, ihre Lehren in progressive Schritte zu unterteilen, und sie erkennen deutlich, daß Aussagen, die sie vor der einen Gruppe von Menschen machen, diametral denjenigen Aussagen entgegengesetzt sein können, die bei weiter fortgeschrittenen Schülern angebracht sind. Sie haben das Problem der lichten und dunklen Kräfte, des positiven und negativen Handelns gelöst. Sie sehen alles, aber sie beurteilen keine Tat und keinen einzelnen Menschen. Einem Leben im Dienst der Menschheit oder einer noch höheren Intelligenz verpflichtet, haben sie kein oder kaum ein Bedürfnis, in privaten Beziehungen zu leben. Sie strahlen Liebe und ein Verständnis aus, das sich in Worten nicht hinlänglich ausdrücken läßt. Sie sind in exoterischen wie esoterischen Dingen bewandert. Sie haben in unterschiedlichem Maß Zugang zu *direktem Wissen*: sie können Informationen aus anderen Bewußtseinsebenen als dem äußeren Denken oder Gedächtnis erschließen, und sie können diese Informationen ohne Verzerrung übermitteln. Diesen Vorgang bezeichnen wir als Kanalisieren, und der Lehrer ist der Kanal.

Es gibt hauptsächlich drei Methoden des Kanalisierens. Bei der einen tritt der Lehrer in einen Trancezustand ein, und es scheint, als spräche ein Wesen durch ihn. Das Kennzeichen dieser Form des Kanalisierens besteht darin, daß der Lehrer sich dessen völlig unbewußt ist und später nicht die geringste Erinnerung daran hat, was während der Trance gesprochen wurde oder stattfand. Die Stimme des «Kanals» mag dabei völlig anders als im normalen Leben sein, was auch für den Tonfall und andere sprachliche Eigenheiten des einzelnen gilt. Der «Kanal» kann die Bewegungen und typischen Äußerungen des entgegengesetzten Geschlechts übernehmen oder auch völlig reglos verharren, wobei seine Stimme monoton und modulationslos klingt. Das Kriterium dieser Art des Kanalisierens ist, daß die übermittelte Information der gewöhnlichen äußeren Vernunft des «Kanals» meist unbekannt ist.

Ein gutes Beispiel für einen Menschen, der sich dieser Art des Kanalisierens bediente, ist Edgar Cayce, der in Trance häufig über Dinge sprach, die völlig außerhalb der Interessen und Kenntnisse seiner äußeren Vernunft lagen. Im Trancezustand sah er oft weit entfernte Menschen und konnte die Kleidung, die sie trugen, und die Umgebung, in der sie lebten, genau beschreiben. Viele orthodoxe Schulmediziner bedienten sich seines diagnostischen Scharfsinns. Auch die Zeit, ob Vergangenheit oder Zukunft, war keine Barriere für sein Trance-Bewußtsein. Seine Fähigkeiten im Trancezustand waren verblüffend. Und doch unterlag er, wenn er sich nicht in Trance befand, allen Hemmungen des gewöhnlichen Bewußtseins. Dieser Umstand muß angemerkt werden, denn er zeigt deutlich, daß es Bewußtseinszustände oder -ebenen gibt, die auch dem begabtesten Lehrer unzugänglich sind, solange er mit dem logischen, konditionierten, äußerlichen Teil seines Bewußtseins arbeitet. Beachten Sie diesen Aspekt, denn selbst einen großen Lehrer werden Sie nicht erkennen, wenn der Betreffende sich im gewöhnlichen Bewußtseinszustand befindet. Urteilen Sie über einen Lehrer dann, wenn er sich im Zustand erhöhten Bewußtseins befindet. Sonst könnte es geschehen, daß Sie zu einem ganz falschen Urteil über den Betreffenden gelangen und eine Erfahrung versäumen, die Ihr Begreifen übersteigt.

Ich bin einer Reihe von großen Lehrern begegnet und habe die Schriften mancher anderen gelesen, und alle zeigen sie einen großen Unterschied zwischen ihrem höheren Bewußtseinszustand und ihren normalen, gewöhnlichen Bewußtseinszuständen. Ich spreche von Persönlichkeiten wie Sri Sathya Sai Baba, Bhagwan Shree Rajneesh, Ram Dass, Tarthang Tulku, Baba Muktananda, Eunice Hurt, David Spangler, Franklin Merrell-Wolff, John Lilly und Alan Watts, um nur einige zu nennen. Die Unfähigkeit, diesen Unterschied zu begreifen, ist die Ursache mancher Kritik an diesen Lehrern von seiten unwissender Menschen, die von ihnen erwarten, sie müßten ganz genau ihren jeweiligen Vorstellungen entsprechen, wie ein Lehrer, ein Heiliger oder ein Avatar sich vierundzwanzig Stunden am Tag verhalten sollte. Nicht einer der großen Lehrer, ob in der Gegenwart oder Vergangenheit, konnte die individuelle Entwicklungsphase des menschlichen Bewußtseins überspringen, und die meisten von ihnen verbrachten einen großen Teil ihres Lebens damit, die

Verwirrung ihrer konditionierten äußeren Vernunft zu entwirren. Und außerdem kann kein inkarnierter Lehrer für unbegrenzte Zeitspannen in erweiterten Bewußtseinszuständen verbleiben. Würdigen Sie ihn, wenn er es ist, und würdigen Sie ihn, wenn er es nicht ist.

Eine zweite Form des Kanalisierens ist jener höhere Zustand, in dem der «Kanal zurücktritt» und eine anscheinend andere Wesenheit «hervortreten» läßt. Bei dieser Art ist der «Kanal» Zeuge und hört den ganzen Inhalt des gesprochenen oder geschriebenen Materials. Solche «Kanäle» haben die Empfindung, als wirke etwas außerhalb von ihnen durch sie hindurch. Vielleicht wissen sie nichts von der Bedeutung der vorgebrachten Informationen, aber sie sind wach und bewußt wie ein Zuhörer oder Beobachter. Ich selbst kenne drei Menschen, die hauptsächlich auf diese Weise arbeiten, und ich habe von anderen gehört. Eine berühmte Persönlichkeit, die ich nicht kennengelernt habe, die aber eine fruchtbare Schriftstellerin und ein hervorragendes Beispiel für diese Form des Kanalisierens war, ist die verstorbene Alice Bailey.

Die dritte Form des Kanalisierens ist eine seltenere und, wie ich finde, eine wünschenswertere Methode des Kanalisierens. Bei dieser Form sind die «Kanäle» ganz wach – tatsächlich sogar überwach. Ideen fließen in ihr Bewußtsein. Da gibt es keine Empfindung von etwas anderem als dem durch sie sprechenden Selbst. Sie sind sich, während sie sprechen, völlig dessen bewußt, was sie sagen, auch wenn sie anschließend vielleicht keine detaillierte Erinnerung daran haben. Diese Art des Kanalisierens verlangt ein höchst integriertes Bewußtsein, denn dabei muß das wache Bewußtsein auf jene Ebene erhoben werden, von der die Informationen stammen, die sie erfahren und zum Ausdruck bringen. Vielleicht ist es meine persönliche vorgefaßte Meinung, aber ich finde, daß Menschen, die auf diese Weise kanalisieren, in ihrem täglichen Leben weniger spezialisiert sind als diejenigen, welche die beiden anderen Arten des Kanalisierens praktizieren.

Da viele Lehrer eine Kombination der Methoden anwenden, ist diese Unterscheidung nach verschiedenen Arten des Kanalisierens etwas künstlich und dient nur dazu, die Unterschiede in den Methoden kennenzulernen, mit denen die verschiedenen Lehrer arbeiten. Ungeachtet der Methode des Kanalisierens kommt es in erster Linie darauf an, daß die Informationen, die ein Lehrer aus jenen höheren Dimensionen des Bewußtseins hervorbringt, aus der unmittelbaren Inspiration stammen und nicht aus Büchern, Aufzeichnungen oder anderen äußeren Quellen. Die Lehrer können dabei auf bekannte Vorbilder hinweisen, die widerspiegeln, was sie sagen – zum Beispiel auf die Bibel, die Kabbala, die Veden –, aber im wesentlichen ist das übermittelte Material inspiriert und intuitiv, und es hat eine tiefe Wirkung auf diejenigen, die sich von ihren Stimmen und ihren Schriften erreichen lassen. Es besteht eine bemerkenswerte Ähnlichkeit zwischen den grundlegenden Lehren aller großen Lehrer, und darin kommt, wie ich glaube, die Tatsache zum Ausdruck, daß sie alle in einen ähnlichen Bewußtseinszustand eintreten und daß die Unterschiede in ihren Lehren nur durch ihre jeweilige Persönlichkeit bestimmt sind. Die wahren spirituellen Lehrer sprechen, wie alle klugen Schüler wissen, eine gemeinsame Nicht-Sprache. Ihre Gegenwart, die Vibrationen ihrer Stimme, all dies wirkt zusammen, um diese Wirkung hervorzubringen. Ihre Worte haben den geringsten Anteil daran.

Falls Sie auf der Suche nach einem großen Lehrer sind, sollten Sie sich von allen Vorstellungen befreien, die Sie womöglich darüber hegen, wie solche Menschen aussehen oder sich verhalten oder wo man sie antreffen könnte. Viele mittelmäßige Lehrer übernehmen Aufmachung und Verhaltensformen, wie wir sie dem inspirierten Lehrer zuschreiben. Ihr eigentliches Motiv ist klar: Weil sie zumeist unsicher sind, brauchen sie äußerliche Zierde, um sich Geltung zu verschaffen, und dabei kommen sie dem unkritischen Schüler entgegen, der – in seinem eifrigen Begehren, den idealen Lehrer zu finden – schließlich nur seiner eigenen Vorstellung vom idealen Lehrer begegnet, nicht aber einem wahrhaft großen Lehrer. Die wahrhaft Großen haben es nicht nötig, eine Rolle zu spielen, um den Bedürfnissen ihrer Schüler entgegenzukommen.

Auch wenn ich betont habe, daß parapsychologische Fähigkeiten zu den Eigenschaften von Bewußtseinslehrern gehören, ist daraus keinesfalls zu folgern, daß ein Lehrer, der in die Zukunft oder Vergangenheit sehen kann, der materialisieren und dematerialisieren oder der unheilbare Krankheiten heilen kann, zwangsläufig auch ein großer Lehrer ist. Psi-Fähigkeiten können sogar Fallstricke sein für das naive Gemüt, das solch einer Persönlichkeit sogleich ungeheure Kräfte zuschreibt oder Vermutungen hegt, die weit über das hinausgehen, was von einem auf diesen

Gebieten begabten Menschen zu erwarten wäre. Dies erinnert mich an die Eingeborenen «unzivilisierter» Länder, die, wenn sie zum erstenmal zivilisierten Menschen begegnen und deren Gewehre, Taschenlampen, Tonbandgeräte usw. sehen, sie für übernatürliche Wesen halten.

In metaphysischen Kreisen ist es wohlbekannt, daß parapsychologische Gaben, wie beeindruckend sie ungeschulten Menschen auch erscheinen mögen, keineswegs Kriterien des erleuchteten Meisters sind. Erleuchtete Meister, sofern sie ihre Begabung überhaupt einsetzen, sind sich durchaus bewußt, daß solche Taten der phänomenologischen Realität angehören und in jenem Reich des Bewußtseins, das über die physische, materielle Welt hinausgeht, wenig Bedeutung haben. Was einzig zählt, sind nicht die bewiesenen Taten, sondern das Bewußtsein des Lehrers. Tatsächlich, falls es nur diese Fähigkeiten wären, die den Lehrer von gewöhnlichen Leuten unterscheiden, vermute ich, daß dieser Lehrer in Regionen befangen ist, wo es um Macht über Menschen geht – den sogenannten Macht-Trips oder Ego-Trips. Bedauerlicherweise können viele, die eine oberflächliche Kenntnis der metaphysischen Techniken besitzen, sehr überzeugend abstreiten, daß sie Macht- oder Manipulationsspiele spielen, und dabei fortfahren, diese Phänomene zu mißbrauchen. Darum, Suchende, seid auf der Hut. Ihr seid selbst dafür verantwortlich, Euren Lehrer zu finden.

Da kommt mir ein wundervolles altes Sprichwort in den Sinn: «Wenn der Schüler bereit ist, stellt sich der Lehrer ein.» Der Schüler, der auf der Anfangsstufe seiner Bemühungen steht, wird den auf dieser Stufe für ihn perfekten Lehrer finden.

Hier ist aber noch eine weitere Warnung am Platze. Wohl mag es dem gewöhnlichen Bewußtsein des Anfängers so scheinen, als besäße der Lehrer unergründliche Weisheit, aber das ist niemals der Fall. Diese irrige Überzeugung führt womöglich nicht zu einer erweiterten Entwicklung der Seele, sondern zu einer Beschränkung. Wenn die Zeit reif ist für eine weitere Entwicklung, dann muß der Suchende bereit sein, sich von seinem gegenwärtigen Lehrer zu befreien, auch wenn dieser Lehrer bis dahin für ihn noch so wertvoll war.

Ein Beispiel dafür, aus meiner persönlichen Erfahrung, allerdings nicht aus dem Bereich der Bewußseinserweiterung, ist die vielfältige und gründliche Ausbildung, die ich in der orthodoxen

Medizin erhielt. Ich studierte nicht nur an einer Universität, sondern an drei hochangesehenen Institutionen. Meine Studienjahre an der University of Southern California vermittelten mir eine hervorragende Kenntnis der klinischen Medizin, jenes Zweiges, der die Pflege des Patienten lehrt. Am Johns Hopkins Hospital in Baltimore, Maryland, lernte ich wissenschaftliche Präzision, einen weiteren Aspekt der Medizin, der meine Fähigkeiten hochgradig verfeinerte. Und an der Mayo Clinic in Rochester, Minnesota, erlernte ich das Gleichgewicht. Nun vertraten diese drei Institutionen oftmals drei unterschiedliche, ziemlich starre Auffassungen hinsichtlich bestimmter medizinischer Probleme, mit diametral gegensätzlichen therapeutischen Konzepten, und es war für mich wie ein Erwachen, als ich entdeckte, daß alle drei zu positiven Resultaten führten. Dasselbe gilt auch für spirituelle Lehrer. Darum rate ich Ihnen, Ihre Erkundungen der kaum noch erforschten Bereiche des Bewußtseins zu vervollkommnen, indem Sie bei mehreren Lehrern Erfahrungen sammeln, nicht nur bei einem.

Noch ein letztes Wort über Lehrer: Eunice Hurt, meine eigene Lehrerin, sagte oft: «Bevor du dich einem Lehrer anvertraust, warte ab und sieh zu, welchen Weg die Macht geht.» Wenn der Lehrer sich selbst die Macht vorbehält, wenn er sich wie ein Gott oder ein Heiliger oder wie ein ganz besonderer Mensch verhält und kaum oder gar keine Belehrungen gibt, wie der Schüler in die Regionen gelangen könnte, in denen der Lehrer sich bewegt; wenn der Lehrer – direkt oder implizit – nach persönlicher Bereicherung durch materielle Dinge zu streben beginnt; wenn der Lehrer (obwohl Entwicklung auch durch den sexuellen Akt geschehen *kann*) zu verstehen gibt, daß die letzte Entwicklung *nur* durch das Zubettgehen mit ihm stattfinden kann – dann bewegt sich die Macht auf die Seite des Lehrers.

Wenn der Lehrer Ihnen aber alle Macht zurückgibt, die Sie ihm anvertraut haben; wenn der Lehrer Sie zu Ihren höchsten Möglichkeiten inspiriert, ganz gleich ob Ihnen dies zu Bewußsein kommt oder nicht; wenn ein Lehrer Sie und alle Menschen und alle Formen des Lebens unterschiedslos liebt – dann fließt die Macht zu Ihnen.

Bislang habe ich von äußeren, menschlichen Lehrern gesprochen. Es gibt aber auch innere Lehrer – Phänomene, die alle Menschen, wie ich aufrichtig hoffe, schließlich entdecken werden

– sowie Lehrer im Reich der Tiere, der Pflanzen und der Mineralien. Von diesen werde ich in einem anderen Kapitel berichten, wenn ich von meinem Erlebnis mit Eunice Hurt, meiner zweiten Lehrerin spreche, die ich meine Erweckerin oder die manifestierte Liebe nenne.

Zur Abrundung dieses zweiten Kapitels können gewisse Konzepte des holographischen Modells hilfreich sein. Das Hologramm ist ein dreidimensionales Bild, das durch die Interaktion von Lichtwellen im Raum entsteht. Die Grundideen sind einfach. Um ein Bild holographisch aufzuzeichnen, wird ein Laserstrahl «kohärenten» Lichts (Licht von einer einzigen Wellenlänge) durch ein halb-spiegelndes Prisma geleitet, welches ihn in zwei identische Strahlen aufspaltet, die im rechten Winkel zueinander stehen (siehe Abbildung 1.1). Strahl 1 (der Kontroll-Strahl) geht nun durch eine Linse, die ihn auffächert, und fällt dann auf die holographische Platte oder den Film, ohne das Objekt, das holographisch aufgezeichnet werden soll, überhaupt zu berühren. Strahl 2 (der Objekt-Strahl) fällt ebenfalls durch eine Linse und wird aufgefächert. Dann aber fällt er auf das Objekt, und ein Teil des auf das Objekt einfallenden Lichts wird direkt auf die holographische Platte reflektiert. Wenn der Kontrollstrahl und der Objektstrahl sich knapp vor der Oberfläche der holographischen Platte vereinigen, wirken sie zusammen und bilden ein komplexes Wellenmuster, das sich auf dem holographischen Film abzeichnet. Anders als bei der gewöhnlichen Photographie, sind die auf dem Film entstehenden Muster keine Abbilder des holographisch dargestellten Objekts, sondern Interferenzmuster der beiden Strahlen, die gemeinsam auf die Oberfläche fallen. Statt eines Bildes erscheint das Muster in Form geometrischer Strukturen. Doch mit entsprechenden Geräten kann ein Laserstrahl, der durch die fertige holographische Platte geleitet wird, ein dreidimensionales Bild des Objekts im Raum entstehen lassen, also kein Abbild auf einer Bildfläche.

Bei der gewöhnlichen Photographie muß eine Bildfläche oder ein anderer fester Gegenstand das Bild auffangen und in das Auge des Betrachters zurückwerfen. Bei der Holographie aber ist keine solche Bildfläche notwendig. Die Lichtwellen, die miteinander interagieren, bringen das Bild hervor, welches das Auge im Raum sieht.

Die theoretische Psychologie erörtert gegenwärtig die Mög-

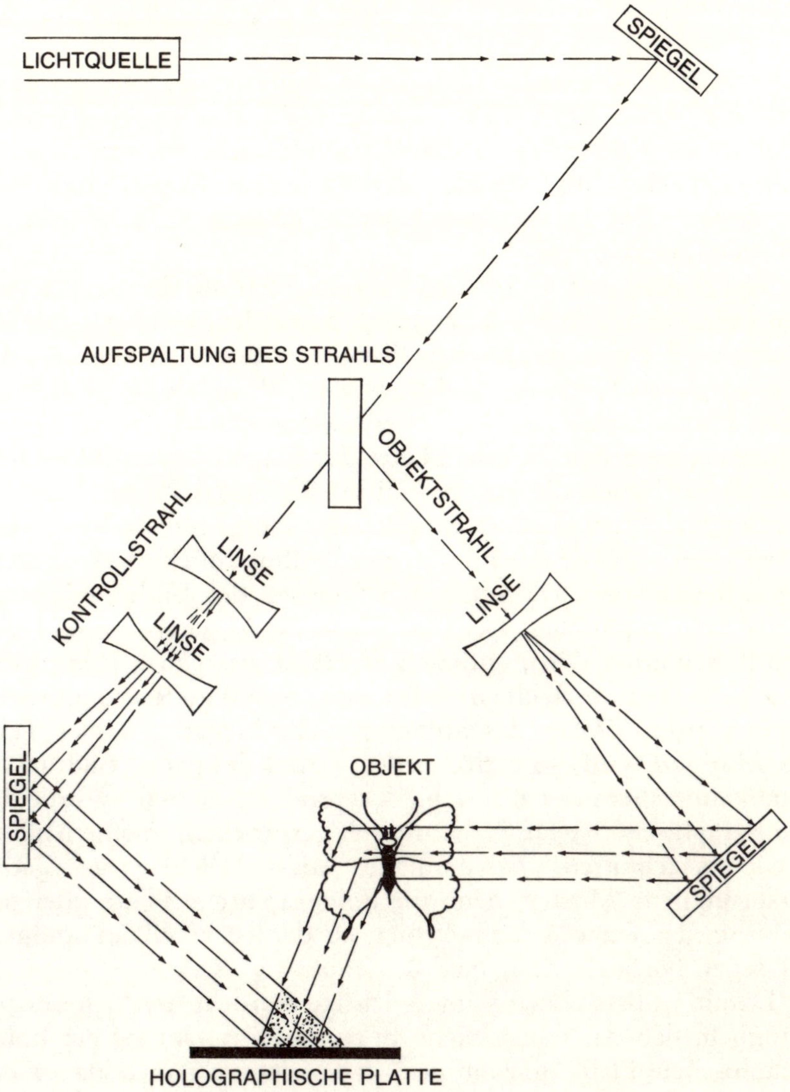


Abbildung 1.1
Hologramm

lichkeit, daß das Erscheinen der Objekte im Raum vielleicht nur eine Funktion der beiden Hälften des Gehirns sein könnte, denn diese bilden selbst so etwas wie einen holographischen Film, den die Wahrnehmung sodann zu Bildern organisiert. Trotz all unserer vertieften Kenntnisse über die Modalitäten des Sehens verstehen wir immer noch nicht, wie das Licht, das ins Auge einfällt und an die Sehzentren in der Hirnrinde weitervermittelt wird, gesteuert wird, um Objekte *außerhalb* unseres Kopfes erscheinen zu lassen. Die Hologramm-Theorie kommt einer möglichen Lösung am nächsten.

Viel interessanter jedoch, und vergleichbar mit den paranormalen oder «natürlichen» Bewußtseinszuständen, erscheint mir die Reaktion der holographischen Platte oder des Filmmaterials, das die Interferenzbilder des Lichts festhält. Wenn bei der gewöhnlichen Photographie ein Negativ entzweigeschnitten wird, so enthält das eine Stück die eine Hälfte des festgehaltenen Bildes und das andere Stück die andere Hälfte. Wenn das Negativ in vier Teile zerschnitten wird, so enthält jedes Viertel nur ein Viertel des Bildes usw. Würde der Film in eine Million Stücke zerschnitten, so enthielte jedes Teil nur ein Millionstel des Bildes. Nicht so beim holographischen Negativ. Wenn das Negativ in zwei Hälften zerschnitten wird, enthält jede Hälfte das ganze Bildmuster und kann folglich zu einem vollständigen Bild im Raum reproduziert werden. Wenn das holographische Negativ in vier Teile zerschnitten wird, so enthält jedes Viertel das ganze Bildmuster und kann daher das ganze Objekt reproduzieren usw. Würde das holographische Negativ, theoretisch gesprochen, in eine Million Teile zerschnitten, so enthielte jedes Teilchen das ganze ursprüngliche Muster, denn die holographische Platte oder der Film wird auf eine Weise belichtet, bei der jeder Teil des holographischen Negativs das ganze Wellenmuster «sieht».

Damit stoßen wir auf eine wichtige Einsicht: Ich halte es für möglich, daß das menschliche Bewußtsein irgendwie der holographischen Platte gleicht und daß jeder von uns, da er ein Teilchen dieses holographischen Negativs darstellt, tatsächlich die gesamten Informationen allen früheren, gegenwärtigen und zukünftigen Bewußtseins enthält. Die Absolutheit dieser Idee läßt sich nicht dreidimensional vorstellen, sondern muß, um richtig beurteilt zu werden, mindestens noch eine vierte Dimension einbeziehen. Im wesentlichen besagt diese Hypothese, daß jeder von uns Teil eines unermeßlichen, absolut wissenden Bewußtseinszustandes ist und daß jeder Mensch Zugang zu diesem absoluten Bewußtsein hat – beschränkt nur durch unsere Fähigkeit, es zu erkennen, sowie durch die Modalitäten unseres physischen Wahrnehmungsapparats.

Dieses Beispiel hilft uns, die Fähigkeit der Hellseher zu verstehen, die eine in weiter Ferne, in der Vergangenheit, in der Gegenwart oder Zukunft ablaufende Handlung sehen können. Die Hellseher begeben sich nicht an diesen räumlichen Ort. Dieser räumliche Ort existiert in ihrem eigenen Bewußtsein. Und darum brauchen sie nur jenen Teil ihres Bewußtseins zu beobachten, das diesen anderswo sich ereignenden Vorgang enthält. Das gleiche gilt auch für die Telepathie. Wenn unser eigenes, individuelles holographisches Negativ die Gesamtheit des menschlichen Bewußtseins enthält, haben wir auch Zugang zu den Gedanken eines anderen Menschen, ob in der Vergangenheit, in der Gegenwart oder in der Zukunft.

Diese Hypothese, so glaube ich, gilt eigentlich für alle Erfahrungen, ob gewöhnlicher oder außergewöhnlicher Art. Dies erklärt auch, wieso manchmal mehrere Menschen gleichzeitig dieselbe Erfindung machen oder dieselbe Erkenntnis haben. Es ist sowohl mit den Aussagen der Mystiker als auch mit der Wissenschaft vereinbar, daß ein Vorgang, der sich irgendwo im Universum abspielt, alle Punkte in diesem Universum beeinflußt. Unsere Vorstellungen des Raumes werden gegenwärtig durch die theoretische Physik völlig umstrukturiert, und mittlerweile hält die Naturwissenschaft es für möglich, daß ein Vorgang in der Ferne alle Punkte im Raum gleichzeitig beeinflußt, ohne daß irgendwelche Kräfte sich durch den Raum bewegen. (Es gibt zahlreiche, wirklich hervorragende Veröffentlichungen über diese Idee. Eine, die mir persönlich besonders gefällt, ist *Space-Time and Beyond* von Bob Toben, unter technischer Mitwirkung der Physiker Jack Sarfatti und Fred Wolf.)

Ich glaube, das holographische Modell ist ein erstaunlicher Fortschritt in unserem Verständnis der Erfahrungen dieses Lebens. Was mich daran fasziniert, ist die Ähnlichkeit zwischen den holographischen Bildern, die in den Raum projiziert werden, und den tatsächlichen physischen Manifestationen, die man bei einem veränderten Bewußtseinszustand im Raum bewirken kann, etwa bei einer spontanen Heilung und dergleichen. Falls Sie ähnliche Interessen haben, werden Sie vielleicht mehr erfahren wollen über den heutigen Stand der Theorie der holographischen Festkörper sowie über die in Weiterentwicklung begriffenen Techniken, um feste Objekte im leeren Raum herzustellen. Wer also Informationen braucht, dem empfehle ich die Zeitschrift *Scientific American,* die seit über zehn Jahren in sehr klarer Form über die Holographie berichtet.

Ich glaube, daß es beim Erreichen höherer – oder erweiterter oder natürlicher – Bewußtseinszustände lediglich darum geht, unser zentrales Nervensystem entsprechend einzustimmen, um Zustände wahrzunehmen, die seit jeher in uns existieren, die aber immer durch unsere äußerliche geistige Konditionierung und durch unser Beharren auf unseren physischen, emotionalen und sexuellen Aspekten blockiert waren.

Das erfahrbare Erwachen zu einem erweiterten Bewußtsein ist der Markstein des eben beginnenden Wassermann-Zeitalters. Ähnlich wie wir heute zwischen menschlichem Bewußtsein und tierischem Bewußtsein unterscheiden, werden solche höheren Bewußtseinszustände jene Menschen, die sie erfahren, vor den anderen auszeichnen, die sie nicht erfahren können. Zwar bleibt diese Erfahrung gegenwärtig relativ wenigen vorbehalten, aber ich glaube, daß diese wenigen die Zukunft einleiten und daß der Quantensprung zu einem höheren Bewußtsein schließlich eine Erfahrung der ganzen Menschheit sein wird.

DRITTES KAPITEL

# Energie, Experimente, Beobachter, natürliche Lehrer und die drei Gebote

*Warum muß der Mensch*
*für natürliche Bewußtseinszustände geschult werden?*
*Weil wir uns dafür entschieden haben,*
*an die Illusion als Grundlage der Wirklichkeit zu glauben.*

Alle Erfahrungen enthalten, wie gesagt, die Möglichkeit, etwas über uns selbst und über das Leben zu lehren. Alles ist eine Interaktion von Energien, und alle Materie ist Energie, ganz gleich ob diese Materie aus den Milliarden Atomen besteht, die zur Entstehung einer einzigen Zelle zusammenwirken, oder der unvorstellbaren Zahl von Atomen, die unseren physischen Körper bilden, oder den zahllosen subatomaren Vorgängen, die unsere Psyche ausmachen.

Nichts kann sich im Bereich des Physischen oder Psychischen manifestieren, solange nicht Energie in irgendeiner Form mit anderer Energie zusammenwirkt, sei es in einer anderen oder in einer ähnlichen Form. Kein Ereignis kann stattfinden, solange nicht etwas in Beziehung auf etwas anderes wirkt.

In der Vergangenheit vertraute die Wissenschaft auf die Beobachtung als einem Mittel, um Tatsachen festzustellen, auf denen sie Hypothesen und schließlich Theorien über die physischen Phänomene aufbauen konnte. Heute vollzieht die Wissenschaft einen zögernden, aber notwendigen Wandel ihrer Methoden. Eben erst beginnen wir zu verstehen, daß der Beobachter einen Einfluß auf das Beobachtete hat, ähnlich wie das beobachtete Ereignis den Beobachter beeinflußt. Genau dies haben Quantenmechanik und Relativitätstheorie vorausgesagt. Bei den «kontrollierten» Experimenten alter Schule hat man niemals die Möglichkeit in Betracht gezogen, daß die Beobachtung selbst das Experiment beeinflussen könnte, und folglich müssen wir heute einen großen Teil dieser Resultate als zweifelhaft bewerten.

Gewisse Experimente in der Sowjetunion – die wir leider nur aus ungenauen Übersetzungen kennen – scheinen darauf hinzuweisen, daß das Auge des Beobachters ein Kraftfeld aussendet, das Einfluß nimmt auf das, was dieses Auge betrachtet. Solche Untersuchungen werden durchgeführt, indem man Petrischalen, die Hefe enthalten, vor Versuchspersonen mit offenen Augen hinstellt und vor andere, die die Augen geschlossen haben, und dabei die Unterschiede im Wachstum der Kulturen feststellt. Offene Augen fördern das Wachstum der Hefekultur. Doch was noch wichtiger ist, es wird berichtet, daß die von den Augen ausgehende Energie meßbar ist und daß manche Beobachter ein stärkeres Feld aussenden als andere.

Marcel Vogel, ein kalifornischer Forscher, hat Experimente mit hochkonzentrierten Lösungen durchgeführt, in einem Zustand kurz vor dem Auskristallisieren der in ihnen enthaltenen Chemikalien. Während der Beobachtung dieser Lösungen unter dem Mikroskop konnte er feststellen, daß er die Entstehung und die Struktur solcher Kristalle einzig durch seine Gedanken zu beeinflussen vermag. Vielleicht bedeutet Vogels Entdeckung nicht nur, daß wir zu sehen bereit sind, was wir durch unsere eigenen verzerrenden Filter sehen möchten, sondern auch, daß wir das Geschehen beeinflussen können, indem wir es lediglich auf unsere eigene Weise sehen.

Viele kontrollierte Experimente können von späteren Forschern nicht wiederholt werden, und zwar nicht einfach deshalb, weil die Arbeit von irgendeinem unbestimmten experimentellen Faktor (etwa der Meereshöhe der Forschungsstätte oder geringfügigen Temperaturschwankungen) beeinflußt würde, sondern weil derjenige, der das Experiment durchführt, tatsächlich die Forschungsergebnisse auf eine Weise beeinflussen kann, von der die meisten Wissenschaftler nichts ahnen. Die psychischen und physischen Felder, die den Forscher umgeben, können die Ergebnisse verändern.

Das Kraftfeld des menschlichen Körpers, von der Parapsychologie als «Aura» bezeichnet, erstreckt sich, je nach Individuum, in einer Entfernung von einigen Zentimetern bis zu mehreren Metern vom Körper. Menschen, denen die Gabe des Hellsehens gegeben ist, können sehen, daß diese Aura mit jeglicher Materie in einem bestimmten Raum interagieren kann. Ähnlich enthüllt die Kirlian-Photographie, daß der Mensch tatsächlich so etwas wie ein biophysisches Energiefeld aus seinem Körper aussendet, das mit der biophysischen Energie eines anderen Menschen reagieren kann. Wenn zwei Menschen ihre Zeigefinger auf dieselbe photographische Platte legen, läßt sich die Interaktion ihrer Felder mit einer Filmkamera aufzeichnen.

Bei einer ähnlichen, aber in entscheidender Hinsicht verschiedenen Versuchsanordnung, dem Kilner-Schirm im de la Warr-Laboratorium in London, wird ein durchlässiger Farbstoff (Dicyanin-Blau) zwischen zwei Glasplatten aufgetragen, der Beobachtern erlaubt, die aurischen Felder von Objekten und Menschen in Interaktion wahrzunehmen.

Wiewohl die Wissenschaft erst heute solche persönlichen Kraftfelder zu untersuchen beginnt, müssen wir betonen, daß Hellseher seit Jahrtausenden solche Energiefelder gesehen haben und daß auch der Durchschnittsmensch, bei entsprechender Übung, die dichteren Felder sehen oder fühlen kann. Heute bestätigt die Naturwissenschaft zögernd, daß Auren und aurische Farben, wie die Hellseher sie sehen, Tatsachen sind. Die Wissenschaft verfügt auch über Testverfahren, mit denen es möglich ist, Leute zu überprüfen, die solche Fähigkeiten nur vortäuschen.

Eine Versuchsanordnung, die Doktor Valiere Hunt von der University of California entwickelt hat, macht nicht nur die sehr hohen Frequenzen sichtbar, die der Körper mancher Menschen aussendet, sondern bringt diese sehr hohen Frequenzen auch mit den aurischen Farben in Übereinstimmung, die zwei unabhängig voneinander getestete Hellseherinnen, Rosalyn Bruyere und Carolyn Conger, gesehen haben.

Handelte es sich bei dieser Energie-Strahlung lediglich um ein interessantes Lichterspiel, dann würde ich mir nicht die Mühe machen, darüber zu berichten. Aber diese Energiefelder wirken bei vielen interessanten Phänomenen mit – beim Heilen durch Handauflegen, beim Sehen oder Fühlen abnormer Energiefelder, die vom Körper oder von Körperteilen eines Kranken ausgehen, und bei Uri Gellers Fähigkeit, nicht nur Metallgegenstände zu verbiegen, sondern auch kaputte Uhren zu reparieren, ohne sie zu berühren. Die Beschäftigung mit diesen Energiefeldern hilft uns, das Phänomen der Kundalini-Energie zu verstehen, das von tantrischen Yogis im Osten wie im Westen erlebt und erforscht worden ist.

Vor allem müssen wir erkennen, daß das menschliche Bewußtsein zu Leistungen fähig ist, die unsere kühnsten Vorstellungen übersteigen. Aber obwohl die Wissenschaft, wenn es um die Überprüfung von Tatsachen geht, dem menschlichen Geist mißtraut und sich lieber auf Instrumente verläßt, hat es nie und wird es niemals ein Instrument geben, das dem Geist überlegen wäre, das Instrumente als Verlängerungen seiner selbst schafft.

Wenn ich daher von der Erfahrung des Lehrens als einem Sich-Beziehen auf alle Formen der Natur spreche, so geht es mir nicht darum, die Dinge lediglich anzuschauen. Es geht mir darum, die eigene dynamische Interaktion mit dem Objekt zu erleben und sich daher einem subtileren und unermeßlicheren Bewußtsein zu öffnen.

Am ersten Tag eines zweiwöchigen Kurses auf der Ranch fordere ich alle Teilnehmer auf, die folgenden Tage ausschließlich der Aufgabe zu widmen, sich einen Lehrer aus der natürlichen Umwelt zu suchen. Sie sollen einfach hinausgehen und versuchen zu erleben, was eine solche Art des Lehrens ihnen offenbaren könnte. Leute, die einen besonderen Sinn für Pflanzen haben, fordere ich auf, sich einen Lehrer im Reich der Mineralien zu suchen, etwa einen großen Stein, hauptsächlich damit sie aus dem «Feld» ihrer eigenen Sensitivität heraustreten. Ich schlage vor, daß jeder einzelne, statt die Wüste nur zu beobachten, einmal versucht, selbst die Wüste zu *werden* – eine unglaublich vertiefende Erfahrung, wenn es einem gelingt, seine Ego-Grenzen aufzulösen. Aber bei dieser Aufgabe, sich einen Lehrer aus der Natur zu suchen, gibt es einen Haken: Die Teilnehmer müssen dem Lehrer erlauben, sie zu erwählen! Sie werden darauf vorbereitet, daß ein Lehrer sie manchmal in dem Augenblick belehrt, wo sie es am wenigsten erwarten, und daß die Erkenntnis einer solchen Belehrung sich manchmal erst Stunden oder Tage später einstellt.

Die Teilnehmer bemühen sich, und meist gelingt es ihnen auch, eine Ebene des Bewußtseins zu erreichen, auf der sie in einen Gedankenaustausch mit diesen Lehrern eintreten können. Dieses Bemühen selbst, nicht nur sein Gelingen, ist eine wertvolle Hilfe, die den Betreffenden befähigt, aus seinem eingefahrenen Lebensmuster der Getrenntheit von der physischen Welt der Natur auszubrechen und zu erkennen, daß der menschliche Körper nur eine von vielen Ausdrucksformen der Lebenskraft ist.

Die Beziehung mit diesen Lehrern dauert die ganzen zwei Wochen des Kurses an. Noch bevor er endet, haben die meisten Teilnehmer jeden Tag viele Stunden mit ihrem Lehrer verbracht – meditierend, kontemplierend, berührend, tastend, riechend, mit Gefühlslauten arbeitend und sich im Beobachten ihrer psychischen Reaktionen auf die Aufgabe übend.

Die Inspiration zu dieser Übung kam mir aus meiner eigenen Erfahrung, kaum einen Monat, nachdem ich die Welt der Wissenschaft und der Medizin verlassen hatte. Ich mietete mir ein Haus in dem kleinen Dorf Findhorn in Schottland, etwa eine Meile entfernt von der berühmt gewordenen spirituellen Findhorn-Gemeinschaft, und in dieser Umgebung mußte ich verwundert feststellen, wie sehr ich den Kontakt zur Welt der Natur verloren hatte. Ein Tier war für mich lediglich ein Tier, und ein Baum war ein Baum. Ich spürte keinerlei Beziehung zu ihnen. Dann aber, auf dem Weg zwischen meinem Haus und der Findhorn-Gemeinschaft, fühlte sich mein Bewußtsein von einer unter mehreren prächtigen Fichten angezogen, die in einem Hain wuchsen. Dieser eine Baum schien mich aufzufordern, ihn zu umarmen. Und während ich dies tat, spürte ich eine Spannung durch meinen Körper fahren, und eine tiefe Gefühlsreaktion der Liebe und Anteilnahme. Ich hatte, wie ich einigen – natürlich sorgfältig ausgewählten – Freunden schrieb, eine höchst alberne Liebesgeschichte mit einem Baum. Irgend etwas in meinem physischen Körper war einer Beziehung mit einer Lebensform fähig, die meinem verwirrten äußeren Denken immer noch fremd schien. Mein Körper wußte, was er tat, auch wenn mein Geist es nicht wußte. Die intellektuellen Schranken brachen nieder, als ich zum erstenmal in meinem Leben als Erwachsener das Gefühl erfuhr, Teil der physischen Welt zu sein.

Heute noch muß ich mich immer wieder daran erinnern, daß ich ein Mensch bin, mit einem physischen Körper, der anderen Lebensformen auf diesem Planeten so wunderbar gleicht. Nur allzuoft merke ich, wie ich in meinem Kopf lebe und meiner Naturform gänzlich unbewußt bin. Auch heute noch muß ich mich manchmal an die Karikatur von Jules Feiffer erinnern, wo ein Mann verächtlich auf seinen Körper einredet: «Du hast Glück gehabt, daß ich dich brauche, um meinen Kopf herumzutragen», so sagt er, «sonst würde ich dir den Laufpaß geben!»

In den nachgelassenen Schriften meiner Mutter, die ich vor einigen Monaten entdeckte, betont sie, wie wichtig es ist, mit allen Formen der manifesten Ebene zu kommunizieren, um die Einheit mit Gott zu erreichen. Sie meinte damit das Lauschen auf die Stimmen der Steine, der Bäume und Felsen, der flüsternden Insekten und aller Formen der Schöpfung. Mein intellektuelles Streben hatte mir ganz die Erinnerung daran versperrt, wie sie stets über diesen Aspekt des Lebens, über die Lehrer in der Natur zu sprechen pflegte.

Ich suchte mir die Sky Hi Ranch im kalifornischen Lucerne Valley aus, um meine Beziehung zur Wüste zu erforschen. Es ist eine Umwelt, mit der die meisten Menschen nur wenig Erfahrung haben, aber jeder muß sich schließlich mit der Wüste seines eigenen Bewußtseins auseinandersetzen. Die physische Wüste ist ein guter Ort, um damit zu beginnen.

Für Uneingeweihte erscheint die Wüste als eine gewaltige Menge zerfallenden Granits, riesige Steinhaufen, endlose Strekken, mit Salbeibüschen bestanden, und weite Flächen von brauner und hellgelber Tönung. Allmählich aber tritt die Feinheit und Schönheit dieses Wüstenraumes hervor: die feinen Farben, immer deutlicher differenziert und vielgestaltig; die Rhythmen der Wüste, langsam und wogend wie ein weites ruhiges Meer; das Leben der Tiere und Pflanzen, so einzigartig in ihren Gewohnheiten und manche so klein, daß man sich auf Knie und Ellbogen niederlassen muß, um sie zu erkennen; die Stille, ein beunruhigendes Element für den Großstadtbewohner, und natürlich die Weite – o Gott, die Weite der Wüste mit ihrem noch weiteren

Nachthimmel, der von Ihnen fordert, aus der Gefängniszelle Ihres Bewußtseins herauszukommen.

Die 560 Morgen große Ranch liegt etwa auf 1200 Meter überm Meer, zwischen der oberen Mojave-Wüste und den San Bernardino-Bergen, in einer – wie die Biologen sagen – Übergangszone. Die biologische Übergangszone ist für meine Arbeit bedeutsam, denn bei meiner Arbeit habe ich mit Übergangszonen des Bewußtseins zu tun.

Wir stehen immer und überall in Beziehung zu allem, was uns umgibt, und werden dadurch beeinflußt. Für die ersten Schritte zu einem höheren Bewußtsein soll man sich einen Raum, der frei von physischem und psychischem Umweltschmutz ist, nicht nur vorstellen – man soll ihn erleben. Der Stadt den Rücken zu kehren, und sei es nur für die kurze Zeit von zwei Wochen, bietet zumindest eine gewisse Chance, sich freizumachen von der Überflutung durch buchstäblich Hunderttausende von Unternehmungen, die um unsere Aufmerksamkeit ringen, und auch von all dem übrigen psychischen Abfall von Menschen und Maschinen. In den achtzehn Monaten, bevor ich dieses Buch zu schreiben anfing, wurden auf der Sky Hi Ranch mehr als fünfhundert Menschen in die Grundlagen eines höheren Bewußtseins eingeführt. In Gruppen von sechzehn bis zwanzig Leuten lebten sie, meist für zwei Wochen, getrennt von ihrer täglichen Umwelt und isoliert auf der Ranch, ohne Zeitung und Fernsehen, ohne Radio und Telephon. Diese Isolierung von der Außenwelt war ein wichtiges Element der Veränderung, die bei allen Teilnehmern eintrat, und jeder von ihnen erreichte, sei es auch nur für kurze Zeit, einen höheren Bewußtseinszustand.

Wenn ich sage, daß jeder Mensch zu gegebener Zeit die Wüste des Bewußtseins erforschen muß, so meine ich damit dieselbe grundlegende und wichtige Erfahrung, die in der Bibel und in vielen anderen großen Meisterwerken als Rückzug in die Wüste beschrieben wird. Es ist nicht nur die buchstäbliche physische Wüste, mit der man sich auseinandersetzen muß, sondern das Wesen, das die Wüste versinnbildlicht. Die treibende Kraft dieses Abenteuers ist der Wechsel von den konstruierten Aspekten der Realität zu einer Perspektive unbegrenzter Möglichkeiten. Man muß die Sinne anstrengen und in der Tiefe nach verborgenen Quellen suchen. Ohne das mütterlich-nährende Grün des fruchtbaren Waldes, ohne die Großartigkeit und die Stimmungen einer abwechslungsreichen Küstenlandschaft, erscheint die Wüste leer. Doch die Wüste ist nicht leer, sondern wirklich subtil, und Subtilität ist das Wesen meiner Lehren, die ich hier vermittle.

Das Bewußtsein liebt Gegensätze. Es ist der Gegensatz der Erfahrungen, der uns am ehesten befähigt, klar zu sehen. Ich sagte vorher, daß einer der Wege, sich den vertiefenden Aspekten des Anfänger-Bewußtseins zu nähern, darin besteht, daß man seine Erinnerung zurückhält und lernt, Wiederholungen von Erfahrungen zu erleben, als ob jede Wiederholung die erste Begegnung wäre. Das Geschehenlassen gegensätzlicher Erfahrungen oder das Sich-Einlassen auf diese ist eine einfache Technik, um ein höheres Bewußtsein zu erreichen. Je größer der Gegensatz, desto eher wird das Bewußtsein ihm Aufmerksamkeit schenken. Und welchen größeren Gegensatz könnte es zu den üblichen Lebensmustern eines Menschen der westlichen Kultur geben als das Hineingehen in die Einsamkeit der Wüste?

Ich erinnere mich an eine Äußerung des Vizekanzlers einer Universität in England, die ich im April 1975 auf einer wissenschaftlichen Tagung hörte. Dieser Mann, mit seinen makellosen akademischen Referenzen und seinem Reichtum an Wissen, beklagte sich, es sei ein Fehler im System der Erziehung. «Mehr als 90 Prozent dessen, was ich lehre», so meinte er, «ist informativer Natur. Weniger als 10 Prozent stammt aus unmittelbarer Lebenserfahrung.» Ich war schockiert. So viel von meiner Ausbildung war bloße Information, und so wenig war unmittelbare Erfahrung. Dieser Gedanke drängte mich, etwas über mich selbst zu erfahren, nicht nur durch Informationen und Vorstellungen über mich, sondern durch direkte Erfahrung mit mir selbst. Allmählich, und mit der Zeit immer rascher, begann ich die Zitadelle meines Intellekts für immer längere Zeitspannen zu verlassen – und mit immer weniger Angst. Dieser Vorgang ist schmerzhaft, weil er die Fähigkeit voraussetzt, daß man vernichtend ehrlich mit sich selber ist. Ich behaupte, man muß fähig sein, die Karten auf den Tisch zu legen und ohne Rationalisierungen oder Abwehrmechanismen zu akzeptieren, was sich dem Bewußtsein darbietet, um klar zu erkennen, was ist. Um dies zu tun, müssen Sie sich an drei Gebote erinnern: Ziehen Sie keine Vergleiche, fällen Sie keine Urteile, und tilgen Sie Ihr Bedürfnis, zu verstehen.

Die Geschichte dieser Gebote beweist sowohl ihre mögliche Nützlichkeit wie auch die möglichen Konsequenzen, falls man sie nicht befolgt. Im November 1975 kam eine Frau, die in der Nähe von Redlands in Kalifornien lebte, zu mir auf die Ranch, um sich in der persönlichen Konsultation einen Rat zu holen. Die Gründe für ihren Besuch erläuternd, sagte sie, sie habe sich seit einiger Zeit damit beschäftigt, die Tarot-Karten hellseherisch zu deuten. So groß war ihre Begabung, die zukünftigen Aspekte einer jeden Frage genau aufzudecken, die ein Klient ihr stellte, daß sie sich alsbald von Telephonanrufen aus aller Welt überschwemmt sah. Ihre Begabung auf diesem besonderen Gebiet der Psi-Fähigkeiten war ihr erst achtzehn Monate vor ihrem Besuch bei mir zuteil geworden.

Jetzt sehnte sie sich sehr danach, von ihrer hellseherischen Gabe frei zu sein. Sie war emotional nicht darauf vorbereitet, negative Ereignisse, die sich in der Zukunft ereignen würden, zu sehen und damit fertig zu werden. Auch wenn sie nicht die Tarot-Karten deutete, wurden ihr häufig traumatische Ereignisse bewußt, die dann Minuten oder Stunden, nachdem sie sie geschaut hatte, eintraten. Diese Erfahrungen hatten sie so erschüttert, daß sie bereits ein paar Monate, bevor sie auf die Ranch kam, das Lesen aus den Karten gänzlich aufgegeben hatte und sich für ein Studium der konventionellen Psychologie an einer benachbarten Universität eingeschrieben hatte. Achtbare Referenzen und eine konventionelle Arbeit erschienen ihr wichtiger als eine sonderbare Fähigkeit, die ihrer äußeren Vernunft als beunruhigend und abnorm erschien. Mitten in der Sitzung bei mir erinnerte sie sich plötzlich an ein Ereignis, das sich drei Jahre vorher zugetragen hatte. Sie hatte niemandem davon erzählt, weil sie es für ein verrücktes Erlebnis hielt. Eine Stimme hatte zu ihr gesprochen. Sie erinnerte sich noch genau an die Worte. Aber auch nach drei Jahren, noch zum Zeitpunkt unseres Gesprächs, enthielten diese für sie keinen Sinn.

Dieses Ereignis geschah etwa achtzehn Monate *vor* dem Einsetzen ihrer Psi-Fähigkeiten. Es war ein dramatisches Geschehen, und sie war nicht darauf vorbereitet gewesen. Sie beteuerte mir, daß sie bis dahin eine völlig normale Frau gewesen sei, ohne Kenntnis von paranormalen Erfahrungen oder auch nur von Meditation. Sie war «nur eine Hausfrau».

Daß jenes Ereignis unter solchen Bedingungen stattfand, ist

wichtig. Für manch anderen hätte es die Erfüllung einer langjährigen spirituellen Vorbereitung bedeuten können, aber diese Frau hatte damals keine Ahnung, daß eine solche spirituelle Entfaltung wünschenswert oder auch nur möglich sein könnte.

Der Zwischenfall ereignete sich eines Tages, bei Sonnenuntergang, während sie am Strand von Santa Monica, Kalifornien, entlangspazierte. Als sie den Blick senkte, bemerkte sie, daß jedesmal, wenn ihr Fuß in den Sand einsank, ein irisierendes Licht aufleuchtete, das von dem Sand ausging. Nach einigen Minuten nahmen auch ihre Füße diesen unheimlichen, schillernden Lichtschein an. Vergeblich versuchte sie, das Licht verschwinden zu lassen, und zugleich war sie davon zutiefst fasziniert. Während die mannigfachen Farben immer intensiver wurden, hob sie die Augen, um die an der Küste sich brechenden Wellen zu beobachten, und sah, daß das seltsame Licht auch von den sich auftürmenden und brechenden Wogen ausstrahlte. Plötzlich strahlte *alles* in einem phantastischen Farbenspiel dieses Licht aus.

Die Frau verlor alles Zeitgefühl und alle normalen Raumbezüge, und sie empfand ein überwältigendes Wohlgefühl, als befinde sie sich in einem Zustand der Seligkeit, in dem sie mit allem eins war und alles Gott war. Als diese Erfahrung ihren Höhepunkt erreichte, hörte sie eine donnernde Stimme. Es klang anders als alles, was sie jemals gehört hatte. Sie war verängstigt und fürchtete, den Verstand zu verlieren. Die Stimme sagte langsam und immer wieder zu ihr: «Es gibt für dich drei Gebote. Beachte sie. Ziehe keine Vergleiche, ziehe keine Vergleiche. Fälle keine Urteile, fälle keine Urteile. Tilge dein Bedürfnis, zu verstehen, tilge dein Bedürfnis, zu verstehen.»

Dann verblaßte die Erfahrung allmählich, während die Frau in ihr gewöhnliches Bewußtsein zurückkehrte. Sie war von Staunen und Angst erfüllt. Statt zu erkennen, daß sie mit kosmischem Bewußtsein in Berührung gekommen war, glaubte sie, den Wahnsinn erlebt zu haben.

Aufgepaßt, Sie alle, die Sie so eifrig bemüht sind, durch lange und manchmal schmerzhafte, disziplinierte Übungen das kosmische Bewußtsein zu erlangen! Das Ereignis kam spontan und völlig unerwartet, es war voll entfaltet und widerfuhr einer Frau, der seine Bedeutung und seine Natur – zumindest in diesem Leben – völlig schleierhaft waren. Es trat ein, bevor sie die Fähigkeit entwickelt hatte, die Schranken von Raum und Zeit zu transzendieren. Ich betone diese Tatsachen, weil ich vermute, daß solche Erfahrungen bei gewöhnlichen Menschen viel häufiger auftreten, als darüber berichtet wird, und daß diese Leute nur schweigen aus Angst, für anormal oder psychotisch gehalten zu werden.

*«Ziehe keine Vergleiche.»* Immer wieder werden wir dahingehend konditioniert, uns in der Konkurrenz schulischer Prüfungen, im Sport, bei beruflichen Beförderungen und in unserer gesellschaftlichen Stellung mit anderen zu vergleichen. Jede Gesellschaft hat ihre eigene Auswahl von Kriterien, an denen die Leute sich messen und nach denen sie miteinander verglichen werden. Falls unsere psychische oder physische Ausstattung nicht die Norm erfüllt, erfahren wir ein Trauma. Und doch sind wir selbst diejenigen, die dieses Trauma erzeugen, denn nicht die Ablehnung oder das Nicht-Akzeptiertwerden von seiten anderer Menschen, sondern unser eigenes Nicht-Akzeptieren und unsere Ablehnung verursachten den Schmerz.

Was den Geist von der wahren Wirklichkeit der physischen Ebene trennt, ist seine Neigung, in Ideen zu leben. Doch die Ebene der Ideen kann unmöglich bestehen bleiben, sobald sie direkt mit der Ebene des Manifesten konfrontiert ist. Das Selbst *ist* – das Selbst ist zweifellos wahr –, aber die Ideen über das Selbst können wahr oder falsch sein, und in dieser Zweideutigkeit liegt das Problem. Wenn der einzelne hartnäckig an Ideen festhält, statt in Harmonie mit dem zu leben, *was ist,* muß daraus Schmerz folgen. Der Betreffende fühlt sich gezwungen, zu stärkeren Abwehrmitteln zu greifen, und Verdrängung, Depression und Abreaktion vermehren seine Schwierigkeiten. Die Fähigkeit, zu erleben, *was ist,* und sich davon tragen zu lassen, ist ein Zeichen für die beginnende Einigung von Seele, Körper und Geist. Sie ist die erste Initiation in einen natürlichen Zustand der Seinsheit.

Sind wir zu dick, zu klein, zu groß, zu ungebildet, zu intellektuell, zu emotional, zu feminin, zu maskulin, zu sonderbar, zu undiszipliniert, zu schwach, zu unreif, zu zwanghaft, zu unspirituell, zu unbegabt? Kritisieren wir uns, weil wir rauchen oder nicht rauchen? Weil wir trinken oder nicht trinken? Weil wir religiös sind oder nicht religiös sind? Die Reihe der Möglichkeiten ist endlos. Aber in dem Gebot «Ziehe keine Vergleiche» wurzelt die daraus folgende Idee: Sei, was du bist! Selbsterfahrung, und nicht irgendwelche vorgefaßten Ideen über die verschiedenen Aspekte des Selbst, sollte uns vorschreiben, ob wir etwas ändern sollten oder nicht.

Bei der Kurs-Arbeit auf der Ranch kommt dieses Gebot immer wieder zur Sprache. Wenn die ersten Teilnehmer einen Zustand erweiterten Bewußtseins zu erleben beginnen, fangen die anderen, die sie beobachten, mit der Selbst-Geißelung an: Sie berichten, daß sie sich ausgeschlossen und unzulänglich fühlen, unsicher und vergleichsweise wertlos. Wenn ich ihnen dann vorhalte, sie könnten sich doch ebensogut von der Erfahrung anstecken lassen, die den anderen Mitgliedern als erweitertes Bewußtsein zuteil wird, sich dieser Erfahrung öffnen und über die Errungenschaft des anderen frohlocken, dann beginnen sie zu verstehen, wie ihr eigener Verstand diesen Zustand erweiterten Bewußtseins verhindert, wie sie mit ihren Vergleichen ihre eigene Entfaltung verzögern. Denn tatsächlich hilft der Mensch, der ein höheres Bewußtsein hat, den anderen durch das Prinzip der Induktion. Das heißt, die höhere Bewußtseinsebene des Betreffenden spiegelt sich in seinem körperlichen Energiefeld wider, so daß im Energiefeld des anderen eine ähnliche Reaktion induziert wird, und diese Reaktion überträgt sich auf das Bewußtsein des anderen.

Die Induktion funktioniert besser, wenn das Induktionsfeld des anderen nicht durch Abwehr blockiert ist. Leider ist das Vergleichen nicht die einzige Ursache der Abwehr. Oft geschieht es, daß der Betreffende, auch wenn seine äußere Vernunft die Erfahrung eines höheren Bewußtseinszustandes als wünschenswert betrachtet, sich doch auf einer inneren Ebene bedroht fühlt, weil er die Kontrolle zu verlieren fürchtet. Um diesen eingebildeten Verlust abzuwehren, blockiert er lieber sein Reaktionsvermögen.

Als Beispiel dafür möchte ich wieder eine Erfahrung aus meinem eigenen Leben berichten. Fast mein ganzes Leben lang fand ich die Gestalt meines Körpers weniger männlich, als es meinem Ideal und auch den Normen entsprach, die, wie ich glaubte, die anderen vertraten. Mein rechter Hoden senkte sich erst, als ich vierzehn wurde, aus der Leibeshöhle, und ich brauchte mich erst mit neunzehn Jahren zu rasieren. Mein Bartwuchs ist spärlich. In der Jugend wurde bei mir eine leichte Schwellung der Brust festgestellt, meine Haut war zu glatt und meine relativ mangelhafte Körperbehaarung, vor allem auf der Brust, erschien mir unerträglich. Ich glaubte, daß bei mir etwas nicht in Ordnung sei. Erst mit dreißig Jahren erkannte ich den Irrtum dieses selbstzugefügten Traumas. Heute brauche ich mich nicht mehr mit der äußeren Gestalt anderer Menschen zu vergleichen, und gewiß nicht mit der Vorstellung eines anderen Selbst – zumal eines Selbst, das gar nicht existiert. Als meine Selbstablehnung abzubröckeln begann, wurde die Energie, die in meine psychologischen Abwehrmechanismen eingegangen war, wieder freigesetzt und entfaltete sich zu einem tiefen Gefühl der Dankbarkeit und des Staunens über die unendliche Vielfalt der Formen, die in der Natur auftreten.

Das Vergleichen sperrt uns in ein Gefängnis voll psychischer Schmerzen. Bevor ich einen Zustand des Bewußtseins erreichen konnte, in dem ich erkannte, daß jeder Mensch eine unverwechselbare und einzigartige Versinnbildlichung von Gestalt und Psyche ist, war ich gefangen. Dann befreite mich das Bewußtsein aus dem Gefängnis und führte mich zu der erstaunlichen Wahrheit: Wir alle sind viel mehr, als wir uns überhaupt wünschen können, aber wir sind eingepfercht in ein schmales Spektrum von Ansichten darüber, wer und was wir sind. Damit wir allmählich zu dieser potentiellen Erfahrung unserer eigenen individuellen Ganzheit erwachen, ist es notwendig, daß keine Vergleiche gezogen werden. Es gibt nur ein Wesen im ganzen Erdkreis, das jene Vergleiche ziehen kann, die den Teufelskreis begründen, und dieses Wesen sind Sie selbst.

Die große Prüfung für mein Selbstwertgefühl kam während der Vollmondnacht im Februar 1975, als ich dreizehn Stunden allein in der großen Cheopspyramide verbrachte. Eine der vielen tiefen Erfahrungen jener Nacht war die Demonstration aller meiner Fehler, die in rascher Folge vor meinem Bewußtsein aufblitzten – wie eine Reihe von Diapositiven, in überlebendigen Farben und Einzelheiten. Als ich sie sah, wußte ich, daß ich wählen konnte, ob ich darauf reagieren oder sie lediglich beobachten wollte, und ich wählte das letztere. Dann blitzte die Totalität meiner Seinsheit vor mir auf, und mit neuer Einsicht in jeden meiner Fehler sah ich diese nicht mehr als Fehler, sondern als Herausforderungen, als notwendige Erfahrungen für mein sich entfaltendes Erwachen.

Es gibt ein Wort von Goethe, das besagt: Wenn man den Menschen so behandelt, wie er zu sein scheint, dann macht man ihn schlechter, als er ist. Aber wenn man den Menschen so behandelt, als wäre er bereits das, was er potentiell sein könnte, dann macht man ihn zu dem, was er sein sollte. Das Schlüsselwort ist *scheint*. Selten, wenn überhaupt, sehen wir uns oder andere Menschen als Ganzheit – mit allen potentiellen, noch nicht manifesten Möglichkeiten. Die Filter unserer äußeren Vernunft sind zu stark. Bei den Kursen auf der Ranch trage ich den Teilnehmern dieses Goethewort vor und bitte dann jeden einzelnen, sich einen ganzen Nachmittag lang in die Betrachtung dieses Zitats zu versenken: «Wenn ich mich so behandle, wie ich scheinbar zu sein glaube, dann mache ich mich geringer, als ich bin. Aber wenn ich mich so behandle, als wäre ich bereits das, was ich potentiell sein könnte, dann mache ich mich zu dem, was ich sein sollte.» Nur das lineare, in der Zeit befangene Denken hindert uns daran, die verblüffende Schönheit unseres Wesens zu sehen.

Die Ideen über das, was richtig und was falsch ist, sind in der überwältigenden Mehrheit aller Fälle nicht wesenhaft wahr. Wahr können sie nur in bezug auf die Perspektive des Bewußtseins sein, das sie vertritt. Und sogar dann können sie, wie wir sahen, mißverstanden werden. Es gibt viele, viele Wertsysteme, wie wir leicht erkennen, wenn wir durch die Welt reisen; und jedes hat seine eigenen Vorstellungen von richtig und falsch. Das Erwachen führt uns zu tieferer Weisheit, in der wir uns für das entscheiden können, was wir als harmonisch, natürlich, erhebend, erweiternd und inspirierend empfinden. Statt uns nach *Ideen* darüber zu sehnen, was sein sollte, entscheiden wir uns für das, was dem entspricht, *was ist*.

Es ist besonders wichtig, daß wir das Gebot, keine Vergleiche zu ziehen, nicht als eine Aufforderung mißverstehen, in einem Zustand der Selbstzufriedenheit zu leben, wo alles, was die äußere Vernunft wahrnimmt, als vollkommen oder als richtig rationalisiert wird, ohne jedes Bedürfnis nach Veränderung. Selbstgefälligkeit ist der Weg der Unwissenden. Hier kommt es darauf an, den emotionalen oder psychologischen Abwehrmechanismus außer Kraft zu setzen, so daß wir erkennen und akzeptieren, was aus den erweiterten Bewußtseinszuständen kommt. Was uns in einem weniger inspirierten Zustand als nicht wünschenswert erscheint, könnte von einem höheren Standpunkt aus betrachtet völlig harmonisch sein.

Wir befinden uns alle in verschiedenen Entwicklungsstadien des Bewußtseins. Die stets zunehmenden Erkenntnisse, die uns schließlich zur Erleuchtung und zur Beherrschung unserer gegenwärtigen Daseinsebene führen, sind ein natürlicher Vorgang in der Erfahrung des Lebens. Jeder von uns muß sich entscheiden, ob er dieser tieferen Sehnsucht nach spiritueller Erfüllung gehorchen will, sobald sie in seinem Bewußtsein aufzutauchen beginnt. Die häufigste Entscheidung ist, sie zu ignorieren und zurückzufallen in bequeme, eingefahrene Lebensmuster, die bereits angenehmerweise als wirklich und wichtig rationalisiert sind.

Wenn man grundsätzlich zufrieden mit seinem Leben ist, wenn man nicht den starken Verdacht hat, daß es mehr mit der Seinsheit auf sich haben könnte als das, was der gewöhnliche Mensch als Leben bezeichnet, wenn man sich nicht zu einer anderen Bewußtseinsebene hingezogen fühlt, dann gibt es keinen Grund, ein Buch zu lesen, das vom Prozeß der Transformation handelt. Wie ich schon in der Einleitung sagte: In dem Augenblick, da man nach einem Weg zur Veränderung und zur Bewußtseinserweiterung zu suchen beginnt, verändert sich das Leben, und sehr oft auf dramatische Weise. Wer einmal vom Nektar gekostet hat, für den gibt es kein Zurück. Die alten Muster und Überzeugungen passen nicht mehr, wie Kinderkleider, aus denen man herauswächst. Und ein Gefühl der Beengtheit und des Schmerzes stellt sich ein, wenn man versucht, weiterhin seine alten Götter anzubeten.

*«Fälle keine Urteile.»* Alle Urteile von der Art, die mit diesem zweiten Gebot gemeint sind, resultieren aus einem konditionierten Wertsystem, das wiederum im emotionalen Reflexbogen wurzelt. Ein solches Urteil kann nur eine Reaktion auf das sein, was man erlebt hat. Unterstreichen wir das Wort *Reaktion,* denn es ist das Kriterium, anhand dessen wir erkennen, ob unsere Reaktion konditioniert, also nicht von essentiellem Wert ist. Unsere Reaktionen auf Gut und Böse, auf Schön oder Häßlich, auf Begabung oder fehlende Begabung sind gelernte Antworten, die etwas mit der Kultur und Subkultur unserer Erziehung und Ausbildung zu tun haben. Bevor man sich auf ein Urteil festlegt, muß man wenigstens zu erkennen versuchen, woher die Reaktion kommt. Falls es eine Idee ist, die auch von Mutter und Vater, von einem Lehrer oder einer Autoritätsperson in einer religiösen

Institution vertreten wurde, so müssen Sie sich die Frage vorlegen, ob es sich um eine eigenständige und gültige, natürliche Reaktion handelt oder ob sie durch jene Autoritäten bei Ihnen konditioniert wurde. Gibt es für Sie eine Alternative zu dem Standpunkt, von dem Sie die Situation betrachten und erleben? Es kommt darauf an, ein Ereignis zu erkennen, es klar und zuerst ohne Reaktion zu sehen. Dann ist die spätere Reaktion ein Hinweis auf die Stufe der Entfaltung oder des Erwachens, die Sie bereits erreicht haben. Durch Schulung erstarrt das menschliche Bewußtsein. Ist es erst einmal konditioniert, dann kann es ohne Umschulung keine natürlichen Erfahrungszustände mehr erleben.

In Rudolf Steiners Buch *Theosophie,* im letzten Kapitel, das den Titel «Der Pfad der Erkenntnis» trägt, stehen grundlegende Worte über die Konsequenzen des Urteils:

> Schon in dem Gesagten liegt eine erste Eigenschaft angedeutet, die derjenige in sich ausbilden muß, der zu eigener Anschauung höherer Tatsachen kommen will. Es ist die *rückhaltlose, unbefangene Hingabe* an dasjenige, was das Menschenleben oder auch die außermenschliche Welt offenbaren.
>
> Der Lernende muß in jedem Augenblicke sich zum völlig leeren Gefäß machen können, in das die fremde Welt einfließt. Nur diejenigen Augenblicke sind solche der Erkenntnis, wo jedes Urteil, jede Kritik schweigen, die von uns ausgehen.
>
> Will einer den Pfad der höheren Erkenntnis betreten, so muß er sich darin üben, sich selbst mit allen seinen Vorurteilen in jedem Augenblicke auslöschen zu können. Solange er sich auslöscht, fließt das andere in ihn hinein.
>
> Dieses unbefangene Hingeben hat mit einem «blinden Glauben» nicht das geringste zu tun. Es kommt nicht darauf an, daß man blind an etwas glaubt, sondern darauf, daß man nicht das «blinde Urteil» an Stelle des lebendigen Eindruckes setzt.

*«Tilge dein Bedürfnis, zu verstehen.»* Beachten Sie, daß dieses dritte und letzte Gebot nicht von Ihnen verlangt, ihr Verstehen auszutilgen. Es warnt eindeutig davor, am *Bedürfnis*, zu verstehen, festzuhalten, das aus den vorkonditionierten Bereichen der Psyche stammt. Unmittelbares Wissen oder Verstehen ist einfach

von selber da, und es hat nichts zu tun mit einem etwaigen Bedürfnis des Beobachters. Das *Bedürfnis*, zu verstehen, stellt sich zwischen den Beobachter und das, was sich dem Bewußtsein darbietet. Es behindert, es blockiert den Weg. Das Bedürfnis, zu verstehen, ist ein Zeichen für das Bedürfnis, die Kontrolle zu behalten, nach Ideen zu leben, statt sich von der Realität des höheren Bewußtseins tragen zu lassen. Lösen Sie sich vom Bedürfnis, zu verstehen, ähnlich wie Sie sich von Vergleichen und Urteilen lösen müssen, damit Sie ohne Behinderung erfahren können, was wirklich ist.

Was jene Frau betrifft, die am Strande die Stimme hörte, so war das, was sie berichtete, offenbar eine Erfahrung kosmischen Bewußtseins. Hätte sie jedoch die drei Gebote, die sie empfing, verstanden und befolgt, dann hätte das, was mit ihrem Durchbruch zu höheren Dimensionen des Bewußtseins in ihr Leben eintrat, ihr niemals Schmerz bereitet. Alle drei Gebote beziehen sich auf das eine: den Verzicht auf Ideen darüber, was sein sollte, und das Akzeptieren dessen, was ist. Aus dem Festhalten an dem, was sein sollte, und der Ablehnung dessen, was ist, kommt der Schmerz.

Und selbst eine so große übersinnliche Gabe wie die jener Frau ist, so meine ich, nur eine von vielen einleitenden Erfahrungen in der geistig-psychischen Entwicklung.

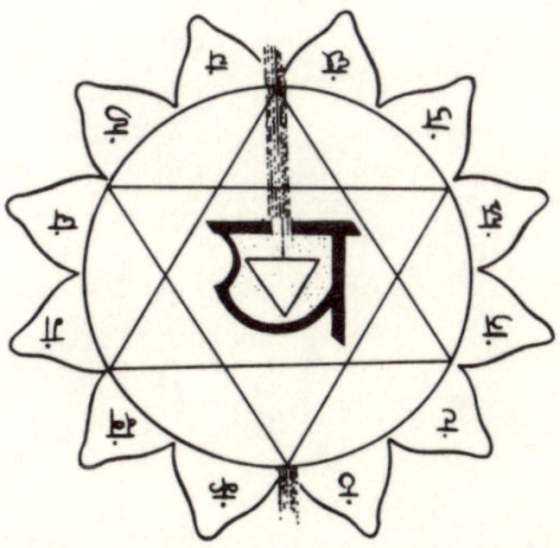

VIERTES KAPITEL

# Traumanalyse, Telepathie, Tarot und *I Ging*

*«Aber meine Augen haben die Herrlichkeit geschaut»,*
*wandte ich ein.*
*«Geh tiefer», erwiderte der Innere Lehrer.*

«Welchen Sinn vermittelt mir ein Lehrer – jede Art von Lehrer – über meine Perspektive und meine Suche?» Diese Frage müssen wir, wenn wir tiefer in den Transformationsprozeß eintreten, im Mittelpunkt unseres Bewußtseins behalten, denn während dieser Phase, in der wir die Beziehung äußerer Ereignisse zu unseren sich verändernden inneren Perspektiven beobachten, beginnt die Entdeckung der Mechanismen unserer äußeren Vernunft.

Lehrer sind lediglich Bühnen, auf denen sich Erfahrungen entfalten. Und es ist die Erfahrung des Lebens, nicht die Bühne des Lebens, die wir detailliert untersuchen wollen. Zu diesem Zweck sind praktische Kenntnisse der Traumanalyse, des *Tarot* und des *I Ging* von unschätzbarem Wert für die Beschleunigung der Bewußtseinserweiterung. Diese Formen des Lehrens sind Gerüste – oder Instrumente, Vehikel oder Werkzeuge, falls Ihnen das besser zusagt –, die uns die Chance bieten, etwas, das uns auf den ersten Blick äußerlich oder fremd erscheint, in unsere Erfahrung zu integrieren. Die Telepathie ist eine Erfahrung, die allen diesen Lehrern gemeinsam ist, wenn wir sie als tiefere Mechanismen der Kommunikation zwischen den Aspekten des individuellen Bewußtseins auffassen.

Vor allem müssen wir uns in diesem Zusammenhang klar machen, daß das Wort «äußerlich» relativ ist. Auch wenn viele Erfahrungen der bewußten Wahrnehmung gemeinhin als etwas Äußerliches betrachtet werden, wurzeln doch alle Erfahrungen tatsächlich im Bewußtsein des einzelnen. Die Wahrheit dieser Feststellung sehen wir ohne weiteres bei den Träumen, der gefilterten Deutung der Tarot-Karten oder der gefilterten Deutung dessen, was ein menschlicher Lehrer uns lehrt, aber sie gilt auch für jede Impression der äußeren Welt auf der Hirnrinde (Cortex). Die meisten Menschen sind die meiste Zeit davon überzeugt, daß diese Erfahrungen nicht ihre eigenen sind, sondern irgendwo außen ihren Ursprung haben, also etwas Äußerliches sind. Das erste Ziel, auf das manche Lehrer sich konzentrieren, sind tatsächlich die psychologischen Mechanismen, die den ungehemmten Fluß äußerer Stimuli blockieren, seien dies Licht-, Schall- oder elektromagnetische Wellen oder sogar Wellenformen, die bislang noch nicht entdeckt oder definiert wurden. Die Lehrer können uns helfen, das Äußere zu etwas Innerem zu machen.

Viele Bücher, tiefgründige wie oberflächliche, wurden schon über die Träume und ihre Deutung verfaßt, auch über das Tarot und über das Studium der psychologischen Abwehrmechanismen. Ich habe hier nicht die Absicht, mich auf eine tiefschürfende Diskussion dieser Gebiete einzulassen, sondern ich will mich auf das beschränken, was ich als hilfreich für das Verständnis der beiden Zustandsformen der gewöhnlichen menschlichen Bewußtheit erfahren habe, nämlich das Bewußtsein und das Unbewußte.

Oft frage ich mich: Wie konnten die Menschen in einen so erbärmlichen Zustand der Seinsheit geraten, daß sie den größeren Teil ihres Bewußtseins in eine anscheinend bodenlose Grube der Unbewußtheit verbannten? Wie kommt es, daß die rechte Hand gewissermaßen nicht weiß, was die linke tut? Oder, um dieses Gleichnis zu erweitern: Weiß denn die linke Hand (das Unbewußte) alles, einschließlich dessen, was die rechte Hand tut, während die rechte Hand (das Bewußte) nur weiß, was sie selbst tut – und auch das nur manchmal? Identifizieren wir uns mittlerweile mit einem nur kleinen Teil unserer potentiellen Bewußtheit, während wir den Rest vergessen oder sogar absichtlich ausschließen? Offenbar tun wir dies, und wenn ich zu dem Kapitel über die Körper-Energiefelder gelange, wird sich noch deutlicher zeigen, daß wir die größeren, bedeutsameren Bereiche nicht nur unserer Bewußtheit, sondern auch unserer physischen Seinsheit ausschließen.

Der trennende Vorhang zwischen den bewußten und unbewußten Seelenzuständen ist ein Schwerpunkt meiner gegenwärtigen Arbeit. Wir brauchen eigentlich gar keine höheren Bewußtseinszustände zu entwickeln, weil sie bereits in uns existieren. Was wir tun müssen, ist, die künstlichen Trennwände niederzureißen, die uns daran hindern, die totale Bewußtheit zu erfahren. Wenn wir allmählich begreifen, wie der menschliche Geist auf der gewöhnlichen Ebene arbeitet, haben wir zumindest den ersten Schritt getan, um diesen Vorhang zu zerreißen. An diesem Punkt beginnt der Eintritt in einen geeinten Bewußtseinszustand. Dann kommt es darauf an, den Prozeß zu beschleunigen.

Großzügigen psychologischen Statistiken zufolge, sind wir uns zu 20 Prozent unserer Handlungen und Motive bewußt und zu 80 Prozent dessen unbewußt. Ich möchte realistischer behaupten, daß wir zu weniger als 0.0001 Prozent wach und zu mehr als 99.9999 Prozent unbewußt sind. Die Psychologen haben weniger peinliche Zahlen ermittelt, weil sie nicht die multidimensionalen Aspekte der menschlichen Bewußtheit jenseits der alltäglichen äußeren Vernunft anerkennen. Das erschreckende Maß unserer üblichen Unbewußtheit läßt sich nur dann – qualvoll – ermessen, wenn man erweiterte, mystische, kosmische oder, wie ich mich lieber ausdrücke, natürliche, ungetrennte Bewußtheitszustände erlebt hat. Man weiß gar nicht, wie beschränkt das gewöhnliche Bewußtsein ist, bevor man es nicht im Kontrast zu einem erweiterten Bewußtsein erlebt hat.

Ich habe wirklich Vergnügen an Begegnungen mit knochentrockenen Rationalisten, die erweiterte Erfahrungen nicht nur als Phantasiegebilde abtun, sondern, extremer noch, für nicht existent halten – und ich begegne oft solchen Leuten. Nicht nur verlangen sie Beweise (deren es viele gibt), sondern sie verlangen

Beweise, die sich in das Gebäude ihrer Ansichten über die physische Welt einfügen. Sie halten sich an die simple Wahrheit, daß es erweitertes Bewußtsein, weil sie es nicht erlebt haben, nicht gibt – oder nicht geben kann. Wenn solche Skeptiker dann in einen Zustand erweiterten Bewußtseins gelangen, kann ich nur lachen. Sie sind überwältigt, leicht desorientiert und manchmal empört darüber, daß sie noch vor kurzem so unwissend sein konnten. Es bedarf keiner Worte: die Erfahrung allein genügt. Aus dem erweiterten Zustand betrachtet, erscheint die sogenannte reale Welt als verrückter Flickenteppich, als ein Wirrwarr von desorganisierter Realität und zudem natürlich nur eine partielle Realität. Aus der Sicht des erweiterten Bewußtseins ist die Rückkehr zur gewöhnlichen Wahrnehmung wie ein Zurückfallen in einen sehr zurückgebliebenen Geisteszustand des Menschen.

Ein Schwerpunkt meiner Arbeit ist, erweiterte Bewußtheitszustände in die Erfahrungsebene der Menschen zu rücken, indem ich ihnen zuerst einen begrifflichen Rahmen vermittle, sodann die Mechanismen des Bewußtseins demonstriere, die solche Erfahrungen blockieren, und schließlich auf das Beispiel meiner eigenen Seinsheit hinweise. Dieses Vermitteln, dieses Demonstrieren und dieses Beispiel führen stets die erste unmittelbare Erfahrung herbei, für die Wörter, ob tief oder einfach, niemals ein hinreichender Ersatz sein können.

Wie ich erst im letzten Jahr erkannt habe, kann die bloße Anwesenheit eines Wesens, das Phasen natürlicher Bewußtheit genießt, für diesen Prozeß sehr wichtig sein. Heute bin ich mir sogar sicher, daß absolut keine Worte oder Taten notwendig sind, um Menschen in einen erweiterten Bewußtseinszustand emporzuheben, wenn sie in der Gegenwart eines solchen Lehrers sind. Das Energiefeld des Suchers wird auf eine Weise, die seinem Geist unbewußt bleibt, von seinen alten Mustern befreit und formt sich am Energiefeld des Lehrers neu. Dann läßt sich das Ungewöhnliche ganz einfach erleben. Die Worte, die Lehrsitzungen, die Übungen sind nur Gerüste, welche die Aufmerksamkeit des Betreffenden so lange fesseln, bis dieser Induktionsprozeß stattfindet. Der Lehrer brauchte, solange er nur in einem erweiterten Bewußtseinszustand operiert, überhaupt nicht zu sprechen und würde dennoch die gleichen Resultate erzielen.

Die Vibrationen der Stimme des Lehrers können die Erfahrung steigern, aber ich wiederhole, es sind weder die Worte noch der

Inhalt, welche die Veränderung bewirken. Es ist der Klang, und dieser könnte auch durch Geplapper oder durch Gesang erzeugt werden. Die Wörter und ihr Inhalt mögen den abstrakten, intellektuellen Teil des Bewußtseins erweitern, aber Ideen allein können und werden die Induktion nicht bewirken. Die Kontrolle und das Beherrschen der Klangwellen gehören zum Pfad eines Lehrers. Falls Sie einen von Frank Herberts *Dune*-Romanen gelesen haben, werden Sie eine Ahnung von der Schwingung der Stimme und ihrer Macht haben.

Beim Übergang vom gespaltenen zum vereinigten Bewußtseinszustand kann die Vorstellung eines in der Mitte liegenden Raumes hilfreich sein. Im März 1975 meditierte ich in Auroville – einer internationalen, rassengemischten, spirituellen Gemeinschaft unter der Leitung des verstorbenen Sri Aurobindo –, an der südöstlichen Küste Indiens gelegen, nicht weit entfernt von der alten französischen Stadt Pondicherry. Während der Meditation erschien mir das Bild eines großen, zentral gelegenen Zimmers in der zweiten Etage einer dreistöckigen Villa mit mehreren Räumen. Ich sah mich in diesem zentral gelegenen Zimmer sitzen, das durch eine Lichtquelle über meinem Kopf strahlend hell erleuchtet war. Aus dieser zentralen Position brauchte ich nicht aufzustehen, um den einen oder anderen Raum zu betreten oder die Treppe hinauf- oder hinunterzugehen, um zu beobachten, was sich in diesem Gebäude abspielte, denn das Haus bestand aus durchsichtigem Kristall. Dieses Bild hallte in mir nach und wurde zu einer Einsicht: Auch in meinem eigenen Bewußtsein gibt es einen solchen beobachtenden Zustand der Bewußtheit!

Als ich mir diese Möglichkeit vorstellte, befähigte mich dies, mit der Erfahrung zu beginnen. Der nächste Schritt bestand darin, die logische lineare Perspektive niederzureißen und mir dabei vorzustellen, daß das natürliche Bewußtsein sich nicht notwendig jeweils nur auf eine Sache konzentrieren muß. In dem zentralen Zimmer können mehrere und immer noch mehr Ereignisse erlebt werden – und zwar gleichzeitig. Auch wenn ich diese Technik noch nicht vollkommen beherrsche, entwickelt sich das Phänomen der multiplen Perspektiven sehr schnell in meinem Bewußtsein.

Diese Erfahrung enthält die bedeutsame erste Einsicht, die einen Anfang bilden kann, ein gespaltenes oder geteiltes Bewußtsein zu vereinen. Sie dient uns als Vorbild, um nicht nur die unterbewußte Aktivität (das Erdgeschoß der vorgestellten Villa), sondern auch die überbewußten Aspekte (das dritte Stockwerk) zu beobachten. Das zweite Stockwerk hat neben dem zentralen Zimmer noch viele andere Räume, genau wie in unserem isolierten gewöhnlichen Bewußtsein. Die Fähigkeit, klar zu sehen, ist nur der Anfang. Schließlich werden die kristallenen Trennwände umgewandelt, und die Einigung ist vollständig.

Die äußere, lineare Kommunikation spiegelt die Trennwände der äußeren Vernunft. Wenn ich die Leute auffordere, mir ihr Problem zu erzählen, dann tragen sie – in Form der äußeren, linearen Kommunikation – zuerst eine Idee vor, dann die nächste und so fort, bis sie meinen, das Problem umschrieben zu haben. Während sie dies tun, schließe ich die Augen und versuche mir die Impression der gesamten Situation vorzustellen, wobei ich ihre Worte benutze, um mich auf die Ebene und in den Bereich ihres Bewußtseins leiten zu lassen, wo der Konflikt sich konfiguriert. Bei dieser Technik wird eine Art telepathischen Rapports wirksam.

Es hat lange gedauert, bis ich zum erstenmal einem Klienten begegnete, der sich bewußt der Telepathie bediente und wußte, daß die Gesamtheit jedes einzelnen Problems oder Bewußtseins augenblicklich übermittelt werden kann. Dann begegnete ich Carolyn Conger. Bevor ich sie kennenlernte, wußte ich, daß sie eine Hellseherin war, aber ich hatte nicht mit einem so hohen Entwicklungsgrad auf allen Psi-Gebieten gerechnet. Ganz naiv eröffnete ich unsere Sitzung, indem ich sie bat, mir ihre Probleme zu erzählen. Ich schloß die Augen und wartete auf die Worte, die mich in einen Bereich des Bewußtseins leiten sollten, wo ihr Problem saß. Nachdem ich ganze fünf Minuten darauf gewartet hatte, daß sie zu sprechen anfing, vermutete ich, daß ihr Problem emotional so schwerwiegend sei, daß sie es nicht aussprechen konnte. Schließlich forderte ich sie auf, einfach irgendwo anzufangen, dann würden die Worte schon von selber kommen. Sie fing an zu lachen und erzählte mir erst jetzt den Grund, warum sie mich aufgesucht hatte.

Ein Jahr später, nachdem ich sie besser kannte, erzählte sie mir, was in den ersten fünf Minuten jener Konsultation geschehen war, und da fand auch ich es sehr lustig. Sie hatte sofort erkannt, daß ich telepathischen Rapports fähig sei, und hatte die Sitzung damit eröffnet, daß sie mir die Gesamtheit ihres Problems telepathisch sendete. Ich aber hatte mich darauf eingestellt, Gefühlsstimmungen und keine Bilder zu empfangen. Ich hatte damals keine Ahnung, was da vorging. Die Rollen waren vertauscht, und ich hatte es nicht einmal gemerkt. Um mich nicht in Verlegenheit zu bringen, hatte Carolyn schließlich Worte zu Hilfe genommen, nachdem ich sie mit großer Anteilnahme gedrängt hatte, doch endlich anzufangen.

Im Juli 1977 begannen Carolyn und ich gemeinsam mit direkter Bilder-Telepathie zu arbeiten, eine viel aufregendere Erfahrung als die Gefühlsstimmungs-Telepathie. Anfangs nutzten wir die Zeit am Morgen, während wir unser Frühstück aßen. Zuerst zeichnete ich irgend etwas auf ein Stück Papier – ein Strichmännchen, ein geometrisches Muster, einen Vogel oder was auch immer – und erzeugte dann ein Gefühl, das sich mit der Zeichnung verband. Wenn ich dann beide Aspekte klar vor meinem geistigen Auge hatte, gab ich ihr ein Zeichen, daß ich bereit sei, und Carolyn sagte mir, welche Impression sie hatte. Diese Übung war besonders leicht für sie, und sie machte selten Fehler – selbst wenn ich ein negatives Gefühl mit einer positiven oder fröhlichen Zeichnung vermischte.

Die Hinzufügung eines Gefühlszustandes hilft irgendwie, die telepathische Impression zu verstärken, und ist daher sehr nützlich für den Anfänger, der sich im Empfangen üben will. Als sie an der Reihe war, meinem Bewußtsein die Impression ihrer Zeichnung und ihre Gefühlsstimmung zu übermitteln, konzentrierte ich mich darauf, das Gefühl zu empfangen. Die Intensität ihres Gefühls – Zorn, Frustration oder was auch immer – erleichterte es mir am Anfang, herauszufinden, was für ein Gefühl das war; später konnte ich dann auch weniger intensive Gefühle telepathisch empfangen. Wenn ich eine Impression des Gefühls hatte, wartete ich, bis vor meinem geistigen Auge ein Bild auftauchte. Manchmal war es sehr klar, aber meistens war es verschwommen. Manchmal sah ich überhaupt kein Bild, aber das Wort für das Bild drängte sich in mein Bewußtsein. Bei anderen Gelegenheiten sprach ich gerade über die Gefühlsstimmung, die ich empfand, als ich plötzlich eine Wandlung erfuhr und nun aussprechen konnte, welchen Gegenstand sie meinte.

Wie Carolyn sagt: «Es ist genau wie beim Denken. Eine Idee taucht einfach im Bewußtsein auf ... Wie eine Idee im Bewußtsein auftaucht, ist unbekannt, und genauso unbekannt ist auch die

Art, wie eine telepathische Impression auftaucht. Je mehr man sich entspannt und das Phänomen geschehen läßt, desto exakter sind die Resultate.» Was Carolyn damit sagen will, ist, daß man gar nichts sendet oder empfängt: In diesem Bewußtseinszustand, wo telepathische Impressionen erfahren werden, sind Sender und Empfänger ein und dieselbe Person. Es ist nur ein weiteres Beispiel für das holographische Prinzip. Es fällt mir ganz leicht, Impressionen an Carolyn zu übermitteln, egal ob sie im selben Zimmer oder Meilen von mir entfernt ist, aber bislang gelingt es mir nur sporadisch, ihr Bilder zu senden. Diese Arbeit ist sehr inspirierend für mich, weil sie mir eine Vorahnung davon gibt, was der Mensch ganz allgemein in den nächsten hundert Jahren erfahren wird. Wörter sind unbefriedigend, wenn man erst einmal direkte Bilder-Telepathie und Gefühlsstimmungs-Telepathie erlebt hat.

Um es nochmals zu sagen, es ist die Anpassung, die Akkulturation, die nur einige der vielen möglichen Aspekte des Bewußtseins herausgreift und konditioniert. In unserer materiellen, technischen Zivilisation des Westens liegt der Schwerpunkt auf dem Intellektuellen, auf den abstrakten Ideen, unter beinah völligem Ausschluß der simultanen oder multidimensionalen Bewußtseinszustände. Ähnlich werden auch Sexualität und emotionale Reaktionen nach beschränkten Mustern konditioniert. Das logische, lineare Denken ist dort, wo es angebracht ist, ein wichtiges und nützliches Werkzeug, aber es ist gewiß nicht der Höhepunkt der Bewußtheit, und es wird schließlich neu bewertet werden. Statt beherrschend im Vordergrund zu stehen, wie heute, wird es das Instrument eines höheren Organisators oder Dirigenten des Bewußtseins sein. Dieser höhere Dirigent wird das zentrale Zimmer der kristallenen Villa sein, der geeinte Zustand der Seinsheit.

Wieso erzähle ich in einem Kapitel über Träume von Carolyn Conger und von der Telepathie? Weil Träume eine Kommunikation in direkten Bildern sind: Ein Teil unseres Bewußtseins vermittelt einem anderen Teil eine telepathische Impression. Im folgenden werden wir feststellen, daß die Telepathie nicht nur ein Kommunikationsmittel unter vielen ist, sondern wahrscheinlich der Grundmechanismus allen Denkens.

Im Westen eröffneten erst die Arbeiten von Sigmund Freud

und C.G. Jung einen Weg in das Unterbewußtsein. Der Osten war dem Westen um Jahrhunderte, wenn nicht um Jahrtausende voraus, was die Kenntnis unterbewußter und überbewußter Zustände betrifft, doch in der Praxis herrschten dort strenge Beschränkungen hinsichtlich Anzahl und Auswahl der Menschen, die solche Informationen erfahren durften. Im Westen übermittelten Mysterienkulte und die verschiedenen okkulten Schulen bereits seit vorägyptischen Zeiten die Lehre von den höheren Bewußtseinszuständen, aber auch hier blieb diese nur wenigen vorbehalten. Erst in den letzten hundert Jahren wurde das tiefere esoterische Wissen einer größeren Öffentlichkeit im Westen bekannt gemacht. Die Zunahme dieses Trends in den letzten zehn Jahren ist verblüffend.

Die Alten warnten davor, die geheimen Lehren der breiten Masse zu offenbaren, aus Angst vor einem Mißbrauch der Kräfte, die sie freisetzen. Nach meiner Erfahrung ist diese Angst unbegründet, denn selbst wenn man alte Techniken oder ein in vielen Lebenszeiten angesammeltes Wissen offenbart, werden nur wenige Menschen dieses verstehen, und noch wenigere werden in der Lage sein, es anzuwenden. Denn bis eine Seele jenen Bewußtseinszustand erreicht, in dem sie solche Gaben nutzen und weiterentwickeln kann, wird ihr auch das Gesetz von Aktion und Reaktion, das Gesetz des Karma bewußt sein: Niemand kann den Konsequenzen eines Mißbrauchs solcher Macht entgehen, sei es vergängliche materielle Macht – oder Mächte, von denen die allgemeine Öffentlichkeit gar keine Ahnung hat.

Jahrtausendelang haben die Lehrer des Ostens den Gedanken verkündet, daß jene spirituellen Ebenen, die an der Manipulation des physischen Bereichs teilhaben, gemieden oder von der Erfahrung ausgeschlossen werden sollten, weil sie weniger bedeuten als jener höchste Zustand, den man erreichen kann, und weil die Gefahr, in der Macht und der Herrlichkeit befangen zu bleiben, nur allzu groß ist. Ich finde diese Lehre ironisch, denn jede Seele muß auf ihrem Weg zur Entwicklung dieses höchsten Zustandes auch die persönliche Macht durcharbeiten. Wenn es unsere Aufgabe ist, absolut bewußt zu werden – und dies ist, wie ich glaube, die evolutionäre Konsequenz jeder Seele –, so ist die Idee, die höheren natürlichen Bewußtseinszustände auszuschließen, unvorstellbar. Wohl ist die Sorge berechtigt, daß die Entwicklung eines Menschen verzögert werden kann, wenn die Seele in der spiritistischen Bewußtheit befangen bleibt. Aber statt irgendeiner Station der Reise auszuweichen, führt der Weg nach vorne durch die Erfahrung aller dieser Zustände, ohne einen von ihnen festzuhalten, und mit der Bereitschaft, das Abenteuer der Bewußtheit sich entfalten zu lassen, ohne einen Teil davon zu ergreifen oder zurückhalten zu wollen. Andererseits darf man die Manifestation übernatürlicher Zustände nicht vorzeitig herbeiwünschen. Diese Energien können heilen oder vernichten. Sie können einen in die Höhe führen oder in die Tiefe stürzen – wie machtbesessene Seelen nur allzu gut wissen. Ich habe die ersten fünfunddreißig Jahre dieses Lebens größtenteils damit verbracht, persönliche Macht durchzuarbeiten, und bin mit der Lösung ihrer sublimeren Bereiche noch immer nicht fertig geworden.

All die Jahre, während ich Medizin studierte, glaubte man, daß das autonome Nervensystem – das alle unwillkürlichen Funktionen des Körpers kontrolliert, wie etwa den Tonus der Blutgefäße, den Herzschlag, die Aktivität der glatten Muskulatur in den Atmungs-, Verdauungs- und Ausscheidungsorganen usw. – der Kontrolle des bewußten Verstandes völlig entzogen sei. *Bio-Feedback* war im Rahmen der westlichen Wissenschaft ein erster großer Durchbruch, der den Irrtum dieser Ansicht bewies. Im Osten ist die bewußte Kontrolle des autonomen Nervensystems, und zwar ohne Zuhilfenahme von Instrumenten, seit Jahrtausenden eine den Yogis und hohen Lamas wohlbekannte Tatsache. Die willentliche Kontrolle der Gehirnwellenmuster – und folglich die willentliche Kontrolle über veränderte Bewußtseinszustände – ist eine weitere, durch die westliche Wissenschaft entwickelte Technik – und wiederum nur eine Wiederholung weit früherer Erkundungen durch die Mystiker und Okkultisten des Ostens. (Es gibt vorzügliche Bücher über *Bio-Feedback*, besonders jene von Barbara Brown.) Aber *Bio-Feedback* ist nur einer der Wege, auf denen heute der Vorhang zwischen den bewußten und den unbewußten Teilen des menschlichen Geistes aufgezogen wird.

Die Traumanalyse bildet den Königsweg zu einem Teil der unbewußten Psyche, aber sie ist entscheidend beschränkt durch das Können des Traumdeuters und durch die Fähigkeit des Klienten, sich an den Traum zu erinnern.

Eunice Hurt, meine zweite Lehrerin, legte großen Nachdruck auf die Deutung der Träume. Für ihre Arbeit war es ein Glück, daß ihre Psi-Fähigkeiten sie in die Lage versetzten, Einzelheiten eines Traums wachzurufen, der ihr erzählt wurde, auch wenn sich der Träumer selbst nicht daran erinnern konnte! Sie konnte buchstäblich den Traum des Träumers träumen, und dazu brauchte sie nicht einmal einzuschlafen. In diesem Abschnitt möchte ich über einige der Techniken berichten, die sie mich lehrte, zusammen mit denjenigen, die ich in den sechs Jahren seit ihrem Tode entwickelt habe.

Es gibt einige Grundprinzipien, die mich bei meiner heutigen Auffassung von der Traumarbeit leiten. Diese Grundregeln haben sich als sehr wertvoll erwiesen, um Einsichten über mich und über andere zu gewinnen. Aber ich bin, wie sich zeigen wird, kein Traumanalytiker im Sinne der psychiatrischen oder irgendeiner anderen Tradition, und ich besitze auch keine formale Ausbildung in dieser Kunst. Sie fließt mir einfach ganz natürlich zu.

1. Die Träume sind in erster Linie ebenso gültige bewußte Realitäten wie die Realität, die wir im äußeren Wachzustand erleben. Ich gebrauche das Wort *wach* in seiner allgemeinen Bedeutung, denn wie ich schon angedeutet habe, ist der äußere Wachzustand für mich ein ziemlich schläfriger (retardierter) Zustand, wenn nicht gar ein tiefer (komatöser) Schlaf. Die Tatsache, daß ein Traum für die äußere Vernunft keinen rationalen Sinn hat, berechtigt keineswegs dazu, ihn zu mißachten. Wie eine Fremdsprache muß seine Organisation und seine Kommunikationsform erlernt werden. Ein Mensch, der Tibetanisch spricht, könnte die Perlen aller Jahrhunderte vor uns ausschütten, und doch wäre die Botschaft für den Hörer, der dieser Sprache nicht mächtig ist, gänzlich verloren. So verhält es sich auch mit den Träumen und ihren Botschaften.

2. Anders als die äußere Vernunft unterliegen das Unterbewußtsein und die unterbewußten Bereiche keiner Beschränkung in ihrem Erfahrungsbereich und in ihren Kommunikationsformen. Auch sind diese Bereiche nicht festgelegt auf einen bestimmten Körper, ein Glaubenssystem oder ein Gedankengebilde, das wir Zeit nennen. Sie brauchen nicht zwischen Ich und Anders-als-Ich zu unterscheiden, und die Gesetze der Physik sind für sie bedeutungslos.

3. Traumwirklichkeiten stehen unseren natürlichen Seinsheits-

Zuständen viel näher als selbst die intensivste äußere Realität. Meiner Meinung nach beweisen Träume schlüssig, daß das menschliche Bewußtsein im allgemeinen nicht aus einzigartigen, isolierten und selbst-induzierten Einheiten besteht, die nur mit Hilfe von äußeren Lehrern lernen können. Tatsächlich ist das individuelle Bewußtsein Teil eines großen kollektiven Reservoirs der gesamten menschlichen Bewußtheit des kollektiven Unbewußten. Wenn die äußere Vernunft durch die soziale Konditionierung blockiert wird, kann die Traum-Wirklichkeit das kollektive Unbewußte anzapfen und es der äußeren Vernunft zugänglich machen. Später, wenn das äußere Bewußtsein in der Lage ist, dieses selbe kollektive Reservoir willentlich anzuzapfen, wird der Zustand der einleitenden Erleuchtung erreicht, und die Bedeutung des Traumes nimmt ab, weil er nicht mehr so sehr benötigt wird wie zuvor.

4. Beim Traumzustand handelt es sich eindeutig nicht um das Unbewußte, sondern um einen Zwischenzustand zwischen dem Bewußten und dem Unbewußten, ein Mechanismus, der Eigenschaften beider Zustände aufweist. Wahre Traumzustände unterliegen in erster Linie der Führung durch das Unbewußte, während die Wachträume, wie etwa die Phantasie, hauptsächlich durch die äußere Vernunft beeinflußt sind.

5. Bei echten Traumzuständen kann das Bewußtsein der Person, die den Traum erlebt, nicht wissen, daß es träumt. Alles, was erlebt wird, ist (in relativem Sinne) absolut wirklich für das erlebende Bewußtsein. Diese Tatsache muß hervorgehoben werden, denn sie ermöglicht uns zu begreifen, daß unsere gesamte Seinsheit vieldimensional ist und an vielen Realitätssystemen gleichzeitig Anteil hat. Nur die Zielrichtung des Bewußtseins bestimmt, welche Realitätsdimensionen oder welche Bewußtseinszustände als real wahrgenommen werden.

6. Ramana Maharshi, ein indischer Heiliger, hat eine treffende Feststellung gemacht: Der Beobachter, der den äußeren Realitätszustand erlebt, ist derselbe Beobachter, der die Zustände der Traumrealität erlebt. Es gibt keinen wirklichen Unterschied zwischen diesen beiden oder noch anderen Zuständen der Seinsheit. Bedenken Sie: Während Sie sich in einem inneren Traumzustand befinden, kann nichts Sie davon überzeugen, daß die dort erfahrene Realität nicht gültig sein sollte – wie auch im normalen Wachzustand nichts Sie davon überzeugen könnte, daß er nicht

die wirkliche Realität sein sollte. Es kommt nur darauf an, zu wissen, daß Sie selbst der Beobachter der beiden Zustände sind.

7. Der äußere Wachzustand ist ebenso ein Traum, wie der innere Traumzustand eine Wirklichkeit ist. Alle Techniken, die zur Deutung von Traumzuständen benutzt werden, können auch dazu dienen, den äußeren Traum zu deuten. Auf dieser Bewußtseinsebene ist es möglich, die dem inneren wie dem äußeren Traumzustand gemeinsame unbewußte Aktivität klar zu erkennen, weil in beiden Zuständen dieselbe Dynamik stattfindet. Die Psychoanalytiker der Jungschen Richtung, die die Deutung der inneren Träume relativ hoch entwickelt haben, vermeiden diesen wichtigen Schritt bei der Arbeit mit ihren Patienten, und dies ist eine einschneidende Beschränkung ihrer Arbeit wie auch jedes anderen psychoanalytischen Verfahrens, das die Traumanalyse anwendet. Man muß den Klienten auffordern, seine Aktivitäten des letzten Tages zu schildern, und diesen Bericht dann analysieren, als ob es ein Traum wäre. In der Erzählung dieses äußeren Traumes werden alle Hinweise enthalten sein, die man beim Analysieren der inneren Träume entdecken kann. Denn die unbewußten Muster funktionieren im Wachzustand genau wie im Zustand des inneren Traumes und beeinflussen alle Aktivitäten und auch alle Wahrnehmung dieser Aktivitäten. Und wie beim inneren Traum ist der Betreffende sich der sichtbar werdenden Muster nicht bewußt. Der Erfolg dieser Methode hat sich bei meinen persönlichen Konsultationen wie in der Gruppenarbeit bei den Kursen gezeigt.

8. Wenn wir zugestehen, daß alle Realitäten nur Spielarten des Traumzustandes sind – eine Jahrtausende alte Einsicht – und daß es Träume innerhalb von Träumen innerhalb von Träumen gibt, so können wir das nächste Konzept untersuchen. In der Interaktion zwischen Analytiker und Klient gibt es zumindest fünf verschiedene Träume, die von Anfang an im Bewußtsein des Träumers enthalten sind:

1. Der ursprüngliche Traum des Träumers.
2. Der Traum, wie der Träumer ihn erzählt.
3. Der Traum, der im Geiste des Analytikers auftaucht, während der Träumer den Traum erzählt.
4. Der Traum, der im Geiste des Träumers auftaucht, während der Analytiker den erzählten Traum deutet.

5. Der Traum, der im Geiste des Analytikers auftaucht, während der Träumer seinen eigenen Traum deutet.

Eunice Hurt war unter all den Menschen, denen ich begegnet bin, die einzige, die den Traum des Träumers direkt erleben konnte.

Der gewöhnliche Analytiker beschäftigt sich fast ausschließlich mit sekundären oder tertiären Traumzuständen, vor allem mit letzteren. Diese Traumzustände haben vielleicht nur eine entfernte Ähnlichkeit mit dem ursprünglichen Traum, aber sie können doch soviel Einsicht in das Bewußtsein des Träumers vermitteln, daß sie von einigem Wert sind. In den Anfangsstadien der Traumarbeit deutet der Analytiker eigentlich sogar seinen eigenen Traum (den dritten), und nicht den des Träumers. Je mehr der Analytiker seiner selbst bewußt wird, desto geringer wird diese Verzerrung sein. Die beste Traumarbeit ist diejenige, die es dem Klienten wie dem Analytiker erlaubt, durch die wechselseitige Deutung der vier Träume – nach dem ursprünglichen – die Dynamik einer des anderen zu erkennen.

Beim Wiedererzählen des Traumes wird dieser immer verändert. Die Veränderungen sind bedeutsam, weil sie eine weitere unbewußte Dynamik aufdecken. Ich kenne nur zwei Menschen, die den Traum eines anderen so deuten können, wie er erzählt wird, ohne die Informationen, die sie von dem Träumer hören, zu entstellen. Aus der Art, wie die Psychoanalytiker Träume deuten, und aus der Auswahl jener Teile, die sie hervorheben, läßt sich manches über ihre eigene Psychodynamik aussagen. Dasselbe gilt natürlich auch für den Träumer, der den ursprünglichen Traum deutet.

Der Träumer muß immer der erste sein, der den ursprünglichen Traum analysiert oder zu analysieren versucht. Wenn der Analytiker den Traum deutet, bevor der Träumer sich um seine eigene – und sei es noch so unzulängliche – Deutung bemüht, wird der Träumer in Unkenntnis über die tatsächliche Praxis der Traumanalyse bleiben und daher an den Analytiker gefesselt bleiben. Außerdem verzichtet der Analytiker auf die Chance, die Abwehrmechanismen des Träumers zu beobachten, welche die Deutung des Träumers entstellen oder zum Vergessen führen. Diese Dynamik ist dem Traumanalytiker wohlbekannt, doch der Träumer selbst weiß kaum etwas darüber. Wenn der Klient nicht voll mitwirken kann, verzichtet der Analytiker auch auf die Chance, seine eigene Selbst-Bewußtheit zu entwickeln.

Die meisten Therapeuten aller Schulen der Psychiatrie und der Psychologie haben es gar nicht gern, ihre eigene unbewußte Psychodynamik aufzudecken. Ich habe starke Vorbehalte gegen eine solche Einstellung. Die wechselseitige Erforschung ist eine weitaus bessere Lehr-Interaktion als die übliche Interaktion zwischen Schüler und Lehrer oder zwischen Klient und Experte. Die ganzheitliche Medizin hat das große Verdienst, die Experten-Schranke abzuschaffen, so daß Arzt und Patient als Gefährten die Probleme erforschen können, statt die alte falsche Trennung zwischen dem Allwissenden (dem Experten oder Lehrer) und dem Dummen (dem Klienten oder Schüler) zu verewigen. Bei einem guten ganzheitlichen Austausch werden Mythen und Mystifizierungen erschüttert. Jede der interagierenden Personen spricht offen und ehrlich von sich selbst.

Für den Klienten besteht das entscheidende Ziel der Traumdeutung nicht im Verständnis des einen oder anderen Traumes, sondern in der Kraft, Selbsterkenntnis zu erreichen, in der Fähigkeit, Traumdeutungen künftig selbständig durchzuführen. Aus diesem Grunde lasse ich die Leute manchmal tage-, sogar wochen- und monatelang an der Deutung einzelner Träume arbeiten, während ich meine Einsichten für mich behalte. Wenn ich meine Einsichten zurückhalte oder sie nicht gleich mitteile, sind die Betreffenden manchmal verblüfft, manchmal verärgert, manchmal verängstigt und fast immer frustriert; aber wenn sie die Einsicht in einen Traum aus eigener Kraft erfahren, können weder Worte noch Geld noch irgendeine von außen kommende Gabe den Lohn an Selbsterkenntnis aufwiegen, den sie erleben. Kein Heilkundiger hilft seinem Klienten, indem er für ihn etwas tut, was dieser selbst tun könnte.

9. Wenn die Geschicklichkeit in der Traumdeutung zunimmt, kann das Mitteilen der Träume in der Gruppe die Selbsterkenntnis des einzelnen erstaunlich beschleunigen. Der ursprüngliche Traum des einen kann bei anderen Mitgliedern der Gruppe viele Träume – wie Nummer 2, Nummer 3, Nummer 4 und 5 – auslösen. Wenn die Teilnehmer die unbewußte Dynamik der anderen Mitglieder beobachten, begreifen sie ihre eigene unbewußte Dynamik viel leichter. Vielleicht sind neunzehn von zwanzig Mitgliedern einer Gruppe zu blockiert, um das unbewußte

Muster zu sehen, das bei einem bestimmten Traum wirksam ist. Die klare Wahrnehmung des zwanzigsten kann genügen, um sie alle zu befreien.

10. Träume sind wie Mosaiken; der erste wichtige Schritt bei der Deutung eines Traumes ist daher, jedes Detail genau zu berichten, ganz gleich wie unbedeutend oder wie absurd es erscheinen mag. Traumprotokolle sind von unschätzbarem Wert. Ein Notizbuch oder ein Kassettenrekorder neben dem Bett kann nützliche Dienste leisten. Denn oft fällt es schwer, den Brennpunkt der Aufmerksamkeit lange genug in der Traumwirklichkeit zu halten, um diese festzuhalten. (Anfangs gingen die meisten meiner Träume verloren, weil ich mir ganz sicher war, daß ich mich am nächsten Morgen an den Traum erinnern könne – nur um beim Aufstehen festzustellen, daß er sich verflüchtigt hatte.) Es gibt auch noch eine meditative Technik zur Wiedererlangung von Träumen, die ich im Zusammenhang mit dem zustandsgebundenen Bewußtsein besprechen werde.

11. Zumindest in den Anfangsphasen der Traumarbeit sind die spezifischen Einzelheiten eines Traumes insofern bedeutsam, als sie die Analyse zu den darin sichtbar werdenden allgemeinen Muster hinführen. Wie auch traditionelle Traumanalytiker sehr wohl wissen, ist jedes Element eines Traumes ein Symbol für einen Aspekt im Bewußtsein des Träumers, ganz gleich ob es dabei um Menschen, Orte, Ereignisse, Stimmungen, Handlungen oder Dinge geht. Nichts in einem Traum ist überflüssig, aber anfangs sollte nichts oder das wenigste davon wörtlich genommen werden. Die Einsichten liegen in der Entdeckung der Bedeutung der Symbole.

12. Es gibt niemals eine absolute Deutung eines Traumsymbols. Innere wie äußere Träume sind multidimensional, mit vielen Bedeutungsebenen, die alle simultan miteinander interagieren. Ein Gegenstand aus dem einen Traum kann in einem anderen Traum auftreten und dort einen völlig anderen symbolischen Inhalt haben. Diese Seite der Traumdeutung, die so schwer zu vermitteln ist, bildet den Höhepunkt der Kunst der Traumdeutung – im Unterschied zum kochbuchähnlichen Verständnis der Traumsymbole. Ein Gewässer in einem Traum kann das Unbewußte bedeuten, das Geistige, das Weibliche, Flüssigkeit, Urin, die Emotionen, den Umzug von einem Haus in ein anderes, ein befriedigtes Bedürfnis oder eine Vielfalt anderer Dinge.

Das Muster und die Beziehung der Objekte und Ereignisse kann zu einer relativ funktionalen Deutung hinführen. Die besten Traumanalytiker gehen intuitiv vor, und dies gilt auch für die besten Traumanalysen.

13. Auch die Art des Lichts, das in einem Traum herrscht, scheint bedeutsam zu sein. Nach meiner Erfahrung spiegeln Träume, in denen sich alles in strahlenden Farben und mit überdeutlicher Lebendigkeit abspielt, den überbewußten Zustand wider und sind stets von tiefer Bedeutung für den Träumer. Falls sich bei Ihnen ein solcher Traum einstellt, versuchen Sie ihn nicht zu verlieren. In meinem eigenen Leben sind diese Träume unweigerlich prophetischer Natur. Abgesehen von Menschen, die immer in Farbe träumen, stammen Träume von ungewöhnlicher Farbintensität aus den mentalen oder höheren kreativen Bereichen des Bewußtseins. Träume in gedämpftem Licht – schattig, mit einem dunkelgrünen oder bräunlichen Farbton oder in Schwarz-Weiß – stammen aus den emotional-astralen Ebenen. Träume von noch dunklerer Stimmung stammen aus den tiefen unterbewußten Regionen.

14. Ich finde es äußerst nützlich, jeden Aspekt meiner Träume aus sieben verschiedenen Perspektiven zu deuten:

1. Die buchstäbliche physische Perspektive
2. Die sexuelle Perspektive
3. Die emotionale Perspektive
4. Die allgemein-menschliche Perspektive
5. Die höhere kreative Perspektive
6. Die mentale, intellektuelle Perspektive
7. Die universelle Perspektive, die die anderen sechs Perspektiven zusammenfaßt.

Für gewöhnlich wird sich der einzelne Traum als ganzer um eine dieser Gruppen drehen, während gewisse Bestandteile die gleichen Ebenen oder auch andere widerspiegeln. Die Ebene des Traumes insgesamt gibt einen guten Anhaltspunkt dafür, welche unbewußte Region bei dem Träumer noch ungelöst ist.

15. Es gibt bei der Traumdeutung ein interessantes Phänomen – ich nenne es «Klick» – eine Gefühlsempfindung im Bewußtsein des Analytikers wie des Träumers, sobald die Deutung genau im Einklang steht mit dem, was der Traum mitteilen will.

16. Beim Analysieren von Träumen ist es wichtig, sich an die drei Gebote des letzten Kapitels zu erinnern: *Ziehen Sie keine Vergleiche. Fällen Sie keine Urteile. Tilgen Sie Ihr Bedürfnis, zu verstehen.* Psychologische Konstruktionen und emotionale Reaktionen machen es unmöglich, Träume zu analysieren.

17. Eine weitere Technik, die ich beim Durcharbeiten meiner Träume hilfreich gefunden habe, besteht darin, einem anderen meinen Traum zu erzählen und ihn mir wiedererzählen zu lassen, als ob es der Traum des Betreffenden wäre. Wenn ich den Traum als den eines anderen sehe, so kann dies oft die Blockierung meines Bewußtseins lange genug lösen, um die Einsicht zu gewinnen.

Erwähnenswert sind noch zwei andere Aspekte der Traumarbeit. Zum einen gibt es einige wenige Menschen, die einen Traum buchstäblich *für* einen anderen träumen können. (Dieser Vorgang ist nicht dasselbe wie Eunices offenbar einzigartige Fähigkeit. Sie konnte sich telepathisch an einen Traum erinnern, nachdem Sie ihn geträumt hatte. Jene anderen ungewöhnlich begabten Menschen können sich an Ihre Stelle versetzen und einen Traum träumen, den Sie zwar niemals geträumt haben und der dennoch ganz der Ihre ist.)

Diese Kunst ist seit alten Zeiten bekannt. In den therapeutischen Tempeln der Griechen pflegte der Sucher, der sich prophetischen Rat holen wollte, eine mit dieser Kunst begabte Priesterin zu befragen. Die Priesterin versetzte sich dann in einen natürlichen Schlafzustand. Beim Erwachen berichtete sie dem Sucher, was sie erlebt hatte. Eine ähnliche Verwendung fanden Drogen und Trance-Zustände.

Eine Psychiaterin aus Los Angeles hat mir mehrere Träume erzählt, in denen sie von mir träumte. In jedem dieser Fälle hatte sie das Gefühl, daß der Traum nicht ihr eigener war. Sie hatte auch noch andere Träume, die sich um mich drehten, aber diese Träume empfand sie als ihre eigenen. Wenn sie mir einen «meiner» Träume erzählt, erkenne ich sofort die Bedeutung, die er für mich hat, und kann ihn keinesfalls als ihren Traum auffassen.

Der zweite Aspekt der Traumarbeit, den ich allmählich zu verstehen beginne, ist die Möglichkeit, daß ein Traum gemeinsam und zu gleicher Zeit von mehreren Mitgliedern einer Gruppe erfahren wird. Dabei muß jedes Mitglied der Gruppe sein Bewußtsein auffordern, sich für das Erlebnis eines gemeinschaftlichen Traumes zu öffnen. Sonst wird keine besondere Anforderung gestellt. Nach dem Zubettgehen müssen die Mitglieder diese Aufforderung in ihren Geist einpflanzen, und zwar im Halbschlaf, jenem hypnagogischen Zustand an der Grenze zwischen Schlafen und Wachen. Bislang konnten die Betreffenden von Träumen berichten, die sich um die Gruppe drehten, aber noch nie haben zwei oder drei Menschen von einem ähnlichen Traum aus der gleichen Nacht berichtet. Ich glaube allerdings, daß ein Gruppen-Traum möglich ist, und ich meine, daß die Beteiligten zur Zeit noch nicht ausreichend im Gruppenbewußtsein vereint sind, um das Phänomen zu erfahren. Bei den zweiwöchigen Einführungskursen geht es um die Selbsterkenntnis, nicht um die Gruppenerkenntnis. Aber eine zukünftige, fortgeschrittenere Kursarbeit wird, so glaube ich, diese intuitive Ahnung bestätigen, daß Menschengruppen gleichzeitig den gleichen Traum träumen können.

Die Befragung des Tarot hat manche Ähnlichkeit mit der Traumarbeit, doch sie hat einen entscheidenden Vorteil: Man kann jederzeit einen Traum erzeugen, nur indem man die Karten mischt und sie in einem vorbestimmten Muster auflegt.

Das Tarot arbeitet hauptsächlich mit den symbolischen, nichtrationalen Aspekten des Bewußtseins, dem gleichen Zustand, aus dem die Träume etwas mitteilen. Die Qualität und Exaktheit der Tarot-Deutung ist einzig von den Fähigkeiten des Fragestellers abhängig, denn es geht dabei lediglich um eine Widerspiegelung der Bewußtseinsebene oder des Schwerpunkts der Aufmerksamkeit beim Fragesteller. Das Tarot ist ein hervorragender Lehrer, denn in dem Maß, wie der Benützer zu einem erweiterten Bewußtsein fortschreitet, spiegelt es diese Erweiterung wider. Daher kann das Tarot in einzigartiger Weise einem jeden Antwort geben, und es lehrt niemals mehr, als der Betreffende aufzunehmen vermag. Über das Tarot wurde oft gesagt, daß ein Mensch, der lebenslänglich und ohne Begnadigung in einer Gefängniszelle eingesperrt wäre, wenn er nur Tarot-Karten hätte, die volle Kenntnis aller menschlichen Erfahrungen erlangen könnte, und dies nicht nur aus der Vergangenheit, sondern auch aus der Zukunft.

Niemand weiß etwas über den Ursprung der Tarot-Karten. Lehrer der Metaphysik verweisen oft auf die alten Äypter und auf die Schule der Hermetiker, aber die frühesten, bislang entdeckten Spielkarten stammen aus Europa, wo sie um das vierzehnte Jahrhundert entstanden. Unsere modernen Spielkarten gehen auf die frühen Tarot-Karten zurück, und mithin sind dem, der diese Technik erproben möchte, wenigstens zweiundfünfzig der achtundsiebzig Karten vertraut.

Das Tarot besteht aus vier Serien, die *kleinen Arkana* genannt, und jede Serie besteht aus vierzehn Karten – von As bis zehn, ein Knappe, ein König, eine Königin und ein König, die Karten von Knappe bis König heißen die Figurenkarten. Die Serien unterteilen sich in die Stäbe (entspricht Treff bzw. Kreuz), die Pentagramme (Karo), die Schwerter (Pik) und die Becher (Herz). Es gibt also insgesamt sechsundfünfzig Karten der kleinen Arkana.

Die *großen Arkana,* bestehend aus zweiundzwanzig Karten, tragen römische Ziffern von I bis XXI und stellen Lebensprinzipien jenseits der gewöhnlichen Ebene des Menschlichen dar. Die letzte Karte in dem Tarot-Spiel, der Narr, trägt die Nummer 0, und sie steht allein für sich; sie gehört zu keinem der Arkana und ist wahrscheinlich die geheimnisvollste Karte von allen. Manche Hersteller liefern außerdem zwei leere Karten, um Ober- und Unterseite zu schützen, wenn das Spiel nicht benützt wird. Jede der achtundsiebzig Karten zeigt ein eigenes, individuelles Bild.

Ich habe mich für das von Arthur Edward Waite entworfene Rider-Tarot entschieden, das ich bei der Kurs-Arbeit wie zu meiner eigenen, persönlichen Erforschung benütze, und zwar aus einem wesentlichen Grund: Es bietet die unmittelbarste Darstellung der äußeren wie der inneren Traumwirklichkeiten. Daneben gibt es noch viele andere Spiele, die meisten davon in den letzten Jahren entstanden, aber keines von ihnen erreicht jene Unmittelbarkeit, die ich so hilfreich empfinde bei dem Sprung von den Tarot-Karten zu dem – wie ich sagen möchte – Tarot des Lebens. Das ägyptische Tarot, die Hexen-, Aquarius- und Maya-Karten sind, wiewohl ästhetisch sehr schön, mit stärkerer Betonung der geometrischen Formen oder der mystischen Symbole entworfen und für meine Zwecke zu abstrakt.

Jede Tarot-Karte, wie sie ursprünglich entworfen wurde, stellt einen Aspekt der gesamten Lebenserfahrung dar, vom Allerweltlichen bis zu den Höhen des Spirituellen. Jede Karte enthält, wie ein Traum, mehrere Symbole, die mehr oder minder offenkundig sind, je nach der Perspektive des Betrachters. Doch die verwendeten Farben und Zahlen sind wichtig, weil sie auf alten, aus der Numerologie und aus der mystischen Farbenlehre abgeleiteten Prinzipien beruhen. Jede Einzelheit ist für die Deutung der einzelnen Karte oder der Karten wichtig. Im Verlauf der Deutung schärft die äußere Vernunft seine Fähigkeit, alle Details zu sehen, ohne die Impression der Karte als ganze aus dem Auge zu verlieren.

Als Kanal für das Verständnis des menschlichen Bewußtseins, sowohl in seinen bewußten wie unbewußten Aspekten, hat das Tarot nicht seinesgleichen. Nicht einmal das *I Ging*, dieser wunderbare Lehrer, kann einen, so finde ich, so gut psychologische Abwehrmechanismen wie die Projektion bewußt machen oder an Traumzuständen festhalten, wie das Tarot es vermag. In anderen Bereichen sind sie sich ebenbürtig, das heißt, beide lehren sie Synchronizität – die Erkenntnis von Vergangenheit, Gegenwart und Zukunft – und altes Weistum.

Das Tarot beruht (wie das *I Ging*) auf der Annahme, daß die Karten (oder Münzen oder Schafgarbenstengel, die zur Voraussage mit dem *I Ging*-Hexagramm benützt werden) nicht unabhängig vom Bewußtsein des Befragers sind. Die Seinsheit des Fragenden und die Karten stehen miteinander in Beziehung – über die Vorstellung der äußeren Vernunft von Raum und Zeit hinaus. Die Karten und der Fragende beeinflussen sich gegenseitig. Die höheren Dimensionen des Bewußtseins beim Fragenden kennen das schließlich erscheinende Bild bereits – *bevor* die Karten gemischt sind. Die höheren Dimensionen im Bewußtsein des Fragenden kennen auch die Antwort auf die Frage, die der Fragende stellt, und das Mischen und Aufdecken der Karten ist lediglich eine Handlung in der linearen Zeit, ein Mechanismus, der den Kanal zu den höheren Bewußtseinsebenen öffnet. Das gleiche gilt für das Werfen der Münzen oder das Abzählen der Schafgarbenstengel bei der Arbeit mit dem *I Ging*. Für Leser, denen es schwerfällt, diese Vorstellung zu akzeptieren, haben die parapsychologischen Institute der Duke University und der University of California in Davis – und übrigens alle parapsychologischen Institute der Welt – umfangreiche Beweise dafür gesammelt, daß gewisse Menschen durchweg imstande sind, die Reihenfolge einer Serie von fünfundzwanzig besonders für diesen Zweck entworfenen Karten vorherzusagen, wie sie in der parapsychologischen Arbeit Verwendung finden. Seltener sind Menschen, die genau oder beinahe genau die Reihenfolge der Karten nach ein- oder zweimaligem Mischen vorhersagen können. Und ganz selten finden sich Menschen, die die zukünftige Reihenfolge aller zweiundfünfzig Karten eines normalen Kartenspiels, also vor dem ein- oder mehrmaligen Mischen, voraussagen können.

Ob jemand nun die Reihenfolge eines bereits gemischten, aber noch nicht gesehenen Kartenspiels bestimmen kann oder ob er die Reihenfolge, in der die Karten nach mehrmaligem Mischen fallen werden, voraussagen kann, stets ist der gleiche Bewußtseinsmechanismus beteiligt. Es handelt sich um die Fähigkeit, die Zukunft zu sehen oder sie als Impression im eigenen Bewußtsein wahrzunehmen. Oder anders ausgedrückt, unser gewöhnliches Bewußtsein ist immer in der Vergangenheit in bezug auf ein erweitertes Bewußtsein. Die höheren Ebenen nutzen lediglich die Zeit und den Raum als äußere Organisationsebenen, mit deren Hilfe sie etwas darstellen, was mit Raum und Zeit gar nichts zu tun hat! Die wenigen begabten einzelnen, die wir oben erwähnten, brauchen kein Tarot oder *I Ging* als Vehikel zu erweiterten Bewußtseinszuständen. Sie haben direkten Zugang zu ihnen, eine Eigenschaft, die in künftigen Jahrhunderten eine immer größere Zahl von Menschen entwickeln wird.

Dabei müssen wir uns klarmachen, daß, ähnlich wie der physische Körper nicht das ist, was er zu sein scheint, auch Zeit und Raum nicht das sind, als was die äußere Vernunft sie sich vorstellt. Alles ist eine Interaktion von Energie in einem zeitlosen Zustand, und die scheinbare materielle Ebene ist nur die Manifestation eines Schwerpunkts der Psyche. Wie unglaublich die Theorie des Tarot dem rationalen Denken auch erscheinen mag, ist es doch eine Tatsache, daß das rationale Denken kein guter Schiedsrichter in dieser Frage ist.

Was uns von einem Augenblick zum anderen erschafft, ist auf irgendeine Weise dasselbe, was auch die Karten von einem Augenblick zum anderen erschafft, und hinsichtlich des erweiterten Bewußtseins sind wir und die Karten beide in der Vergangenheit, weil alle gegenwärtigen Manifestationen die Folge von Vorgängen und Schöpfungen des eben vergangenen Augenblicks sind. Vergessen Sie nicht, in der Traumwirklichkeit ist jedes Objekt, auch wenn es getrennt und verschieden vom Beobachter zu sein scheint, ein Erzeugnis irgendeines Aspekts im Bewußtsein des Träumers.

Das Tarot ist eine der besten Techniken, die ich kenne, um sich einen raschen Einblick in persönliche Motive, in zeitliche und räumliche Beziehungen sowie in Abwehrmechanismen zu verschaffen, die eine Deutung der Karten verhindern. Außerdem dient es zur Neu-Konditionierung emotionaler Reaktionen, zur Verbesserung der intuitiven Fähigkeiten, zur Umstrukturierung persönlicher Glaubenssysteme, und es bietet einen ersten Zugang zu universelleren Ebenen der Bewußtheit.

Manchmal benutze ich das Tarot zum Abschluß einer persönlichen Konsultation und befrage es, damit es meiner äußeren Vernunft irgendeine, während der Sitzung übersehene Psychodynamik offenbare, die wichtig sein könnte. Zu meiner Verwunderung zeigt es oft eine wichtige Dynamik auf, die bis dahin völlig unentdeckt geblieben war.

Gegen Ende des Jahres 1972 erhielt ich meine ersten Tarot-Karten. Sie hatten einem alten spirituellen Lehrer gehört, der gestorben war. Seine Witwe schenkte mir die Karten, empfahl mir aber, die Karten zu fragen und um Erlaubnis zu bitten, bevor ich sie benutzte. Ich war furchtbar aufgeregt, weil ich wußte, daß ich das Tarot auf einer tieferen Ebene verstand, ohne daß ich seinen Gebrauch zu erlernen brauchte. In Befolgung der mechanischen Techniken, die ich bereits kannte, erfüllte ich die Karten pflichtgetreu mit meiner Vibration, mischte sie sorgfältig und hielt in meinem Bewußtsein die Frage fest: «Habe ich die Erlaubnis, diese Karten zu benutzen?» Als ich die Karten nach dem traditionellen keltischen Muster auflegte, sagte das Bild mir eindeutig, daß ich die Karten nicht benutzen sollte. Unerschrokken mischte ich die Karten noch einmal, erfüllte sie nun wirklich mit meiner Vibration und legte noch einmal ein Bild auf. Etwas eindringlicher schienen die Karten zu antworten: «Jetzt nicht.» Mein rationales Denken weigerte sich, diese Antwort zu akzeptieren. Und da ich meinte, daß die Chancen für eine positive Antwort beim nächsten Auflegen günstiger stünden, mischte ich die Karten noch einmal und legte das Bild. Diesmal zeigten sich einige wirklich negative Karten, und die Antwort lautete eindeutig: Nein!

Was sollte ein Fragesteller und Anfänger in metaphysischen Dingen anderes tun, als die Karten noch einmal zu mischen und es erneut zu versuchen? Diesmal kam sofort die Antwort: «Nein! Nein! Nein!» Ich versuchte es insgesamt siebenmal, und jedes

Bild war noch abwehrender als das vorhergehende. Schließlich kapitulierte ich und legte die Karten beiseite, ohne jemals wieder eine Tarotkarte in die Hand zu nehmen – bis zum August 1976, als ich ein anderes Spiel geschenkt bekam. Meine Erregung flammte erneut auf, aber die Erinnerung an die frühere Begebenheit mischte eine Spur Befangenheit bei. Schon beim ersten Auslegen war die Antwort dieses zweiten Kartenspiels eine starke Bestätigung, und damit begann meine tiefere Erforschung des Tarot.

Heute erkenne ich, daß meine Arbeit mit all solchen Werkzeugen und Techniken – einschließlich Chirologie, Graphologie, Astrologie, Pendel-Arbeit, Arbeit mit der Kristallkugel, Deutung aus Teeblättern und Radionik – zurückstehen mußte, bis ich die Entwicklung eines direkten Kanals zu diesen Bewußtseinszuständen abgeschlossen hatte, und zwar mit Hilfe der Meditation und des Inneren Lehrers – zwei Themen, die ich in einem späteren Kapitel behandeln werde. Es besteht tatsächlich die Gefahr, die Macht des unmittelbaren Bewußtseins auf eines dieser Objekte oder Vehikel zu übertragen, in welchem Fall sie allerdings die Eröffnung des direkten Kanals behindern.

Am Anfang sollen Träume, das Tarot und das *I Ging* einen bewußter machen. Aber wie jeder gute Lehrer treten sie zurück, sobald man tiefer in die Zustände unmittelbaren Wissens eindringt.

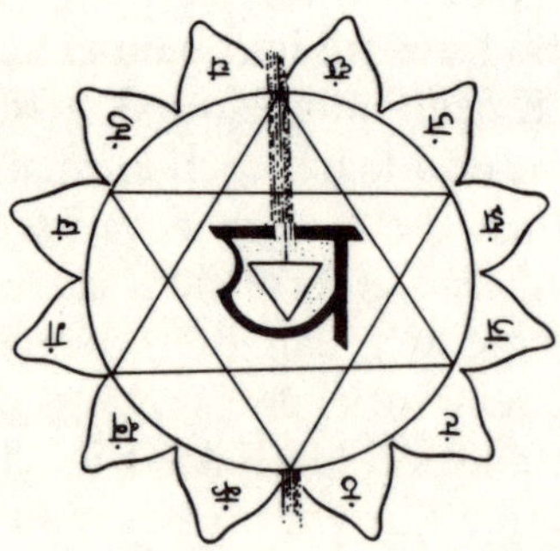

FÜNFTES KAPITEL

# Lona Brugh Joy und Eunice Jean Hurt

*Eine Strahlung der Liebe*
*erhebt uns über alle Vorstellung hinaus.*

Die Erweckung durch die Liebe, jene Bedingungslose Strahlung, die vom Herz-Chakra ausgeht, versetzt sogar den größten Skeptiker in den Transformationsprozeß. Es ist die Energie, die den gesenkten Blick emporzieht, die den Schmerz jahrelangen Kampfes heilt und die Seele in ihrem Streben nach Vereinigung mit dem Geist nährt, die das Weltliche inspiriert und das, was nicht sein soll, zu dem verwandelt, was sein soll. Es ist die Essenz der bindenden Kraft, die alle Dinge zu Gott zieht. Diese Liebe ist nicht emotional, nicht sexuell und nicht intellektuell. Sie ist die Kraft des unmittelbaren Verstehens, die jeden einzelnen mit einer erweiterten Erfahrung der universellen Beziehungen und universellen Werte durchdringt. Es ist eine Empfindung des Göttlichen, und es kommt nicht darauf an, ob sie rational verstanden wird.

Diese Liebe ist die Energie, die einen mit Macht nach Hause bringt, die einen in die Umarmung Gottes zurückführt.

Das Erwachen der Liebe im physischen Körper ist reine Ekstase, eine fühlbare Seligkeit, die für die alltägliche Vernunft unbegreiflich ist. Plötzlich werden Ideen wie das spirituelle Erwachen, das Göttliche, die Weltvision und das Wassermann-Zeitalter unmittelbar erfahrbar. Die tiefste Sehnsucht, die eine Seele empfinden kann, wird befriedigt, die Furcht vor Verpflichtung spurlos ausgelöscht: Unsere gesamte Seinsheit wird freigesetzt für die erste Ahnung einer Einheit, die all jene – so ausgiebig diskutierten, aber so selten erfahrenen – Ideen von der Integration von Seele, Körper und Geist übersteigt.

Unser Anliegen tritt deutlich vor unser Bewußtsein: Die Windmühlen des Verstandes stehen still, während die wahre Schönheit des Menschlichen in ihrer bindenden Form ein Ganzes wird und als Ganzes sichtbar wird. Diese Liebe empfinden wir als essentiell und als elementar, und einmal entflammt, braucht sie keine äußere Quelle, um sich fortzupflanzen. Dieses Erwachen, das Wiedererkennen des Ganzen steht im Mittelpunkt aller Religionen der Welt. Die sexuelle, die emotionale und die geistige Liebe brauchen allesamt etwas Äußeres, um weiterzubestehen – nicht aber die Liebe, nicht die vierte Dimension des Bewußtseins, wo es nur noch die Liebe gibt, absolut, allumfassend, unbedingt und bedingungslos.

Was mich zu diesem Bewußtsein hinführte, waren die aufeinander folgenden Erfahrungen mit zwei bemerkenswerten Lehrerinnen, mit meiner Mutter und mit Eunice Hurt.

Meine Mutter, Lona Brugh Joy, war ein Regenbogen von reinweißer Haut, hellblauen Augen, kastanienbraunem Haar, langen, rotlackierten Fingernägeln, braungeschminkten Wimpern, hellbraunen, kunstvoll geschwungenen und nachgezogenen Augenbrauen. Sie liebte Kleider in den Farben des Frühlings und Dekorfarben in hellem Gold und Elfenbein, mit akzentuierenden Tupfen in Orange, Pink und Grün. Sie war wie eine chinesische Puppe, klein von Wuchs – nur fünf Fuß –, aber um so größer an Entschlossenheit und Kraft, wenn sie provoziert oder angespornt wurde. Sie zog drei Söhne groß, in einem Gleichmaß von Liebe und Kraft, so ausgewogen, daß ich es nicht zu beschreiben vermag. Vor allem war sie ausgeglichen und unvoreingenommen und überschüttete alle ihre drei Söhne mit den Gaben ihrer Seinsheit; und die Grundregeln waren klar. Mutter hatte das Heft in der Hand – bis die unvermeidliche Jugendrebellion der Söhne dazwischenkam. Für sie war es ein schwieriger Übergang, denn sie wußte, daß wahrscheinlich keine Frau in der Lage sein würde, ihre Söhne in der Weise zu verwöhnen, wie sie es so selbstlos in der Zeit unseres Heranwachsens getan hatte. Auch später noch, als sie unsere Ehefrauen völlig akzeptiert hatte, versäumte sie nie eine Gelegenheit, sie zu belehren, wie sie mit uns zusammenarbeiten und uns verstehen sollten.

Wenn Mutter wütend war, war sie wütend, und niemand konnte vermeiden, es zu erfahren und zu spüren. Sie war nicht oft ungehalten, aber wenn sie es war, gab es ihr gegenüber nur Schweigen und Rückzug. Sie besaß eine gewisse Hartnäckigkeit, ehrfurchtgebietend und schön anzusehen, wenn sie darum kämpfte, uns über eine Krankheit oder eine Schulschwierigkeit hinwegzuhelfen, aber für uns nicht so angenehm, wenn wir in eine Richtung strebten, die ihr nicht gefiel. Sie sah unsere besten Möglichkeiten, soweit sie uns darin helfen, uns ermutigen und uns fördern konnte; und niemals verwechselte sie unsere besten Möglichkeiten mit ihren eigenen Träumen. Wir waren keine Verlängerung ihrer unerfüllten Träume, sondern die ganz natürliche Erfüllung ihres Lebens. Die Familie, einfach beisammen – das genügte. Kein anderer brauchte teilzuhaben an unserem Spaß, an den tiefen Gesprächen, an der Liebe, an den Konflikten, an den Unterhaltungen und an unserem Gefühl der Zusammengehörigkeit. Spaß und Liebe spielten dabei die wichtigste Rolle. Wir konnten immer wieder über die albernsten Dinge lachen, sogar dann, wenn sie uns in den Park hinüberschickte, um eine Weidenrute zu schneiden, die sie uns angedeihen ließ, wenn wir unartig gewesen waren.

Sie war eine kluge Frau. Der lange Weg bis in den Park und zurück, die Aufgabe, genau die richtige Rute auszusuchen, die zwar schmerzen, aber nicht die Haut verletzen würde, waren eine wirksamere Strafe und halfen uns besser zu verstehen, warum wir bestraft wurden, als irgendwelche langen Reden oder Argumente. Wir hatten Zeit genug, um darüber nachzudenken, was wir getan hatten. Nie hatten wir das Gefühl, daß sie unsere Liebe zurückwies, denn wenn die Tracht Prügel vorbei war, verstanden wir immer, warum sie uns geprügelt hatte, und umarmten sie dafür – vielleicht nicht unmittelbar nach dem Prügeln, aber doch bald danach.

Diese meine erste Lehrerin hat alle sensiblen und ästhetischen Werte in mir gefördert. Unter ihrer Führung entwickelte sich bei mir das Gefühl für die Harmonie in der Musik, in der Kunst und in den tieferen spirituellen Werten, auch wenn ihre Unterweisung im Fall der spirituellen Werte gewiß keine konventionelle war. Die Lehren der Mystiker, und nicht irgendwelche erstarrten orthodoxen Auffassungen von Religion, waren für sie, wie sie sagte, das Gelbe vom Ei. Stets suchte und fand sie das Harmonische, ob in den jüngsten Theorien der Physik, die von Atomen und subatomaren Partikeln handelten, oder in den Berichten von Trance-Medien über das Leben nach dem Tode.

Mutter respektierte alle Formen des Lebens – auf eine Weise, die ich erst heute verstehe. Niemals tötete sie Fliegen, Spinnen oder andere kleine Geschöpfe, die in unser Heim eindrangen, sondern sie hüllte sie vorsichtig in ein Handtuch und trug sie nach draußen. Sie gestand manchmal, daß sie beim Gießen der Blumen und Pflanzen mit ihnen sprach. Wenn sie Blumen für unsere Wohnung schnitt, «arbeitete» sie stumm mit der Pflanze, damit diese ihr die Blüte schmerzlos überließ. Sie wußte um das Natürliche und das Schöne und umgab sich mit Dingen, die diese Eigenschaften spiegelten, sei es in der bildenden Kunst, in der Literatur oder in materieller Form. In ihren späteren Lebensjahren setzte sie ganz bewußt die Idee des Schönen an die Stelle dessen, was negativ oder, wie sie sagte, «nicht richtig» war.

Sie lehrte mich, daß die Zeit nur ein Glaubenssystem und nicht von universeller Bedeutung sei. Etwas Vergangenes ließ sich ebenso korrigieren wie etwas Gegenwärtiges – und ebenso leicht. Es galt, die Zukunft harmonisch zu erschaffen. Sie war keine tiefe intellektuelle Denkerin, sondern benutzte die intellektuellen Einsichten anderer, um ihre intuitive schöpferische Phantasie daran zu entzünden. Für sie war das Leben eine Schule der Erfahrung, und ihre wichtigste Aufgabe bestand darin, ihre Kinder auf den befriedigenden Weg des Strebens und Suchens zu führen.

Sie lehrte mich, daß Krankheit eine falsche Wahrnehmung einer bereits vollendeten Manifestation sei; dies ist die zentrale Idee der Geistheilung. Ihre geistige Behandlung einer Schwierigkeit verlief ungefähr so: Dies (die Schwierigkeit) gibt es gar nicht. Und das (ihre Vorstellung von Vollkommenheit) gibt es, und so einfach ist das. Man mußte schon ihr Energiefeld spüren, um zu begreifen, wieso ihr Bewußtsein nichts anderes brauchte als diese Art des Denkens. Sie achtete die Wissenschaft und die Medizin, argumentierte aber immer vom metaphysischen Standpunkt her, weil sie meinte, daß Wissenschaft und Medizin ein wenig rückständig wären. «Eines Tages wirst du die Vereinigung von Medizin und Wissenschaft mit dem Metaphysischen erleben», sagte sie zu mir, als ich ein Kind war. Sie durfte noch erleben, wie diese ihre Worte die ersten Früchte trugen.

Sie war tief beeinflußt durch Ernest Holmes, Joseph Murphy, Neville, Yogananda, die White-Schriften (Stewart Edward White), Swedenborg, Plato, Thomas Merton, Taylor Caldwell und durch die Worte Jesu. Sie lehrte mich, in eine Bibliothek zu gehen und einfach ein Buch aus einem Regal in mein Bewußtsein «aufspringen» zu lassen. Ein solches Buch enthielt dann immer die verblüffendsten Informationen, meist über ein Thema, mit dem ich mich seit Monaten herumgeschlagen hatte, ohne eine Einsicht zu erlangen. Sie glaubte nicht an die Idee des Bösen und erkannte darin nur ein Erzeugnis verwirrter Regionen der menschlichen Psyche. In ihren Augen waren Liebe und Gott Synonyme. Gott besaß keine bestimmte Form, und auch die Liebe nicht. Beide waren unendlich, unentwirrbar verwoben und immerwährend.

Mutter entfachte mein Interesse für die metaphysischen Bereiche des Denkens, und über dieses Thema führten wir lange Gespräche bis tief in die Nacht. Niemals wurden wir dieser Erkundungen müde. Wir sprachen miteinander über unsere kreativen Einsichten, Visionen und Konflikte. In meinen jungen Mannesjahren war es eine gemeinsame Suche, sehr zu unserer beiderseitigen Befriedigung. Kaum etwas entging unserer Aufmerksamkeit und Prüfung. Wenn ich auf diese Zeit meines Lebens zurückblicke, so erinnere ich mich am dankbarsten an das Erlebnis dieser Schulung in den historischen wie den modernen Entwicklungen des menschlichen Strebens nach Vereinigung mit Gott und – was am wichtigsten ist – an die Schulung, solche Dinge in Worte zu fassen.

Mutter lernte Eunice im September 1972 kennen, anläßlich meiner Hochzeit mit Wendey. Bei dieser Zeremonie übergab sie auch die Zügel meiner spirituellen Entwicklung – nicht an meine Frau, sondern an Eunice, die als Geistliche die Zeremonie ausführte. Eunice war inspirierend und überzeugte meine erste Lehrerin (Mutter), daß diese zweite Lehrerin (Eunice) ihre würdige Nachfolgerin sein werde, auch wenn Eunice auf den Tod an Krebs erkrankt war und damals nur noch zwei Monate zu leben hatte.

Ende der 1960er Jahre, damals war ich siebenundzwanzig und studierte an der Mayo Clinic in Rochester, Minnesota, das Fachgebiet der Inneren Medizin, kam mir blitzartig die intuitive Erkenntnis, daß ich irgendwann, wenn ich Anfang dreißig wäre, eine spirituelle Lehrerin in Los Angeles, Californien, kennenlernen und bei ihr studieren würde. Schon früher, in meiner Jugend, waren solche blitzartigen Erkenntnisse der Zukunft mir vertraut – stets prophetisch große Veränderungen ankündigend, meistens Jahre im voraus. Schon bevor ich mich auf dem College einschrieb, um die Voraussetzungen für das Medizinstudium zu erfüllen, hatte einer dieser Erkenntnisblitze mir verkündet, daß ich nach meinem fünfunddreißigsten Lebensjahr nicht mehr als Arzt praktizieren würde. Der Blitz verriet mir nicht, *was* ich tun würde, aber dieser Teil der wesentlichen Veränderung, die eintreten sollte, war schon damals, als ich noch nicht zwanzig war, in meinem Bewußtsein vorhanden.

Als ich neunundzwanzig Jahre alt war und am Balboa Naval Hospital in San Diego, California, arbeitete, trat das Bild Eunices als derjenigen, die meine Lehrerin sein würde, deutlich in mein Bewußtsein. Die Vorstellung, in Los Angeles zu arbeiten, war für mich bestürzend, denn als ich mit fünfundzwanzig Jahren Los Angeles verließ, um meine Assistentenstelle im Johns Hopkins Hospital anzutreten, hatte ich mir geschworen, nie wieder in diese Stadt zurückzukehren.

Nachdem ich im Süden Kaliforniens aufgewachsen war, hauptsächlich in der Gegend von Los Angeles, fand ich das Leben in einer großen, sich ausdehnenden, smogvergifteten, verkehrsverstopften Stadt wenig anregend und manchmal regelrecht deprimierend. An schönen Tagen schwenkten meine Stimmung und mein Urteil um, und ich genoß die Schönheit der Strände, der Berge, der Palmen ... und des bezaubernden Schmelztiegels der Kulturen. Da gab es auch die Verrücktheit, in die meine trinkfesten Freunde und ich uns jeden Abend stürzten, wenn nicht gerade Prüfungen eine diszipliniertere Einstellung zum Studium verlangten. Diese Epoche meines Lebens war für mich wie ein Strudel. Erstaunlicherweise schaffte ich es, mein Medizinstudium *cum laude* abzuschließen und gleichzeitig mit dem verrückten Nachtleben im Los Angeles der frühen sechziger Jahre aufzuhören. Es war Flitter und laute Musik, schillernde Lichter und wildhemmungslose Menschen, und ich war damals, mit achtundzwanzig, nicht mehr naiv in den Dingen des Lebens.

Aber irgendwie trat etwas Tieferes in den Vordergrund, denn ich fand in einer so hektischen Existenz absolut keine Erfüllung. Während meiner Assistentenzeit am Johns Hopkins Hospital war ich viel zu beschäftigt, um überhaupt zu merken, daß Baltimore existierte. Aber später, als Stationsarzt der Inneren Medizin und mit mehr Freizeit, verfiel ich in das gleiche Verhaltensmuster, das ich schon in Los Angeles entdeckt hatte. Offenbar war dieses Muster ein inneres, kein äußerliches.

Später waren dann meine zwei Jahre an der Mayo Clinic wohl die friedlichsten meines Lebens, denn in Rochester, Minnesota, konnte man am Abend absolut nichts anderes tun als studieren. Ich richtete meine ganze Aufmerksamkeit auf die Medizin. Dort reifte ich zum Arzt heran, und ich wäre als Mediziner an dieser Klinik geblieben, hätte mich nicht meine militärische Dienstpflicht nach San Diego gerufen – ein Vorzeichen für die Rückkehr nach Los Angeles. Während meines letzten Dienstjahres bei der Navy erhielt ich das Angebot, als Partner in die Praxis von zwei hervorragenden, hochgeachteten Internisten einzutreten, und zwar ausgerechnet in der City von Los Angeles. Meine Bewunderung und Achtung für diese beiden Ärzte überwog meine Abneigung gegen die Stadt, und so kehrte ich dorthin zurück.

Bevor ich meine erste Begegnung mit Eunice schildere, sind ein paar wichtige Vorbemerkungen am Platz. Ich hatte vor dem Medizinstudium schon mehrere Erlebnisse mit dem Paranormalen gehabt, aber dieser ganze Aspekt meines Seins endete mit einem Schlag, als ich meine medizinische Ausbildung an der Hochschule aufnahm.

Früher, während des Vorstudiums, war es mir oft gelungen, das Thema einer Prüfung am Vorabend intuitiv zu erahnen, und manchmal ließ ich während der Prüfung die Antworten auf die Prüfungsfragen einfach in mein Bewußtsein einfließen, sogar in Fächern, in denen ich nichts gelernt hatte. Als Medizinstudent aber wurde mir keine solche paranormale Hilfe zuteil, und ich mußte lernen, die mentalen Fähigkeiten des Auswendiglernens und der logischen Deduktion zu entwickeln. Es war, als sei eine Ziegelmauer zwischen meinen intuitiven Bereichen und den äußeren Bereichen des rationalen Denkens aufgerichtet worden. Erst später wurde mir klar, daß diese Mauer genau das war, was ich damals brauchte. Ohne meine Psi-Fähigkeiten mußte ich um so intensiver die orthodoxe Medizin erlernen, und ich lernte sie gut. Und was noch wichtiger ist, diese Erfahrung schenkte mir ein solides Fundament des rationalen, logisch-deduktiven Denkens.

Tatsächlich fand ich das Medizinstudium nicht übermäßig schwierig. Es war aufregend, sehr interessant und fesselnd. Ich hatte Ehrfurcht vor dem menschlichen Körper – und noch mehr Ehrfurcht vor den Krankheiten, die ihn befallen. Menschliches Leiden war für mich ein tiefes Geheimnis, das meine intellektuelle Neugier anspornte. Oft war ich zu Tränen gerührt, wenn Schmerzen gelindert wurden, sei es durch die ärztliche Behandlung oder durch den Tod. Besonders glücklich war ich, wenn ich Kindern helfen konnte, auf diese Welt zu kommen, und ich fürchtete die Begegnung mit Sterbenden und ihren Familien. Akute Krankheiten mobilisierten alle meine Kräfte, während chronische Krankheiten mich frustrierten und meine Energien erschöpften. In der ersten Zeit meines Berufslebens konnte ich mich mit dem Tod und mit unheilbaren Krankheiten nicht abfinden, denn sie bedeuteten ein Scheitern meinerseits. Ich kämpfe noch immer gegen das Urteil «unheilbar» und gegen unsere Vorstellung vom Tod – aber nicht mehr allein. Ich lade den Patienten ein, mit mir zusammen zu kämpfen.

Die Mauer zwischen dem Intuitiven und dem Rationalen begann während meiner Zeit als Stationsarzt an der Mayo Clinic abzubröckeln. Als diese Zeit abgeschlossen war, stürzte die Mauer ein. Mein Interesse an der Metaphysik erwachte aufs neue als tiefe Sehnsucht, höhere Bewußtseinszustände zu erforschen. Das Wissen, daß ich Eunice begegnen sollte, beflügelte mich während der ersten anderthalb Jahre meiner Privatpraxis.

Im Oktober 1979 machte mir ein Patient, der zu einer Routineuntersuchung gekommen war, den Vorschlag, ob ich nicht Lust hätte, seine spirituelle Lehrerin kennenzulernen. Wir hatten bereits kurz über metaphysische Heilungen gesprochen, aber ich war damals noch nicht bereit, seine Einladung anzunehmen. Immerhin gab es so viele merkwürdige Kulte im Süden Kaliforniens. (Eine Karikatur drückt dies herrlich aus, mit einer Grenztafel an einer Wüstenstraße: «Hier verlassen Sie Kalifornien – Sie dürfen sich wieder normal benehmen.») Doch als mein Patient erwähnte, daß es sich um eine *Lehrerin* handle und daß sie Eunice Hurt heiße, war ich vor Aufregung überwältigt. Mein Gott, dachte ich, meine blitzartige Intuition hatte recht gehabt. Aber ich ließ keineswegs mein Stethoskop fallen, um Hals über Kopf zu ihr zu laufen. Ich wußte ja, daß es mir bestimmt war, ihr Schüler zu werden, und ich wußte auch, daß der Zeitpunkt unserer Begegnung nichts mit meinen persönlichen Wünschen oder meiner Aufregung zu tun hatte. Tatsächlich sollte ich sie erst sechs Wochen später kennenlernen.

Der Augenblick kam an einem Samstagnachmittag, im September 1971, als mein Patient anrief und sagte, daß Eunice mich gerne sehen würde. Ich war nervös, denn in meinem äußeren Denken fürchtete ich, daß sie mich vielleicht nicht akzeptieren würde. Die Anziehungskraft, die diese Frau ausübte, war nicht eine gewöhnliche; sie war paranormal, und das wußte ich.

Sie wohnte in einem kleinen Haus in Van Nuys, einem Vorort im San Fernando Valley, dem «Schlafzimmer» von Los Angeles. Als ich das Wohnzimmer betrat, in dem sie mich sitzend erwartete, pochte mein Herz, und meine Hände schwitzten. Sie stand auf, sah mich aufmerksam an, und dann lachte sie und streckte mir die Arme entgegen. Die Ausstrahlung ihrer Seinsheit war manifest gewordene Liebe. Ich wurde in Ekstase versetzt. Es war eine innere Ekstase, denn ich verharrte reglos, gefangen in der Empfindung des Göttlichen, während meine äußere Vernunft sich um die Formen der Höflichkeit bemühte.

Eunice war sechsundvierzig Jahre alt, aber ich hatte das Gefühl, als sei sie eine alterslose «alte» Seele, ein Schrein uralter Weisheit, von einer Präsenz, die zu spüren ich mich nicht anzustrengen brauchte, sondern die mich einhüllte und mich emporzog. Minutenlang sprachen wir nichts. Dann wurde, bei vollkommenem Kontakt der Augen, ein beiderseitiges «Ja» geflüstert.

Als ich nach Hause zurückkehrte, weinte ich. Ich weinte noch den ganzen Abend und den folgenden Tag. Es waren keine Tränen der Traurigkeit oder des Kummers, des Schmerzes oder des Leidens. Es waren Tränen einer unerklärlichen Freude. Ich hatte ihre Seinsheit erkannt. Und wenn ich sage «erkannt», so meine ich jenes tiefe Erkennen, das man so selten erlebt – die Wiederbegegnung mit einer Seele, die man in einem früheren Leben geliebt und verehrt hat. Sie war für mich Bruder, Lehrer, Mutter, Schwester, Vater, Sohn und Gattin. Sie war meine spirituelle Mitarbeiterin, buddhistische Mitschülerin, Zen-Meisterin und altägyptische Lehrerin der Heilkünste. Unsere Seelen waren durch viele Leben hindurch miteinander verbunden, stets mit dem Ziel, einander zum Erwachen zu verhelfen und einander wohl auch hinüberzuhelfen, wenn der Tod käme. Eine Woche, bevor sie dann starb, neun Monate, nachdem ich ihr Schüler geworden war, vertraute sie mir dieses letzte Detail an – ein Detail, das ich bereits wußte. Sie wird bei meinem eigenen Tod gegenwärtig sein.

Jemandem aus einem früheren Leben zu begegnen, ist eine ganz normale Erfahrung – allerdings eine Erfahrung, die aus der äußeren Vernunft ausgefiltert ist, weil diese absolut keine Erinnerung an frühere Existenzen hat. Doch unser Unbewußtes leugnet nicht, kann unmöglich etwas leugnen, das für die Essenz des Lebens so wesentlich ist. Ich will hier weder auf die Idee der Seelenwanderung eingehen noch überzeugende Beweise dafür vortragen. Wenn jemand eine gewisse Entwicklungsstufe erreicht hat, tritt dieses Wissen in sein Bewußtsein und bedarf keiner rationalen Begründung.

Im Dezember 1971 und im Januar 1972 besuchte ich die letzten vier abendlichen Sitzungen eines Zyklus von sechzehn Wochenkursen, die Eunice für die Öffentlichkeit abhielt. Darauf folgten noch acht Kurse, geschlossene Sitzungen, an denen man nur auf ihre Einladung hin teilnehmen durfte. Hauptsächlich ging es dabei um Gruppenheilung, Traumdeutung, metaphysische Prinzipien und die Lehren Jesu Christi. Die höchste Ebene der Unterweisung begann erst im März 1972, als sie, einer Impression gehorchend, die sie empfangen hatte, einige ihrer Schüler in Erfahrungsbereiche der Bewußtheit einführte, von denen ich bis dahin nur gelesen hatte.

Nachdem sie mit mir gesprochen hatte, war bei mir auch der letzte Rest von Skepsis verschwunden. Ich war wehrlos, denn ihre Beherrschung der Psi-Phänomene grenzte ans Wunderbare. Ihre telepathischen und hellseherischen Gaben und ihre Präkognition waren korrekt und erwiesen. Sie konnte, wenn sie dies wollte, ein Kraftfeld erzeugen, das einen großen, starken Mann umwarf. Weder die Gedanken ihrer Schüler noch deren Tun blieben ihr verborgen. Da gab es keine Spiele und keine Täuschung, denn sie kannte bei jedem einzelnen die Wahrheit seiner Seinsheit. Wie sie jedem von uns gleich zu Anfang gesagt hatte, war es keine leichte Aufgabe, die Verantwortung für das Ausbilden auch nur eines Schülers zu übernehmen, geschweige denn von zwölfen. Aufgrund unserer gegenseitigen Überantwortung war ihr Bewußtsein für jeden von uns vierundzwanzig Stunden am Tag bereit.

Bis zu dem Augenblick, als ich Eunice begegnete, hatte ich niemals die Bedingungslose Liebe erfahren. Bei ihr gab es keine Vorbehalte, kein Urteil über gewisse, eher nachteilige Aspekte ihrer Schüler. Sie sah, wie sie sagte, das Göttliche einer jeden Seele: Die Persönlichkeitsebene und die Verwirrung der äußeren Vernunft waren für die Induktion unwesentlich. Sie war eine gute Erweckerin, und das wußte sie. Die letzten drei Jahre ihres Lebens waren der Seelsorge und der Lehre gewidmet. Sogar ihre Kinder traten hinter dieser Aufgabe zurück.

Geboren und aufgewachsen auf einer Farm im mittleren Westen, hatte Eunice in ihrer Jugend die Armut der Wirtschaftsdepression erlebt. Sie konnte aus ihrer Kindheit manches Erlebnis mit dem Paranormalen berichten, darunter sogar echte physische Levitationen des Körpers. Ich weiß nicht viel über die Einzelheiten ihres äußeren Lebens – die schwere Zeit in der Schule, die fünf Ehen, die alle mit Scheidung endeten, ihre äußere Ausbildung in der Metaphysik und die verschiedenen Firmen, in denen sie in Los Angeles als Sekretärin gearbeitet hatte. Ihre öffentlichen Vorträge und privaten Konsultationen begannen ungefähr zwei Jahre, bevor wir uns begegneten.

Sie hatte einen hervorragenden Verstand und konnte sich mühelos über höhere Mathematik, Physik, Geschichte und Philosophie unterhalten. Obwohl gründlich bewandert im Alten wie im Neuen Testament, hatte sie eine eklektische Einstellung zu religiösen Prinzipien. Sie berief sich auf die buddhistischen Sutren, die Lehren der Sufis, die Weisheit der Hindus, die Kabbala, die hermetische Philosophie, die zen-buddhistischen Koans, die Lehren des Islam. Im Grunde aber bediente sie sich immer eines christlichen Vorbilds, an dem sie diese anderen Lehren und Prinzipien erläuterte. Und obwohl sie zutiefst religiös war, konnte sie auch ihren scharfen Intellekt in die Waagschale werfen, der manchen Skeptiker, dessen Zweifel intellektuell begründet schienen, regelrecht in Stücke reißen konnte.

Äußerlich betrachtet, war sie eine hart arbeitende Sekretärin, die einen halbwüchsigen Sohn und eine Tochter ernährte. Sie rauchte zwei Packungen Zigaretten am Tag und trank wenig oder gar keinen Alkohol; sie aß gerne und alles und fastete auch manchmal. Selten hatte sie Reisen außerhalb der USA unternommen. Sie liebte einen guten Witz und konnte trefflich fluchen. Gekleidet war sie unauffällig; ihr Haar war gebleicht; sie fürchtete sich vor Wasser, ob im Meer oder im Swimming-Pool. Sie neigte ein wenig zu Korpulenz. Sie genoß endlose Gespräche und kämpfte entschlossen für das, woran sie glaubte. Sie hatte nicht viel für Pflanzen und Tiere übrig, sie konnte spielen wie ein Kind, mochte nicht gleich jeden, dem sie begegnete, und konnte rasch die Geduld verlieren, besonders bei ihren Kindern. So war Eunice auf der Ebene ihrer Persönlichkeit.

Wenn sie sich aber mit den höheren Aspekten ihrer Seinsheit vereinigte, was im Handumdrehen geschehen konnte, dann war sie wie eine Heilige, ein völlig anderes Wesen. Dann waren ihre Worte wie flüssiges Licht und ihre Gegenwart reinstes Manna.

Metaphysisch gesprochen, hatte sie die Fähigkeit entwickelt, jeden Augenblick mit ihrem höheren Selbst zu verschmelzen und im Christus-Bewußtsein zu leben – in der Essenz der Liebe.

Eunice war also ein richtiger Mensch, mit den gleichen Problemen behaftet wie jeder andere Mensch, doch mit einer Ausnahme: Sie war wach. Sie hatte kein Bedürfnis, die Erwartungen anderer zu erfüllen, die diese vielleicht in sie setzten, oder Menschen zu täuschen, indem sie ihnen einzig ihren heiligmäßigen Aspekt zeigte, oder gar mit Hilfe ihrer Gaben persönliche Macht über andere zu gewinnen.

Wenn sie in ihrem gewöhnlichen Bewußtseinszustand war, dann war sie ein Entzücken. Wenn sie ein Kanal für spirituelle Prinzipien und Energien aus anderen Dimensionen war, dann war sie von erschütterndem Ernst. Gerade dieser Unterschied zwischen Eunices gewöhnlichem Bewußtsein und ihrer erweiterteren Seinsheit ließ mich später erkennen, daß die Persönlichkeitsebene wie ein Gewand ist. Sie kann dem Zweck dienen, Erfahrungen zu entwickeln, aber wenn sie nicht mehr gebraucht wird, wenn sie einen nicht weiterführen kann, sollte sie abgelegt werden, wie ein Gewand abgelegt wird, wie auch der Körper abgelegt wird, wenn die Zeit gekommen ist, auf eine andere Ebene überzuwechseln. Nachdem ich durch Erfahrung gelernt hatte, daß ich nicht auf der Persönlichkeitsebene stehenzubleiben brauchte, nachdem ich wußte, daß es Alternativen gab, konnte ich mit der Lösung der Probleme beginnen, die auf der Persönlichkeitsebene stattfanden.

Die Intensität ihrer Lehren, mit denen sie jene kleinen Gruppen von einzelnen während der letzten neun Monate ihres Lebens so selbstlos überschüttete, läßt sich nicht ohne Entstellung vollständig zusammenfassen – oder auch nur teilweise wiedergeben. Ich kann nur sagen, es war wie der Ritt auf einem geflügelten Roß, wenn sie jeden von uns in immer neue Bewußtseinsdimensionen jenseits des Alltäglichen führte, wenn sie uns die Kraft ihres Induktionsfeldes spüren ließ und ihre Weisheit in der Kunst des Heilens und im Erreichen der Selbsterkenntnis vermittelte.

Die Grundlage ihrer Lehren war die Meditation. Wer nicht meditieren konnte, dem entging die Erfahrung der inneren Ebene. In meinem Fall befreite die Meditation meine Identität von meiner äußeren Vernunft. Das Unmögliche wurde möglich, und das Unlösbare fand von selbst seine Lösung. Vergessen Sie nicht, daß ich während meiner Lehrzeit bei Eunice ein ganz orthodoxer Internist war, neben der allgemeinen inneren Medizin auf Lungen- und Herzleiden spezialisiert. Ich wußte damals noch nichts von Körper-Energiefeldern, von Chakras oder der Umwandlung erkrankten Gewebes. Traditionelle medizinische Vorstellungen beherrschten mein Denken, wie sie auch meine ärztliche Praxis beherrschten. Ich gehörte nicht nur zum Lehrkörper an der Klinik des Good Samaritan Medical Center, sondern war auch Assistenzprofessor der klinischen Medizin an der Los Angeles County/University of Southern California Medical Center (L.A. County Hospital), wo ich Medizinstudenten, Assistenzärzte und Stationsärzte im Rahmen der fachärztlichen Ausbildung in allgemeiner Medizin und Lungenheilkunde unterrichtete.

Im Juli 1972 hustete Eunice Blut. Im rechten Hilusbereich ihrer Lunge wurde eine Gewebeveränderung festgestellt. Binnen drei Tagen wurde sie operiert, aber die Prognose war schlecht. Die Geschwulst war bösartig, aber nicht, wie man vermuten könnte, ein durch ihr Rauchen verursachter Krebs. Es war ein Narbentumor, entstanden aus Narbengewebe, das von einer alten granulomatösen Erkrankung, vermutlich einer Pilzinfektion, nachgeblieben war.

Jetzt zeigte sich der Zwiespalt in Eunices Seinsheit. Ihre Persönlichkeitsebene war zornig und enttäuscht, weil ihr Leben schon enden sollte, jetzt, wo sie den Höhepunkt ihrer Lehren erreichte. Als sie aber widerstrebend ihre Angelegenheiten zu ordnen begann, war ihr Denken ganz von der Sorge um ihre Kinder beherrscht. Ihre äußere Vernunft, in einer unkontrollierbaren Situation gefangen, schrie auf vor Verzweiflung. Die Angst vor Schmerzen überfiel sie manchmal, und sie flehte mich an, ihr zu versprechen, daß ich ihr lindernde Narkotika nicht vorenthalten würde.

In dem kleinen Gästehaus, wo sie unsere Gruppe in der spirituellen Arbeit geschult hatte, erholte sie sich von der Lungenoperation. Sie erzählte uns einen über-lebhaften Traum, in dem ein Kombiwagen, mit dem sie uns alle zu einem unbekannten Ziel steuerte, eine Panne hatte und liegenblieb, nachdem er eine steile Steigung überwunden hatte. Als der Wagen im Leerlauf zu einer alten Tankstelle hinabgerollt war, untersuchte ein Mechaniker den Motor und sagte ihr, daß da nichts mehr zu machen sei, daß die Maschine unreparierbar kaputt sei. Im Traum verkündete sie uns, daß wir alle aussteigen und den Rest des Weges zu Fuß zurücklegen müßten.

Nachdem sie diesen Traum erzählt hatte, herrschte Schweigen im Raum. Ob die anderen die Deutung eines solchen Traumes in ihrem Bewußtsein zulassen konnten, weiß ich nicht. Aber ich erkannte seine Bedeutung und sprach darüber mit Eunice, in einer privaten Sitzung im Anschluß an den Kurs. Sie würde sterben. Ihr Körper war unheilbar krank, und wir alle würden ohne ihre Hilfe unseren Weg finden müssen. Dies hatte sie geträumt, obwohl nach der Operation keine Anzeichen für eine Krebswucherung vorlagen. In ihrem höheren Bewußtseinszustand sagte sie mir, daß sie den Traum absichtlich erzählt habe, um ihre Schüler auf ihren Tod vorzubereiten, den sie gegen Ende desselben Jahres erwartete.

Sie erzählte mir auch, daß sie zu Anfang dieses Jahres eine Impression empfangen habe, die ihr sagte, daß sie in ein fernes, fremdes Land gerufen werden würde. Ihre äußere Vernunft hatte dies so gedeutet, als handle es sich um eine Reise in den Fernen Osten. Jetzt wußte sie, daß das Ende ihrer körperlichen Form kommen sollte. Sie erkannte, daß ihre Pflichten in diesem Leben erfüllt waren: Sie war hier gewesen, um einige Menschen zu erwecken, und das hatte sie getan. Sie hatte keine Angst vor dem Tod und beauftragte mich zu gegebener Zeit sogar, Vorbereitungen für ihr Sterben zu treffen. Indessen lehnte sie Chemotherapie und Bestrahlungen ab, weil sie, auch wenn sich ihre äußere Vernunft an die Hoffnung auf Heilung klammerte, alle Palliative zurückwies und entweder eine völlige Heilung oder den Tod wünschte.

Es gab noch immer keine Anzeichen für ein Weiterwuchern der Geschwulst nach der Operation, als sie am 30. September 1972 Wendey und mich vermählte. Wendey und ich flogen auf unserer Hochzeitsreise nach Tobago und kehrten drei Wochen später in die Vereinigten Staaten zurück, um an einem Ärzte-Kongreß in Denver, Colorado, teilzunehmen. Einer ihrer Schüler rief mich an und sagte, daß Eunice mit Leibschmerzen ins Krankenhaus eingeliefert worden sei. Wendey und ich flogen sofort nach Los Angeles zurück.

Als ich Eunice untersuchte, fand ich Metastasen überall – im Unterleib, im Hals und in der Leistengegend. Einer der Ärzte hatte ihr gesagt, sie solle sich deswegen keine Sorgen machen. Und Eunice, die in einem beinah kindlichen Bewußtseinszustand war, glaubte ihm. Ich sah sie mit Tränen in den Augen an, aber als sie die Wahrheit zu wissen verlangte, sagte ich sie ihr; es blieb ihr weniger als ein Monat zu leben. Sie dankte mir, denn damit war klar, daß die Vorbereitung für ihr Hinübergehen begonnen hatte.

Weil die Schmerzen so qualvoll waren, bat sie mich, ihr Morphium zu geben, um sie in ein Koma zu versetzen, damit der Tod durch eine Lungenentzündung beschleunigt würde – etwas, das ich schon für andere getan hatte, die dem Tod nahe waren. Ich versprach ihr dies und verordnete Morphium-Injektionen, die ihr alle vier Stunden, rund um die Uhr, gegeben werden sollten, auch wenn es ihr anscheinend besser ginge, sie schlief oder schmerzfrei war.

Es wirkte nicht. Trotz sehr hoher Dosen verfiel sie nicht ins Koma; und nach drei Tagen schließlich sprach ich sie auf ihre mangelnde Kooperationsbereitschaft an. Sie lachte und meinte, es müsse wohl noch eine Arbeit für sie zu verrichten geben. Selbst wenn ihre äußere Vernunft dem Alptraum der Schmerzen entrinnen wollte, war ihre Seele noch nicht bereit, Abschied zu nehmen.

Dann vollbrachte sie eine ihrer wundersamen Taten. Binnen vierundzwanzig Stunden ließ sie die Geschwülste in ihrem Hals völlig verschwinden. Sie verkündete mir mit Nachdruck, daß sie nicht im Krankenhaus sterben, sondern nach Hause gebracht werden wolle. Und sie wollte auch beweisen, daß eine Heilung ihres Körpers möglich wäre und daß sie mit ihrem Sterben nur einem inneren Ruf folgte.

Wir brachten sie in das kleine Gästehaus zurück, verpflichteten eine private Krankenschwester zu ihrer Betreuung und erwarteten das Unvermeidliche. Eunice aber fuhr fort zu lehren und empfing jeden von uns zu persönlicher Beratung – bis zur letzten Woche ihres Lebens.

An einem Morgen, Ende November, starb Eunice, aber erst nachdem sie der Pflegerin erzählt hatte, daß sie zwei Engel zu beiden Seiten eines Mannes stehen sah, der wie Christus aussah und sie zu sich winkte. Sie richtete sich im Bett auf, breitete die Arme aus – und dann legte sie sich auf das Kissen zurück und starb.

Ja, Eunice hatte mich die Kunst des Sterbens gelehrt, aber meine Bindung an sie, auf der Persönlichkeitsebene, hinderte mich daran, voll zu würdigen, welch eine reiche und wertvolle Erfahrung es war. Mit ihrem Tod überkam mich physischer Schmerz, und erst dann die volle Konsequenz ihrer Lehren. Sie hatte jedem von uns den Schlüssel zum Königreich geschenkt. Wir mochten weiterhin nach anderen Lehrern suchen, doch ihre Lehren waren unglaublich vollkommen. Ein anderer hätte die Prinzipien vielleicht anders ausgedrückt, aber die wesentlichen Dinge waren dieselben. Wir mußten aus dem Wagen aussteigen und zu Fuß weitergehen.

Ich begann diese Wanderung damit, daß ich mir jeden Morgen wenigstens eine Stunde Zeit nahm, um mich in einen tiefen meditativen Bewußtseinszustand zu versetzen. Manchmal bedeutete dies, um vier Uhr morgens aufzustehen – nach einem langen Arbeitstag im Krankenhaus und in der Praxis, an dem ich oft erst nach Mitternacht ins Bett fand. Ich wußte, es war ein innerer Weg, kein äußerer. Es konnte und würde für mich keinen weiteren äußeren Lehrer geben. Ich hatte das Geschenk meines Lebens empfangen, und ich wußte es. Für die Verwirklichung meiner Selbst-Bewußtheit war ich allein verantwortlich, und niemand anderes.

Wie oft habe ich Menschen beobachtet, die in einem Zimmer, in einem Vortragssaal oder einer Berghütte saßen und einem inspirierten Lehrer lauschten. Manche dieser Menschen tun dies seit einem Jahr, seit fünf Jahren oder seit vierzig Jahren. Nach all der Zeit sind sie immer noch nicht bereit, zu erkennen, daß der entscheidende Schritt im *sein* liegt, nicht im Sprechen über das Sein. Eine Tat muß getan werden, und diese Tat geschieht im Inneren.

Beinahe auf den Tag genau zwei Monate nach Eunices Tod, fand ich meinen inneren Lehrer – ein Bewußtseinszustand, der mich noch heute lehrt. Es ist keine Manifestation Eunices oder irgendeiner anderen Person, die ich in meiner äußeren Vernunft kenne. Seine Gegenwart ist strahlend, und seine Weisheit ist inspirierend.

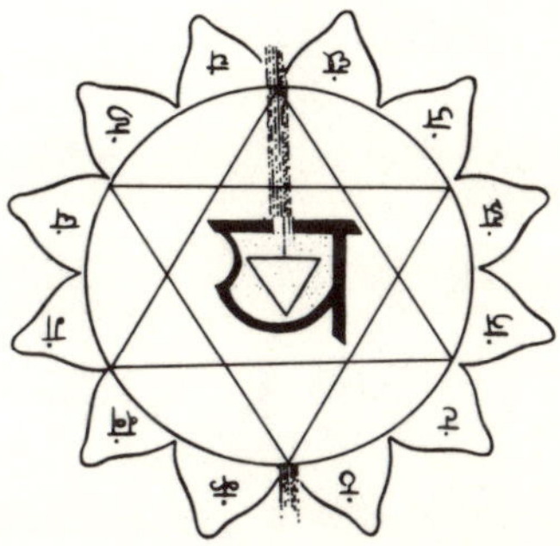

SECHSTES KAPITEL

# Sechs Quantensprünge

*Nichts ist, wie es zu sein scheint,*
*selbst wenn man dessen sicher ist.*

Im Verlauf meiner Transformation fanden sechs «Quantensprünge» statt – erfahrbare Einsichten, die plötzlich und radikal meine Vorstellung von der Realität änderten. Ein Quantensprung, wie ich das Wort hier verwende, ist ein Sprung von einer Ebene der Erkenntnis zu einer anderen, ohne die dazwischen liegenden Entwicklungsstufen zu durchlaufen, um das neue Bewußtsein zu erreichen. Bis zu einem gewissen Zeitpunkt vertritt man das eine Glaubenssystem; im nächsten Augenblick erfährt man eine völlig neue Perspektive. In solchen Fällen kann man die Wahrheit der neuen Erfahrung erst dann erfassen, wenn man die Idee oder die vielerlei Ideen aufgibt, die man bis dahin vertreten hat.

In meinem Fall dauerte es mehr als dreißig Jahre, das Fundament zu errichten, auf dem diese Bewußtseins-Sprünge stattfinden konnten. Alle bereiteten sich langsam vor, wurden durch die

Meditation beschleunigt und waren durchdrungen von einem Gefühl der Erweiterung und tieferen Wahrheit über die manifeste Ebene und ihre Beziehung zur Psyche und zum Geist.

Für mich waren diese sechs großen Einsichten:

1. Die Relativität aller Realität und die Bedeutung des zustandsgebundenen Bewußtseins
2. Die Unterscheidung der sequentiellen Erfahrungen von den simultanen Erfahrungen und die wirkliche Bedeutung des Jetzt-Moments
3. Der Zusammenbruch des körpergebundenen Bewußtseins
4. Die Erkenntnis des Unterschieds zwischen Gedankenformen und geistigen Entitäten
5. Die Auflösung des Todes-Raumes
6. Die Erfahrung der Bedingungslosen Liebe.

Dieses Kapitel ist ein Konzentrat der unzähligen Erfahrungen und Betrachtungen, die diese Einsichten herbeiführten.

## Die relative Realität

Albert Einstein war Genie genug, das Offenkundige anzuerkennen und es mathematisch zu begründen. Ohne ihn hätten die Menschen bis in alle Ewigkeit mit ihrem Intellekt geleugnet, was sie seit Äonen in ihrem Leben gewußt haben: Zwei Menschen, die denselben Vorgang von zwei verschiedenen Punkten im Raum beobachten, erfahren nicht dieselbe Realität. Ich möchte über Einstein hinausgehen und behaupten, daß zwei Menschen, die denselben Vorgang vom selben Punkt im Raum und zum selben Zeitpunkt (falls dies physikalisch möglich wäre) beobachteten, nicht dieselbe Realität erfahren würden. Warum? Weil der Brennpunkt des Bewußtseins eines jeden Menschen ein anderer ist und weil keine zwei Menschen die gleichen Schlußfolgerungen ziehen können.

Das Bewußtsein jedes einzelnen ist einzigartig, nicht nur aus seiner historischen Herkunft, sondern auch in der Art und dem Ausmaß seiner Filterung. Die Erfahrungen der manifesten Ebene sind immer relativ zur Perspektive des Betrachters – und können dies nicht anders sein. Deshalb gibt es so viele verschiedene, gleichzeitig ablaufende Realitäten, wie es Bewußtseins-Brennpunkte gibt. Hinsichtlich jedes Vorgangs gibt es so viele Realitäten, wie es Beobachter gibt, und jede Realität ist gleich begründet.

Um diesen Sachverhalt zu illustrieren, pflege ich mit dem Zeigefinger einen Kreis in der Luft zu ziehen – so groß wie nur möglich. Dieser Kreis könnte, das ist denkbar, das ganze Universum einschließen, aber begnügen wir uns im Augenblick mit einem Kreis, dessen Radius so lang ist wie mein Arm. Nun setzen Sie einen Punkt – einen ganz winzigen Punkt – irgendwo in diesen Kreis. Nehmen wir an, daß die Fläche innerhalb des Kreises symbolisch Ihr größtmögliches Total-Bewußtsein darstellt, während der winzige Punkt Ihr Bewußtsein in einem bestimmten Augenblick darstellt. Und nun verwandeln Sie diesen Kreis, unter Beibehaltung des gleichen Radius, in eine Sphäre und den Punkt in eine winzige Sphäre. Jetzt haben wir ein Modell in der dreidimensionalen Realität.

Dann stellen Sie sich viele kleinere Sphären im Inneren dieser größeren Sphäre vor. Sie haben etwa die Größe von Marmeln und versinnbildlichen alle Ihre überhaupt möglichen Bewußtseinszustände. Die winzige punktförmige Sphäre, die Ihr äußeres Bewußtsein darstellt, kann in jede dieser marmelförmigen Sphären hineinschlüpfen. Die erste dieser Sphären, in die Sie hineinschlüpfen, könnte man bezeichnen als «konditionierte Ideen über die Realität». Während Sie sich in diesem Raum befinden, paßt alles unter diese Bezeichnung, und nichts widerspricht ihr. Sodann schlüpfen Sie in eine Sphäre mit der Bezeichnung «neurotischer Zustand», mit dem Untertitel «Angst vor Ablehnung». Alle Wirklichkeit, die Sie in diesem Brennpunkt des Bewußtseins wahrnehmen, bestätigt diese Perspektive – Sie sind ein ablehnenswertes Objekt –, und nichts widerspricht ihr. Jetzt nehmen wir an, daß Ihre winzige Bewußtseinssphäre in eine murmelförmige Sphäre schlüpft, die wir als «Depression» bezeichnen. Ganz gleich, was Sie dort wahrnehmen, alles wirkt trostlos und dunkel und fühlt sich genauso an, und Schmerz und Verzweiflung werden immer schlimmer. Und so weiter – durch alle Bezeichnungen, die Sie sich ausdenken können. Genau diesen Prozeß durchläuft das gewöhnliche Bewußtsein, nur auf noch kompliziertere Weise, denn die Erinnerung ist eine Dimension, die stets die Erfahrung des Augenblicks überlagert, so daß die

Erfahrung des gegenwärtigen Augenblicks noch weiter verändert wird.

Die Erleuchtung ist ein Vorgang, bei dem man die Fähigkeit erwirbt, diese winzige Bewußtseinssphäre so zu erweitern, daß sie eine immer größere Zahl dieser marmelförmigen Sphären umfaßt und damit auch einen immer größeren Teil der großen Späre einbezieht. Wenn Sie den Punkt erreicht haben, wo ihr Bewußtsein in jedem Augenblick die gesamte größere Sphäre mit einbezieht, haben Sie die Erleuchtung erreicht.

Viele Menschen sind bereits in einen Zustand mit der Bezeichnung «erweitertes Bewußtsein» geschlüpft und nennen diese Erfahrung «Erleuchtung». Weil aber ihr individueller Brennpunkt nicht erweitert war, wurden sie nicht wahrhaft erleuchtet. Wohl hatten sie ein Gipfelerlebnis in Regionen, in welche der Bewußtseinsbrennpunkt nicht so leicht vordringen kann. Aber ihre wirkliche Aufgabe, die immer noch vor ihnen liegt, ist, ihr Bewußtsein so zu erweitern, daß es diese Region der Gipfelerfahrung und auch alle anderen – *und alle im gleichen Moment* – mit einbezieht. Eine Gipfelerfahrung ist noch weit entfernt von der Erleuchtung.

Je umfassender das wahrnehmende Bewußtsein eines Menschen ist, desto höher ist die Entwicklung seiner Seele.

Manchmal illustriere ich die relative Realität auch durch den Vergleich mit einer Dia-Serie. Am Anfang steht die Perspektive der Erde, wie man sie vom Boden her sieht. Man könnte sich verlieren in dem Unterfangen, die Milliarden Details einer Stadt wie Los Angeles zu begreifen – ja, man könnte ein oder zwei Leben damit verbringen, ihre Aspekte zu studieren. Und was das Unterfangen noch schwieriger macht, die Stadt verändert sich dauernd: Neue Straßen werden gebaut, neue Häuser entstehen und alte werden abgerissen usw. Man könnte seinen ganzen Bewußtseinsbrennpunkt für diese Aufgabe einsetzen und würde nicht einmal bis in die benachbarten Bezirke Südkaliforniens vordringen, und schon gar nicht bis nach San Francisco, Neu Delhi oder Paris. Die Situation ist vergleichbar mit dem Gefangensein in einem psychologischen Stillstand oder in einer Fixierung des Bewußtseins: Während Sie drinstecken, kann nichts Sie davon überzeugen, daß es noch andere mögliche Erfahrungen gibt. Ihre Konzentration auf ein Problem oder eine Situation ist so begrenzt, daß Sie nichts außerhalb zu sehen vermögen. Unsere

Relativitätsgesetze behaupten sogar: Je näher Sie an ein Objekt herangehen, sei es ein materielles oder ein psychologisches Objekt, desto größer wird es sein – nicht scheinen, sondern *sein*! Ja, wenn Ihr Bewußtseinsbrennpunkt in ein einziges Atom eindringen könnte, so würde dieses Atom das Aussehen und die Dimensionen eines ganzen Sonnensystems annehmen. (Ihre Probleme werden um so größer, je mehr Sie sich darauf konzentrieren.)

Die nächsten Dias könnten die Erde aus der Kreisbahn eines Satelliten zeigen. Nicht nur sehen Sie jetzt einen viel größeren Teil des Ganzen, sondern auch das Aussehen des Erdbodens hat sich radikal verändert. Da sind Schnellstraßen zu sehen, die in die Städte hinein – und aus ihnen hinausführen. Das Verhältnis der Städte zueinander ist leicht zu erfassen. Berge, Flüsse, Meere, Seen, Städte, Straßen und andere topographische Merkmale scheinen miteinander in Beziehung gesetzt. Ägypten aus der Luft betrachtet, und Ägypten vom Erdboden her betrachtet, das sind zwei verschiedene Erfahrungen. Das erstere ist ein grünes Band, das sich in Windungen durch die weite Wüste zieht, während das letztere eine Ansammlung von wimmelnden Städten und Bauern-Dörfern ist, die sich zu beiden Seiten eines großen schlammigen Flusses erstrecken.

Die nächsten Dias zeigen die Erde aus 100.000 Meilen Entfernung, und immer weiterer Entfernung, bis man sie schließlich vom Mond her sieht. Von dort ist es verblüffend, sich die ganze Menschheitsgeschichte vorzustellen, einschließlich der Ereignisse dieses Augenblicks, wie sie überall auf diesem kleinen, buntfarbenen Globus stattfinden. Milliarden Menschen, die über den Planeten schwärmen, und nicht einen von ihnen kann man aus dieser Perspektive erkennen. (Und wo bleiben nun Sie selbst mit Ihren Problemen?)

Als nächstes betrachten wir Dias vom Mond, wie man sie von seiner Oberfläche aus sieht, und springen dann weiter zu Merkur, Venus, Mars, Jupiter, Saturn, Uranus, Neptun und Pluto. Und schließlich bewegen wir uns hinaus in die Galaxie – und noch weiter. Aus dieser Perspektive ist von der Erde und der Gesamtheit des menschlichen Strebens so wenig übriggeblieben, daß es für das Auge nicht einmal mehr wahrnehmbar ist, wohl aber eine Unendlichkeit anderer Wahrnehmungen und Bewußtseinserfahrungen – einschließlich der Möglichkeit, eine andere Sonne mit ihren Planeten und ihren Lebensformen in den Blickpunkt zu bekommen, die vielleicht weiter fortgeschritten sind als die unseren.

Allein in unserer Galaxie gibt es Milliarden Sonnen. Mehr als einhundert Millionen von ihnen, so nimmt man an, haben planetarische Sonnensysteme ähnlich dem unseren. Nachdem es aber Milliarden von Galaxien gibt, ist die Wahrscheinlichkeit eines Lebens irgendwo im bekannten Universum sehr groß.

Während das Licht von unserem Fixstern, der Sonne, uns in etwa 8.3 Minuten erreicht, braucht das Licht vom nächsten Fixstern außerhalb unseres Sonnensystems bis zu uns 4.3 Jahre. Je weiter wir von diesen fernen Objekten im bekannten Universum entfernt sind, desto ferner liegen auch die Ereignisse zeitlich zurück, die wir wahrnehmen – bis zu etwa 10 Milliarden Jahren bei den fernsten, noch beobachtbaren Regionen des Weltraums.

Solange wir nur in linearen Modellen wahrnehmen und denken können, wird es mehr als vier Jahre dauern, bis wir es erfahren, wenn sich etwas Wichtiges auf dem nächsten Fixstern unserer Galaxis ereignet hat. Zum Glück gibt es Alternativen zu den linearen Modellen, wie ich in dem Abschnitt über Simultanität beweisen werde. Am wichtigsten aber ist, daß ein Wechsel in der Perspektive unseres Denkens auch die Beziehungen in der wirklichen Zeit und im wirklichen physischen Raum verändert. Diese Tatsache kann uns einen Hinweis darauf geben, wie sehr eine veränderte Einstellung gegenüber einer Krankheit den Verlauf dieser Krankheit beeinflussen kann. Aus all dem bisher Gesagten können wir sogar den Schluß ziehen, daß die Krankheit nicht nur durch eine gewandelte Einstellung beim Patienten beeinflußt werden kann, sondern auch durch eine veränderte Einstellung beim Arzt, beim Heilkundigen, Therapeuten oder jedem anderen, der am Bewußtsein des Patienten teilhat.

Wir sind Wesen von einer unbestimmten Zahl von Dimensionen, die jetzt erst die dritte und vierte Dimension erforschen. Diese drei oder vier Dimensionen sind eine Schule für Götter, in der wir gleichsam in Zeitlupe die Konsequenzen unseres Denkens kennenlernen. Diese Auffassung von uns und unserer Welt steht in diametralem Gegensatz zu der geläufigeren Vorstellung, daß wir Wesen der dritten und vierten Dimension sind, die vergeblich versuchen, die *n* Dimensionen der Wirklichkeit zu begreifen.

Ein weiteres Beispiel für die relative Realität, von dem bereits die Rede war, ist die Deutung der Tarot-Karten. Auch hier bestimmt oder erzeugt die Perspektive das, was man sieht. In einer Gruppe von etwa zwanzig Leuten demonstriere ich dieses Phänomen manchmal, indem ich einen von ihnen auffordere, die Karte zu benennen, die ihm am wenigsten sympathisch ist. Die übrigen Teilnehmer suchen diese Karte dann aus ihrem Spiel heraus und studieren sie ein paar Minuten lang. Nachdem derjenige, der die Karte auswählte, seine Deutung derselben vorgetragen hat, frage ich die Gruppe: «Wer von Ihnen hat gesehen, wie die Karte sich veränderte, während die Deutung vorgetragen wurde?» Und schon gehen die Hände hoch. Die meisten Teilnehmer sehen tatsächlich, wie ihre eigene anfängliche Auffassung der Karte – und mithin die Art, wie sie diese erleben – sich in etwas anderes verwandelt, ähnlich dem, was der erste Teilnehmer zu sehen berichtet. Um diese Relativität zu verdeutlichen, fordere ich jeden einzelnen auf, zu erzählen, was er am Anfang in der Karte sah, und mit jedem der Berichte scheint die Karte sich für alle anderen Teilnehmer der Gruppe magisch zu verändern. Diese Erfahrung ist nur der Anfang eines Verständnisses dafür, wie die Perspektive bestimmt, was man erfährt. Und dabei erleben zwanzig Personen nur die knappen Möglichkeiten, die in nur einer Karte enthalten sind.

Bei der Schulung in der psychotherapeutischen Arbeit übernehme ich dieses Relativitätskonzept, um zu zeigen, wie wichtig es ist, die Perspektive eines anderen zu sehen – das heißt, die Art, wie der einzelne sein Problem oder seine Probleme konfiguriert. Diese Perspektive wird dann in Beziehung gesetzt zu den verschiedenen Perspektiven des Therapeuten, die auch die potentielle Lösung enthalten. Wenn die Probleme auf die Tarot-Karten projiziert werden, hat der Klient die Chance, zu beobachten, wie verschieden die Karten erscheinen, sobald der Therapeut alternative Betrachtungsweisen aufzeigt. In meiner psychotherapeutischen Arbeit weise ich die Klienten nicht nur auf alternative Möglichkeiten hin. Meine grundsätzliche Absicht ist, die Klienten zu befähigen, Alternativen für sich selbst zu erkennen.

Zwei persönliche Beispiele mögen zeigen, wie mein eigener Einstellungswandel meine Wahrnehmung der Dinge veränderte.

Im Verlauf des ersten, siebzehn Tage dauernden Kurses auf der Sky Hi Ranch, den ich im September 1975 abhielt, spielte ich der Gruppe eine Schallplatte mit der englischen Übersetzung der

*Bhagavad-Gita* vor, einer zweitausendfünfhundert Jahre alten Hindu-Dichtung aus Indien. Beim ersten Anhören des Textes war ich hingerissen, wirklich ekstatisch, und darum spielte ich dieselbe Schallplatte im Kurs im Januar 1976 noch einmal. Diesmal war ich entsetzt über das, was ich hörte. Ich ärgerte mich beinahe über jeden Satz. Dann, in einem dieser Augenblicke der Empörung, erkannte ich plötzlich, was los war. Ich rief mir die Erfahrung vom vergangenen September ins Gedächtnis zurück. Wie war es möglich, daß ich diese Schallplatte in einem früheren Augenblick als eine der schönsten empfunden hatte und sie in diesem Augenblick kaum ertragen konnte? Nun dämmerte es mir: Da das Gedicht unschuldig und die Platte noch dieselbe war, mußte etwas in mir geschehen sein, das die zweite, diametral entgegengesetzte Reaktion hervorrief. Als ich den Brennpunkt meines Bewußtseins in einen höheren Zustand versetzte, erlebte ich die Harmonie der Dichtung aufs neue.

Als die Platte zu Ende war, sagten beinahe alle Mitglieder der Gruppe, daß sie ihnen nicht gefallen habe, daß sie sich sogar darüber geärgert hätten. Die religiösen Assoziationen, die sie auslöste, hatten bei ihnen tief verwurzelte Ressentiments geweckt. Und auf einmal hatte ich eine Einsicht in die Macht des Gruppenbewußtseins: Obwohl alle Teilnehmer ruhig auf dem Fußboden lagen und der Platte lauschten, war ich irgendwie durch ihre unausgesprochenen emotionalen Reaktionen mitgerissen worden. Und nachdem einige Teilnehmer mit starken Energiefeldern zornig reagierten, übertrug sich diese emotionale Perspektive durch Induktion auf die übrige Gruppe, und auch ich wurde von ihr erfaßt, bis ich erkannte, was geschah, und – durch meine Schulung befähigt – die Induktion unterbrach.

Die Stimmung dieser Gruppe war deprimiert, feindselig und zornig. Nun bat ich die Teilnehmer, einen Kreis zu bilden und ihr Bewußtsein in den Zustand der Bedingungslosen Liebe zu versetzen. Zwei Minuten, nachdem sie dies getan hatten, war die Energie der Gruppe – und alle Energie im Raum – in Harmonie umgewandelt. Es war eine tiefe Erfahrung, vor allem für mich, weil ich aus Erfahrung wußte, daß die Menschen oft Stunden oder gar Tage brauchen, um Gefühle wie Zorn oder Feindseligkeit durchzuarbeiten. Heute, nachdem ich die *Bhagavad-Gita* mindestens sechsmal gehört habe, kann ich sagen, daß ich jedesmal so unterschiedlich darauf reagierte, daß ich mich fragen muß, ob ich jemals hören werde, was sie wirklich sagt – und ob es überhaupt von Bedeutung ist, was sie sagt.

Das zweite Beispiel, mit dem ich die Konsequenzen eines Einstellungswandels demonstrieren möchte, betrifft meine Empfindungen gegenüber Asymmetrien des menschlichen Gesichts. Bei mir sitzt ein Ohr merklich tiefer als das andere, und ein Auge ebenfalls. Mir wurde diese Unausgewogenheit bewußt, als ich etwa zehn Jahre alt war. Damit es weniger auffiel, gewöhnte ich mir an, meinen Kopf irgendwie schief zu halten und mein Haar so zu kämmen, daß die scheinbare Disproportion verringert wurde. Und doch war es für mein Ego beinahe unerträglich, daß diese Disharmonie existierte. Nun stieß ich vor etwa zehn Jahren auf einen Artikel, der besagte, daß Mystiker häufig solche Entstellungen des Gesichts haben, und als ich in den Spiegel schaute, sagte ich mir: «Es ist nicht entstellt genug!» Die Bedürfnisse meines Ego hatten meine Perspektive zu einem ganz neuen Gefühl und Verhalten verändert.

Eng verbunden mit der relativen Realität ist das Phänomen des zustandsgebundenen Bewußtseins. Wie Sie bereits wissen, ist das gewöhnliche Bewußtsein nur eine von vielen Möglichkeiten. Es ist vor allem ein erlernter Seelenzustand, ein konditionierter Zustand. Man hat uns gesagt, wie und was wir denken sollen, und meistenteils auch, wie wir handeln sollen. Das gewöhnliche Bewußtsein ist so beschaffen, daß es Los Angeles als eine Stadt wahrnimmt, während Sie, wenn Sie es aus einem anderen Bewußtseinszustand betrachten, gar nicht erkennen können, wo es anfängt und wo es aufhört, und mithin, ob es überhaupt existiert. Tatsache ist, es existiert – in Wirklichkeit – gar *nicht.* Es existiert nur auf einer bestimmten Bewußtseinsebene. Keine andere Lebensform als die menschliche hat eine Vorstellung davon, daß Los Angeles existiert. Ihr gewöhnliches Bewußtsein verfügt über unermeßliche Erfahrung und unermeßliche Informationen hinsichtlich dieser konditionierten Ebene, auch wenn solche Informationen vielleicht nur Bestandteil eines normalen und konventionellen Bewußtseinszustands sind.

Der Begriff «zustandsgebundenes Bewußtsein» bedeutet, daß die Information, die einer bestimmten Perspektive oder einem bestimmten Bewußtseinszustand bekannt wird, an diese eine Perspektive, an diesen einen Bewußtseinszustand gebunden und anderen Perspektiven oder Zuständen im allgemeinen unzugänglich ist.

Wenn wir des Nachts träumen, ist unser Bewußtsein offenbar in einem anderen Zustand als dem gewöhnlichen Wachzustand. Manchmal können wir uns einige der Traum-Erfahrungen in den äußeren Bewußtseinszustand zurückrufen, aber zumeist sind die Traum-Erfahrungen an den Traumzustand gebunden und der äußeren Vernunft unzugänglich. Als Nebenprodukt der Meditation kann man jedoch die Fähigkeit entwickeln, von einem Zustand in den anderen überzuwechseln, und dadurch Traum-Erfahrungen in allen Einzelheiten wiedergewinnen. Dieses Phänomen ist einer der Gründe, warum ich glaube, daß die Meditation uns so außerordentlich befähigen kann. Sie befähigt den Geist, sich in jeden Bewußtseinszustand zu versetzen und Informationen zu erlangen, die für gewöhnlich nur auf dieser Ebene erfahren werden können. Charles Tart von der University of California in Davis widmet den größten Teil seiner Energie einem Thema, über das er gelehrt und geschrieben hat: nämlich die Art, wie jede Information an die Ebene gebunden ist, auf der sie zum erstenmal erfahren wird.

In einem Experiment (nicht von Tart) tranken Medizinstudenten so lange Alkohol, bis sie betrunken waren, und wurden dann unterrichtet. Als sie wieder nüchtern waren, wurden sie geprüft auf das, was sie in betrunkenem Zustand gelernt hatten. Sie schnitten sehr schlecht ab, aber als der Versuchsleiter sie erneut betrunken machte – und sie im betrunkenen Zustand noch einmal prüfte –, schnitten die Studenten bei den gleichen Testfragen viel besser ab. Ein großer Teil der Informationen war ihnen, wenn sie nüchtern waren, einfach unzugänglich.

Etwas Ähnliches geschieht, wenn Menschen durch Meditation höhere Bewußtseinszustände erreichen, oder wenn einem die Gabe des Kanalisierens zuteil wird und die Weisheit der empfangenen Informationen das gewöhnliche Bewußtsein transzendiert. Wenn die Betreffenden dann in ihren gewöhnlichen Bewußtseinszustand zurückkehren, ist der größte Teil der Informationen für die äußere Vernunft verloren. Dies gilt auch für viele inspirierte Lehrer. Wenn sie einmal «im Fluß» sind – ein Wort, das den Wechsel zu einem erweiterteren Bewußtsein bezeichnet –, verbalisieren oder kanalisieren sie Informationen aus jenem Erfahrungszustand. Wenn der Fluß des Bewußtseins unterbrochen wird –

etwa durch Fragen von Schülern oder durch äußere Einwirkung –, dann wird die Verbindung unterbrochen, der Bewußtseinsschwerpunkt des Lehrers verlagert sich, und die Erfahrungen jener anderen Ebene sind, zumindest für den Augenblick, verloren. Der Lehrer ist vielleicht nicht einmal in der Lage, den Schülern zu sagen, worüber er eben gesprochen hat. Eine Tonbandaufnahme kann jedoch manchmal festhalten, was in dem höheren Zustand erfahren wurde, und ein Meister kann aus eigenem Willen in den Zustand zurückkehren, an den die Information gebunden ist, und sie erneut kanalisieren.

Dasselbe Phänomen zeigen auch inspirierte Dichter. Wenn sie ihre kreativen Werke nach ein paar Tagen noch einmal lesen, stellen sie manchmal fest, daß das, was sie geschrieben haben, gar nicht von ihnen stammen kann. Es erscheint ihnen unmöglich, eine ähnliche Ebene des Schaffens in einem gewöhlichen, «normalen» Zustand noch einmal zu erreichen. Und was sie dabei erleben, ist natürlich die Wahrheit: Das ursprüngliche Material ist ihnen bei einem «normalen» Brennpunkt des Bewußtseins nicht mehr zugänglich.

Etwas Ähnliches geschieht fast immer mit den Teilnehmern der Kurse auf der Sky Hi Ranch. Wenn sie nach Hause zurückkehren, ist es ihnen fast immer unmöglich, anderen Leuten zu erzählen, was mit ihnen geschehen ist. In der heimischen «Wirklichkeit» erscheint die Erfahrung auf der Ranch wie ein Traum. «Es war so klar und tief, solange ich auf der Ranch war», erzählen sie mir später, «aber die Worte verdorren mir im Mund, wenn ich mitzuteilen versuche, was ich erlebt habe.» Auch hier haben wir es mit zustandsgebundenem Bewußtsein zu tun. Für die Zeit ihres Aufenthalts auf der Ranch sind die Kursteilnehmer nicht in ihrem gewöhnlichen Bewußtseinszustand. Diese Erfahrungen sind großenteils an ihre Bewußtseinsebene auf der Ranch gebunden, und sie sind ihnen nicht mehr voll verfügbar, wenn sie in die gewöhnlichen äußeren Zustände zurückkehren, in denen die meisten ihrer Freunde und Angehörigen leben. Manche Teilnehmer leugnen später sogar, was sie auf der Ranch wahrhaft erlebten. Das zustandsgebundene Bewußtsein erklärt auch den Mechanismus der Depression oder Krise, die häufig auf länger anhaltende Erfahrungszustände folgt. In solchen Fällen ist es wichtig, die Leute nicht in die gewöhnliche «Realität» zurückzuführen, sondern sie zu lehren, wie sie erneut in erweiterte Bewußtseinsebenen eintreten können, wie sie diese Ebenen wiedergewinnen und in ihnen schöpferisch sein können. Und wieder ist hier alles relativ, denn wie Sie bereits wissen, betrachte ich die erweiterten Zustände der Seinsheit als natürlich und die «normalen» als zutiefst abnormal. Die Entscheidung, in welchem Zustand wir das Leben erfahren, liegt immer beim einzelnen.

Unweigerlich sagt darauf einer der Teilnehmer: «Ich habe es, aber ich brauche auch die Hoffnung, daß ich es in mein alltägliches Leben mitnehmen kann.» Meine Antwort darauf ist immer die gleiche: «Es ist möglich, die höheren Dimensionen mit den äußeren Bewußtseinsebenen zu verschmelzen, nicht aber, wenn man sich weigert, das starre Muster dieses äußeren Alltagslebens aufzugeben.» Wenn Sie Erfahrungen aus anderen Ebenen mitnehmen wollen, muß Ihre äußere Realität auf beide abgestimmt sein. Um sich von konditionierten Zuständen zu befreien, *muß* das Glaubenssystem sich ändern. Falls Ihnen diese Möglichkeit bedrohlich erscheint, sollten Sie die Wege zur Bewußtseinserweiterung meiden. Meine Absicht ist ganz eindeutig, die Trennwände niederzureißen, die unsere Erfahrung der Realität abgrenzen. Die Entscheidung liegt bei Ihnen selbst.

Ich warne jeden Teilnehmer auf der Ranch – sowohl in einem Brief, einen Monat vor Beginn des Kurses, als auch persönlich, während der ersten fünf Tage –, daß die Erforschung höherer Bewußtseinszustände schmerzhaft und schwierig sein kann, ähnlich wie das Fahren auf einer riesigen Berg-und-Tal-Bahn. Niemand wird unverändert nach Hause und in seinen Beruf zurückkehren. Jedem Teilnehmer steht die Entscheidung frei, zu bleiben oder zu gehen. Wenn die Gruppe sich verpflichtet hat, intensiviere ich allmählich die Gruppenarbeit, und bei jedem einzelnen tut sich ein Fenster der Bewußtheit auf. Tatsächlich öffnen die Teilnehmer dieses Fenster selbst, und gegen Ende der zwei Wochen schließen sie das Fenster allmählich wieder, während sie ihre Aufmerksamkeit auf das zukünftige Ereignis der Heimkehr richten.

Zusammenfassend möchte ich sagen, daß eine kreative Idee oder Erfahrung niemals verlorengeht: Nur ein Wechsel der Perspektive oder ein gewandelter Bewußtseinszustand bedingt, daß sie zu verschwinden scheinen. Die Meditation aber lehrt uns, die Bewußtseinsebenen zu wechseln, damit wir schließlich nach eigenem Willen in jeden Bewußtseinszustand eintreten und die kreative Idee oder Erfahrung ganz wiedergewinnen können.

An diesem Wandel der Einstellung gegenüber der Heimkehr wird ein Problem des sequentiellen (= nacheinander erfahrenden) Bewußtseins sichtbar, nämlich unsere Bereitschaft, die Zukunft – Vorgänge, die noch nicht eingetreten sind, deren Eintreten wir uns aber vorstellen – auf den gegenwärtigen Augenblick einwirken zu lassen. Und gerade die Überlagerung nicht der Zukunft, sondern unserer *Ideen* über die Zukunft macht das nacheinander erlebende Bewußtsein zu einer so einschränkenden Erfahrung. Daneben gibt es noch manche anderen Faktoren, die in Betracht zu ziehen sind, aber diese Verzerrung der Augenblickserfahrung ist die wichtigste.

Die gegenwärtige Notwendigkeit, mit Hilfe von Wörtern zu kommunizieren, ist, wie ich glaube, die Ursache dafür, daß das Bewußtsein sich in linearen, sequentiellen Mustern bewegt. Die Sprache ist den meisten Menschen unentbehrlich – nicht weil sie uns angeboren ist, sondern einfach weil sie normalerweise das einzige entwickelte Kommunikationsmittel ist, das dem Menschen zur Verfügung steht. Man kann nicht zwei Wörter gleichzeitig verbalisieren, und es ist diese einfache Tatsache, die das Bewußtsein in sequentiellen Mustern gefangenhält. Das sequentielle Bewußtsein konditioniert uns von früher Kindheit an, wenn wir zu sprechen lernen, und folglich werden die hinter der Sprache liegenden Gedanken so trainiert, daß sie als Sequenz in unserem Bewußtsein auftauchen. Alsbald erleben wir diese sequentiellen Perspektiven auch beim Sehen, beim Fühlen und anderen Aktivitäten, die gar nicht notwendig oder essentiell eine Sequenz bilden.

Auch wenn die meisten Menschen sich nicht vorstellen können, daß es möglich ist, das Bewußtsein auf mehr als ein Objekt oder eine Idee gleichzeitig auszurichten, können einige einfache Trainingstechniken zeigen, daß ein simultanes Bewußtsein möglich ist. Wenn simultane Bewußtseinszustände sich einzustellen beginnen, gibt es eine noch bessere Alternative zur sequentiellen Kommunikation – durch Symbole oder durch Telepathie. Die Telepathie ist fähig, die *Gesamtheit* dessen, was kommuniziert werden soll, in einem einzigen Augenblick zu symbolisieren.

Aber die Kommunikation bildet nur einen kleinen Teil der möglichen Einsichten in das Problem Sequentiell kontra Simultan.

Selbst wenn die biochemischen Reaktionen an irgendeiner Stelle des Gehirns sequentiell stattfinden, geschieht das Denken doch nicht durch eine biochemische Reaktion oder an einem einzigen Ort, sondern mittels der assoziativen Reaktionen, die simultan in vielen Bereichen des Gehirns stattfinden. Daher ist es eine Synthese vieler Reaktionen. Ich will damit nicht behaupten, daß das Denken ursprünglich vom Gehirn ausgeht, sondern nur, daß die physischen Reaktionen des Gehirns auf das Denken einen solchen Verlauf nehmen. (Der verstorbene Wilder Penfield von der McGill University in Montreal, Kanada, ein hochangesehener Pionier der Hirn-Chirurgie, kam nach langen Jahren der klinischen Erfahrung zu dem Schluß, daß der menschliche Geist sich nicht in den Strukturen des Gehirns nachweisen läßt.) Vielleicht ist das Gehirn ein Energie-Umwandler, der die elementare Energie essentiellen Denkens oder die ursprüngliche Symbolisierung zu schwächeren äquivalenten Energiemustern heruntertransformiert, die die äußere Vernunft als äußere oder scheinbare Gedanken erkennt. Bis ein Gedanke im äußeren Bewußtsein auftaucht, ist er bereits mannigfaltig gefiltert, verkürzt und entstellt und gehört einer Energieform an, die von der ursprünglichen ganz verschieden ist.

Wie ich schon sagte, ist die Telepathie unsere natürliche Form der Kommunikation. Essentielles Denken geschieht nicht sequentiell sondern ist eine Konfiguration von Energie, die in ein sequentielles Muster transformiert wird, um im äußeren Bewußtsein in Form von Wörtern oder Bildern aufzutauchen. Zwei Menschen, deren äußere Bereiche der Kommunikation auf verschiedene Sprachen konditioniert sind, können gleichwohl miteinander kommunizieren – durch Telepathie. Wer die Aufmerksamkeit eines anderen sucht (der «Sender»), braucht nicht in Bildern oder Symbolen zu denken, denn bei der Telepathie wird die Sprache automatisch in essentielle Gedanken übersetzt und in die äußere Sprache desjenigen zurückübersetzt, der telepathische Impressionen empfängt. Die Beherrschung der Telepathie würde es möglich machen, auf Sprache zu verzichten und einzig mittels essentieller Gedanken zu kommunizieren.

Bislang habe ich ein lineares Modell benützt, um Aspekte der Simultanität darzustellen. Tatsächlich aber hat Simultanität nichts mit Linearität oder mit Zeit zu tun. Das heißt, sie ist weder eine Bestätigung noch eine Widerlegung von Linearität und Zeit; sie liegt einfach jenseits von Linearität und Zeit. Die Zeit ist eine nützliche Konstruktion des äußeren Bewußtseins. Das essentielle Denken weiß gar nicht, was Zeit ist, und kümmert sich auch nicht darum. Das essentielle Denken lebt im *Jetzt-Moment*, jenem allumfassenden, dimensionslosen Raum der Bewußtheit, wo Vergangenheit, Gegenwart und Zukunft allesamt simultan existieren. Ich muß jetzt direkt lachen, weil es tatsächlich lächerlich paradox ist, wenn man versucht, mit Hilfe von Wörtern über nicht-lineare Zustände oder essentielles Denken zu sprechen.

Und ich kann auch lachen über meine eigenen Erfahrungen – damals, als ich vier Monate in tiefer Kontemplation verharrte und nach dem Jetzt-Moment suchte. Meine Vermutung war, daß er sich irgendwo *zwischen* der Zeit und dem gegenwärtigen Augenblick finden müsse. Zuerst versuchte ich, mein Bewußtsein ein wenig in die Zukunft zu beschleunigen, und wartete darauf, daß der Jetzt-Moment in mein Bewußtsein einträte. Als dieser Versuch – erbärmlich – scheiterte, versuchte ich die Zeit zu verlangsamen und in den Jetzt-Moment zwischen der Zeit zu entkommen. Aber was ich erlebte, war nur ein verlangsamtes Denken. Ich war mittlerweile verbittert, denn ich war mir sicher (irrigerweise, wie ich später lernte), daß *jeder*, der über höhere Dimensionen des Bewußtseins lehrt, den Jetzt-Moment erfahren kann. So steht es in jedem Buch über spirituelles Bewußtsein. Ich fühlte mich wie ein minderwertiger Ausgestoßener, ins Exil verbannt, während die überlegenen, anerkannten «Insider» sich der Früchte des Göttlichen erfreuten. Dann fiel mir blitzartig die Lösung und die dazugehörige Erfahrung zu. Ich mußte tagelang lachen. Der Jetzt-Moment hat absolut nichts mit der Zeit zu tun. Solange ich beharrlich versuchte, ihn durch eine Veränderung der Zeit zu erreichen, war ich zum Scheitern verurteilt. In dem Augenblick, als ich versuchte, den zeitlosen Bewußtseinsraum zu erreichen, und meinem Bewußtsein lediglich befahl, seiner selbst bewußt zu *werden*, da passierte es. Es war eine qualvolle, aber wichtige Lektion.

Mit anderen Worten, wenn wir über den Jetzt-Moment sprechen, sprechen wir eigentlich über zwei verschiedene Dinge, nämlich die Gegenwart, in der das Bewußtsein die lineare, sequentielle Zeit erlebt, und die Simultanität, in der das Bewußtsein *nicht* die lineare, sequentielle Zeit erlebt. Beide sind für die Entwicklung wichtig.

Bei Kursen benutze ich eine Übung, um zu zeigen, wie wenig wir uns in der linearen Zeit des Jetzt-Moments bewußt sind. Es ist ganz einfach: Sechs bis acht Stunden lang dürfen die Kursteilnehmer bei Gesprächen miteinander nur in der Gegenwartsform sprechen.

Anfangs versuchte ich, die Übung auf vierundzwanzig Stunden auszudehnen, aber die Belastung war zu groß für die Teilnehmer. Sechs bis acht Stunden ist Zeit genug, um die Erfahrung zu demonstrieren. Die meisten Menschen versuchen sich durch trickreiche Techniken über die Frustration hinwegzuhelfen, zum Beispiel wenn sie die Gegenwartsform benutzen, um von Ereignissen zu sprechen, die in Wirklichkeit in der Vergangenheit stattfanden. Die Teilnehmer entdecken, daß es sehr schwierig ist, nur über das zu sprechen, was im gegenwärtigen Augenblick geschieht, besonders wenn sich vor nicht allzu langer Zeit (einige Minuten bis Stunden) etwas Wunderschönes ereignet hat und niemand dabei war, um die Erfahrung mit einem zu teilen, während sie geschah.

Verzerrte Erinnerungen an die Vergangenheit und Gedanken an die Zukunft überlagern dauernd den Jetzt-Moment. Wie teuflische Fliegen, die uns über das Gesicht, in die Nase und in den Mund krabbeln, fordern Vergangenheit und Zukunft immer die Aufmerksamkeit unseres Bewußtseinsbrennpunkts. Man kann schließlich lernen, alles bis auf den gegenwärtigen Augenblick zu ignorieren. Wenn man dies tut, steht einem die Chance offen, in den Jetzt-Moment einzutreten. Dies zu erleben, ist ein so überragender Bewußtseinszustand, daß ich gar nicht versuchen will, ihn mit Worten zu schildern.

Jede Erfahrung, die im äußeren Bewußtsein aufscheint, gehört der Vergangenheit an. Nicht ein Jota dieser Bewußtheit ist gegenwärtig. Bis die sensorischen Stimuli aus physikalischen Energiewellen in bio-elektrische Ströme verwandelt sind – bis sie durch die Empfänger des Gehirns geschleust und in zusammenhängende Bilder übersetzt sind –, ist das tatsächliche Ereignis vorbei. Wir gewahren lediglich sekundäre Impressionen, nicht das ursprüngliche Ereignis selbst. Doch im Zustand der Simultanität sind das Bewußtsein und das Ereignis ein und dasselbe. Direkte Erfahrung ist möglich, aber nicht mit Hilfe linearer Denkmuster. Eines Tages wird es sich zeigen, daß das Bewußtsein kein physisches Vehikel braucht, um zu existieren. Die wenigen, die bereits fähig sind, über die linearen Muster hinauszugehen, wissen, daß es sich so verhält, aber die übrigen – Milliarden Menschen – wissen es nicht.

Alles, was aus der Vergangenheit mitgeschleppt wird, entstellt den Jetzt-Moment. Da gibt es die Geschichte von einem Mann, der einen Weisen aufsuchte und ihn um Hilfe bei gewissen Problemen bat, die er hatte. Er mußte wochenlang warten, bis er in das Beratungszimmer des Weisen vorgelassen wurde, und dann sah der Weise ihn nur an, fragte einfach: «Warum trägst du diesen riesigen Sack voll Steine auf dem Rücken?» und entließ ihn. Der Mann brauchte wieder mehrere Wochen, bis er verstand, daß die Frage des Weisen alle Einsichten enthielt, die er benötigte, um sein Problem zu lösen. Diese Frage und diese Einsicht gelten genauso für jeden von uns.

Frühere Traumata, frühere Verletzungen, frühere Schuldgefühle, frühere Realitätswahrnehmungen – besonders jene aus der Kindheit –, frühere Anschauungen, all das ist in den Erinnerungsmechanismen unseres Bewußtseins gespeichert, und wir lassen es geschehen, daß sie dauernd unsere Bewußtheit des Augenblicks überlagern. Wer darauf beharrt, die Steine der Vergangenheit mit sich herumzuschleppen, kann sich nicht darauf einlassen, die Chance eines neuen Augenblicks zu begrüßen. Die schweren, wertlosen Steine der Vergangenheit müssen abgeworfen werden. Man beginnt am besten damit, sie aller Bedeutung zu entkleiden. Schließlich – weil das Bewußtsein sie nicht mehr mit Energie auflädt – schrumpfen sie dahin. Sie verlieren ihr Gewicht, und es gibt nichts mehr herumzuschleppen.

Es ist natürlich immer richtig, Lehren aus der Vergangenheit zu ziehen – «das Juwel der Einsicht zu bergen», wie ich es nenne –, aber dann heißt es, mit einer buddhistischen Redewendung ausgedrückt: GEH WEITER! Falls Sie das Bedürfnis haben, sich zu bestrafen, so schleppen Sie ruhig Ihre Steine, aber erwarten Sie dann nicht, eine der anderen Möglichkeiten des Lebens zu erfahren. Im gewöhnlichen Bewußtseinszustand gibt es einfach nicht genug Platz für beide, die Gegenwart und die Vergangenheit.

Wie kann es sein, daß der gegenwärtige Augenblick der linearen Zeit durch ein Ereignis entstellt wird, dessen Eintreffen man in der Zukunft erwartet? Welcher satanische Bewußtseinsmechanismus kann uns zwingen, uns Kummer und Sorgen zu machen, uns verletzt zu fühlen oder manchmal sogar krank zu werden bei dem bloßen Gedanken an ein zukünftiges Ereignis? Falls Sie sich jemals auf eine wichtige Prüfung vorbereiten mußten, auf einen Konzertauftritt oder eine andere Probe Ihres Talents, dann wissen Sie genau, was ich meine. Alles, was unser Ego bedroht, ob eingebildet oder wirklich, ruft solche Gefühle hervor – das heißt, bis das Ego sich entweder auflöst oder als Zentrum der Selbst-Bewußtheit zurücktritt. Das tatsächliche zukünftige Ereignis tritt selten so ein, wie Sie es sich vorstellen, und es ist eine traurige Angelegenheit, so viel Energie zu verschwenden und den Genuß des gegenwärtigen Augenblicks zu verlieren. Nur gegenwärtige Augenblicke enthalten die Möglichkeit, wirkliche Ereignisse zu sein, und dann auch nur, wenn die äußere Vernunft sie nicht verdunkelt.

Ein wunderbares Beispiel für einige dieser Tatsachen ist die alttestamentarische Geschichte von Lot und seiner Frau, wie sie die Städte Sodom und Gomorra verlassen. Metaphysisch gedeutet, repräsentieren Lot und seine Frau die essentiellen oder reinen Aspekte unserer Seinsheit. Sodom und Gomorra repräsentieren natürlich die Entstellung und Verwirrung, die von der Unwissenheit unseres gewöhnlichen Bewußtseins herrührt. Die Engel, die Lot und seiner Frau erschienen, symbolisieren die Verbindung zum höheren, natürlichen Zustand der Seinsheit. Was hatte Gott zu Lot und seinem Weibe gesagt, als sie die Stadt (welche die Probleme, Schuldgefühle und Traumata symbolisiert) hinter sich ließen? *Schau nicht zurück*! Schauen Sie nicht zurück. Ziehen Sie sich aus diesem Sumpf empor. Er hat nichts mit dem gegenwärtigen Augenblick zu tun und ganz gewiß nichts mit der Zukunft, solange nur Sie, Sie selbst, nicht die Vergangenheit in die Zukunft einpflanzen. Nun, und was passierte mit Lots Weib, als sie zurückschaute? Sie wurde in eine Salzsäule verwandelt. Sie wurde zur Gestalt vergangener Taten und vergangener Muster versteinert. Sie blieb in der Vergangenheit befangen. Das Gebot ist klar: *Schau nicht zurück*, nicht einmal für einen Blick in die gute alte Zeit.

Ein weiteres wohlbegründetes Beispiel bietet jene Technik, die beim höheren Studium hilft, Prüfungen erfolgreich zu bestehen. Man braucht nur einige Prüfungen hinter sich zu bringen, um zu lernen, daß man nicht bei der ersten Frage, auf die man keine Antwort weiß, anhalten und steckenbleiben darf. Vielmehr muß man diese Frage abhaken und sich den weiteren Prüfungsfragen zuwenden. Oft sind die Antworten auf Fragen, die man nicht beantworten konnte, in späteren Fragen enthalten und stellen sich von selbst ein, wenn der Prüfungsdruck nachläßt und man das Gefühl hat, daß die meisten Fragen beantwortbar sind. Dann ist der Geist nicht mehr blockiert, und die Antwort auf jene schwierigen Fragen bekommt eine Chance, sich von selbst einzustellen.

Ich weiß nicht – wie oft sah ich Leute, auch mich selbst, unglaubliche Mengen an Zeit bei dem Versuch vertrödeln, mit einem Problem fertigzuwerden. Es ist geradezu eine lächerliche Situation, wenn man ewig dasitzt und über eine der ersten Fragen grübelt, die sich nicht beantworten läßt, nur um festzustellen, daß die Prüfungszeit abgelaufen ist und man gar nicht bis zu den anderen Fragen vorgedrungen ist, die man mit Leichtigkeit hätte beantworten können. Ganz ähnlich verhält es sich bei der Prüfung des Lebens. Werfen Sie Ihre Probleme ab und fahren Sie fort, das Leben zu leben. Es ist ja eine relativ kurze Zeitspanne, und es sollte nicht an Probleme – vor allem nicht an eingebildete Probleme – vergeudet werden. Wenn Sie Ihr Soll erfüllt haben – wenn Sie mit dem Examen fertig sind, bevor die Zeit abgelaufen ist –, dann gibt es noch reichlich Gelegenheit, zu dem ungelösten Problem zurückzukehren, aber selbst wenn Sie die Muße dazu haben, tun Sie es nur, solange dieses Problem der Mühe wert zu sein scheint.

Es ist so schwer, Menschen zu veranlassen, sich von ihren Problemen zu lösen. Fast immer hat man den Eindruck, als fühlten sie sich ohne sie verloren. Falls es wichtig ist, ein Problem zu erleben, so wird sich in der Zukunft nicht eine bestimmte Antwort einstellen, sondern ein bedeutsames Muster, eine Schablone für viele ähnliche Aktionen, ein Überblick, der tiefe Einsicht und Weisheit vermitteln kann.

Erfahren Sie die gegenwärtigen Augenblicke mit all den Möglichkeiten zur Erfahrung des Jetzt-Moments. Schauen Sie nicht zurück. Gehen Sie weiter.

## Der Zusammenbruch des körper-gebundenen Bewusstseins

Viele Phänomene beweisen eindeutig, daß wir Menschen keine Bewußtseinseinheiten sind, die in der Kopfregion ihres physischen Körpers sitzen, sondern miteinander verwobene Energiefelder, für die der Körper keine Barriere darstellt. Auch wenn immer mehr Menschen sich diese Phänomene bewußt machen und andere darin belehren, staune ich manchmal, daß diese Leute nicht erkennen, in welchem Maß dieses Wissen von dem allgemeinen Glaubens-Konsens der ganzen Menschheit des Westens abweicht.

Falls Sie einmal eine Probe auf die äußere Realität anstellen – eine Probe mit Menschen, die keine Vorstellung von der Wirklichkeit haben, abgesehen davon, was ihre fünf äußeren Sinne und die Naturwissenschaft im allgemeinen ihnen darüber berichten –, so werden Sie feststellen, daß die meisten Menschen die Idee, daß ihre Seinsheit ihre physische Gestalt durchdringt und neben ihr existiert, als schieren Unsinn betrachten. Fernheilungen, Chakra-Systeme, Energiefelder, die sich viele Meter über die Körperoberfläche hinaus erstrecken, Telepathie, Telekinese, die Hologramm-Theorie usw. – Milliarden Menschen glauben nicht an die Wahrheit dieser Ideen. Für diese Leute ist es ein Quantensprung des Bewußtseins, wenn sie durch Erfahrungsprozesse feststellen, daß alle diese Phänomene gültig sind. Es besteht ein großer Unterschied zwischen der mentalen oder intellektuellen Überzeugung, daß ein Phänomen gültig ist, und der direkten Erfahrung, daß dieses Phänomen gültig ist. Der Quantensprung geschieht nur auf dem Wege der Erfahrung.

Wie schon gesagt, erwachte bei mir ein starkes Interesse für die Fähigkeit, die Energiefelder und die physischen Körper anderer Menschen und damit auch ihre psychischen Zustände zu beeinflussen, und zwar durch Einwirkung auf ihren Körper aus der Ferne. Die Entfernung kann variieren, von leichter Berührung bis zur Einwirkung von in meinen Händen gebündelter Energie, aus einer Entfernung bis zu mehreren Metern von der Körperoberfläche. Ganz ähnlich ist es, wenn man mit jemandem arbeitet, der viele Meilen entfernt ist. Aber dies setzt voraus, daß Sie sich den Betreffenden in Ihrer Gegenwart vorstellen, wo immer Sie und der andere sich geographisch befinden.

Wir müssen endlich einsehen, wie wichtig diese Art von Interaktion im Hinblick auf Krankheiten ist – und zwar in ihrer Entstehung wie bei ihrer Heilung –, ganz gleich, ob es sich um eine physische oder psychische Krankheit handelt. Ein erkranktes Mitglied einer Familie ist nicht isoliert und nicht ohne Einfluß auf andere Familienmitglieder, und die anderen Mitglieder der Familie beeinflussen wiederum den Kranken und seine Krankheit – *ganz gleich, um welche Art von Krankheit es sich handelt.*

Der Bewußtseinszustand der Menschen in der Umgebung eines Kranken hat natürlich Einfluß auf den Verlauf der Krankheit des Betreffenden. Lassen Sie mich betonen: Ich spreche hier nicht über die *physische* Interaktion zwischen den Menschen, und ich spreche auch nicht über die *psychischen Auswirkungen* von Worten und Taten. Ich spreche von *Energiefeldern.* Ich stelle fest, daß die Energiefelder der Menschen in der Umgebung eines Kranken – Energiefelder, die hauptsächlich von den unbewußten Bereichen ihrer Psyche ausgehen – den Kranken kräftigen oder ihn entkräften können.

Menschen, die einen starken, gesunden Körper und ein starkes Gefühl des Wohlergehens haben, strahlen diese Energie aus, ohne sich unbedingt dessen bewußt zu sein, was sie tun. Im alten Rom waren Kinder die ständigen Gefährten der Kranken, ob im Wachen oder im Schlafen. Die Römer wußten, daß es eine Übertragung der Lebenskraft von den Jugendlichen auf den Kranken gibt.

Weit davon entfernt, diese Energiefelder regulieren zu können, wissen die meisten Menschen nicht einmal, daß sie existieren. Daher erkennen sie auch nicht die Bedeutung ihrer äußeren Einstellung und ihres Verhaltens gegenüber einem Kranken. Die Interaktion durch Energiefelder zeigt jedoch immer die tiefere Wahrheit der Gefühle eines Menschen. Mehr als einmal habe ich die Situation erlebt, wo eine Frau tiefste Sorge um ihren sterbenden Gatten bekundet, während sie gleichzeitig eine außereheliche Affäre hat. Ihre Sorge und ihr Mitgefühl bleiben auf der äußeren Ebene, doch die Energie, die sie in die Affäre einbringt, und ihre Einstellung zu dieser haben sehr viel mit dem Sterben ihres Mannes zu tun – auch wenn er gar nicht weiß, daß diese Affäre besteht. In solchen Fällen ist die Feld-Interaktion für den Patienten auszehrend. Die äußere Vernunft läßt sich vielleicht täuschen, aber die tiefere Bewußtheit des Patienten wie der anderen Person reagieren und interagieren auf das, was in Wahrheit geschieht.

Eine wichtige Rolle spielen in diesem Zusammenhang die Angehörigen der heilenden Berufe, denn sie strahlen ihren eigenen Bewußtseinszustand und ihr Wohlbefinden aus, während sie sich um den Patienten kümmern. Erschöpfte oder verbitterte Krankenschwestern, Ärzte, Helferinnen und Sanitäter – jeder, sogar der Patient im Bett nebenan – kann den Kranken nachteilig beeinflussen. Andererseits können manche Ärzte, Schwestern, Helfer usw. – und auch andere Patienten – über positive Körperenergien verfügen, die sich auf ganz natürliche Weise emporziehend und fördernd auswirken für die Patienten, mit denen sie in Berührung kommen. Da erinnere ich mich besonders an eine Schwesternhelferin in Jamaika: Sie brauchte nur in das Zimmer eines Kranken einzutreten, um z. B. den Boden zu fegen, und der Patient berichtete stets, daß er sich besser fühlte, nachdem sie ins Zimmer gekommen war. Manche Schwestern – und manche Ärzte – haben gerade die gegenteilige Wirkung. Und wieder spreche ich nicht von Unterschieden der Persönlichkeit. Ich spreche von den Ausstrahlungen der tieferen Bewußtseinszustände und Körperenergien.

Eines Tages wird auch die orthodoxe Medizin erkennen, daß der Verlauf einer Krankheit verändert wird durch den harmonischen Zustand derjenigen, die den Kranken umgeben und pflegen. Man wird die Angehörigen der heilenden Berufe lehren, ihre Energien auszubalancieren und sie zum Wohl des Patienten weiterzugeben. Während wir heute die kranken Patienten an einem zentralen Ort zusammenführen – im Krankenhaus, das unvermeidlich ein negatives Energiefeld hat, in dem der Körper schwerlich gesunden kann –, werden wir es ratsam finden, den Kranken in eine fröhliche Umgebung zu bringen, ohne Sterbende und Schwerkranke im Nachbarbett, und von Menschen umgeben, die Gesundheit und Vitalität ausstrahlen. Diejenigen Gesundheits-Experten, die nichts zur Gesundung eines Patienten beitragen, sollten ihren Beruf wechseln – oder nur für solche Menschen arbeiten, die sterben wollen.

Ja, wir müssen uns daran erinnern, daß es Situationen gibt, in denen Vitalität und Wohlbefinden nicht den Zwecken des Patienten dienen. Manche Patienten bereiten sich auf den Tod vor, und manche haben einfach – auf der tiefsten Ebene – den Wunsch, zu sterben.

Als ich meine ärztliche Praxis in Los Angeles begann, fühlte ich mich verpflichtet, jeden Patienten zu heilen, ohne Rücksicht auf die Kosten oder die Umstände: So hatte meine Ausbildung es mich gelehrt. Der Tod war das Ungeheuer, der Dämon, den es zu besiegen galt, und ich war der tapfere Ritter, der den Drachen erschlägt. Nur wenige Patienten starben, während ich Dienst tat. Sie mochten sterben, wenn ich dienstfrei hatte oder wenn ein Partner mich in der Praxis vertrat. Aber wenn ein Patient – es sei denn ein sehr alter – während meiner Dienststunden starb, empfand ich dies als Ablehnung meiner Fähigkeiten als Arzt. Es war eine Erfahrung, die ich nur schwer akzeptieren konnte.

Diese meine unreife Einstellung wurde schließlich durch eine Frau erschüttert, die seit mehreren Jahren meine Patientin war. Mitte Sechzig, litt sie an einer schweren Herzkrankheit, wobei die zum Herzen führenden Blutgefäße so sehr verengt waren, daß die geringste Anstrengung oder emotionale Aufregung eine Überbelastung darstellte. Sie hatte Schweißausbrüche, Wasser bildete sich in der Lunge, und sie hatte peinigende Schmerzen in der Brust. Anderthalb Jahre lang passierte es ein- oder zweimal die Woche, meistens mitten in der Nacht, daß ich einen Anruf aus ihrem Pflegeheim erhielt und benachrichtigt wurde, sie leide an einer Herz-Attacke, verbunden mit heftigen Schmerzen und Atemnot. Jedesmal zog ich mich an, raste in das Pflegeheim, veranlaßte alle notwendigen Therapien und Medikamentengaben und ging dann zu ihr hinein, um ihr ein paar aufmunternde Worte zu sagen. Eine halbe Stunde später lag sie dann meistens beschwerden frei im Bett, und ich verließ das Pflegeheim in gehobener Stimmung: Wieder einmal hatte ich der Frau das Leben gerettet. Was ich aber nicht erkannte, war, daß ich ihr mit meinen aufmunternden Worten Energie übermittelte.

Das letztemal, als ich sie lebend sah, hatte ich gerade wieder sämtliche gebotenen Therapien veranlaßt, und sie erholte sich eben von ihrem Anfall. Ich war mitten in meiner üblichen aufmunternden Ansprache, als sie plötzlich sagte: «Warum tun sie das alles für mich?» Ich begriff sofort. Zwar verstand ich mit einem Teil meiner Psyche die Ablehnung in ihren Worten, aber diese Empfindung wurde überwältigt von einem tieferen Gefühl des Mitleids und der Anteilnahme. Ich trat auf den Korridor hinaus, wo ich meinen Tränen freien Lauf lassen konnte. Die Frau hatte mich mit meiner eigenen Angst vor dem Tod konfrontiert. In diesem Augenblick war mir mein tieferes Motiv, weshalb ich meine Patienten «heilen» und mit allen Mitteln vom Sterben abhalten wollte, nur allzu klar. Ich wollte sie retten, weil ich mich selbst symbolisch in ihnen sah. Weil ich Angst vor dem Sterben hatte, zwang ich diese Frau weiterzuleben – gegen ihren Willen.

Bei dieser Erkenntnis spürte ich in mir einen Knacks, als sei ein bislang unbekanntes Kraftfeld zwischen dieser Frau und mir zusammengebrochen. Sie starb zwanzig Minuten später.

Noch heute kann ich mich nur schwer zurückhalten, einem Sterbenden vitale Energie zu übermitteln. Ähnlich erlebe ich es oft, daß Familienmitglieder einem Sterbenden unbewußt Energie übermitteln, um ihn zu stützen und den Augenblick des Todes hinauszuzögern. Wenn der Vorgang des Sterbens einmal mit weniger Geheimnis umgeben, mit mehr Verständnis betrachtet werden wird, dann wird der Sterbende vielleicht die Kraft haben, bewußt zu sterben, und die Angehörigen seiner Familie die Kraft, ihn sterben zu lassen. Nur wenn wir die spirituellen oder natürlichen Zustände der Seinsheit begreifen, können wir anfangen, den Tod zu verstehen.

An dieser Stelle möchte ich auch meine ärztlichen Standesgenossen auffordern, doch einmal ihre starren Ansichten zu überdenken, die sie über unorthodoxe Auffassungen von Krankheit und Gesundheit hegen. Obwohl die Prinzipien der orthodoxen Medizin bislang die Grundlage unserer wissenschaftlichen Beschäftigung mit dem physischen Körper und der Behandlung entstehender oder akuter Krankheiten ist und auch weiterhin bleiben soll, verstehen wir immer noch zu wenig vom menschlichen Körper. Auch heute noch sind uns viele Krankheitsprozesse einfach unverständlich. Die Medizin ist eine Kunst, vermischt mit einer Vielzahl von Hypothesen – über die Realität, über den menschlichen Körper und über den menschlichen Geist –, und in ihrem tiefsten Inneren wissen die Ärzte dies auch.

Im großen und ganzen basiert die Behandlung von Krankheiten auf empirischer Erfahrung – im wesentlichen auf Versuch und Irrtum. Jahrhunderte der ärztlichen Praxis haben einen Wissensschatz angehäuft, der sich als wirksam zur Linderung menschlicher Schmerzen und Leiden erwiesen hat. Der ärztliche Berufsstand wird hoch verehrt, nicht nur weil die meisten seiner Angehörigen hingebungsvoll arbeiten, sondern auch, weil ein Mensch, der sich als Arzt qualifizieren will, unglaublich komplizierte Sachverhalte studieren und beherrschen muß. Der ärztliche Stand ist stolz darauf und versucht die einmal erreichten Standards seiner Praxis zu bewahren.

Wie ich den Kursteilnehmern auf der Ranch immer wieder

sage, wären die meisten von ihnen vielleicht gar nicht mehr am Leben und könnten nicht kommen, um mit mir zu forschen, hätten sie nicht die Wohltaten der modernen wissenschaftlichen Medizin genossen. Manche hätten die üblichen Kinderkrankheiten nicht überstanden, oder auch andere Krankheiten wie etwa Lungenentzündung, die vor der Entdeckung der Antibiotika zu 50 bis 80 Prozent tödlich verlief. Andere wären an Poliomyelitis, Diphtherie oder anderen Krankheiten gestorben, welche die orthodoxe Medizin erst in den letzten Jahren besiegt hat. Und auch ich wäre nicht mehr da, weil ich im Alter von achtzehn Monaten beinah an beidseitiger Lungenentzündung gestorben wäre. Falls Sie ein Anhänger der Naturkost sind, muß ich Sie daran erinnern, daß unsere Vorfahren vor etwa zweihundert Jahren ausschließlich natürliche Lebensmittel aßen, während ihre durchschnittliche Lebenserwartung nur halb so hoch war wie die heutige. Naturkost allein macht noch keinen gesunden Körper. Ich glaube, wenn Sie gute Nahrung in einen Körper mit schwächlichem Geist stecken, werden Sie einen schwächlichen Körper bekommen. Aber wenn Sie schlechte Nahrung in einen Körper mit erweitertem Bewußtsein stecken, werden sie einen erstklassigen Körper bekommen. In viel größerem Maß, als wir normalerweise erkennen, bestimmt unser Bewußtsein die Art, wie wir die in der Nahrung enthaltenen Energiequellen verwandeln, aber die Umkehrung dieses Satzes ist eindeutig falsch: Die Nahrung bestimmt nicht die Ebene des Bewußtseins.

Als ich noch orthodoxe Medizin praktizierte, war ich bei meinen Versuchen, die unheilbar Kranken zu heilen, stets um den neuesten Stand des Wissens bemüht. Aber meine früheren Psi-Fähigkeiten, die Philosophie meiner Mutter und Eunices Demonstrationen einer Heilung einzig durch den Geist kamen mir wieder in den Sinn. Mit der Zeit empfand ich das Bedürfnis, diese Alternativen in der Beziehung mit meinen Patienten zu erproben, wenn alles andere aus dem Arsenal der Medizin versagte. Schließlich überwand mein Interesse meinen Widerstand und meine Furcht.

Durch empirische Erforschung begann ich die Beziehung zwischen Geist und Körper zu untersuchen. In der orthodoxen medizinischen Literatur suchte ich nach Veröffentlichungen über dieses Forschungsgebiet. Ich war überzeugt, daß Geist und Körper eine Einheit sind, und ich wußte, daß dieser Gedanke mindestens bis auf Plato und Aristoteles zurückgeht. Auch war ich immer wieder beeindruckt durch Fälle «spontaner Remission» – teilweise oder vollkommene, zeitweilige oder dauernde Heilungen ohne bekannte Ursache – bei Patienten, die seit langem und ohne allen Zweifel zu den Unheilbaren und Todkranken gehörten. Nach meiner Erfahrung zumindest war bei diesen Fällen immer ein Aspekt der spirituellen Wandlung beteiligt. Zwangsläufig begann ich mich daher für alle drei Gebiete – das Spirituelle, das Psychische und das Physische – sowie für ihre Wechselbeziehungen zu interessieren. Und schließlich bedauerte ich die eigenartige Einstellung unserer Zeit, die den Menschen in drei gesonderte Bereiche unterteilt, so daß häufig drei Fachdisziplinen – Medizin, Psychologie/Psychiatrie und Religion – für den einzelnen Patienten tätig werden.

In der orthodox-medizinischen Praxis wird jede ärztliche Fachdisziplin eifersüchtig bewacht, und wehe demjenigen, der die Grenzen zwischen diesen Spezialgebieten übertritt. Mir erscheinen diese Grenzen wie reine Phantasiegebilde. Ich sehe und fühle sie nicht. Mein einziges Anliegen ist, dem Patienten alles zu geben und ihm zu helfen, damit er seine Gesundheit und sein Wohlbefinden wieder erlangt. Ich meine, daß bei jedem Fall alle drei Gebiete im Spiel sind. So einfach ist das. Werden wir aber eines Tages auch die Verwandtschaft zwischen körpergebundenem Bewußtsein und der Abgrenzung der Fachdisziplinen erkennen?

Meine Absicht ist, zum Abbau jenes irrational starren Bewußtseins beizutragen, das die orthodoxe Medizin an den Tag legt. Ich ermutige meine Kollegen, ihr Denken zu öffnen für neuere Forschungen über die Möglichkeiten des menschlichen Bewußtseins und deren Auswirkungen auf Krankheit oder Gesundheit. So beunruhigend diese Entwicklungen auch für den bequemen *Status quo* der Medizin sein mögen, es ist nur eine Frage der Zeit, bis die Medizin die Bedeutung dieser Randgebiete erkennen und anerkennen wird.

Die Medizin ruht fest auf ihrem Fundament – ein Fundament, auf dem sich neue Fortschritte ergeben werden, die alle Vorstellungen auch der kundigsten heutigen Praktiker übersteigen.

Ich muß aber betonen, daß ich nicht damit rechne, daß diese unorthodoxen Methoden die Medizin ersetzen werden. Im Gegenteil, die Medizin wird einige der sogenannten unorthodoxen Methoden übernehmen. Die Wissenschaft wird ihre Gültigkeit beweisen und weitaus tiefere Erkenntnisse über die Bio-Energien vermitteln, als die Metaphysiker es bislang vermochten.

Menschliches Leiden zu heilen und zu lindern ist das gemeinsame Ziel der orthodoxen wie der unorthodoxen Praxis. Der Unterschied zwischen ihnen ist einfach ein Unterschied ihrer Auffassung von der Realität. Das Heilen liegt nicht in den Händen einiger Auserwählter, sondern in den Händen eines jeden Menschen, und ich meine nicht nur Heilen im Sinne ärztlicher Therapien. Ich meine, die Heilung kann, wird und muß aus dem integralen menschlichen Bewußtsein des einzelnen kommen, das sich selbst zu heilen vermag. Was immer die Ärzte tun mögen, sie können lediglich den Heilungsprozeß des Körpers selbst fördern. Die Erweiterung des menschlichen Bewußtseins in das Gebiet der Psi-Fähigkeiten ist nur ein weiteres diagnostisches und therapeutisches Werkzeug, das diesen elementaren Prozeß fördern kann.

Im August 1977 diskutierte ich diese Gedanken mit meinen ärztlichen Kollegen von der Klinik, an der ich arbeitete. Einige der Mediziner waren schockiert, andere waren empört. Heute aber, da immer mehr Forschungsergebnisse über diese Dinge aus hochangesehenen Universitäten bekannt werden, frage ich mich, welchen Standpunkt sie jetzt, nur vier Jahre später, wohl einnehmen würden.

Ich wage zu behaupten, daß der menschliche Geist Kraftfelder erzeugt, die imstande sind, die Materie zu verwandeln. Und ferner wage ich zu behaupten, daß ein Bewußtsein ohne spirituelle Grundlage wie ein Stuhl mit nur zwei Beinen ist.

## Gedankenformen und geistige Entitäten

An dieser Stelle in diesem Buch sollte es nicht allzu schwierig sein, sich vorzustellen, daß die menschliche Psyche fähig ist, Gedankenformen hervorzubringen, welche die Materie und auch den physischen Körper beeinflussen können. Jetzt möchte ich über den ganz ähnlichen Vorgang der Hervorbringung von Entitäten (Wesenheiten) sprechen – von Energiefeldern, die in Form eines Menschen oder eines Tieres auftreten können, oder auch in der Form eines engelhaften Wesens, eines Dämons oder sogar eines Inneren Lehrers.

Wir sind, ob wir uns dessen bewußt sind oder nicht, eine höchst wundersame Interaktion von Energien in dieser Dimension und in anderen. Unsere Kraftfelder organisieren Materie zu unseren physischen Formen. Vielleicht organisiert auch ein noch essentielleres Kraftfeld den *Feinen Stoff* zu einer Form – nämlich zum *Ätherkörper.* Falls Sie noch nichts über die Aura oder über die Energien wissen, die den sogenannten Ätherkörper bilden, sollten Sie vielleicht das Buch *The Energies of Consciousness* lesen, herausgegeben von Stanley Krippner und Daniel Rubin, oder *The Aura* von W.J. Kilner, oder *The Probability of the Impossible: Scientific Discoveries and Explorations in the Psychic World* von Thelma Moss, oder das von William Tiller verfaßte Kapitel über Energiefelder und den menschlichen Körper in dem Sammelband *Frontiers of Consciousness*, herausgegeben von J.W. White.

Manchmal geschieht es, daß Menschen zufällig auf sogenannte Entitäten stoßen – Kraftfelder, die sich durch das Bewegen von Gegenständen bemerkbar machen (zum Beispiel das Poltergeist-Phänomen), ferner durch Besessenheit, durch spontane Verbrennung von Materialien oder durch das Kanalisieren offenkundig bewußter Wesenheiten mittels Trance oder Meditation.

Falls Ihr Glaubenssystem Ihnen verbietet, solche Phänomene anzuerkennen, suchen Sie wahrscheinlich nur einen bequemen Weg, um sich nicht mit etwas für Sie Unverständlichem auseinandersetzen zu müssen. Dennoch bin ich gezwungen, Ihnen meine eigenen Erfahrungen und Vorstellungen auf diesem Gebiet mitzuteilen, denn dieses Forschungsgebiet ist höchst interessant, und sobald wir anfangen, ein erweitertes Bewußtsein zu erfahren, werden wir immer wieder diesen Phänomenen begegnen und müssen uns mit ihnen auseinandersetzen. Warten Sie nur, bis Sie selbst sie erfahren! Betrachten Sie das, was ich Ihnen mitzuteilen habe, als eine Vorwegnahme dieser Zeit. Was ich mir dabei wünsche, ist, einige der verrückten Ideen zu erschüttern, die viele Menschen über solche Manifestationen hegen.

Ich war Ende Zwanzig, als mir zum erstenmal eine Erfahrung dieser Art zustieß. Eines Abends, während ich an einem wissenschaftlichen Vortrag arbeitete, den ich vor dem Kollegium der Mayo Clinic zu halten gedachte, erschien mir eine Poltergeist-Manifestation. Ich befand mich im Wohnzimmer meines kleinen, im zweiten Stock gelegenen Apartments in Rochester, Minnesota, und war ganz in meine Arbeit vertieft, als sich mir plötzlich die Haare im Nacken sträubten. Ich spürte, daß etwas im Zimmer war, aber ich konnte es nicht sehen. Dann fielen Gegenstände vom Küchentisch auf den Fußboden, und ein Schlüsselbund, der auf dem Kühlschrank gelegen hatte, flog durch das Zimmer. In diesem Moment sah ich den verschwommenen Umriß eines Energiewirbels auf der anderen Seite des Zimmers sich bewegen. Ich war so erschrocken, daß ich tatsächlich die Kontrolle über meinen Darm und meine Blase verlor. Mein Herz klopfte so stark, daß ich glaubte, einen Herzinfarkt zu bekommen. Ich glaubte sterben zu müssen, falls der Wirbel näherkommen sollte.

Zum Glück gab es ein Telephon auf dem Schreibtisch. Die Augen auf den Wirbel gerichtet, hob ich vorsichtig den Hörer ab und wählte die Nummer meiner Mutter in Garden Grove, Kalifornien. Ich verwählte mich ein paarmal, weil ich das Ding, was immer es sein mochte, nicht aus den Augen verlieren wollte. Als meine Mutter, sehr zu meiner Erleichterung, endlich ans Telephon kam, erzählte ich ihr flüsternd, daß da irgend etwas in meiner Wohnung sei, nichts Menschliches, und anscheinend übelwollend. Ich berichtete ihr die Ereignisse, wie sie sich zugetragen hatten, und war dann schockiert über ihre Antwort.

«Unsinn», sagte sie. «Es ist nur ein Poltergeist, mein Lieber. Er wird dir nichts tun, wenn du ihn nicht fürchtest.» Es klang beinah leichtsinnig, wie sie das sagte. «Sag ihm, er soll weggehen. Sag ihm, daß er bei dir nichts zu suchen hat. Sag ihm, er soll hingehen, woher er gekommen ist.»

Ich spürte, wie mich Ruhe überkam – und dann Wut. Ich legte den Hörer auf die Tischplatte, sprang auf und rannte zu diesem Ding, was immer es sein mochte, und schrie: «Verschwinde!» Das tat es auch, sehr zu meiner Verwunderung.

Mutter lachte, als ich ans Telephon zurückkehrte. «Irgend etwas in dir hat ihn angezogen», sagte sie. «Es ist an der Zeit, einmal zu überlegen, welche Gedanken in deinem Inneren ihn angezogen haben könnten.» Ich verstand nicht recht, was sie meinte, aber damals kümmerte ich mich nicht darum. Das Ding war verschwunden, und dies war die Hauptsache.

Die zerbrochenen Teller und der durchs Zimmer fliegende Schlüsselbund, das waren keine Einbildungen von mir, auch hatte ich meinen Geist nicht durch die Lektüre von Gespenstergeschichten in einen suggestiblen Zustand versetzt. Ich hatte fleißig an einem Aufsatz über die Erkrankungen der Bauchspeicheldrüse gearbeitet. Selbst wenn sich herausstellen sollte, daß dieses Ereignis durch eine Energie aus meiner eigenen Seinsheit verursacht worden war, so wäre dies erschreckend genug. Aber ich habe das Gefühl, daß es eine Form von äußerer Energie war, die gehorchte, als ich ihr zu verschwinden befahl.

Ein paar Jahre später, als ich bereits Eunices Schüler geworden war, wollte sie mir den Unterschied zwischen Gedankenformen und geistigen Entitäten erklären. Ich aber schenkte diesem Aspekt ihrer Arbeit wenig Beachtung, weil Wesen, ob menschlicher oder dämonischer Form, für mich nichts anderes waren als Projektionen des menschlichen Geistes. Abgesehen von meinem Poltergeist-Erlebnis (das ich mir inzwischen als natürliche Form eines von der Wissenschaft noch nicht ganz verstandenen Energiewirbels hinwegrationalisiert hatte), gab es für mich keinen Grund, mich mit dem Unterschied zwischen Gedankenformen und anderen übernatürlichen Wesen zu befassen oder Eunices Lehren über das *Sich-Schützen* und *Sich-Abschirmen* besondere Beachtung zu schenken.

Ich kann mich noch erinnern, wie sie sagte, daß man, sobald man in die subtilen Bewußtseinsebenen eintritt, den großen Verführern begegnet. Sie sprach davon, daß diese auch jetzt in dem Zimmer anwesend wären, in dem sie lehrte, und erläuterte mir die unterschiedlichen Arten des Lichts, das sie ausstrahlen. «Die echten geistigen Wesen, die sich auf einer hohen Entwicklungsstufe befinden, haben eine volle Aura», sagte sie. «Sie sind durchdrungen von einem besonderen Schimmer weißen, klaren Lichts ... Entleibte Seelen (gewöhnliche Verstorbene) erscheinen so, wie sie im Leben waren, und die Entwicklungsstufe ihrer Aura ist leicht zu erkennen. Gedankenformen, Geschöpfe und Gestalten, die sowohl Menschen als auch Dämonen gleichen, zeigen eine dunklere Schattierung. Begrüße das Göttliche in ihnen. Falls es geistige Wesen sind, werden sie antworten. Falls nicht, schicke sie fort.» Da ich aber keines dieser Wesen sehen oder ihre Anwesenheit auch nur fühlen konnte, blieb ich ruhig sitzen und wartete, bis sie über andere Dinge zu sprechen begann, die mich mehr interessierten, wie etwa die Kunst des Heilens.

Im September 1975 erwachte ich eines Nachts und spürte in meinem Schlafzimmer auf der Ranch eine mächtige Präsenz. Sie war von menschlicher Form und von dunkler Farbe, und sie fühlte sich dämonisch an. Da ich mich erinnerte, was meine

Mutter und Eunice über solche Dinge gesagt hatten, befahl ich ihr einfach fortzugehen, und das tat sie.

Am nächsten Morgen, in der Meditation, befragte ich den Inneren Lehrer nach der Präsenz, die in der vergangenen Nacht in mein Zimmer gekommen war, und der Innere Lehrer hielt mir einen langen Vortrag, an dessen wesentliche Einzelheiten ich mich noch erinnern kann:

Ähnlich wie der Mensch aus einem höheren Grad der Intelligenz erzeugt und erschaffen ist, so kann er auch aus seiner eigenen Intelligenzstufe heraus etwas erschaffen. Immer wenn jemand in seinem Geist eine Person imaginiert, wird eine feinstoffliche Form der imaginierten Person erschaffen. Ihre Manifestationsebene ist für gewöhnlich eine andere als jene Ebenen, mit denen wir gemeinhin vertraut sind, aber Menschen, die eine hohe Vollkommenheit in der Kunst der Erschaffung von Gedankenformen errreicht haben, können ihre Gedankenformen mit so viel feinstofflicher Energie ausstatten, daß diese sich materialisieren. Die alten Tibeter, die Meister in dieser Technik waren, erschufen viele solcher Gedankenformen in Gestalt von Dämonen und benutzten diese, um Unwissende abzuschrecken, die vielleicht nach Dingen trachteten, die die Tibeter bewahrt wissen wollten. Diese Gedankenform-Dämonen waren wie Haustiere; oft wurden sie auf Botengänge geschickt oder beschützten ihren Herrn wie Wachhunde vor Feinden. Je dämonischer die Gedankenform aussah, desto wirksamer war sie.

Aber solche Gedankenformen beschränken sich nicht auf das Dämonische. Die Gedankenformen von Heiligen, von Buddha und Christus, von weisen Lehrern, Engeln, Göttern, Tieren usw. manifestieren sich allesamt mittels dieses Mechanismus auf der Astralebene. Einmal erschaffen, bleiben sie manifest, bis ein menschliches Bewußtsein sie auflöst. Falls der Mensch, der sie erschaffen hat, stirbt, bleiben die Gedankenformen, die er erschaffen hat, bestehen. Seit prähistorischen Zeiten, bis auf den heutigen Tag, hat der menschliche Geist jahrtausendelang Gedankenformen erschaffen, und so ist die Astralebene ein unermeßliches Sammelbecken solcher Geschöpfe – die meisten von ihnen durch menschliches Bewußtsein erschaffen.

In dem Augenblick, da ein menschliches Bewußtsein imaginiert, ist eine Gedankenform erschaffen. Die meisten von ihnen sind Produkte durchschnittlicher menschlicher Geister – sie besitzen so wenig Substanz oder Intensität, daß sie eigentlich folgenlos bleiben. Manche aber sind so mächtig, daß Hellseher und andere Sensitive sie sehen und hören können, und wenn eine Gedankenform von vielen Menschen gleichzeitig erschaffen wird, kann sie sehr stark werden. Ein wohlbekanntes und herausragendes Beispiel ist die Gedankenform Jesu Christi. Millionen Menschen, die die Christus-Gestalt imaginieren, haben Millionen Gedankenformen dieses Christus erschaffen und sie mit allen Attributen ausgestattet, die das menschliche Bewußtsein bei einer solchen Gestalt für angemessen hält. Durch diese millionenfachen Wiederholungen ist die Gedankenform des Christus so mächtig und erscheint so vielen Sensitiven.

In ähnlicher Weise wie wir nicht bewußt wissen, daß wir Geschöpfe einer höheren Intelligenzstufe sind, wissen auch die Gedankenformen nicht, daß sie Gedankenformen sind – und meist wissen es auch die spiritistischen Medien nicht, die sie kanalisieren. Es ist aber wichtig, zwischen der Gedankenform Jesus Christus, dem wirklichen Christus und der Essenz Christi zu unterscheiden. Während der wirkliche Christus als ein einzelnes Wesen existiert, existiert die Gedankenform Christi in unvorstellbarer Zahl. Das wahre Wesen Christi wird nicht von der menschlichen Bewußtseinsebene erschaffen, wohl aber alle anderen. Von seltenen Ausnahmen abgesehen, beschwören die Medien nicht das wahre Wesen Christi herbei; sie beschwören die Gedankenformen Christi herbei. Alle vom menschlichen Geist erschaffenen Gedankenformen können auch vom menschlichen Geist aufgelöst werden, aber was nicht vom menschlichen Geist erschaffen ist, kann auch nicht von ihm aufgelöst werden. Dieser Unterschied bietet den Schlüssel zu ihrer Unterscheidung.

Der Innere Lehrer sagte mir auch, daß das Wesen, das mich in der vergangenen Nacht heimgesucht hatte, eine Gedankenform war, die ich selbst in einem früheren Leben erschaffen hatte. Dann fragte ich den Inneren Lehrer: «Wie kann ich wissen, daß du selbst nicht eine Gedankenform von mir oder jemand anderem bist?»

Er antwortete ganz einfach: «Versuche mich aufzulösen.» Das konnte ich nicht, und ehrlich gesagt wollte ich es auch nicht wirklich.

Am nächsten Abend erschien wieder dasselbe negative Wesen in meinem Zimmer. Es wollte nicht gleich verschwinden und hielt mich wach. Ich fürchtete mich, weil es sehr dämonisch war. Im Laufe der nächsten Wochen kehrte es alle paar Nächte wieder. Sehr wütend und mit einer Kraft, die ich noch nie durch meinen Körper strömen gefühlt hatte, sprang ich schließlich aus dem Bett und brüllte eine Beschwörung: «Ich habe dich geschaffen, und jetzt löse ich dich auf!» Der Dämon verschwand und kehrte niemals wieder.

Menschen, die sich dem automatischen Schreiben hingeben, kanalisieren manchmal Gedankenformen. Ich kenne fünf verschiedene Männer und Frauen, die glauben, daß sie den Christus kanalisieren. Nur zwei von diesen fünfen haben eine entsprechende Stufe der metaphysischen Schulung erreicht, um Gedankenformen von Geistwesen unterscheiden zu können. In einem solchen Fall bietet eine Deutung des übermittelten Materials oft einen guten Anhaltspunkt, ob dieses aus der Region der Gedankenformen oder der Geistwesen stammt.

Vor einigen Monaten teilte ein Gestalt-Therapeut mir ein interessantes Phänomen mit, das er bei seiner Arbeit in Brasilien beobachtet hatte. Viele Menschen der ärmeren Schichten hängen dort Kulten an, die sich entweder mit schwarzer Magie – die Mehrheit – oder mit weißer Magie befassen. Sie sprechen von übersinnlichen Wesenheiten, von Dämonen, von guten Wesen usw. Die Angehörigen der Mittel- und Oberschicht, die diese Armen als Dienstboten beschäftigen, halten solche Reden für schieren Aberglauben und schenken ihnen wenig Beachtung.

Mein Freund, der Therapeut, der mit einer Gruppe von Leuten aus der Mittel- und Oberschicht arbeitete und sie in Techniken zur Steigerung ihres Bewußtseins in Transformationszuständen unterwies, stellte nun zu seiner Verwunderung fest, daß diese Leute sensitiv für Gedankenformen wurden – und über Begegnungen mit Gedankenformen berichteten, die von ihren Angestellten erschaffen waren! (Der Therapeut selbst hatte eine Begegnung mit einer Energieform, die ihn zu Boden stieß und seinen Kopf zurückbog, indem sie ihn an den Haaren zog.) Die Lehre, die wir daraus ziehen, ist, daß der Zweifel an solchen Gedankenformen anscheinend eine schützende oder abschirmende Wirkung hat, jedoch nur so lange, wie die Betreffenden sich von der Erforschung der subtilen Realität fernhalten. Wenn sie aber ihre Zweifel verlieren, sind sie ungeschützt, bis sie sich auf die Erfahrung einlassen und sie zu verstehen lernen.

Dies ist, um das mindeste zu sagen, ein schwieriges Thema. Vielleicht ist es nicht viel, was ich hier mitgeteilt habe, aber ich hoffe, daß es genügen mag, um einem Anfänger Hilfe zu bieten, falls es nötig werden sollte.

## Die Auflösung des Todes-Raumes

Unter allen Quantensprüngen ist die Auflösung des Todes-Raumes die schwierigste Erfahrung. Wie wir im ersten Kapitel sahen, ist die Vorstellung des Todes nicht nur mit einer drückenden Last von Ängsten, Mythen, Phantasien, Unwissenheit und neurotischen Ideenbildungen befrachtet, sondern sie wird bei uns im Westen auch weitgehend verschleiert und von der Erfahrung verheimlicht.

Sowohl der physische als auch der psychische Tod sind eine Transformationserfahrung. (Elisabeth Kübler-Ross hat diesen Gedanken im Titel ihres Buches, *Death, the Final Stage of Growth,* wörtlich: Tod, die letzte Stufe der Entwicklung, gut ausgedrückt.) Keine Seele, die sich jemals auf dieser Ebene manifestierte, konnte dem Tod entgehen. Und es wäre auch nicht wünschenswert, wenn wir dies könnten. Aus der Perspektive des unerweckten Geistes ist der Tod ein so schreckliches Gespenst, daß man ihn lieber schnell verdrängt oder nur in todernstem Ton über ihn spricht. Wir mögen Witze machen über den Tod, aber die psycho-emotionale Reaktion auf das tatsächliche Ereignis, sei es der Tod eines geliebten Angehörigen oder das Wissen, daß der eigene Tod naht, ist wohl die tiefste Erfahrung, mit der das gewöhnliche Bewußtsein sich auseinandersetzen muß. Das Ende des physischen Selbst oder das drohende Ende des psychischen Selbst ist eine der tiefsten Ängste des Menschen. Darin zeigt sich unsere übliche Gleichsetzung des wahrnehmenden Bewußtseinszustandes mit dem Körper und dem Ego oder der Persönlichkeitsebene. Wenn wir uns von dieser Identifizierung befreien können, wenn wir aus Erfahrung wissen, daß der Körper und das Ego nicht das Ganze unserer Seinsheit ausmachen, können für uns transformierte Bewußtseinszustände erreichbar werden, solange wir noch verkörpert sind.

Bei mir dauerte es lange Zeit, bis ich eine erste Ahnung von einem höheren Selbst jenseits der Ego-Ebene bekam. Ich hatte vielerlei Ideen über ein solches Selbst, aber keine wirkliche Erfahrung damit, bis ich endlich aufhörte, mich mit meinem Ego zu identifizieren und den Hohen Dirigenten, wie ich ihn bezeichnen möchte, zu begrüßen lernte. Ich verbrachte neun Monate damit, den Prozeß des Todes in Beziehung zu meinem Ego und zu meinen Ideen über mich selbst durchzuarbeiten. Während dieser Zeit wurde mir bewußt, daß ich auch meine Identifizierung mit meinem Körper auflösen mußte. Mit anderen Worten, ich mußte die Angst vor dem physischen Tod und dem psychischen Tod loswerden, und der einzige Weg dazu, den ich kannte, bestand in dem Vertrauen, daß meine Seinsheit letzten Endes mehr war als mein Körper oder mein Ego. Dieses Vertrauen beruhte auf seltenen und kurzen Erfahrungen während der Meditation.

Bitte beachten Sie, daß ich hier nicht von der Vernichtung der physischen Form oder des Ego spreche. Ich spreche von der Erweiterung zu einem Bewußtseinszustand, wo der Verlust des einen wie des anderen bedeutungslos ist. Dieser Zustand ist die Unsterblichkeit, und diese hat absolut keinen Begriff vom Tod. Sie weiß buchstäblich nicht, daß es den Tod überhaupt gibt, denn weil sie selbst frei vom Tod ist, erlebt sie den Körper und die Persönlichkeit nur als Vehikel, um sich auszudrücken. Die äußere Vernunft ist es, die das Leiden und den Tod erschafft, denn der Tod selbst ist nur ein Wegweiser, eine Pforte, die hinführt zu dem tieferen Bewußtsein, daß eine Lebenszeit sich nun vollendet hat. Bedingt durch die ununterbrochene Kontinuität der Seinsheit, erlebt das tiefe Bewußtsein nicht einmal den tatsächlichen Augenblick des Todes.

Mit Freude habe ich Edgar Cayces Bemerkungen zu diesem Thema zur Kenntnis genommen. In einer seiner Lesungen sagte er, daß es, falls das äußere Bewußtsein nur etwas von der Furcht und Bangigkeit der Seele kurz *vor* ihrer Inkarnation in diese Ebene wüßte, gewiß weniger Furcht gäbe, sie wieder zu verlassen.

Der größte psychische Schmerz des Todesgeschehens wird verursacht durch die Bindung an die Naturform, seien es andere Menschen, der eigene Körper, Orte oder was auch immer. Um diesen Schmerz und die mit ihm einhergehende Angst zu überwinden, müssen wir die Loslösung erreichen.

Für den Psychologen und den Psychiater ist die Loslösung das Symptom eines anomalen Bewußtseinszustandes. Im Fall einer vollkommenen Loslösung spricht er von einem psychotischen Zusammenbruch, vom Verlust der Beziehung zur Realität. Ich möchte dagegen klar betonen, daß ich hier nicht von einem Bewußtseinszustand spreche, der von der Realität getrennt ist. Ich spreche von einem Bewußtseinszustand, der sich der gewöhnlichen Realität bewußt ist, der sich aber auch eines noch höheren Teils der Seinsheit bewußt ist. In diesem Zustand überschätzt man weder das Ego noch den Körper, weil keines von beiden wesentlich für den Bestand des höheren Bewußtseins ist.

Dennoch ist der psychotische Zusammenbruch ein echtes Risiko beim Einüben der Loslösung. Wenn man nicht wenigstens einen dünnen Faden hat, der das Bewußtsein zu den höheren Ebenen führt, kann sich der Geist in Universen verlieren, die keinerlei Verbindung mit der äußeren Realität haben. Es gibt ein gewisses Risiko bei der Rückkehr zur gewöhnlichen Perspektive der äußeren Realität, aber dies ist nichts im Vergleich mit dem Risiko, das man eingeht, wenn man die Ego-Grenzen lockert, um das höhere Selbst zu begrüßen. Dieses Risiko ist besonders groß, wenn man die Neigung hat, das Selbst oder die äußere Realität abzulehnen. Loslösung und Ablehnung führen zu ganz unterschiedlichen Konsequenzen. Während Loslösung die Möglichkeit der Erleuchtung bietet, enthält Ablehnung die Möglichkeit der Neurose, der Psychose, des körperlichen Todes, oder aller drei. Loslösung erzeugt die Gelassenheit der Freiheit zur Bejahung, während Ablehnung Angst, Schmerz und Laßt-mich-heraus-Gefühle bewirkt.

Als Vorbereitung auf diese Loslösung – ohne Ablehnung – kann die kontemplative Beschäftigung mit dem *Tibetanischen Totenbuch* und dem *Ägyptischen Totenbuch* sehr hilfreich sein. Diese Bücher können einen aber auch furchtbar verwirren, falls man nicht das Wesentliche erfaßt. Im Verlauf der Loslösung erscheinen sechsundfünfzig Dämonen, und jeder von ihnen repräsentiert individuelle oder kollektive Ängste, welche die Seele vom geraden Pfad ablenken und ihren Fortschritt völlig blockieren können, falls das Bewußtsein ihnen auch nur die geringste Beachtung schenkt. Die sechsundfünfzig Dämonen müssen einfach ignoriert werden.

Den Höhepunkt meiner Arbeit über den Prozeß des psychologischen Todes erreichte ich bei meiner Erfahrung in der großen Cheops-Pyramide. Bevor ich dieses Erlebnis erzähle, will ich erklären, wie es mir gelang, eine Nacht allein in der großen Pyramide zu verbringen.

Zusammen mit zwei wunderbaren Freunden, David Elliott und Pat MacLean, reiste ich von Findhorn nach Ägypten. Mir schwebten drei Ziele vor. Das eine war, die Mumien im Museum von Kairo abzutasten. (Das Abtasten werde ich im nächsten Kapitel behandeln.) Das zweite war, die Ruinen von Karnak zu besuchen. Das letzte war, eine Nacht allein in der großen Pyramide zu verbringen.

Bei der Ankunft in Kairo machten wir uns sofort auf den Weg zu der Pyramide und engagierten, wie üblich, für die Besichtigung einen Führer. Es war verblüffend für mich, denn die Pyramide ist zwar gewaltig, aber die Korridore zur großen Galerie hinauf, wo die Grabkammern der Königin und des Königs liegen, sind so niedrig, daß man hindurchkriechen oder im Entengang watscheln muß. Beim Betreten der großen Galerie muß man eine Reihe von Stahlsprossen hinaufklettern, um einen Laufsteg zu erreichen, der wiederum zum Eingang der königlichen Kammer führt. Etliche tiefe Abstürze haben kein Schutzgeländer. Während des Besichtigungsrundgangs zeichnete ich mir im Geiste einen Plan der Pyramide, um mich auf mein einsames Abenteuer vorzubereiten.

Draußen vor der Pyramide fragte mich einer der Fremdenführer, ob ich nicht Lust hätte, einige Zeit alleine im Innern zu verbringen. Nach Geschichten, die ich gehört hatte, vermutete ich, daß es eine hübsche Summe kosten würde, die entsprechenden Arrangements zu treffen, und darum setzte ich nun mein bestes Händler- und Kaufmannsbewußtsein ein. Ich hätte vielleicht Interesse, sagte ich, aber es müßte die ganze Nacht sein, und zwar bei Vollmond, der in zwei Tagen bevorstand. Und ich müßte dabei ganz allein sein. «Hmmmmm, das ist sehr schwierig», erwiderte der Führer, und ich sah schon die Dollarzeichen in schillernden Farben vor ihm aufleuchten und himmelhoch aufsteigen. Ich vereinbarte, ihn am nächsten Tag wiederzusehen, um zu erfahren, was er erreicht haben würde, um mich hineinzubringen.

Da es noch früh am Nachmittag war, beschlossen Pat, David und ich, die Spitze der Pyramide zu erklettern, um dort bei Sonnenuntergang zu meditieren. Wir hatten die Absicht, die Spitze auf dem direkten Weg über die Nordflanke zu erreichen.

Nach einem Drittel des Weges hinauf erkannte ich, daß es ein verrücktes Vorhaben war. Die Flanke der Pyramide war durch die jahrhundertelang angreifenden Sandstürme so zerklüftet, daß Griffe und Tritte zerbröckelten, sobald man sie berührte. David schien sich nicht darum zu kümmern. Er hatte schon beinahe die Spitze erreicht.

Ich geriet ein paar Minuten lang in Panik. Ich war etwa zweihundert Fuß hinaufgestiegen und wußte nicht einmal, ob ich den Rückweg nach unten schaffen würde. Als ich hinunterspähte, standen dort überall Leute und schrien in Arabisch zu mir hinauf. Als ich wieder unten stand, erzählte mir ein Araber, der Englisch verstand, daß ich mir den schwierigsten Weg ausgesucht hätte, um die Pyramide zu erklimmen, und daß im letzten Jahr sogar neun Menschen bei dem Versuch ums Leben gekommen wären. «Ich werde Ihnen den Weg zeigen», sagte er. Es kostete nicht einmal so viel, wie ich vermutet hatte.

Die Pyramide ist mehr als 450 Fuß hoch, bei einem Neigungswinkel von 51° 51'. Ihre Kanten bestehen aus riesigen Steinquadern, aufgetürmt wie eine Riesentreppe, und dort stieg ich hinauf, bis ich etwa zwei Drittel des Weges zurückgelegt hatte. In diesem Moment überfiel mich ein ungeheuer mächtiger Impuls, mich in die Tiefe zu stürzen. Noch nie im Leben hatte ich einen solchen Impuls erlebt. Aber statt loszulassen, riß ich mich zusammen und kletterte weiter hinan, aber ich mußte alle meine Selbstbeherrschung aufbieten, um nicht zu springen. Kaum hatte ich aber die Spitze erreicht, verschwand dieses Gefühl. Die Erfahrung war unheimlich, beinah, als gäbe es dort eine Art von Barriere oder ein Kraftfeld, durch das man hindurch müßte. Später habe ich die Pyramide noch mehrmals erstiegen, ohne dieses Barrieren-Feld zu spüren, aber jener erste Ansturm war fast zu stark für mich gewesen.

Am nächsten Tag informierte mich der Führer, daß es unmöglich sei, über Nacht in der Pyramide zu bleiben. *Mehr Geld,* dachte ich. Schließlich fragte ich ihn höflich, wer für die Pyramide verantwortlich sei. «Ein Professor der ägyptischen Altertumskunde dort drüben», sagte er und wies auf einige Sanddünen.

«Ich werde mit ihm reden», antwortete ich. Also stieg ich über die Sanddünen, fand das kleine, lehmhüttenartige Bauwerk mit dem Büro und traf den Beamten, einen jungen Mann, der hervorragend Englisch sprach und sehr gewandt war. Als ich ihm erzählte, daß ich gern für einige Zeit in der Pyramide verbringen würde, um dort zu beten, schien er ganz einverstanden und erbot sich, mir einen dreistündigen Aufenthalt zu ermöglichen – am Spätnachmittag, wenn die Pyramide für das Publikum geschlossen wäre. Als ich ihm sagte, daß ich die ganze Nacht allein in der Pyramide bleiben wollte, veränderte sich seine Einstellung. Bevor ich merkte, was geschah, wurde ich wieder einmal einem psychiatrischen Interview unterzogen – eines der vielen, die ich seit 1975 über mich ergehen lassen mußte.

Ich konnte ihn aber überzeugen, daß ich bei Verstand war und ganz vernünftige Motive hatte. (Ich führte ihn absichtlich ein wenig hinters Licht. Wie hätte ich ihm erklären können, daß ich über den Prozeß des Sterbens und die Loslösung arbeitete?) Er erklärte mir, daß nur der ägyptische Staatspräsident mir die Erlaubnis erteilen könnte, die ganze Nacht lang in der Pyramide zu bleiben. Was der junge Beamte für mich erreichen konnte, war, an diesem Abend von fünf bis acht Uhr in der Pyramide zu bleiben, nachdem sie für das Publikum geschlossen wurde, und dann wieder von fünf bis acht Uhr morgens, bevor sie geöffnet wurde. Ich erkannte sofort meine Chance, wie ich die ganze Nacht in der Pyramide verbringen könnte, und bat ihn, ob ich sein Angebot, einige Zeit alleine in der Pyramide zu verbringen, erst für den nächsten Abend annehmen dürfte.

Er war einverstanden, sprach aber auch die Warnung vor einem zu langen Aufenthalt in der Pyramide aus. «Allzu viele Menschen werden psychotisch, wenn sie länger als nur ein paar Stunden dort drin bleiben», das war das letzte, was er zu mir sagte.

Pünktlich um fünf Uhr abends, beim Vollmond des Februar 1975, traf ich den Torhüter, der mich einlassen und zur angemessenen Zeit wieder hinauslassen sollte. Ein Handgeld von fünfzehn ägyptischen Pfund erleichterte es dem Torhüter zu vergessen, daß er mich am selben Abend wieder hinauslassen sollte.

Das Tor wurde hinter mir geschlossen, und ich begann meinen Vorstoß in den ersten schrägen Tunnel. Es war dunkel und kühl. Fünf Uhr zehn. Vollmond.

Als ich in die Pyramide eintrat, um dort die Nacht zu verbringen, war ich frei, um die Welt, meine Form und mein Ego loszulassen. Ich hatte mich bereits von allem und jedem gelöst.

Am schwersten fiel mir die Loslösung von meinen beiden Brüdern, besonders von meinem Zwillingsbruder. Man sollte meinen, es wären meine Mutter und mein Vater gewesen, aber so war es nicht. Das Loslassen meines Zwillingsbruders war mir fast unerträglich schwergefallen. Es hatte eine Stunde zuvor stattgefunden, in der Meditation zwischen den Pranken der Sphinx.

Ich empfand Angst vor der Psychose, aber nur einen Augenblick lang. Ich war mir bewußt, daß irgend etwas Anderes in mir diese Initiation leitete, als ob ich dies alles vorher, in anderen Lebenszeiten erfahren hätte – in einem ägyptischen Leben, in einem tibetanischen Leben, in einem zen-buddhistischen Leben und in einem Leben als christlicher Mönch. Selbst die dämonischen Gedankenformen, die mich bei meinem Eintreten begrüßten, erwiesen sich als altvertraute, fast freundliche Erfahrungen.

Ich war allerdings nicht in einem solchen Bewußtseinszustand, daß ich völlig frei gewesen wäre von Kindheitserinnerungen, wie etwa an den Film *Der Fluch der Mumie* und seine Fortsetzung *Die Rückkehr der Mumie*. Wie ich schon sagte, besteht die Arbeit mit Gedankenformen in der Regel darin, die Dämonen einfach zu ignorieren, aber es gibt auch noch ein anderes wirksames Mittel – über sie zu lachen. Das Lachen erwies sich als das wirksamste Mittel, um sie zu vertreiben.

Als die Dämonen verschwunden waren, empfand ich ein ungeheures Gefühl der Freiheit. Jetzt hatte ich Zugang nicht nur zu den tiefsten Aspekten der Pyramide, sondern auch zu den tiefsten Aspekten meiner eigenen Seinsheit. Meine Augenlider schienen wie aus Zellophan, denn ich konnte nicht feststellen, ob meine Augen offen oder geschlossen waren. Als ich vor dem Eingang zum ersten kleinen Korridor verharrte, bemerkte ich ein Licht, das meinen Körper zu berühren schien und sich mehrere Fuß weit erstreckte. Anfangs argwöhnte ich, es könnte eine Halluzination sein, aber als ich mich an den Mauern entlangtastete, stimmte das, was meine Hände fühlten, mit dem überein, was meine Augen sahen. Meine Ego-Grenzen lösten sich auf, und die Pyramide und ich verschmolzen zu einer Einheit. Ich verbrachte beinahe drei Stunden in der Kammer der Königin und stieg dann in die Kammer des Königs hinunter, um dort neun Stunden lang Erfahrungen zu machen, die ich auch heute noch nicht mit Worten zu artikulieren vermag.

Nach zwölf Stunden war der Prozeß der Loslösung und Erweiterung abgeschlossen. Ich war in diesen zwölf Stunden gestorben. Welche Konfiguration mein Bewußtsein als Dr. med. William Brugh Joy auch gewesen sein mochte, sie war verschwunden. Ich war die Inkarnation eines anderen Aspekts meiner Seinsheit im selben physischen Vehikel. Es sollte noch Jahre dauern, bis diese in mir heranreifte, aber mein Bewußtsein war völlig durchdrungen vom Wissen, und ich hatte die Erfahrung vollbracht, in Bewußtseinszustände einzutreten, von denen ich mir nicht einmal hätte träumen lassen. Ich war bereit, die Reise zurück und hinunter anzutreten.

Ich erreichte den Ausgang um sechs Uhr zehn – kurz vor Sonnenaufgang. Wie durch Magie tauchte der Torhüter auf und schloß die Pforte auf. Ich empfand etwas viel Größeres. Ich war Ananda! Ich erkletterte die Pyramide, um dort den Sonnenaufgang und den vollen Untergang des Mondes zu erleben.

Ich war die Wiedergeburt.

Meine Begegnung mit dem inneren Tod war vollbracht, nicht aber meine äußere Todesarbeit. In Auroville, in Indien, einen Monat nach meiner Nacht in der großen Pyramide, beschloß ich plötzlich, nach den USA zurückzukehren. Mein äußerer Grund war mein Wunsch, meine Aufnahmezeremonie als Fellow des American College of Physicians abzuschließen. Ich hätte mich auch dafür entscheiden können, dies im folgenden Jahr zu tun, denn ich erlebte in Indien einen unglaublichen Zustand der Integration und des Wohlbefindens, aber eine Kraft, die damals mein Handeln bestimmte, zog mich zurück in die Vereinigten Staaten.

Nachdem ich feierlich als Fellow aufgenommen worden war – am 7. April 1975, in San Francisco –, reiste ich die Küste Kaliforniens hinunter, machte einen Abstecher in die Wüste, um ein paar Tage auf der Ranch zu verbringen, und traf am frühen Morgen des 17. April in Los Angeles ein. Ich war bei einem Freund zu Besuch, als mein Vater telephonierte. Meine Mutter, die sich bislang vollkommener Gesundheit erfreut hatte, war zusammengebrochen. Auf der Intensivstation versuchte man eine Herz-Wiederbelebung.

Ich versetzte mich in eine tiefe Meditation, und meine Mutter sprach zu mir. Sie sagte, daß sie sterben werde, aber sie werde ihren Körper nicht verlassen, bevor ich bei ihr im Krankenhaus wäre, das fünfundvierzig Minuten entfernt war. Auf der Intensivstation sprach ich kurz mit dem verantwortlichen Arzt. «Ihr Zustand ist stabil, aber komatös», sagte er.

Ich zog den weißen Vorhang zurück, der sie umhüllte. Sie wurde künstlich beatmet, und zwei intravenöse Tropfinjektionen waren angeschlossen. Elektrokardiographische Elektroden waren an ihren Armen, an ihrem linken Bein und über ihrem Herzen befestigt. Der Monitor zeigte, daß ihr Herz in regelmäßigem Rhythmus schlug, aber akut geschädigt war. Rasch tastete ich ihr Energiefeld ab, dann wandte ich mich der Herzregion zu und fing an, ihr Energie zu transferieren. Es war wie eine stählerne Wand. Kein Fünkchen Energie drang in ihren Körper. Ich wandte mich der Kopfregion zu und versuchte es abermals. Wieder fand keine Energieübertragung statt. Ihre Augen waren geweitet. Sie war heiter und überraschend schön, wie eine Nefertiti. Fünf Minuten, nachdem ich eingetroffen war, stand ihr Herz still. Keine Medikamente, kein Kontraschock, nichts konnte es zu erneuter Aktivität stimulieren. Sie war von uns gegangen. Ich zog ihr den Ehering ab und fing an zu weinen. Eine Krankenschwester, die neben mir arbeitete, hielt mich in diesem Moment des Schmerzes und der Tränen umfangen, während das physische Band zwischen Mutter und Sohn gelöst wurde.

In den zwei Wochen eines Kurses auf der Ranch, sind zwei Tage der Aufgabe vorbehalten, die Räume des Jetzt-Moments, des Todes und der Transformation oder Reinkarnation mit einer neuen Vision zu erforschen. Für diese Zeit – tatsächlich fast sechzig Stunden – wird Fasten mit völligem Schweigen kombiniert. Man hat Gelegenheit, sich in die Einsamkeit der Wüste zurückzuziehen. Die Teilnehmer prüfen sich, was jeder von ihnen an seinem Leben ändern würde, falls dieses Erlebnis tatsächlich der Tod wäre. Welche Bindungen würden einen in ein erneutes Leben zurückholen? Auf welche Weise würde das Festhalten an Problemen es notwendig machen, in der Zukunft dieses Lebens und auch in künftigen Leben die Manifestation solcher Problembereiche fortzusetzen? Welchen Ausblick, welche Vision der Totalität unserer Seinsheit können wir erahnen und erfahren? Können wir unsere Identifizierung mit dem Körper und mit der Persönlichkeitsebene loslassen und eine höhere Autorität unserer Seinsheit begrüßen? Was ist Bedingungslose Liebe, und wie drückt sie sich aus?

Diese zwei Tage sind Agonie und Ekstase, ein Kampf um die Meisterung des Ich.

## Die Erfahrung der Bedingungslosen Liebe

Die Bedeutung der Bedingungslosen Liebe war meinem Bewußtsein so offenkundig, daß ich es nicht für nötig befand, sie gesondert und ausführlich in eine meiner öffentlichen oder privaten Ausführungen über die Quantensprünge im Bewußtsein aufzunehmen. Dann aber, anfangs dieses Jahres, fragte mich ein Kursteilnehmer, welche der transformatorischen Veränderungen ich in meinem eigenen Leben bis zum gegenwärtigen Augenblick für die wichtigste hielte. Erst jetzt erkannte ich das große Versäumnis. Die Bedingungslose Liebe ist der fundamentalste dieser Sprünge und bewirkt die stärkste Transformation. Wohl wird sie an vielen Stellen in diesem Buch mit Nachdruck erwähnt, aber – und dies ist das wichtigste – sie ist die Feldkraft, die dieses ganze Buch, meine ganze Arbeit und mein ganzes Leben durchdringt.

Um mich der Terminologie der alten Griechen zu bedienen, ist Bedingungslose Liebe am ehesten gleichzusetzen mit *Philos,* der brüderlichen Liebe, und sie steht wunderbar zwischen *Eros,* der sexuell-emotionalen Liebe, und *Agape,* der rein spirituellen Liebe. Während *Agape* häufig die Naturform ausschließt, neigt *Eros* dazu, die spirituellen Aspekte auszuschließen. Die Bedingungslose Liebe vereinigt *Agape* und *Eros.*

Ohne eine Öffnung zur Bedingungslosen Liebe, wie sie sich in der Öffnung des Herz-Chakras manifestiert, ist eine Vereinigung der durch die Öffnung der höheren Chakras erreichten Bewußtseinszustände mit jenen der unteren Chakras nicht möglich. Die Bedingungslose Liebe verbindet Körper und Seele.

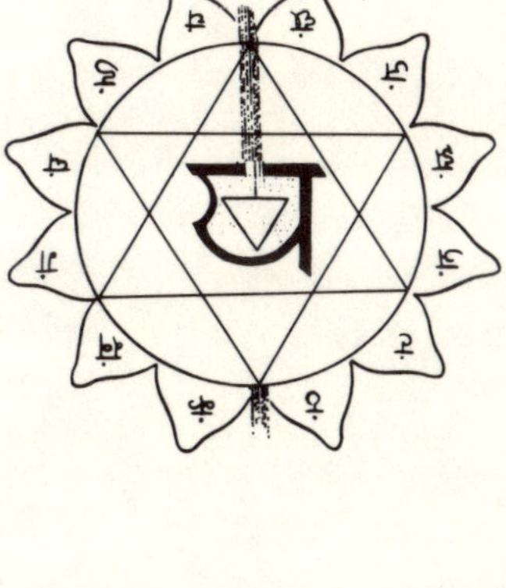

Siebentes Kapitel

# Befehlstherapie, Chakras, Abtasten des Körpers, Energie-Transfer, Heilung

*Du bist nicht in deinem Körper;*
*dein Körper ist in dir.*

Im Frühling 1973 hatte ich in der Meditation mehrere Gespräche mit dem Inneren Lehrer über das Thema der Visualisierung und des Mechanismus, durch welchen ein Aspekt des Denkens fähig ist, Materie zu materialisieren und Ereignisse zu verursachen. Während eines dieser Gespräche gewahrte ich ganz plötzlich sechs Stufen einer Visualisierungstechnik, die sich bei der Heilung einsetzen lassen. Ich fand dafür den Namen Befehlstherapie und erkannte darin ein mächtiges Werkzeug, das die Patienten selbst benützen konnten, um ihren eigenen Körper zu heilen.

Die geistige Vorstellungskraft ist die Grundlage des geistigen Heilens. Ihre Beherrschung ist der wesentliche Kern aller alten Mysterienschulen und aller hermetischen Lehren. Sie ist die wichtigste Technik der Christian Science, der Religious Science, der

Science of Mind und aller anderen Organisationen, gleich ob religiöser, metaphysischer oder einfach praktischer Art, welche die Macht des Geistes über die Materie verkünden oder praktizieren.

Die Visualisierung erfordert eine hervorragende Beherrschung jener Teile des Geistes, welche Objekte, Ideen und Ereignisse zu erschaffen vermögen. Sie ist eine ererbte Fähigkeit des menschlichen Bewußtseins, die nur wenige Menschen für sich beanspruchen und noch wenigere jemals beherrschen. Daß sie funktioniert, ist nicht zu leugnen. Wie sie funktioniert, kann nur hypothetisch vermutet werden.

Eunice war eine Meisterin dieser Visualisierungstechnik. Ihre Fähigkeit, ein Bild bis in die letzten Einzelheiten zu erschaffen, war überwältigend. «Man muß die äußere Vernunft dazu bringen, so zu funktionieren, wie man es will», genau dies waren ihre Worte, und sie lehrte eine Meditationstechnik, um insbesondere diese Fähigkeit zu entwickeln. Dabei mußte man sich zuerst in einen ruhigen, entspannten Geisteszustand versetzen und sich dann einen großen schwarzen Vorhang vorstellen, auf dem man nacheinander – im Geiste – Zahlen von eins bis hundert befestigen sollte. Die Zahlen mußten groß sein, von goldener Farbe und vollkommen gestaltet. Sie durften weder verschwommen sein noch schwanken. Man durfte eine Zahl nicht abnehmen, bevor sie nicht deutlich, in allen Details und in strahlender Farbe mindestens fünf Sekunden lang an dem schwarzen Vorhang gehangen hatte. Beachten Sie aber, daß es nicht genügte, die Zahlen auf der Bildfläche auftauchen und wieder verschwinden zu lassen. Eunice verlangte, daß man jede einzelne Zahl mit einer Nadel befestigte und wieder herunternahm. Dieser Unterschied war bedeutsam. Denn dieser Prozeß war, ihrer Lehre zufolge, mit Selbstbeherrschung gleichzusetzen. Also mußte man die Hände, die die Zahl befestigten, und die Nadel, mit der man die Zahl am Vorhang befestigte, genauso deutlich sehen wie die Zahlen selbst. So einfach es sich anhört, die Beherrschung dieser Technik ist nicht leicht. Ich selbst benötigte viele Wochen, bis die Zahlen genau im Blickfeld blieben, und noch viele weitere Wochen, bis ich verhindern konnte, daß sie von dem schwarzen Vorhang fortschwebten. Aus meiner Erfahrung weiß ich aber, daß sich die Mühe lohnt. Nicht nur schärft es den Visualisierungsmechanismus des Geistes, sondern es steigert auch die Fähigkeit, während der Meditation aus eigenem Willen einen ganzen Traum ins Gedächtnis zurückzurufen, und zwar ausgehend von nur einem Bruchstück, an das die äußere Vernunft sich erinnert. Außerdem stärkt es ungemein die Konzentrationskraft.

Beachten Sie aber den Unterschied zwischen dieser disziplinierten Methode, bei der man genau das erschafft, was man zu erschaffen wünscht, und der frei-phantasierenden Methode, bei welcher der Geist umherschweift und Bilder erschafft, wie es ihm einfällt, während der Betreffende lediglich Beobachter bleibt. Die eine ist aktiv und selbst-steuernd, während die andere passiv und empfänglich ist. (Die passive Technik findet therapeutische Anwendung in Form der geführten Phantasie, um eine unterbewußte Ideenbildung zu ermöglichen und im äußeren Geist Strukturen aufscheinen zu lassen als Bilder, die eine vom Klienten «imaginierte» Erfahrung widerspiegeln. Der Therapeut führt alsdann den Klienten dahin, die Lösung von Problemen zu imaginieren, die mit den ursprünglichen Bildern auftauchten. Diese passive Technik ist ein wertvolles Mittel, um tiefsitzende Ängste, Motivationen und Phantasien aufzudecken, welche die Fähigkeit des Klienten, die äußere Realität zu erfahren, beeinträchtigen können.) Beide Techniken, die willentlich-disziplinierte und die passiv-empfängliche, wirken dahin, die manifeste Ebene durch das Prinzip der funktionalen Verbundenheit von Denken und Materie zu verändern.

Einsteins Genie hat dieses Prinzip durch die berühmte Gleichung $E = mc^2$ wunderbar demonstriert. Wenn man die Gleichung durch einfache Algebra umstellt, sehen wir die Verhältnisse anders: $c^2 = \frac{E}{m}$. Versuchen Sie, wirklich einmal nachzuempfinden, was diese Gleichung ausdrückt. Energie und Masse, stets im gleichen Verhältnis zueinander, werden im Quadrat mit einem konstanten numerischen Wert für die Lichtgeschwindigkeit gleichgesetzt.

Eine metaphysische Deutung dieser Gleichung würde $c^2$ als Äquivalent für das Bewußtsein und Masse und Energie als dessen Aspekte bezeichnen. Das Denken ist eine Form von Energie, und seine komplementäre Manifestation ist die Masse. Die Gleichung besagt aber auch, daß es zu jeder vorhandenen Masse ein ungeheures Quantum an Energie gibt, ganz gleich, ob wir über das Atom oder über das Universum sprechen. Nachdem Masse und Energie stets im gleichen Verhältnis stehen, bedeutet die Einführung von Energie in ein System, daß dessen Masse folglich zunehmen muß – und wenn Masse hinzugefügt wird, muß die Energie ungemein zunehmen. Begreifen wir nun allmählich die Bedeutung unserer früheren Feststellung, daß wir Menschen hauptsächlich Energie und nur ein winziges Teilchen Masse sind? Verglichen mit der Masse unserer Seinsheit, übersteigt diese Energie die Vorstellungskraft unseres äußeren Geistes.

Die Mathematik ist an sich keine Realität, sondern sie ist eine Sprache, welche die empirische Wirklichkeit beschreibt. Die Tatsache, daß $c^2$ eine Konstante ist und daß das Verhältnis zwischen E und m konstant ist, bedingt ein *Gesetz,* das die Manifestation und Interaktion von Energie und Masse regiert. Das Bewußtsein kümmert sich im Grunde nicht um die Quantität, sondern nur um das Verhältnis oder das Gleichgewicht. Es verbergen sich noch andere und tiefere Beziehungen in dieser einfachen Gleichung, aber diese wenigen, die ich erwähnt habe, sollten Ihnen Anlaß genug zu faszinierenden Betrachtungen bieten.

Einer anderen Hypothese zufolge, die nichts mit Einsteins Gleichung zu tun hat, ist Materie (ähnlich wie eingeschalteter elektrischer Strom) jeweils nur den kurzen Bruchteil eines Augenblicks manifest und den überwiegenden Teil dieses Augenblicks nicht manifest. Mit anderen Worten, die manifeste Realität ist vorhanden und zugleich nicht vorhanden (ein- und ausgeschaltet), meistens aber nicht vorhanden (ausgeschaltet). Nachdem Ihr physischer Körper Materie ist, ist auch er die meiste Zeit nicht vorhanden.

Weil aber unser Bewußtsein nur die «eingeschalteten» Teile des Augenblicks wahrnimmt, können wir die ausgeschalteten Teile einfach nicht erkennen. Ähnlich gewahren auch unsere Augen nicht die ausgeschalteten Augenblicke zwischen den Bildern eines ablaufenden Filmstreifens. Im Kino sehen wir 24 einzelne Bilder (Belichtungen) pro Sekunde. Diese schnelle Sequenz bewirkt nicht nur die Illusion der Bewegung, sondern ermöglicht auch die sogenannte unterschwellige Reklame, bei der ein oder mehrere Belichtungen pro Sekunde, die nicht zum Film gehören, dazu dienen können, Bilder von Produkten oder andere Verkaufssymbole aufblitzen zu lassen. Die äußere Vernunft kann sie nicht sehen, aber der «unbewußte» Teil des Bewußtseins sieht sie dennoch und reagiert auf sie. Die unterschwellige Reklame funktioniert – sie funktioniert so gut, daß sie sogar juristisch geächtet wurde –, und ihr Erfolg zeigt eindeutig, daß irgendein Teil des Bewußtseins funktioniert und wahrnimmt, auch wenn die äußere Vernunft es nicht tut. Mit Hilfe gewisser komplizierter Techniken, bei denen zwei synchronisierte Projektoren eingesetzt werden, könnte es möglich sein, zwei oder mehrere Filme gleichzeitig vorzuführen, einmal den regulären Film, zum anderen die unterschwelligen Bilder, die in den Intervallen aufleuchten, während die Leinwand zwischen den Belichtungen des regulären Filmes dunkel bleibt.

Wir sehen also ohne weiteres, warum die unterschwellige Reklame geächtet worden ist. Aber fast alle Formen der Reklame und Propaganda bedienen sich unterschwelliger Beeinflussung. Wären wir uns wirklich bewußt, wie wir unterschwellig manipuliert werden, dann wären die meisten von uns empört. Doch wir sind selber schuld. Wir wollen von diesen Einflüssen nichts wissen. Anscheinend kümmert es uns nicht, was uns bewußt wird, obwohl uns die meisten Ereignisse, die in der gewöhnlichen Realität stattfinden, buchstäblich unbewußt sind! Auch auf anderen Gebieten sind unterschwellige Kräfte wirksam. Sie eröffnen beängstigende Perspektiven der psychologischen Kriegführung und der politischen Manipulation. Nur die Zeit kann uns lehren, wie bedeutsam diese Kräfte im Fortgang der menschlichen Entwicklung sein werden.

Das menschliche Energiefeld ist fähig, Materie in Energie und Energie in Materie umzuwandeln. Aufgrund dieses grundlegenden Prinzips kann die Visualisierungstechnik in Fällen der physischen Umwandlung, Materialisation und Dematerialisation funktionieren. Naturwissenschaftlich bewanderte Leute mögen nun einwenden, daß die Energien, die bei einem Austausch von Energie und Materie freigesetzt oder benötigt werden, ungeheuerlich sind – wie bei einer Atombombe. Aber irgendwie, auf heute noch ungeklärte Weise, ist es möglich, den Austausch zwischen Materie und Energie zu drosseln oder zu katalysieren, ohne daß jene unkontrollierten Kräfte freiwerden, von denen die konventionelle Wissenschaft weiß.

Wenn die Naturwissenschaft erst einmal Phänomene wie Materialisierung und Dematerialisierung, kaltes Licht, Biolumineszenz, die Fähigkeit des Körpers, gewisse Atome in andere Atome umzuwandeln oder andere Kraftfeld-Phänomene wie die Sofortheilung zu untersuchen beginnt – lauter Bereiche, die nach der heutigen wissenschaftlichen Theorie unvorstellbar sind –, dann wird es weniger Wortgezänk und mehr Einsicht in die ungeheure Macht des Geistes geben. Der Regulierungsmechanismus ist da; wir brauchen ihn nur noch zu entdecken.

Der menschliche Körper ist, glaube ich, ein wunderbar einfallsreicher Beweis für die Macht des Bewußtseins, Energie in Materie und Materie in Energie zu verwandeln. Mit dieser Einsicht können wir uns heute bereits entgrenzen – und endlich aufhören, unsere Grenzen zu definieren. Wie weit auch die Wissenschaft fortgeschritten sein mag – ihr Wissensschatz steckt noch in den Kinderschuhen, verglichen mit all den noch unentdeckten Kenntnissen, die das Wechselspiel zwischen Körper und Geist uns zu lehren vermag.

Der Körper ist ein natürlicher Transformator. Er ist der Stein der Weisen, mit der Fähigkeit, andere Formen von Energie und Materie umzuwandeln – in sich selbst. Falls Sie das nicht glauben wollen, überlegen Sie doch mal einen Augenblick, wie es dem Körper gelingt, aus einem Salatblatt einen Augapfel zu machen oder Sie selbst aus Hühnchen oder Rindersteaks zu erschaffen. Es entspricht nicht dem begrifflichen Rahmen der Wissenschaft, aber der Körper ist potentiell in der Lage, alles in den Körper, also sich selbst, umzuwandeln. Der menschliche Körper ist auch ein einfacher Beweis dafür, daß Leben gebraucht wird, um die Lebensform höherentwickelter Arten auf der manifesten Ebene zu erhalten.

Aber der Körper hat auch die Fähigkeit, alternative oder latente andere Energiequellen als die Nahrung zu erschließen, um sich zu manifestieren. Es sind Fälle von Menschen dokumentiert, die sich jahrelang mit nichts anderem am Leben erhielten als einem seltenen Schluck Wasser und gelegentlich einer geweihten Hostie.

Das Körper-Geist-Gefüge steht zwischen Materie und Nicht-Materie, genau an der Grenze der manifesten Ebene mit allen anderen Dimensionen. Wie das Auge sich nicht selbst sehen kann, so kann auch der Wahrnehmungsmechanismus des Bewußtseins diese Grenze nicht sehen. Hier, wo unsere physische und unsere geistige Seinsheit zusammentreffen, stehen uns nicht nur die heute bekannten Energiequellen, sondern auch Energien aus anderen Dimensionen zur Verfügung, um unsere Seinsheit zu manifestieren. Essentielles Denken ist nur ein Beispiel für eine solche Energie, die nicht aus dieser Dimension stammt. Tatsächlich gehört sogar der größere Teil unserer Seinsheit nicht zu dieser Dimension.

Die leichteste, elementarste Möglichkeit, diesen begrifflichen Rahmen zu verstehen, ist die Visualisierung. Und damit kehren wir zurück zur Befehlstherapie und ihrer Erforschung: Sie ist eine Voraussetzung für die Entdeckung der körperlichen Energiefelder.

Der ERSTE SCHRITT der Befehlstherapie besteht darin, sich so vollkommen wie möglich zu entspannen. Entspannungstechniken werden in vielen Büchern ausführlich beschrieben. Jeder Mensch wird andere Techniken als wirksam empfinden. Was bei Ihnen selbst funktioniert, ist gut. Eine Technik, die ich bevorzuge, besteht darin, sich vorzustellen, man sei ein Stückchen Butter, das in der warmen Mittagssonne schmilzt. Lassen Sie Ihren Körper in die Entspannung hineinschmelzen. Wenn Sie das Gefühl haben, geschmolzene Butter zu sein, dann ist die Entspannung vollkommen.

Am Ende muß alle Spannung im Körper gelöst sein. Man muß *fühlen,* daß der Körper entspannt ist; es genügt nicht, es sich nur vorzustellen. Man muß sich, ohne einzuschlafen, wirklich in die Entspannung hineinfallen lassen. (Untersuchungen über die Entspannung der Muskulatur haben gezeigt, daß Angst nicht ein von der Psyche hervorgebrachtes Gefühl ist, sondern ein Produkt der Muskelspannung. Es ist unmöglich, Angst zu spüren, solange der Körper völlig entspannt ist.) Sanfte, leise Musik ist dabei hilfreich; auch ein warmes Zimmer. (Schließlich kann die Entspannung auch unter ganz chaotischen Bedingungen stattfinden; aber für den Anfänger ist ein angenehm warmes, stilles Zimmer der beste Platz.) Passen Sie gut auf, falls irgendein Körperteil sich während der Entspannung anzuspannen beginnt. Stellen Sie fest, welche Körperregion sich nur schwer entspannen läßt. Dies wird Ihnen helfen zu erkennen, wo die meisten Verspannungen in Ihrem Körper sitzen. Ein solches Verständnis kann zu tieferen psychologischen Einsichten führen. Die meisten Menschen haben Verspannungen in der Beckenregion, in den Schultern, den Händen, den Armen und im Nacken. Falls Sie bei diesem Vorgang

Schmerzen spüren, lehnen Sie sich nicht dagegen auf. Entspannen Sie sich gerade in der schmerzhaften Region. Lassen Sie den Schmerz einfach geschehen, ohne ihn zu beachten. Wenn Sie nicht versuchen ihn fortzuschieben, dann wird er nicht dagegendrängen, und Sie werden womöglich feststellen, daß er von selbst verschwindet.

Der ZWEITE SCHRITT verlangt, daß Sie sich an ein Erlebnis der Inspiration erinnern. Auf diese Weise können Sie Gefühls-Regionen Ihres Bewußtseins veranlassen, Ihren Körper mit einem Wohlgefühl zu überfluten. Verschieben Sie auch die Richtung Ihres Bewußtseins weg von den Gedanken an Ihr gesundheitliches Problem und hin zu einem Geisteszustand, in dem Sie ganz natürlich und spontan Gesundheit und Vitalität empfinden.

Viele Fallberichte der medizinischen und psychologischen Literatur zeigen, wie zerstörerisch Streß, Depressionen, Unglück oder Erschöpfung auf den Körper wirken. Eine der physiologischen Reaktionen ist die Schwächung der natürlichen Abwehrmechanismen des Körpers, zu denen auch die Immunreaktion gehört, jene wichtige Aufgabe der weißen Blutzellen und der Antikörper. Die Wissenschaft befaßt sich heute hauptsächlich mit Bakterien, Viren und anderen Mikroorganismen, dic mancherlei Krankheiten verursachen. Ich will nicht behaupten, daß sie unwichtig wären – aber viel faszinierender finde ich jene Körpermechanismen, die es geschehen lassen, daß solche Organismen die Abwehr durchbrechen und Krankheiten auslösen. Jeder Mensch trägt in oder an seinem Körper Organismen, die schwere Krankheiten auslösen können. Aber meistens brechen diese Krankheiten einfach nicht aus. Im Krankheitsverlauf ist die Schwächung der Immunreaktion eine wichtige Ursache, und diese wird eindeutig durch negative psychologische Einstellungen oder Gefühlszustände beeinflußt. Übermüdung durch freiwillig übernommene Überstunden, Streß und Sorgen um «Probleme» usw., all dies verringert die Widerstandsfähigkeit des Körpers und beschleunigt die Abnutzungsreaktionen des Körpers. Dies wiederum schwächt den Widerstand nicht nur gegen Infektionen, sondern auch gegen eine Vielzahl anderer Krankheiten wie etwa Herzkranzgefäß-Erkrankungen, Geschwüre der Magenschleimhaut, Diabetes mellitus – lauter Krankheiten, bei denen eindringende Organismen kein ursächlicher Faktor sind.

Meiner Meinung nach könnten daher Wohlgefühl und Entspannung eine stärkende Wirkung auf die Abwehrkräfte des Körpers und auf sein Gefühl der Integration haben – und mithin den Teufelskreis durchbrechen, den psychische und physische Streß- und Erschöpfungszustände auslösen. Ich stelle die Hypothese auf, daß ein Gefühl des Wohlergehens den Immun-Mechanismus (und wahrscheinlich auch andere, bislang unentdeckte Faktoren) sogar in der Weise stimulieren kann, daß es dem Körper gelingt, *jede* Krankheit auszuschalten.

Krebs gilt zwar nicht als eine durch Bakterien verursachte Krankheit, dennoch ist die Bedeutung der Antikörper und der weißen Blutkörperchen für seine Behandlung allgemein anerkannt. Bei einer dieser Behandlungstechniken wird sogar BCG* eingesetzt, ein dem Organismus entnommener Wirkstoff, der eine Art von Tuberkulose auslöst, um das Immunsystem des Patienten zur Abwehr der Krebserkrankung zu stimulieren. Der Patient erkrankt nicht an Tuberkulose, sondern die starke Stimulierung des Immun-Mechanismus bewirkt eine Produktion von Wirkstoffen, die dem Krebs entgegenarbeiten.

Wenn die Zahl der Krebszellen auf einen gewissen kritischen (aber undefinierten) Wert herabgedrückt wird – so lautet eine neuere Theorie der Krebsbehandlung –, dann wird das natürliche Immunsystem des Körpers (falls es noch intakt ist) den Rest besorgen. Die Wissenschaft nimmt mit Sicherheit an, daß der Körper jedes Menschen jeden Tag Krebszellen produziert und daß das natürliche Immunsystem des Körpers diese bösartigen Zellen jeden Tag ausscheidet. Wenn aber der Immun-Mechanismus des Körpers geschwächt wird, dann steigen die Chancen für Krebs (und für viele andere Krankheiten). Ich muß Sie darauf aufmerksam machen, daß der Immun-Mechanismus nicht der einzige Faktor ist, den es bei Krebs und ganz allgemein bei Krankheiten zu bedenken gilt. Er ist jedoch ein wichtiger Faktor, und nachdem die seelische Einstellung des Patienten die Heilung des Körpers fördern oder hemmen kann, sind Liebe, Glück, Inspiration und ein Gefühl der Erfüllung wichtige Schlüssel zu einem gesteigerten Wohlbefinden. Bei diesem Schritt machen wir uns also eine positive Eigenschaft des Gedächtnisses zunutze: Wir

* B.C.G. = Bacillus-Calmette-Guérin; Impfstoff gegen Tuberkulose

lenken unsere Erinnerung auf ein erhebendes oder harmonisches Ereignis aus der Vergangenheit.

Der DRITTE SCHRITT besteht darin, alle Empfindungen dieser inspirierenden Erinnerung im Körper zu vergegenwärtigen, während wir diese Technik anwenden. Durch die Erinnerung lenken wir unser Bewußtsein auf jene Stelle oder Perspektive in unserem Bewußtsein, die uns im gegenwärtigen Augenblick ein Gefühl des Wohlergehens schenkt. Dieser Schritt ist wichtig, weil das bloße Verharren der Erinnerung bei einem Ereignis der Vergangenheit nicht guttut. Es genügt nicht. Die Erinnerung muß in den gegenwärtigen Augenblick versetzt werden, und ihre Gefühlsstimmung muß voll im Köper aktiviert werden. Hier können wir uns die Macht der geistigen Vorstellungskraft und die Macht unseres emotionalen Systems zunutze machen. Wenn die emotionalen Gefühlsstimmungen mit der Vorstellungskraft zusammenwirken, so verstärkt dies die allgemeine Reaktion ganz erheblich.

Der VIERTE SCHRITT besteht darin, zu erkennen, daß dieses Gefühl und dieser Bewußtseinszustand die Heilung des Körpers fördern. Sie müssen fühlen, wie beide die Krankheit bekämpfen und die Heilung jeglicher Störung im Körper anregen. Konzentrieren Sie Ihr Gefühl des Wohlergehens direkt auf die gestörte Region oder die gestörten Regionen. *Denken* Sie nicht nur, daß dies geschieht. *Fühlen* Sie es! Auch wenn Sie sich nicht klar bewußt sind, wo die Krankheit in Ihrem Körper sitzt – irgend etwas in Ihrem Bewußtsein weiß es. Vertrauen Sie darauf, daß Ihr Bewußtsein dieses heilende Gefühl in jede Zelle Ihres Körpers schickt, die noch nicht gesund und vital ist.

Der FÜNFTE SCHRITT besteht darin, sich visuell vorzustellen, wie die Krankheit sich tatsächlich bessert, wie sie immer weiter zurücktritt und schließlich durch normales, gesundes Gewebe ersetzt wird. Kümmern Sie sich nicht darum, wie dieser Vorgang geschieht. Der Körper selbst weiß, wie er die Krankheit beseitigen kann, auch wenn Ihr Bewußtsein es nicht weiß. Die Aufgabe Ihres Bewußtseins ist lediglich, zu sehen und zu fühlen, wie die Krankheit verschwindet, und auch zu sehen und zu fühlen, wie gesundes Gewebe dort entsteht, wo die Krankheit saß. Sprechen Sie zu Ihrem Körper. Erklären Sie ihm, daß Sie alles tun wollen, was nötig ist, um ihm bei der Heilung zu helfen, und er wird sich selbst heilen. Ihr Körper wird Sie heilen!

Der SECHSTE (UND LETZTE) SCHRITT besteht darin, daß Sie sich selbst visualisieren – völlig gesund und mit einer zukünftigen Tätigkeit beschäftigt. Malen Sie sich diese Visualisierung ganz bewußt in allen Einzelheiten aus. Sehen Sie Ihre Freunde, Ihre Familie, Ihre Gattin oder Ihren Gatten – einfach jeden –, wie sie Ihnen sagen, daß Sie wunderbar aussehen. Spüren Sie Ihr Gefühl des Wohlergehens und Ihre Freude über die völlige Genesung von der Krankheit. Fühlen Sie Ihren Körper, wie er läuft und springt, tanzt und schwimmt, Golf spielt – was immer Sie wollen. Versetzen Sie sich wirklich hinein in diese Tätigkeiten. Beschließen Sie diese Übung mit einem tiefen Gefühl Ihrer Ganzheit: Sie werden sich geistig verbunden, seelisch ausgeglichen und körperlich gesund fühlen.

Während Sie diese Erfahrung der Befehlstherapie erleben, sollten Sie daran denken, daß die Wissenschaft und die Medizin noch immer nicht alles wissen, was bei einer Heilung vor sich geht. Soviel auch bekannt sein mag – es bleibt immer ein großer Faktor X. Der Körper hat immer noch viele zusätzliche und wunderbare Mittel der Heilung.

In den Anfangsstadien der Befehlstherapie, gleichgültig ob Sie diese in Verbindung mit konventionellen Behandlungsmethoden einsetzen oder nicht, sollten Sie die sechs Schritte der Visualisierung dreimal am Tag wiederholen – beim Erwachen, am Mittag und kurz vor dem Schlafengehen. Wenn die Krankheit sich zu bessern beginnt, können Sie die Befehlstherapie auf eine Übung am Morgen beschränken. Schließlich werden Sie feststellen, daß die eine morgendliche Übung mehr als genug ist, um Ihnen ein Gefühl des Wohlbefindens zu schenken.

Der Prozeß der Visualisierung kann ermüdend sein. Die letzten drei Schritte – besonders der sechste – müssen mit derselben Begeisterung und Energie ausgeführt werden wie die ersten drei. Daher kommt es darauf an, daß Sie Ihre Kräfte während der Übung richtig einteilen. Wenn Sie merken, daß Sie ermüden, fangen Sie noch einmal an, langsam und unbeschwert. VOR ALLEM, GENIESSEN SIE DIE ÜBUNG!

Ich bin fest davon überzeugt, daß man sich den Krankheitsverlauf als solchen nicht detailliert und unter großer geistiger Anstrengung visualisieren sollte, denn die hinter der Visualisierung wirksamen Kräfte können ebenso zur Entstehung der

Krankheit beitragen, wie sie diese auflösen können. Aus diesem Grunde sollten Sie auch nicht fortfahren, die Krankheit zu visualisieren, wie Sie es am Anfang der Befehlstherapie taten. Stimmen Sie Ihre Visualisierung genau auf Ihre Fortschritte ab. Sehen oder fühlen Sie, wie sie sich zu Beginn *jeder* Wiederholung dieser Übung gegenwärtig im Körper manifestiert. Vor allem kümmern Sie sich nicht darum, ob Sie es richtig machen oder nicht. Ein wunderbares Vertrauen wird sich zwischen Ihrer Mitwirkung an Ihrer eigenen Gesundung und all den anderen Maßnahmen entwickeln, die zur Heilung Ihres Körpers getan werden. Überlassen Sie sich diesem Prozeß.

Für den Krebspatienten kann die Befehlstherapie als Ergänzung zu Chemotherapie und Bestrahlung eingesetzt werden. Vervollkommnen Sie die Schritte drei und vier, indem Sie diese Heilmittel in Ihren Körper aufnehmen und sie geistig in die erkrankten Regionen steuern.

Fühlen und sehen Sie, wie Chemie und Strahlen die Krankheit beseitigen. Befehlen Sie Ihrem Bewußtsein, daß Sie keine Nebenwirkungen dieser Behandlungsmethoden wünschen, sondern nur solche körperlichen Reaktionen, die zur Heilung der Krankheit geeignet sind.

Manchmal hat der Patient einen tiefsitzenden psychologischen Widerstand gegen die Behandlung, der den Erfolg von Chemotherapie und Bestrahlung beeinträchtigt. Jetzt können Sie sich der Behandlung ganz öffnen, weil Sie dem Körper *befehlen* können, keine Nebenwirkungen zu zeigen. Dabei müssen Sie Ihren Willen einsetzen.

Viele Patienten, bei denen ich die Befehlstherapie anwandte, brauchten daraufhin immer weniger Chemotherapie und immer leichtere Bestrahlungen – und beides für kürzere Zeitspannen. Sagen Sie dem behandelnden Arzt, daß Sie auf diese Weise an der Behandlung mitarbeiten, sonst besteht die Gefahr einer Überdosierung von Chemotherapie und Strahlentherapie.

Dieselbe Regel gilt auch, wenn irgendwelche Medikamente dem Körper zugeführt werden. Geben Sie Ihren Widerstand auf und machen Sie Ihren Körper bereit, die Medikamente zu empfangen. Allopathische Mittel sind mächtig, aber nicht so mächtig wie das integrierte menschliche Wesen. Sie können die Strahlen, die in Ihren Körper eindringen, ebenso regulieren wie die Wirkung von Medikamenten aller Art.

Meine Entdeckung der Energiefelder, die von der Körperoberfläche ausstrahlen, sowie meine Entdeckung der Prinzipien der Befehlstherapie erfolgten im Jahre 1973 – und ganz durch Zufall. Seit Eunices Tod, Ende 1972, war mein einziger Lehrer der Innere Lehrer, mit dem ich jeden Morgen in der Meditation verbunden war.

Eines Tages untersuchte ich in meiner Praxis einen gesunden Mann von knapp zwanzig Jahren. Er lag ruhig auf dem Untersuchungstisch. Ich hatte das Abhorchen von Herz und Lunge beendet und begann eben mit der Untersuchung der Bauchregion. Als ich den Rand der Leber, knapp unter dem rechten unteren Rippenbogen, abtastete, verspürte ich den seltsamen Impuls, einmal nachzusehen, ob ich ein von der Leber ausstrahlendes Energiefeld entdecken würde. Sie ist ein großes Organ mit starker Stoffwechselaktivität und einer hohen Innentemperatur. Ich hob meine rechte Hand etwa sechs Zoll über die Körperoberfläche und führte sie über der Leber hin und her. Ich hatte beinah damit gerechnet, eine leichte Erwärmung zu spüren, aber ich empfand absolut nichts. Dann aber, als meine Hand über den Solarplexus und die Region der Magengrube glitt, spürte ich etwas, das sich wie eine warme Wolke anfühlte. Es schien drei bis vier Fuß weit vom Körper abzustrahlen, senkrecht zur Oberfläche und in der Form eines Zylinders von etwa vier Zoll Durchmesser.

Ich war verblüfft! Zum einen gab es in dieser Körperregion kein Organ, das ein so starkes Energiefeld ausstrahlen konnte. Gewiß, die Leber erstreckt sich über die Körpermitte hinaus bis zur linken Seite der oberen Bauchhöhle, aber falls diese Energiestrahlung von jenem kleinen Teil der Leber herrührte, warum strahlte dann nicht auch der Hauptteil der Leber? Ich hatte keine Ahnung, was ich da spürte. Zum Glück für mich hielt der Patient die Augen geschlossen, denn ich stand selbst mit geschlossenen Augen da, während ich meine Hand, manchmal bis zu fünf Fuß von seinem Körper entfernt, über seiner Bauchregion hin- und herführte, um mich zu vergewissern, ob das, was ich da spürte, nicht ein Produkt meiner Phantasie sei. Jedesmal, wenn ich über den Solarplexus hinwegstrich, spürte ich dieses Energiefeld. Nachdem ich die Untersuchung beendet hatte, machte ich mir im Geiste eine Notiz, um den Zwischenfall am nächsten Morgen mit meinem Inneren Lehrer zu diskutieren.

Der Innere Lehrer sagte ganz einfach: «Es gibt auch noch andere Körperregionen, die ähnliche Felder ausstrahlen. Zeichne sie auf.» Na schön. Das war leichter gesagt als getan. Was sollten meine Patienten von mir denken, wenn sie beobachteten, wie ich meine Hände auf diese Weise über ihrem Körper hin- und herführte? Also bat ich meine Patienten, die Augen zu schließen und sich zu entspannen, während ich sie untersuchte; und so hatte ich Gelegenheit, jede Region, die ich routinemäßig nach der orthodoxen Methode untersuchte, schnell und lautlos nach einem Strahlungsfeld abzutasten. Anfangs wurde ich verlegen, wenn meine Patienten die Augen aufschlugen, um mir irgend etwas zu sagen, und mich entrückt dastehen sahen, mit geschlossenen Augen, die Hände in einiger Entfernung über ihrem Körper hin und her bewegend; aber ich lernte bald, mich abzusichern, indem ich beiläufig sagte, daß manchmal in gewisser Entfernung vom Körper eine Wärme zu spüren sei, die ich untersuchen wolle. Meistens kam ich damit durch, aber hin und wieder fragte mich ein Patient: «Sind Sie vielleicht einer der Ärzte, die mit Magie praktizieren?» Manche Fragen aber waren schwerer zu umgehen, und besonders peinlich war es, wenn eine Krankenschwester oder ein ärztlicher Kollege ins Behandlungszimmer trat, während ich meine «Magie» praktizierte.

Während der ersten drei Monate wußte ich nicht, was ich da eigentlich spürte und welche Konsequenzen diese Felder hatten, aber allmählich wurde eine Struktur erkennbar. Jeder, den ich «abtastete» (so bezeichne ich diesen Aspekt der Arbeit mit Körperfeldern), hatte mehrere zylinderförmige Strahlungen, die vom Körper ausgingen – vom Scheitel; von der Stirn, gleich über der Nasenwurzel; aus der Mitte der Kehle, gleich über dem Verbindungspunkt der Schlüsselbeine; aus der Mitte des oberen Brustkorbs, etwa ein Drittel des Abstands vom Hals; aus dem Zentrum des Brustkorbs, etwa zwei Drittel des Abstands vom Hals; vom Solarplexus, der Magengrube; aus der linken oberen Bauchregion, dem Sitz der Milz; aus dem Zentrum des Unterleibs, kanpp über dem Schambein; aus der Region über den Genitalien; von beiden Knien und von den Zehen und den Fingern. (Siehe Abbildungen 7.1–7.5, Seiten 191–195)

Die ersten drei Monate verbrachte ich damit, diese Energiefelder aufzuzeichnen. Sie waren bei jedem, den ich untersuchte, mehr oder minder stark ausgeprägt. Sie machten sich immer in einer Entfernung von einigen Zoll bis zu sechs Fuß von der Körperoberfläche bemerkbar. Für mich war es immer wie ein subtiles Wärmegefühl in den Händen. Dabei hatte ich das Glück, daß ich es überwiegend mit gesunden Personen zu tun hatte, die nur zu einer ärztlichen Routineuntersuchung gekommen waren, denn ich wußte damals noch nicht, daß lokale Erkrankungen ähnliche Felder von ähnlicher Intensität ausstrahlen. Dieser Teil meiner Forschungsarbeit sollte jedoch erst in den nächsten Monaten beginnen.

Aus der obigen Beschreibung wird mancher Leser bereits wissen, was die Verteilung dieser körperlichen Energiefelder zu bedeuten hat. Aber bedenken Sie bitte, ich war damals in diesen Dingen so unwissend, daß ich keine Ahnung hatte, was in dieser Struktur zum Ausdruck kam. Dann sah ich zufällig eines Tages, als ich im *Bodhi Tree*-Buchladen in Los Angeles stöberte, ein Buch über Tantra-Yoga liegen. Die aufgeschlagene Seite zeigte eine jahrtausendealte Zeichnung, auf der viele kreisförmige Regionen auf der Körperoberfläche eines anscheinend in tiefer Meditation versunkenen Menschen eingezeichnet waren. Die meisten dieser Kreise entsprachen den Regionen, die ich aufgezeichnet hatte. Es waren, wie das Buch sagte, die Chakras, und ihre Wechselbeziehungen bildeten das Chakra-System. In den Räumen der *Bodhi Tree*-Buchhandlung herrscht meist eine erhabene Stille, aber in diesem Augenblick rief ich laut: «Mein Gott! Ich habe die Chakras entdeckt.» Und das hatte ich.

*Chakra* ist ein Sanskrit-Wort und bedeutet «Rad». Das Rad ist der Kreis oder die Scheibe rotierender Energie, die manche Hellseher um die Haupt-Chakras des Körpers wahrnehmen. Sie erscheint knapp über oder unter der Körperoberfläche, und jedes Chakra läßt sich anhand der Farbe oder der Farben unterscheiden, die seine rotierende Scheibe bilden. Im Yoga führt der Weg zur Erleuchtung über die Aktivierung und Entfaltung des Chakra-Systems, denn jedes einzelne Chakra – von der Wurzel (an der Wirbelsäulenbasis) bis zum Scheitel (über der Schädelplatte) – gewährt seine eigenen Kräfte und Bewußtseinszustände.

Aber es war eine Überraschung für mich, daß keines der Bücher, die ich entdecken konnte, etwas von einer Tatsache erwähnte, die ich beobachtet hatte – nämlich daß die Chakras ein Energiefeld ausstrahlen, das sich bei manchen Menschen bis zu einer Entfernung von zwanzig Fuß vom Körper erstreckt.

Und weil ich damals noch nicht die Fähigkeit hatte, die Chakras zu sehen, machte mir auch der Hinweis auf ihre verschiedenen Farben wenig Sinn. Heute bin ich froh, daß ich damals, als ich die Chakras zu entdecken begann, noch keine Informationen über sie besaß, denn die Literatur ist verwirrend und, wie ich finde, recht ungenau, und die Texte widersprechen einander. Ich vermute, daß irgendwann vor Jahrtausenden ein oder einige Hellseher die Felder aufzeichneten und daß dieses Wissen anschließend über Generationen vom Lehrer an den Schüler weitergegeben wurde, von denen die meisten keine Hellseher waren. Zu solch einer Form von Wissensvermittlung fällt mir als Vergleich das Telephon-Spiel ein, bei dem der erste Mitspieler dem zweiten eine Botschaft zuflüstert, die der zweite dann dem dritten weiterflüstert usw., bis am Ende der Runde die letzte Botschaft nur noch entfernt, wenn überhaupt, der ursprünglichen ähnelt. So wurde auch das Wissen von den Chakras entstellt und wahrscheinlich als eine eher symbolische denn buchstäbliche Wahrheit verstanden. Selbst in Indien vertreten viele Gelehrte heute die Auffassung, die Chakras wären lediglich Ideen, welche die einzelnen Entwicklungsstufen des Bewußtseins versinnbildlichen, nicht aber tatsächlich im physischen Körper vorhanden.

Das Chakra-System ist ein wirklicher physischer Aspekt des Körpers, allerdings sehr subtil im Vergleich mit den gewöhnlichen physischen Aspekten. Viele der überlieferten Zeichnungen geben die Anordnung der Chakras, besonders des Herz-Chakras, falsch wieder. Manche unterschlagen das Milz-Chakra oder das Unterleibs-Chakra, und keine, die ich gesehen habe, zeigt die Chakras der Knie, Hände, Füße, Ellbogen und Schultern. Nachdem ich diese Energiefelder seit beinah fünf Jahren erforsche, habe ich mehr als vierzig solcher Felder festgestellt, die beim normalen Menschen vom Körper abstrahlen. Diese primären Chakras aber, wie ich sie aufgezählt habe, sind diejenigen, mit denen ich arbeite.

Nach den ersten drei Monaten, in denen ich die Energiefelder des Körpers aufzeichnete, und nach meiner Entdeckung, daß ich es mit dem uralten Chakra-System zu tun hatte, befahl mir der Innere Lehrer, die Krankheitsfelder des Körpers zu untersuchen. Dieser Aufgabe widmete ich die nächsten drei Monate.

Ich entdeckte, daß ich Krankheitsfelder nur dann aufgrund ihrer Energiestrahlung aufspüren konnte, wenn sie sich nicht am

Ort oder in der Nähe der Haupt-Chakras befanden. Krebs erwies sich als die am leichtesten aufzufindende Krankheit, denn sein Feld ist stark und erstreckt sich zumeist weiter von der Körperoberfläche, als es die Felder der Chakras tun. Man kann nicht nur den Krebs aus der Entfernung fühlen, sondern auch seine Metastasen, falls sie groß genug sind. Während gutartige Knoten in der Brust nur wenig oder gar keine Energie abstrahlen, habe ich festgestellt, daß hoch-maligne Geschwüre in der Brust sehr intensiv strahlen und sich heiß anfühlen. Andererseits kann ich bislang noch nicht den Unterschied zwischen einer entzündeten Geschwulst in der Brust und einem Krebsgeschwür in der Brust feststellen. Infektion und Krebs fühlen sich für mich gleich an. Hepatitis sendet eine Strahlung von einer bestimmten Stelle über der Leber aus, eine erkrankte Gallenblase strahlt von einer Stelle knapp unter der Leber. Nierenkrankheiten senden ein Feld über der anomalen Niere nach hinten aus. Herzkrankheiten strahlen von der linken Brusthälfte ein Feld ab, etwa von der tatsächlichen Größe der Herzregion. Blinddarmentzündung strahlt von der Stelle, wo sich der Blinddarm befindet.

Bei der Beurteilung der Energiestrahlung pathologisch veränderten Gewebes gelten einige allgemeine Regeln:

1. Die anomalen Felder strahlen von der Stelle aus, wo das betroffene Organ oder der Krankheitsherd sich befindet. *Diffuse* Krankheitsbilder – etwa Multiple Sklerose, Lupus erythematodes (= Schmetterlingsflechte) oder Leukämie – kann ich nicht entdecken, solange die Krankheit nicht ein bestimmtes Organ befällt und entzündet.
2. Die Entdeckung des Energiefeldes unter meinen Händen sagt mir noch nicht, *was* da fehlt, sondern nur, daß an dieser Stelle etwas fehlt.
3. Mit einmaligem Abtasten kann ich nicht feststellen, ob der Prozeß akut oder im Abklingen begriffen ist. Mehrmaliges Abtasten ist erforderlich, um festzustellen, wie sich die Krankheit entwickelt.
4. Ich kann nicht zwischen Krebs und den verschiedenen Formen akuter Entzündung unterscheiden.
5. Falls das Energiefeld eines Menschen sich beim Abtasten als normal erweist, so ist die Wahrscheinlichkeit gering, daß sich in diesem Körper größere Krankheitsherde befinden – es sei

denn natürlich, es handle sich um einen kleinen Krebsherd im Anfangsstadium. In solchen Fällen habe ich mich nur dann geirrt, wenn sich das Feld der Krankheit an derselben Stelle befand wie das Feld eines der primären Chakras, z. B. ein Blasen-Tumor in der Nähe des Unterleibs-Chakras, oder wenn sich ein Krebsgeschwür an einer vorher entzündeten Stelle des Körpers entwickelte.

Ich glaube allerdings, daß mit gesteigerter Sensibilität auch eine größere diagnostische Genauigkeit durch einfaches Abtasten des Körpers erreicht werden kann. Für die meisten wissenschaftlich geschulten Menschen ist die bloße Tatsache, daß Krankheiten im Körper aus der Entfernung entdeckt werden können, erschütternd genug.

Auch wenn sich die Energiefelder für mich wie Hitze oder Wärme anfühlen, handelt es sich bei der Ausstrahlung dieser Regionen nicht um Wärme. Durch ein Thermogramm, das die unterschiedlichen Wärmestrahlungen der Körperoberfläche photographisch festhält, lassen sie sich nicht sichtbar machen. Außerdem durchdringt diese Energie auch Stoffe, die normalerweise jede Wärmestrahlung isolieren, wie etwa vier Zoll starkes Styropor. Tatsächlich durchdringt sie alles, was ich über die Chakra-Regionen gehalten habe, sogar Holz, halbzollige Stahlplatten und Schaumgummi. (Mit Blei habe ich es noch nicht versucht.) Da die Energie offenbar alles durchdringt, ist es nicht nötig, daß der Patient sich beim Abtasten der Körperfelder entkleidet.

Um welche Art von Energie es sich immer handeln mag – sie hat die Fähigkeit, die Gefühlsrezeptoren in den Händen, den Unterarmen oder in anderen empfindlichen Körperregionen, wie etwa den Wangen, zu stimulieren. Bei mir werden die Wärmerezeptoren durch diese Energie stimuliert, aber bei anderen werden die Kälterezeptoren stimuliert oder die Schwingungs-Sensoren, die Druck-Sensoren oder die Tastrezeptoren. Von den über fünfhundert Menschen, die ich im Erspüren der körperlichen Energiefelder geschult habe, empfinden die meisten die Energie als Wärmegefühl oder als leichtes Kribbeln. Einige können die Felder nur mit den Wangen fühlen, als Wärme oder als Kribbeln. Am Ende eines Workshops über Körperenergiefelder können mehr als 99% der Teilnehmer diese Felder auf die eine oder andere Weise fühlen.

Neben der Unmöglichkeit, die Energiefelder thermographisch aufzuzeigen, beweisen auch zwei weitere Phänomene eindeutig, daß die Felder nichts mit der Wärmestrahlung des Körpers zu tun haben. Zum einen habe ich ein intensives Feld abnormer Energie, das sich aus einiger Entfernung von der Körperoberfläche für meine Hand wie Wärme anfühlte, bei einer Frau entdeckt, die mit einem totalen Verschluß der Hauptarterie im rechten Bein in die Notaufnahme des USC/L.A. County Hospitals eingeliefert wurde. Bei körperlicher Berührung fühlte das Bein sich kalt an, aber das von ihm ausstrahlende Energiefeld empfand ich als intensive Hitze. Zum anderen gibt es das Phänomen, daß die Energiefelder auch nach dem Tod bestehenbleiben. Sogar wenn der Leichnam 24 Stunden lang tiefgekühlt wurde, sind die Felder (wenn auch abgeschwächt) noch vorhanden und fühlen sich immer noch wie Wärme an. Ich habe dieses Phänomen überprüft, indem ich die Felder einer Leiche alle zwölf Stunden kontrollierte – bis zum dritten Tag nach dem Ableben. Meine Resultate sind zu begrenzt, als daß ich daraus Schlußfolgerungen ziehen könnte, was mit den Energiefeldern über längere Zeiträume hin geschieht, aber ich vermute, daß sie bestehenbleiben, solange der Körper seine physische Gestalt behält. Jedenfalls bleiben die Felder nach dem Tod bestehen, und ich schließe daraus, daß sie nicht auf ein lebendiges Nervensystem oder auf die Blutzirkulation angewiesen sind, sondern daß es sich um eine der Wissenschaft heute noch unbekannte Energie handelt.

Mein Interesse, die menschlichen Energiefelder nach dem Tod zu studieren, führte auch zu meinem ersten psychiatrischen Interview. Ich hatte mir ganz logisch überlegt, daß ich die Frage, ob die menschlichen Energiefelder tatsächlich noch lange nach dem Tode weiterbestehen, am besten entscheiden könnte, wenn ich einige ägyptische Mumien untersuchte. Nächst dem Museum von Kairo besitzt das British Museum vermutlich den reichsten Fundus an Mumien, und folglich machte ich, als ich in England war, dort einen Besuch, um die ausgestellten Mumien «abzutasten».

In diesem Teil des Gebäudes drängte sich viel Publikum, aber ich machte mich unverzagt an die Arbeit und begann mit einer Mumie, die in geringem Abstand zu der sie abdeckenden Glasplatte zu liegen schien. Mit geschlossenen Augen und gleichgültig gegenüber der Umgebung, führte ich meine Hände über die

Oberfläche der Glasvitrine. Was ich fühlte, verwirrte mich einigermaßen, denn über der Brustregion lag eine mit Halbedelsteinen verzierte Brustplatte, und ähnliche Platten lagen über den Einschnitten im Bauch, wo die inneren Organe entfernt worden waren. Um die Sache noch komplizierter zu machen, wurde die Wärmestrahlung meiner Hände von der Glasplatte zurückgespiegelt. Auch wenn ich die Chakra-Felder der Hände und Knie gespürt zu haben meine, bin ich mir daher nicht völlig sicher.

Als ich die Augen aufschlug, um mich zu vergewissern, in welcher Stellung ich mich zu der Mumie befand, sah ich, daß mindestens fünfundzwanzig Menschen zusammengeströmt waren und mich stumm beobachteten. Zum Glück sind die Engländer höflich und tolerant gegen Sonderlinge. Aber leider befand sich unter diesen Zuschauern der Museumswärter. Ich erklärte ihm, daß die Lichtreflexe der Deckenlampen auf der Glasplatte meinen Blick auf die Mumie beeinträchtigt hätten und daß ich nur versucht hätte, die Spiegelung mit der Hand abzuschirmen, um besser zu sehen. Aus seinem Blickwinkel hatte er ja nicht sehen können, daß ich tatsächlich die Augen geschlossen hatte, und er schien meine Erklärung, zwar leicht widerstrebend, zu akzeptieren.

In der Annahme, daß das Museum wahrscheinlich noch mehrere andere Mumien besaß und einige davon wahrscheinlich nicht hinter Glas, bat ich um ein Gespräch mit dem Leiter der Abteilung für ägyptische Altertümer. Der Beamte, mit dem ich sprach, war vermutlich durch den Wärter vorgewarnt, denn ohne jede freundlich-entgegenkommende Überleitung begann er unvermittelt mit dem psychiatrischen Interview. Wäre ich nur ein britischer Sonderling gewesen, die Dinge hätten für mich einen besseren Verlauf genommen. So aber wirkten meine Antworten vermutlich noch sonderbarer als mein Benehmen, über das der Wärter Bericht erstattet hatte. Auf langen Reisen kann es, wie Sie wissen, leicht passieren, daß man weder den Wochentag noch das Datum weiß – und genau danach erkundigte sich der Museumsbeamte, neben vielen anderen Fragen, um meinen Geisteszustand zu überprüfen. Und was den Namen des Premierministers und den Namen des Prinzgemahls der Königin betraf, war ich ein absoluter Versager. Am schlimmsten aber, ich konnte mich nicht erinnern, wer zur Zeit Vizepräsident der Vereinigten Staaten war. Langer Rede kurzer Sinn, ich bekam keine Erlaubnis, weitere Mumien im British Museum zu untersuchen.

Später versuchte ich es noch einmal im Museum von Kairo. Dort gab es einen ganzen Saal voller Mumien. Aber auch sie lagen alle hinter Glas, und so fand ich auch hier keinen besseren Anhaltspunkt für das Vorhandensein oder Fehlen von Energiefeldern nach so vielen Jahren. Diesmal blieb mir wenigstens ein erneutes psychiatrisches Interview erspart. Wohl beobachteten mich viele Neugierige, aber wenigstens gab es keine Wärter in dem Mumiensaal.

Ich glaube, die Energiefelder spiegeln und beeinflussen die Struktur des Körpers und den Aufbau seiner verschiedenen Organe. Ich glaube auch, daß das Chakra-System ein Mechanismus ist, der den grobstofflichen physischen Leib mit dem feinstofflichen oder ätherischen Körper verbindet. Und ferner glaube ich, daß das Chakra-System, der physische Körper und der Ätherkörper in einer Beziehung zu den Meridianen des Akupunktur-Systems stehen. Die Energie, welche die Chakras aussenden, und die Energie, die durch die Meridiane des Akupunktursystems fließt, sind ein und dasselbe. Diese Energie wird entweder durch das Chakra-System als ganzes modifiziert oder durch ein einzelnes Chakra irgendwie verfeinert. Ich glaube, daß es nur eine elementare Energie gibt, die in diesen zusammenhängenden Systemen wirksam ist, und daß das Chakra-System diese elementare Energie reguliert und umwandelt. Der Körper fächert diese primäre Energie in ihre einzelnen Frequenzen auf, ähnlich wie ein Prisma das Licht auffächert.

Diese elementare Energie hat verschiedene Namen: Chi, Vitalkraft, Nerven-Energie (der von den sowjetischen Wissenschaftlern verwandte Ausdruck), Bio-Energie (ein Ausdruck, den manche amerikanische Forscher verwenden), biomagnetische Energie, bio-elektromagnetische Energie und bioplasmische Energie (von anderen Forschern verwandter Ausdruck), Prana (von den Yogis verwandt) und Lebenskraft (in manchen metaphysischen Texten verwandt).

Was mich wirklich erstaunt, ist die Tatsache, daß diese Energiefelder, obwohl sie gewiß vorhanden waren, seit die Materie geschaffen wurde und die Lebensformen sich manifestierten, noch immer den meisten Menschen unbekannt sind. Was mich betrifft, so kann ich kaum begreifen, wie ich zehn Jahre lang den physischen Körper studiert und so viele körperliche Untersuchungen durchgeführt habe, bevor ich die Energiefelder bemerkte. Heute spüre ich sie so leicht, daß ich mir nicht vorstellen kann, wieso ich sie vorher nicht gespürt habe. Was mich daran hinderte, so vermute ich, war der Umstand, daß ich mir einfach nicht vorstellen konnte, irgend etwas außerhalb der Körperoberfläche zu suchen oder zu fühlen. Nachdem aber dieser Gedanke mir zu Bewußtsein gekommen war – als ich an die Möglichkeit dachte, die Wärme der Leber aus einiger Entfernung zu fühlen –, da geriet alles in Fluß. Ich betrat eine ganz neue Welt der Form, Materie und Energie.

Das Studium der Beziehungen zwischen den Objekten und Lebensformen sowie des physischen Raumes zwischen ihnen wird schon in naher Zukunft ein Schwerpunkt der Naturwissenschaft sein. Wir werden entdecken, daß der Raum nicht leer ist, sondern Strukturen und Funktionen aufweist, die für das gewöhnliche menschliche Bewußtsein nicht so leicht wahrnehmbar sind.

Fassen wir nun zusammen, was bisher über Energiefelder gesagt wurde: 1. Sie sind im Körper vorhanden und strahlen von ihm aus. 2. Sie können durch verschiedene Sensorensysteme des Körpers entdeckt werden. 3. Neben den normalen Feldern gibt es auch anomale Felder, die Krankheitszustände und Traumata im Körper widerspiegeln. 4. Die Möglichkeit, anomale Energiefelder zu diagnostizieren, ist zum Teil von der Sensibilität des Beobachters abhängig. 5. Die Energiefelder haben etwas mit dem physischen Körper und dem Ätherleib zu tun.

Gestützt auf diese Grundprinzipien, kann ich nun einige spezifischere Aussagen über die Felder machen:

- Menschen, die schwache Energiefelder in den unteren Körperregionen, besonders in den Knien und Füßen haben, sind meist «luftig» oder «entgrenzt». Relativ schwach verankert, sind sie in unterschiedlichem Maß von der äußeren Realität losgelöst. Der größere Teil ihrer Energie sitzt in den oberen Körperregionen.
- Menschen, die eine starke Energiestrahlung von der Kehle her haben, sind meist nicht nur sehr empfänglich für den Energie-Transfer (den ich im folgenden behandeln werde), sondern auch sensitiv und künstlerisch begabt.

- Menschen mit starker Energiestrahlung aus dem Solarplexus sind meistens emotional und machtgetrieben.
- Menschen mit starkem Energiefeld von der Stirn ausgehend sind meist geistige Typen.
- Starke Energieströme aus dem Unterleib scheinen auf einen sexuell aktiven Menschen hinzudeuten.

Alle diese Erkenntnisse sind aber noch in einem Stadium, da sie weiterer Erforschung bedürfen. Die Entsprechungen sind nicht absolut aufzufassen. Es sind meine heutigen Eindrücke und können sich in dem Maße ändern, wie mein Wissen über die Energiefelder zunimmt. Ich habe noch weitere Entsprechungen zu anderen Chakras festgestellt, aber ich finde sie nicht eindeutig genug, um darüber klare Aussagen zu machen.

Bevor ich nun den Energie-Transfer von einem Menschen zum anderen schildere, will ich noch kurz auf die klassischen Bezeichnungen der Chakras eingehen, falls Sie das, was ich hier vortrage, mit Yoga-Lehren oder mit metaphysischen Texten vergleichen wollen. In beiden Bereichen ist die Literatur verwirrend, und die Lehrer geben Ort und Anzahl der Chakras unterschiedlich an. Weil die Sanskrit-Wörter ein wenig schwerfällig anmuten, will ich sie in unsere Sprache übertragen. (Siehe Abbildungen 7.1–7.5)

0. Transpersonaler Punkt, ein kleiner kugelförmiger Energiekörper, 12 bis 24 Zoll über der Mitte der Schädeldecke, in den meisten Texten nicht erwähnt.
1. Scheitelzentrum, eine Region von 2 bis 3 Zoll Durchmesser um die Mitte der Schädeldecke, die siebente Stufe oder das siebente Chakra.
2. Brauen- oder Stirnzentrum, eine Region von 1½ bis 2 Zoll Durchmesser um die Mitte der Stirn direkt über dem Augenbrauenbogen, die sechste Stufe oder das sechste Chakra.
3. Kehlzentrum, eine Region von 1½ bis 3 Zoll Durchmesser direkt über dem Verbindungspunkt der Schlüsselbeine, die fünfte Stufe oder das fünfte Chakra.
4. Mittleres Brustzentrum, eine Region von 1 bis 2 Zoll Durchmesser, an der Verbindung von Brustbein und vorderem Brustbeinfortsatz, in keinem der Texte angegeben.

5. Herzzentrum, eine Region von 1½ bis 4 Zoll Durchmesser, etwa 1 Zoll über der Stelle, wo die Rippen des vorderen Brustkorbs zusammenstoßen, die vierte Stufe oder das vierte Chakra.
6. Solarplexuszentrum, eine Region von 1½ bis 4 Zoll Durchmesser in der Gegend der Magengrube, ungefähr 2 Zoll unter dem Punkt, wo die Rippen zusammenstoßen, die dritte Stufe oder das dritte Chakra.
7. Milzzentrum, eine Region von 2 bis 4 Zoll Durchmesser, über der Milzregion, am Rande des linken unteren Rippenbogens, gewöhnlich nicht mit einer Zahl bezeichnet und oft in den Texten nicht erwähnt.
8. Genitalzentrum, eine Region von 2 bis 4 Zoll Durchmesser mit dem Mittelpunkt im Unterleib, über dem Schambein, jedoch unter dem Nabel, die zweite Stufe oder das zweite Chakra.
9. Wurzelzentrum, eine Region von 1 bis 1½ Zoll Durchmesser an der Wirbelsäulenbasis, die erste Stufe oder das erste Chakra.
10. Hüftzentren, 1 bis 1½ Zoll im Durchmesser, vorn über beiden Hüftgelenken, in den Texten meist nicht bezeichnet.
11. Kniezentren, unterschiedlich im Durchmesser, über beiden Knien, in keinem der Texte erwähnt.
12. Fußzentren, mehrere in jedem der Füße, in keinem der Texte bezeichnet.
13. Schulterzentren, eine Region von 1 bis 2 Zoll Durchmesser über den Schulterspitzen, in keinem der Texte bezeichnet.
14. Ellbogenzentren, über den Ellbogen, in den Texten nicht bezeichnet.
15. Handzentren, mehrere in den Fingern und den Handflächen, für gewöhnlich nicht in den Texten bezeichnet.

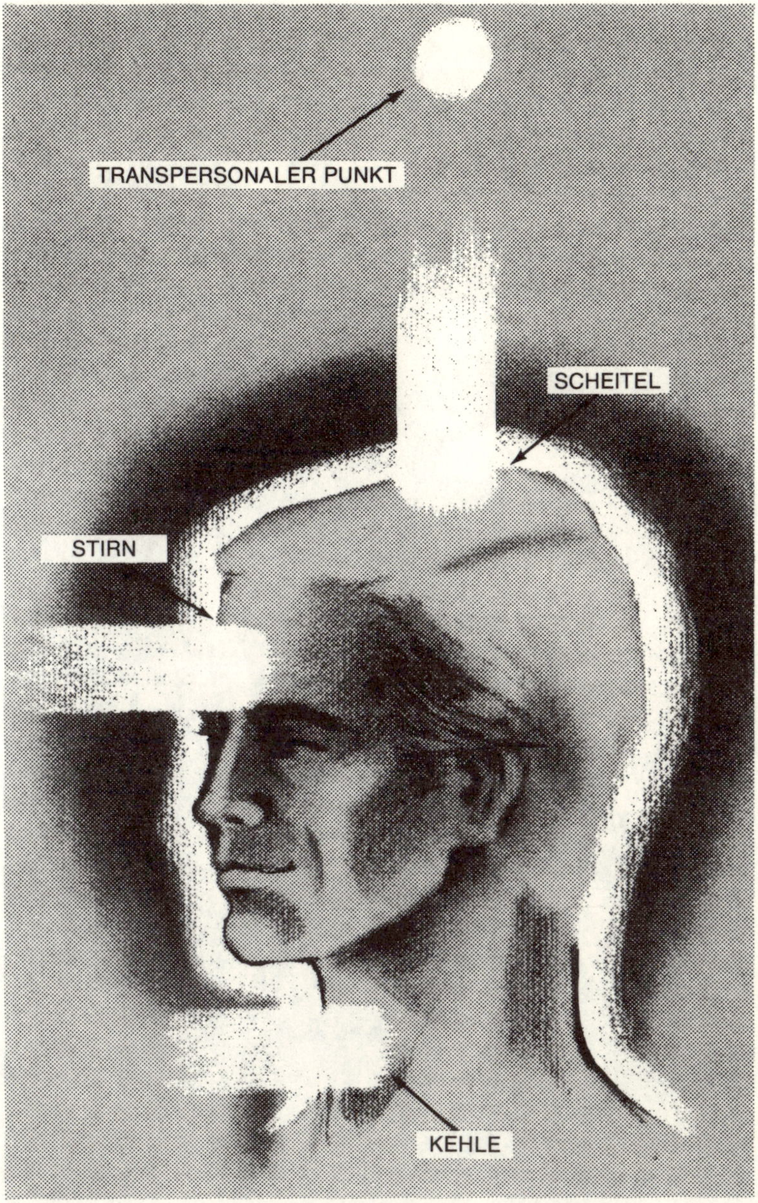


Abbildung 7.1
Die wichtigsten Kopf-Chakras und ihre Energiestrahlungen

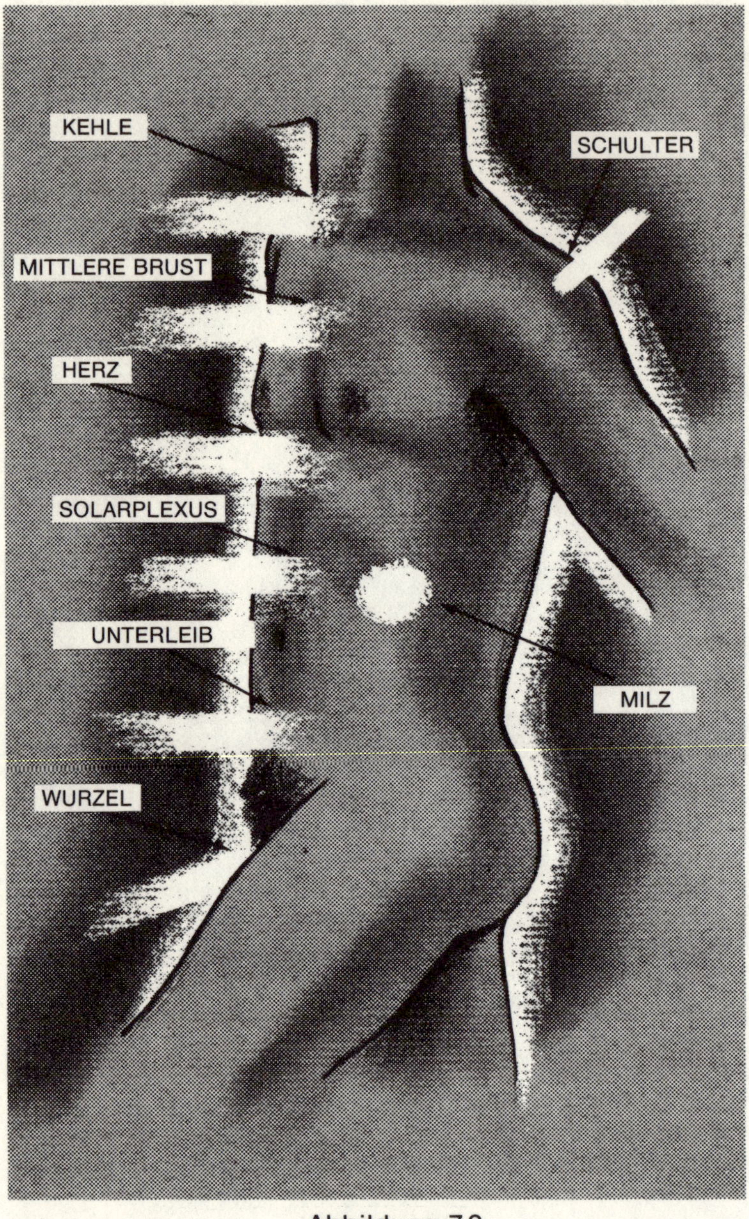


Abbildung 7.2
Die wichtigsten vorderen Chakras des Rumpfes (männlich)

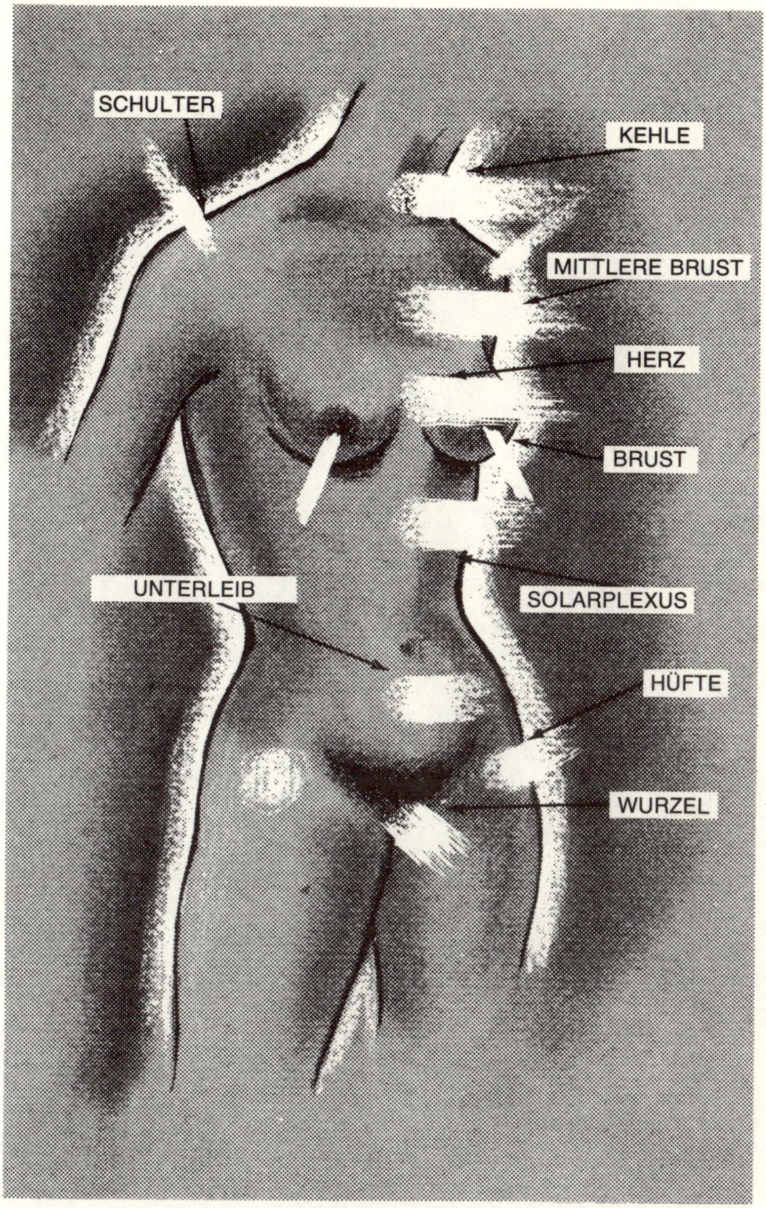


Abbildung 7.3
Die wichtigsten vorderen Chakras des Rumpfes (weiblich)

Abbildung 7.4
Die wichtigsten Knie- und Fuß-Chakras

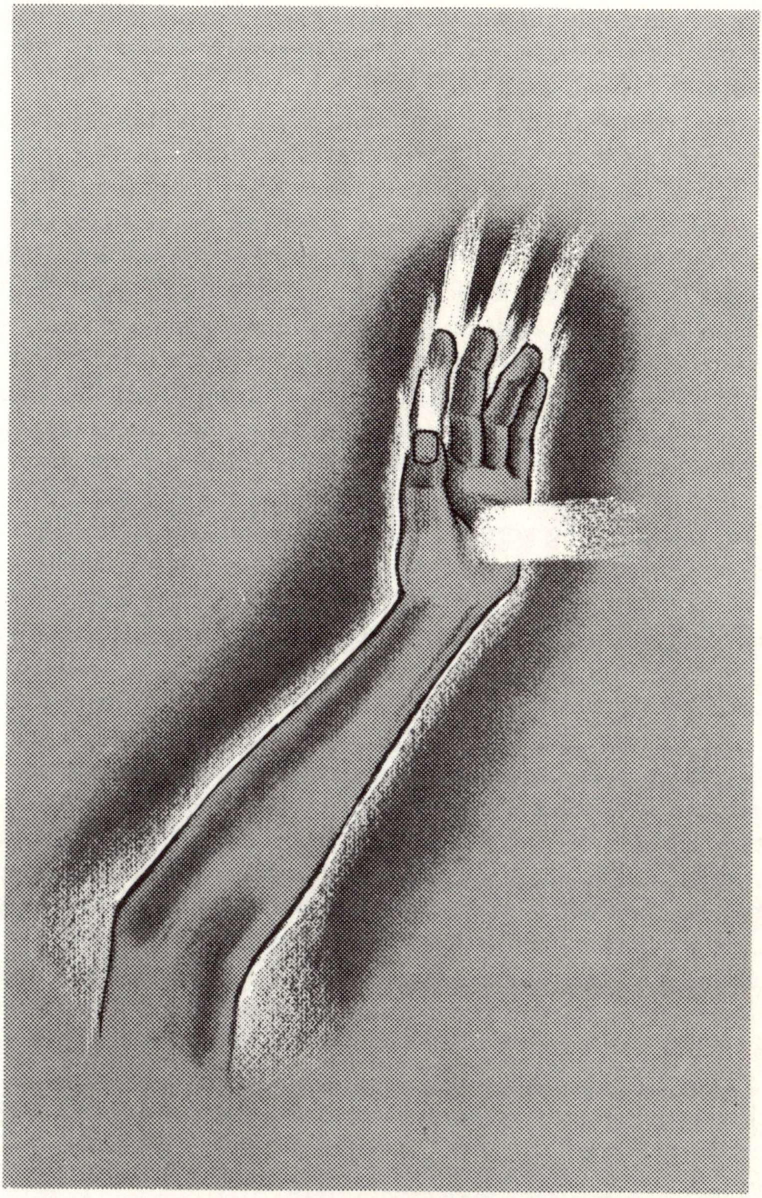

Abbildung 7.5
Die wichtigsten Hand-Chakras

Außer diesen Regionen, die relativ starke Energiefelder aufweisen, gibt es noch subtilere Strahlungsregionen – von den Brustwarzen der Frau und noch viel subtilere von der Brust des Mannes; vom Nabel; vom Unterleib, direkt unter dem Nabel (in manchen Büchern als Cath-Zentrum oder Hara-Zentrum bezeichnet, kann sehr stark sein); vom Kopf, über dem Augenbrauen-Chakra, jedoch unter dem Scheitel-Chakra; und von der Hinterhauptregion, also am Hinterkopf oberhalb der Schädelbasis oder dem Nacken, jedoch unter dem Scheitel-Chakra. Es gibt auch noch andere Zentren, etwa die Handgelenkszentren, die Fersenzentren sowie weitere Zentren im Gesicht, aber die hier aufgezählten – zusammen mit Hüften-, Knie-, Schulter-, Ellbogen-, Hand- und Fußzentren über zwanzig an der Zahl – sind am leichtesten zu lokalisieren. Beachten Sie, daß sich die meisten sekundären Chakras über Gelenken befinden.

Die Übertragung von Energie auf einen anderen Menschen – in einiger Distanz zu seinem Körper – ist der aufregendste und befriedigendste Teil der Arbeit mit Körperenergien, aber er ist auch der gefährlichste, nicht nur für den Energie-Empfänger, sondern auch für denjenigen, der sie überträgt. (Ich gebrauche das Wort *Übertragung* unter Vorbehalt, denn ich bin mir nicht sicher, ob die Energie räumlich von einem Menschen zum anderen überspringt oder ob es ein Induktionsprozeß oder gar eine Art Resonanz ist.) Meine eigenen Fähigkeiten auf diesem Gebiet entwickelten sich in der Arbeit mit extrem sensiblen Personen, die mir einen *Feedback* ihrer Empfindungen vermitteln konnten, wenn die Energie in ihren Körper eindrang. Beim Empfänger kann die Energie ebenso Zerstörung und Unruhe stiften, wie sie Heilung und Harmonie bringen kann. Beim Sender kann der Prozeß der Energie-Übertragung den Körper erschöpfen oder übermäßig mit Energie aufladen, in beiden Fällen mit nachteiligen Folgen.

*Versuchen Sie nicht, einem anderen Menschen Energie zu übertragen, bevor Sie den Abschnitt über die Techniken gründlich studiert haben.*

In einem weiteren Gespräch mit dem Inneren Lehrer, sechs Monate nach jener kreativen Eingebung, die Energie-Emanationen des menschlichen Körpers abzutasten, erhielt ich den Auftrag, meinen Patienten die Energie weiterzugeben, die durch meinen eigenen Körper floß, wobei ich diese in einiger Entfernung zum Körper durch meine Hände leiten und die Chakras als Kanäle oder Leitungen zum Körper nutzen sollte.

Beim Abtasten anderer Körper, und sogar meines eigenen, bemerkte ich, daß meine Hände «unter Strom» standen. Sie waren «aufgeladen» und schienen zu strahlen. Früher schon hatten mir manche Patienten berichtet, daß sie eine Energie aus meinen Händen fließen spürten, wenn ich ihre Felder prüfte, aber es war mir nie in den Sinn gekommen, ihnen tatsächlich Energie weiterzugeben, bevor der Innere Lehrer diesen Vorschlag machte. «Bewirke, daß alle Chakras ausbalanciert sind und mit gleicher Intensität strahlen», befahl mir der Innere Lehrer. «Versetze dich in einen leichten Meditationszustand und laß dir von deiner Intuition sagen, was du tun sollst.»

Ich beschloß, diese neue Aufgabe mit einer bettlägerigen Patientin zu erproben, die sich für Körperfelder interessierte. Nachdem ich ihr Feld abgetastet und die unterschiedlich starken Strahlungen ihrer verschiedenen Chakras festgestellt hatte, veränderte ich meinen Bewußtseinszustand, wählte ein schwaches Chakra aus und imaginierte, daß ein Energiestrom durch meine Hände zu ihr hinüberfließe. Sehr zu meiner und auch ihrer Verwunderung berichtete sie, daß von der Region, auf die ich einwirkte, ein starkes Gefühl, fast wie ein elektrischer Strom, in und durch ihren Körper floß. Als ich das Chakra erneut untersuchte, strahlte es viel intensiver. Wenn ich die Energie nicht willentlich zwang, aus meinen Händen zu fließen, sondern sie einfach imaginierte und fließen ließ, hörte die Energie offenbar auf zu fließen, sobald die richtige Intensität erreicht war.

Danach fühlte ich mich energiegeladen und empfand einen gesteigerten Zustand des Wohlbefindens und der Inspiration. Mein eigenes Herz-Chakra war stark mit Energie aufgeladen, und anscheinend war dies die Quelle, aus der die Energie durch meine Hände und zu der Patientin floß. Ich empfand die gleiche Veränderung meiner Seinsheit, die ich gespürt hatte, als ich in der Ausstrahlung Eunices badete, wenn sie in dem Zustand der Bedingungslosen Liebe war.

Meine Patientin berichtete mir von einem Gefühl, in einen veränderten Bewußtseinszustand versetzt worden zu sein, so als schwebe sie, wie bei einer Levitation, mehrere Fuß über ihrem Körper. Sie beschrieb die Energie als «Lieben und Heilen». Sie hatte noch niemals das Gefühl der Levitation erlebt, aber später, wenn ich die Chakras anderer Patienten ausbalancierte, erwies dieses sich als ziemlich allgemeine Erfahrung.

Im Laufe der nächsten Monate, während ich fortfuhr, die Chakras der Menschen auszubalancieren, war ich sehr erstaunt über die unterschiedliche Wirkung bei den verschiedensten Menschen. Manche berichteten von Zuständen der «Verzückung», andere von tiefer Entspannung, wieder andere von traumartigen Zuständen in lebhaften Farben; manche erlebten starke Hitze durch ihren Körper fließen, und manche verloren das Bewußtsein. Einige wenige erlebten gar nichts, obwohl ich deutlich fühlte, wie der Energiestrom meinen Körper verließ. Und auch wenn sie keinerlei Empfindung hatten, wurden ihre Chakrafelder durch die Übertragung verändert und ausbalanciert. Ich spürte den Unterschied, wenn ich sie erneut abtastete.

Es fand sich in der Literatur kaum ein Hinweis auf die Möglichkeit, Krankheiten durch das Ausbalancieren der Chakra-Energie zu beeinflussen, aber in meiner Privatpraxis und unter meinen Krankenhauspatienten gab es doch insgesamt zehn Fälle, bei denen das Ausbalancieren der Chakras an sich – d.h. ohne ausdrückliche Absicht, dadurch die Krankheit zu beeinflussen – tatsächlich eine Änderung des Krankheitsverlaufs bewirkte. Ich war gar nicht daran interessiert, diese oder irgendeine andere Tatsache zu beweisen. Ich wollte lediglich fortfahren, die Möglichkeiten des Arbeitens mit Energie zu erforschen. Bedenken Sie bitte, daß ich nicht wußte, welche Energie von den Chakras ausstrahlte oder was für eine Energie das sein mochte, die aus meinen Händen zu fließen schien. Ich wußte nicht, wieso die Energie bei mir oder beim Patienten, oder sogar bei uns beiden, veränderte Bewußtseinszustände herbeiführen konnte. Zusammenfassend muß ich über den damaligen Stand meiner Arbeit sagen: Ich wußte wirklich nicht, was ich tat.

Zwei Gründe bewogen mich, die Arbeit mit Energiefeldern an Krebspatienten zu erproben. Der erste war, daß die Medizin für die meisten Krebspatienten auch nicht mehr tun konnte. Die meisten Behandlungsmethoden waren nur palliativ. Während die Patienten und ihre Familien eine echte Hoffnung auf Heilung hatten, gab es nur wenig desgleichen im Bewußtsein der sie behandelnden Ärzte. Falls die Energie-Arbeit in einer so verzweifelten Situation Hilfe bringen konnte, dann war sie nicht zu kritisieren, auch wenn sie radikal oder unkonventionell zu sein schien. Die Patienten hatten meist nichts zu verlieren.

Der zweite Grund, mich auf den Krebs zu konzentrieren, lag in der Tatsache, daß das Energiefeld des Krebstumors leicht zu entdecken ist, so daß das Abtasten eine unkomplizierte Sache ist. So gut ich es den Patienten erklären konnte, waren sie im voraus informiert über das, was ich tat, und keine der konventionellen Behandlungsmethoden wurde abgesetzt. Die Energie-Therapie verdrängte keine der orthodoxen Methoden. Weil die konventionelle Behandlung fortgesetzt wurde, und weil ich die Befehlstherapie mit der Energie-Arbeit kombinierte, war es beinah unmöglich festzustellen, welche Technik welche Wirkung erzielte. Aber diese Frage beunruhigte mich nicht. Ich war einzig daran interessiert, den Patienten alle Hilfe zu geben, die ich ihnen geben konnte.

Damals hatte ich eben erst begonnen, tiefere psychologische Einsichten in das Bewußtsein von Krebspatienten zu gewinnen, aber ich erkannte bereits deutlich einen allgemeinen Trend. Die meisten hatten traumatische emotionale Erfahrungen gemacht, etwa im Zeitraum von zwei Jahren vor Ausbruch der Krankheit: Verlust des Arbeitsplatzes, Verlust eines geliebten Menschen, Auszug der Kinder von zu Hause, Umzug aus einer lebenslang gewohnten Umgebung usw. Kurz, hoch-emotionale Ereignisse spielen keine so große Rolle in der Vergangenheit des Krebspatienten als vielmehr die tiefen, anhaltenden, mit Streß verbundenen Traumata. Außer einer Veränderung des Krankheitsverlaufs wünschten sich alle diese Patienten eine tiefgreifende Veränderung ihres Lebens.

Dieses Jahr meiner Forschung, 1973–1974, veränderte meine ganze Auffassung von Krankheit und Gesundheit. Manchmal geschah das wahrhaft Wunderbare: In einigen Fällen spürte ich tatsächlich, wie eine Krebsgeschwulst sich unter meinen Händen auflöste. In der Mehrzahl der Fälle schien der Tumor stabilisiert oder zeigte wenig Veränderung. Es trat zwar keine wesentliche Heilung ein, aber wenigstens gelang es, das Wuchern des Krebses zu verzögern. Bei vielen Patienten konnte leider nichts mehr den Krankheitsverlauf aufhalten. Doch alle Patienten, auch die eindeutig moribunden, berichteten, daß sie weniger deprimiert seien. Alle fürchteten sich weniger vor dem Sterben, und einige erkannten schließlich, daß sie sich den Tod geradezu wünschten.

Diese Menschen waren erleichtert, daß sie diesen Wunsch endlich einmal ohne Schuldgefühle gegenüber einem anderen aussprechen konnten.

Bei dieser tief ergreifenden Arbeit mit sterbenden Patienten erkannte ich schon bald, daß meine eigene Einstellung zum Tod und meine eigenen Ängste bei mir eine Reaktion der Gegenübertragung auslösten. Das heißt, ich übernahm manche der negativen Gefühle meiner Patienten. Ich begab mich in die Obhut einer Therapeutin, und sie half mir nicht nur, das Phänomen der Gegenübertragung zu verstehen, sondern ermutigte mich auch zu einer tieferen Erforschung der psychologischen Muster, die mich in meiner Beziehung zu anderen Menschen behinderten.

Ich entdeckte, daß meine Fähigkeit, meine Seinsheit anderen Kranken mitzuteilen, entscheidend von meinem eigenen Bewußtseinszustand und von meinem Wohlbefinden abhängig war. Nach dieser Erkenntnis lernte ich, mich willentlich in einen inspirierten Bewußtseinszustand zu versetzen, besonders wenn ich mit den Patienten arbeitete. Es war eine Sache der Disziplin. Wenn ich mit Körperenergien arbeitete, war mein Bewußtseinszustand immer der gleiche – ein Zustand der Bedingungslosen Liebe und Inspiration.

Ich lernte auch, daß die Beziehung zwischen dem Arzt oder Heiler und dem Patienten ein wechselseitiger Austausch ist. Die Patienten waren ebenso verpflichtet, die therapeutische Interaktion zu akzeptieren und auf die Energie-Arbeit zu reagieren, wie ich verpflichtet war, ihrem Körper die Energie und andere therapeutische Handreichungen zu liefern, um sie zu heilen. Gleich welche Art der Behandlung wir wählen, der Patient bleibt niemals passiv. Er muß bei sich die psychischen Bereiche ordnen, die auslösende Faktoren der Krankheit waren und die sie weiterbestehen lassen. Das Gestaltungsmuster dieser Faktoren, die es der Krankheit erlauben, sich im Körper zu manifestieren, liegt nicht im äußeren Bewußtsein der Patienten. Es liegt tief vergraben. Die Patienten mögen es von den Dächern herabschreien, daß sie gesund werden wollen oder daß sie unschuldig sind an den Vorgängen, die sich in ihrem Inneren abspielen, aber ich weiß es besser. Die Menschen sind niemals unschuldig an dem, was ihnen zustößt.

Die Erinnerung in den unterbewußten und unbewußten Bereichen eines jeden Menschen transzendiert, fast jenseits des Verstehens, die Erinnerung dieser kurzen Bewußtseinsspanne, die wir ein Leben oder ein Menschenalter nennen. Für das allumfassende Gedächtnis sind Einzelheiten bedeutungslos. Nur die Strukturen zählen. Wir sind allesamt ein jeder mit den Strukturen des anderen verwoben, wir waren es seit Generationen, und wir werden es in künftigen Generationen sein. Wenn wir lernen, unsere – inneren wie äußeren – Beziehungen zu heilen und zu harmonisieren, dann wird es möglich sein, die menschliche Ebene zu transformieren und zu transzendieren.

Wenn Sie sich selbst und anderen verzeihen können, dann ist das Strukturmuster zerbrochen, und Sie treten aus dem Gesetz des Karma heraus in das Gesetz der Gnade (Auflösung) – jenen Zustand des Leuchtens, der verwandeln und heilen kann. Wesentlich für die Bedingungslose Liebe – den vierten Bewußtseinszustand, das Herz-Chakra des Bewußtseins – ist das Verzeihen. Noch soviel rationale Begründung, ganz gleich in welchem Umfang, vermag nicht zu verzeihen. Im geeinten Bewußtsein gibt es keine Täuschungen. Wir erkennen unsere tiefere Motivation und können der Liebe erlauben, die heilenden Kräfte aufzubieten, die einzusetzen uns überlassen bleibt. Die konditionierte äußere Vernunft allein ist nicht dazu fähig. Sie muß in Verbindung stehen mit dem, was wir nicht anders denn als den spirituellen Aspekt bezeichnen können. Dann müssen wir uns ehrlich prüfen, um klar zu erkennen, ob das Kräftegleichgewicht des Unbewußten und Unterbewußten sich zur Transformation durch den Tod oder durch den Prozeß des Lebens neigt. (Diese Aspekte werden ausführlicher im neunten Kapitel besprochen.)

Die Energie-Übertragung kann auch Schmerzen im Körper beeinflussen. Seltsamerweise erkannte ich erst im Januar 1976, daß die aus meinen Händen fließende Energie überhaupt Schmerzen lindern konnte. Dabei kommt es nicht darauf an, ob der Schmerz durch Streß verursacht ist, wie etwa Muskelschmerzen oder spannungsbedingte Schmerzen oder Kopfschmerzen, oder ob er die Folge eines organischen Vorgangs ist – etwa von Krebs, Knochenbrüchen, Bänderzerrungen oder chirurgischen Eingriffen. In der Regel kann der Schmerz binnen weniger Minuten völlig beseitigt werden. In manchen Fällen ist es eine dauerhafte Linderung, oft aber hält sie nur einige Stunden bis mehrere Tage lang an. Ich habe, zusammen mit einem Orthopäden, einen Patienten behandelt, der sich bei einem Ski-Unfall einen doppelten Unterschenkelbruch zugezogen hatte. Wir konnten das Bein schienen, ohne schmerzlindernde Medikamente zu verabreichen. Die Muskelentspannung ermöglichte es außerdem, den Bruch mühelos wieder einzurenken, ohne Beschwerden für den Patienten.

Es ist nicht schwer, andere Menschen im Übermitteln dieser schmerzlindernden Energie zu schulen, aber eines Tages werden wir entdecken, wie man dieses Energiespektrum einfangen kann – vielleicht durch ein Gerät, ähnlich wie ein Tonbandgerät –, um es dann zu verstärken und gezielt auf chronische oder akute Schmerzregionen zu richten und auf diese Weise, und ohne Einsatz von Narkotika oder Analgetika, den Schmerz völlig unter Kontrolle zu bringen. Das menschliche Instrument vermag dies heute schon, doch in der Zukunft werden mechanische Instrumente entwickelt werden, die dasselbe leisten.

Zu den erstaunlichen Wirkungen dieser schmerzlindernden Technik gehört, daß sie an den vorher schmerzenden Stellen wieder ein normales Empfinden herstellt. Bei wiederholtem Einsatz scheint sie, anders als die Narkotika, keineswegs mehr Energie zu verlangen – um eine kürzere Wirkungsdauer zu erzielen. Sie verursacht keine Gewöhnung, und sie läßt das Bewußtsein des Patienten völlig klar.

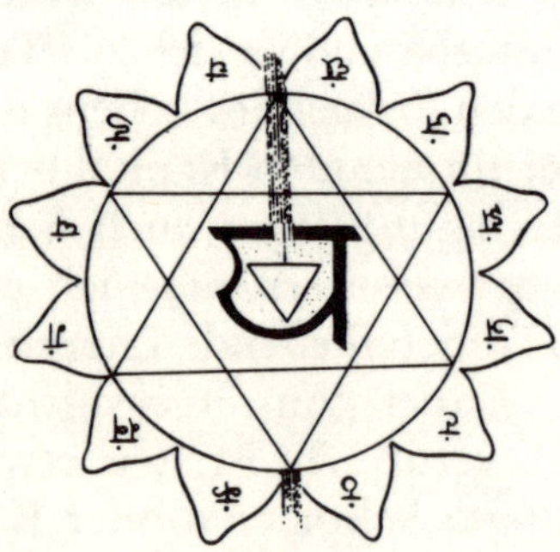

ACHTES KAPITEL

# Meditation, Atemkontrolle, Spiralmeditation, Belebung, Schützen und Abschirmen

*«Wägbarkeit ist umgekehrt proportional zur Wirklichkeit.»*
*Franklin Merrell-Wolff*

Weil ich die Meditation bereits mehrfach erwähnt habe, werden Sie sich vielleicht fragen, warum ich so lange gebraucht habe, um zu einem Kapitel mit einer speziellen Darstellung und Instruktionen zu dem Thema vorzustoßen. Wenn Sie nun dieses Kapitel lesen, so werden Sie, wie ich hoffe, erkennen, daß die vorhergehenden Kapitel die notwendigen Informationen vermittelten, um dieses folgende Kapitel über die Meditation zu verstehen und anzuwenden.

Falls Sie allerdings dieses Kapitel aufgeschlagen haben, indem Sie im Inhaltsverzeichnis oder im Index nach dem Thema suchten, das Sie am meisten interessiert, so rate ich Ihnen, das Buch von Anfang an bis zu dieser Stelle zu lesen, falls Sie es verstehen und den besten Nutzen daraus ziehen wollen.

Die Meditation ist eine machtvolle Erfahrung. Gegenüber dem engen Pfad, auf dem die äußere Vernunft durch endlose Windungen und Sackgassen wandert, ist die Meditation die Reise zum Überall des ganzen Universums, zum Nirgendwo des Infinitesimalpunktes im Zentrum des individuellen Bewußtseins, und sie verbindet das Überall und das Nirgendwo miteinander, indem sie beweist, daß beide eins sind. Die Meditation ist die Reise zur Essenz von allem, eine Spirale, stetig sich ausdehnend in Dimensionen und Erfahrungen der Bewußtheit jenseits der Gedankenformen, jenseits der Zeit, jenseits der Furcht, jenseits des Todes, explodierend manchmal in das überhell strahlende Licht der Himmelfahrt, in der Auferstehung sich befreiend und dorthin führend, wo das Selbst wohnt.

In der Meditation beginnt das Nadelöhr des äußeren Bewußtseins aufzugehen in der kleinen Öffnung des Selbst, welches dann durch die größere Kollektivlinse aufzuscheinen beginnt und sich erweitert zu einem großen Kreis, der doch nur eine Pore des Kosmischen ist und immer weiterführt zum Licht.

Das Erlebnis, aus eigenem Willen höhere Bewußtseinszustände einzuleiten, der Übergang vom Ich zum Selbst, bewirkt durch nichts anderes als ein Senken der Augenlider, die Erfahrung, eine feste Grenze in das Weiche, Amorphe, Unbegrenzte sich auflösen zu sehen, die Gnade, unser Erbe als bewußte und universale Wesenheit anzutreten – all dies können wir durch die Kunst der Meditation erreichen. Ich nenne sie eine Kunst, denn sie ist nicht eine erlernbare Fähigkeit, wie so viele Menschen glauben. Ganz unzugänglich wird sie denjenigen bleiben, die nur den äußeren, konditionierten Aspekt des Geistes kennen oder ihre eigene Sterblichkeit fürchten. Die Meditation ist der Spielplatz des Göttlichen.

Jahrhundertelang haben die Lehrer den Novizen ermahnt, sobald die Befähigung durch Meditation einsetzt, das innere Auge auf jenen goldenen Faden gerichtet zu halten, der das Bewußtsein zum Erwachen führt – und weiter, durch die Erkenntnis, schließlich zur Erleuchtung. Jede Bindung an eine frühere Ebene des Bewußtseins, die man auf diesem Wege beibehält, bewirkt eine Rückkehr zur Ebene des äußeren Bewußtseins. Loslösung ist die Fahrkarte nach HAUSE.

Am Anfang der Meditationserfahrung, wenn zwei oder mehr

Bewußtseinsebenen miteinander zu spielen beginnen, baut der Geist Paradoxien auf, die schwer zu glauben und unmöglich zu beschreiben sind. Jeder Aspekt des Paradoxons ist nur von seiner eigenen Wahrnehmungsebene her verständlich, so daß die zwei (oder mehr) Seiten niemals zusammentreffen können. Aber eine innere Notwendigkeit treibt einen immer tiefer, in immer erweitertere Zustände. Und dort, auf einer noch tieferen Ebene, löst eine einzige Einsicht den Widerspruch auf.

Weitere Meditationserfahrungen sind:

- Was für die eine Seele Wahnsinn ist, das ist für die andere Seligkeit.
- Die verschiedenen Teilaspekte sind alle zugleich im Dialog miteinander.
- Führer, Lehrer, Engel und Dämonen.
- Das Verständnis von Dichtung oder dichterischer Sprache, die versucht, sublime oder mystische Zustände zu beschreiben – eine Sprache, die dem linearen Denken beinah, ja sogar regelrecht irrational erscheint.
- Geschwätz, scheinbar endloses Geschwätz – und dann der Kontrast von Stille gegen STILLE.

Die Meditation ist schließlich eine unendlich zu erforschende Bewußtseinserfahrung.

Es gibt so viele verschiedene Arten zu meditieren, wie es Meditierende gibt. Ein ausgezeichnetes Buch über die klassischen Methoden ist *The Varieties of the Meditative Experience* von Daniel Golemann. Ich empfehle es wegen seiner knappen Darstellung, nicht aber unbedingt wegen seiner Vollständigkeit. Es gibt viele, viele Bücher zu dem Thema – so viele sogar, daß ich es vorziehe, meine eigene Methode darzustellen, zuerst einmal mit einer allgemeinen Beschreibung und dann mit Schritt um Schritt nachvollziehbaren Anweisungen.

Sie selbst haben eine angeborene Fähigkeit zur Meditation. Diese ist nichts, was Sie erst lernen müßten. Sie müssen sich allerdings Zeit lassen für diese Erfahrung, aber den Vorgang selbst brauchen Sie im wesentlichen nicht zu strukturieren.

Bis zum Januar 1972 hatte ich noch niemals meditiert, als Eunice, in einem ihrer öffentlichen Kurse, den Vorschlag machte, wir sollten zuerst einmal fünfundzwanzig Minuten lang meditieren. Da waren einhundert Menschen, und die anderen neunundneunzig schienen alle zu wissen, was sie zu tun hatten.

«Beginnen Sie Ihre Entspannung mit der Atemkontrolle», trug Eunice uns auf.

«Was, um Himmelswillen, ist Atemkontrolle?» fragte ich mich. Ich vermutete voll Bangigkeit, daß ich wahrscheinlich der einzige im ganzen Saal war, der noch niemals zuvor meditiert hatte.

Eunice befahl uns, die Schuhe auszuziehen, uns aufrecht auf unsere Stühle zu setzen und – die Augen geschlossen, die Hände mit nach oben gekehrten Handflächen entspannt auf den Oberschenkeln liegend – zu a-t-m-e-n. «Langsam ein, durch die Nase», sagte Eunice. Alle taten einen langsamen, tiefen Atemzug durch die Nase. «So ist es gut. Noch ein wenig tiefer. Die Brust weit dehnen. Spüren Sie, wie das Prana (Energie) in Ihre Lungen eindringt. Und nun den Atem anhalten.»

Ich machte es anscheinend falsch. Lange vor allen anderen hatte ich die volle Ausdehnung meines Brustkorbs erreicht und spürte bereits das Bedürfnis, wieder auszuatmen und erneut Luft zu holen.

«Nun halten Sie den Atem an, während ich langsam bis sieben zähle», sagte Eunice freundlich.

«Ich falle gleich in Ohnmacht!» dachte ich. Ich versuchte mich zu entspannen, während sie *sehr* langsam bis sieben zählte.

«Fühlen Sie, wie die Energie Ihren Körper überflutet», sagte Eunice, während sie vier und dann fünf zählte.

«Welche Energie?» dachte ich. «Alle meine Energie ist aufgebraucht.»

«Sehr gut machen Sie das», fuhr Eunice gelassen fort. «So ist's gut. Sechs. Sieben. Jetzt langsam durch den Mund ausatmen, wobei die Zunge das Gaumendach berührt. Vergewissern Sie sich, daß ein leises Zischen entsteht, während Sie ausatmen.»

Das Geräusch, das ich hervorbrachte, erinnerte eher an einen Hochleistungs-Ventilator, aber das war mir inzwischen egal. Ich hatte nur den einen Gedanken, rasch genug meine Lungen zu leeren, um wieder Luft holen zu können. «Langsam jetzt», kommandierte Eunice. «Nicht zu schnell ausatmen. Richten Sie Ihr Bewußtsein auf die Energie, die jetzt in jede Zelle Ihres Körpers eindringt.»

«Wenn ich nicht gleich Luft kriege, wird jemand mit mir künstliche Beatmung machen müssen!» schrie ich lautlos für mich selbst. «Das ist ja lächerlich. Vielleicht komme ich wieder zu Atem, wenn ich ganz leise Luft hole, ohne daß die anderen es merken.» Also begann ich so leise wie möglich zu atmen, aber auch so schnell wie möglich, ohne allzuviel Geräusche zu machen.

Ich tat verstohlen zwei Atemzüge, jedesmal wenn die übrigen Teilnehmer des Kurses einen machten. «Sie machen es nicht richtig», sagte Eunice liebevoll. Sie hatte meinen Namen nicht genannt, aber ich spürte, daß ihre Stimme unmittelbar mich ansprach. Wie hatte sie es gewußt? Ich machte die Augen auf und sah, daß sie mich direkt anschaute. Ich lächelte.

«Schließen Sie die Augen, Brugh, und versuchen Sie sich der Gruppe anzuschließen.» Sie sagte es so ruhig, daß sie keine Sekunde lang den Gleichtakt mit der Gruppe verlor oder auch nur eine einzige Zahl ausließ. Langsam tat ich einen tiefen Atemzug und fühlte Energie in meine Lungen strömen. Auf einmal fiel es mir ganz leicht, den Atem anzuhalten, während Eunice bis sieben zählte. Ich konnte meine Aufmerksamkeit auf die Energie richten, die meinen Körper zu durchfluten schien, während ich langsam ausatmete, und jetzt konnte auch ich jenes dazugehörige leise Zischen hervorbringen. Es war ein wunderbares Gefühl, und es gelang mir vollkommen, bis sie schließlich die Atemübung abbrach und uns befahl, ganz natürlich und ruhig durchzuatmen und unser Bewußtsein langsam in einem stillen, warmen Wasserbecken sich entspannen zu lassen.

Danach kann ich mich an nichts mehr erinnern. Ich war tief in meine erste Erforschung des erweiterten Bewußtseins versunken und völlig abwesend. Dann erinnere ich mich, wie Eunice sagte: «Jetzt tauchen Sie auf ... das war's. Fühlen Sie jetzt, wie Sie allmählich wieder in Ihren Körper zurückkehren ... Beginnen Sie Ihre Hände zu bewegen, die Arme, die Beine ... Das ist's ... Gut ... Sind alle wieder da? Einige von Ihnen sind noch nicht wiedergekommen ... Fünfundzwanzig Minuten sind genug für die Anfangsstadien.»

«Fünfundzwanzig Minuten!» dachte ich. Es war mir wie zwei oder drei Minuten vorgekommen. Meine äußere Vernunft war verwirrt. Wo immer ich gewesen sein mochte, es vermittelte mir das Gefühl eines tiefen, friedlichen Erfülltseins. Meine äußere

Vernunft dachte, daß ich wahrscheinlich eingeschlafen sei, aber meine tiefere Intuition sagte mir etwas anderes. Ich war in einen Bewußtseinszustand jenseits des äußeren Bewußtseins eingetreten. Ich mußte darauf vertrauen, daß das eben Geschehene förderlich war.

Nach dem Abend erzählte mir Eunice, sie habe sich nur mit Mühe ein Lachen verhalten können, als sie mein Energiefeld am Anfang der Meditation beobachtete. Sie sagte, sie habe mir tatsächlich etwas Energie zugeleitet, damit ich mich bei der Übung entspannen könne. Ich war davon überzeugt, denn ich wußte, daß irgend etwas mit mir geschehen war, als sie mich anschaute. Das Gefühl der Atemnot hatte ganz plötzlich aufgehört.

Als ich ihr erzählte, daß ich ohnmächtig geworden sei, schien sie erfreut. «Oh, das ist wundervoll, Brugh. Der Verlust des Bewußtseins ist eine der höchsten Formen der Meditation.» Diese beruhigende Erklärung befriedigte meine äußere Vernunft nicht. Mein Denken war so sehr damit beschäftigt gewesen, wütend zu sein, daß es nicht an der Erfahrung teilnehmen konnte, aber mein Körper fühlte sich ungewöhnlich entspannt und vital, und mein Geist – mein ganzer Geist – empfand Klarheit und ein Gefühl der Harmonie.

Einige Tatsachen sind bedeutsam an dieser ersten Meditation: Erstens, und vor allem, vertraute ich Eunice mehr als jedem anderen lebenden Menschen. Ihre Gegenwart entflammte mich. Ich glaube, ohne dieses Vertrauen hätte ich die Kontrolle über meine äußere Vernunft nicht loslassen können.

Während wir alle zu jenem Teil der Übung gelangten, bei dem wir ruhig durchatmen sollten, war ich meiner Körpergrenzen nicht mehr bewußt. Ich fühlte mich erweitert und flüssig. Ich schwebte in diesem warmen klaren Wasserbecken, ohne zu bemerken, daß ich mich mit vielen anderen Menschen in einem Raum befand.

Irgendwie verschmolz mein Bewußtsein mit dem Feld der Gruppe. Meine Individualität schwand – und ich kümmerte mich nicht darum.

Und schließlich strahlte Eunice Vertrauen und Beherrschung aus. Ihre Worte am Anfang der Erfahrung zerstreuten meine Befürchtungen.

Ich habe seither erkannt, daß das Meditationsfeld einer Gruppe bei jedem, der in oder bei dieser Gruppe sitzt, immer einen meditativen Zustand einleitet, falls der Betreffende nur seinem Bewußtsein erlaubt, sich zu entspannen. Falls Sie den Wunsch haben, rasch und leicht zum Erlebnis der Meditation zu gelangen, dann suchen Sie sich eine erfahrene Gruppe und schließen Sie sich ihr an. Es kann bereits genügen, neben einem meditierenden Menschen zu sitzen.

Eunice lehrte mich, daß man den Zustand der Bedingungslosen Liebe, sobald man ihn erfährt, als Ankerpunkt des Bewußtseins benutzen kann, um die Erforschung eines jeden Bewußtseinszustandes in der Meditation zu ermöglichen. Solange man nur in der Liebe geborgen ist, kann nichts, was man in der Meditation erfährt, von Nachteil sein. Ich kann die Wahrheit dieser allgemeinen Regel aus meinem eigenen Erleben bestätigen. Man kann in wirklich beängstigende Zustände geraten – und in andere Zustände, in denen man sich an die verschiedensten Emotionen klammert –, aber der unpersönliche Zustand der Liebe erlaubt es einem, sie alle ohne Reaktion zu erforschen.

Bei unseren zweiwöchigen Kursen ist jeden Morgen eine Stunde, von 6 bis 7 Uhr, für die Meditation reserviert. Wer diese Erfahrung machen will, ist willkommen, im Seminarraum zu meditieren, einem großen Saal mit einem doppelt gepolsterten und mit Teppichen ausgelegten Boden, in dem es große Sitzkissen gibt. Dies ist eine Stunde völligen Schweigens auf der ganzen Ranch, so daß Menschen, denen die Meditation bei Gesprächen und geräuschvollen Tätigkeiten schwerfällt, die Stille genießen können. Es ist aber nicht Pflicht, daß jedermann zu dieser oder irgendeiner anderen Stunde im strengen Sinn meditieren müßte. Ich habe festgestellt, daß viele Menschen in einen meditativen Zustand geraten, wenn sie spazierengehen oder Tai Chi üben, wenn sie schwimmen oder joggen. Viele, die noch nie meditiert haben, stellen fest, daß die Energie des Seminarraumes ihnen bei dieser Erfahrung hilft.

Ich persönlich mache es am liebsten so, daß ich zuerst einmal ganz ruhig werde, ohne meine Gedanken an irgendeine Vorstellung darüber zu klammern, was man während der Meditation erleben sollte. Dann lasse ich mich durch jenen Teil meines Bewußtseins, der wahrhaft weiß, in einen erweiterten Bewußtseinszustand gleiten. Vor allem aber versuche ich nicht zu unterscheiden, ob ich mich in einem meditativen oder kontemplativen

Bewußtseinszustand befinde oder ob überhaupt etwas geschieht. Ich vertraue darauf, daß die höheren Aspekte meiner Seinsheit, welche die Erfahrung lenken, meinem Bewußtsein das bringen werden, was für meine Entwicklung zum höchsten Potential meines gegenwärtigen Lebens notwendig ist. Ich versuche nicht festzustellen, was dieses Potential sein könnte, noch mache ich mir Sorgen, ob mein Potential für diese Lebenszeit vielleicht doch nicht die totale Erleuchtung sein könnte. In der Meditation fühle ich mich nicht vollendet. Eher habe ich das Gefühl, daß ich mich ewig in einem andauernden, niemals abgeschlossenen Prozeß des Erfülltwerdens befinde.

Im Grunde lehrt die Meditationserfahrung das äußere Bewußtsein, seine Perspektiven horizontal und vertikal zu verlagern. Auf einer vertikalen Bewußtseinsebene sind viele verschiedene horizontale Perspektiven verfügbar. Man braucht aber nicht alle horizontalen Perspektiven dieser Ebene zu erproben; einige können genügen. Die Verlagerung zu einer höheren (vertikalen) Ebene vermittelt den Blick in neue Dimensionen (das heißt, ein neues und anders geartetes System von horizontalen Perspektiven), mit einem ausgedehnteren Überblick, als er auf der niedrigeren, weniger weiten Ebene zugänglich ist. Als Regel gilt, daß die Bindung an eine Ebene zu horizontalen Erkundungen führt, während Loslösung die vertikalen Erkundungen aktiviert.

Die Meditation ist ein Werkzeug des Bewußtseins, kein Zweck an sich. Üben Sie jene Art der Meditation, die Ihnen intuitiv als die richtige erscheint, sei es in strenger Meditationshaltung oder auf einem ruhigen Spaziergang durch die Natur. Wie sich immer wieder zeigt, kommt das kosmische Bewußtsein, ob Sie meditieren oder nicht. Sie können es nicht zwingen zu kommen; es kommt zu Ihnen. Sie brauchen es eigentlich nur ungestört kommen lassen, und Sie sollten aufhören, Ihre sich entfaltende Entwicklung zu blockieren.

Noch einige andere Ratschläge könnten hilfreich sein. Das Meditieren, während man morgens im Bett liegt, ist für gewöhnlich (aber nicht immer) unwirksam. Für die meisten Menschen ist die horizontale Lage zu sehr mit dem Schlaf und den hypnagogischen Grenzzuständen des Schlafes verbunden, die keine meditativen Zustände sind. Forschungsergebnisse haben gezeigt, daß die sitzende Position – mit gekreuzten Beinen, im indischen Lotus-Sitz, oder auf einem Stuhl – die Bereitschaft des Bewußtseins für die Meditation steigert.

Falls Ihr Denken beharrlich weiterschwatzen und die Meditation stören will, so empfehle ich Ihnen, für dieses innere Geschwätz einen riesigen Vortragssaal voller Menschen zu schaffen. Seien Sie nur nicht geizig mit der Größe des Vortragssaals oder der Zahl der Menschen, die Sie erschaffen. Befehlen Sie nun dem Schwätzer, zu all diesen Leuten zu reden und sie zu unterhalten, während Sie mit Ihrer Meditation fortfahren. Was der Schwätzer braucht, ist ein Publikum. Indem Sie ihr Bewußtsein aufspalten in einen Teil, der zuhört, und einen größeren Teil, der nicht zuhört, läßt sich diese Schwierigkeit oft überwinden. Diese Methode funktioniert viel besser als jeder Versuch, den Schwätzer totzuschlagen – ein Akt, der viel mehr Energie erfordert, als man braucht, um den großen Vortragssaal voller Menschen zu erschaffen. Je weniger Beachtung Sie dem Schwätzer in Ihren Gedanken schenken, desto größer ist die Chance, diese weitverbreitete Störung der Meditation zu überwinden.

Mit vollem Bauch zu meditieren ist beinahe unmöglich. Sie werden feststellen, daß Sie leichter in die Meditation eintreten und sich erweiterter fühlen, wenn der Magen leer ist. Für die meisten Menschen sind die frühen Morgenstunden die günstigste Zeit für eine tiefe Meditation. Nach der Morgen-Meditation steht der ganze Tag eher im Zeichen heiterer Gelassenheit.

Der meditative Zustand leitet nicht nur eine tiefe Entspannung ein, sondern er beseitigt auch geistige und körperliche Erschöpfung. Folglich verringert das Meditieren vor dem Schlafengehen das Schlafbedürfnis. Der überwache Zustand, der auf die Meditation folgt, erschwert manchmal sogar das Einschlafen. Falls Sie öfter als nur am Morgen meditieren wollen, so empfehle ich Ihnen, abendliche Sitzungen zu vermeiden. Versuchen Sie es lieber am Spätnachmittag.

Wieviel Zeit Sie in der Meditation verbringen wollen, liegt ganz bei Ihnen. Am Anfang sollten Sie sich eine Stunde der Stille gönnen. Falls Sie feststellen, daß Ihre Meditation nach zehn Minuten vorbei ist, sollten Sie nicht den Rest der Stunde sitzenbleiben und Ihre Gedanken um die Aktivitäten des Tages kreisen lassen. Stehen Sie auf und beginnen Sie den Tag. An manchen Tagen wird Ihre Meditation Sie in einen zeitlosen Zustand versetzen, in dem Ihnen eine Stunde wie zehn Minuten vorkommt.

Am Anfang empfehle ich eine Meditation, bei der Sie fühlen, wie die Erfahrung der Bedingungslosen Liebe für Sie sein könnte, falls Sie diesen Bewußtseinszustand erreichen sollten. In dem Maß, wie Sie die Technik vervollkommnen, stellen sich auch andere Erfahrungen ein. Gandhi soll angeblich gesagt haben, mit fünf Minuten der Meditation, in denen man die Bedingungslose Liebe erfährt, könne man mehr für die Welt tun, als wenn man die Reisschalen der Hungernden füllte. Meine beschränkte, materiell eingestellte äußere Vernunft sagt vielleicht «Lächerlich!» zu Gandhis Worten; aber meine innere Vision kennt die Macht der Liebe. Und sie pflichtet Gandhi bei.

Einmal, während einer persönlichen Konsultation mit Eunice, verspürte ich ein ganz überwältigendes Einströmen der Liebe. Eunice machte eine Pause und sagte: «Oh, Brugh, wenn du wüßtest, wieviele Menschen aus vielen, vielen Lebenszeiten dir ihre Bedingungslose Liebe gesandt haben, da sie wußten, daß deine Seinsheit sich irgendwann für die Liebe öffnen würde! Was du jetzt spürst, ist all ihre Liebe, die dein Bewußtsein überflutet. Es geschieht jetzt, weil du dich jetzt, in diesem Augenblick, dafür geöffnet hast. Liebe, die man einer anderen Seele sendet, umgibt diese Seele und wartet auf die Zeit, da die äußere Vernunft des Betreffenden die Pforte öffnet. Niemand kann die Pforte für einen anderen öffnen.»

Tränen strömten aus meinen Augen. Ich wußte, sie sprach die Wahrheit. Ich wurde in einen Zustand der Seligkeit jenseits aller Worte versetzt. Liebe kann man nicht hoch genug einschätzen, sei es in der Meditation oder in der äußeren Erfahrung des Lebens.

Es gibt im allgemeinen zwei Methoden der Meditation, die sich gegenseitig ausschließen. Bei der ersten werden alle äußeren Geräusche und Aktivitäten aus dem Bewußtsein ausgeschaltet oder blockiert. Man blendet einfach alles aus. Diese Technik verlangt einen ruhigen Raum. Die zweite Methode ist einbeziehend, und sie nutzt alle Geräusche und Tätigkeiten, um den Meditationszustand zu steigern. Diese Methode wird in der Zen-Meditation geübt. Ich bevorzuge diese zweite Methode, weil ich festgestellt habe, daß ich jede Art von Energie – zum Beispiel die Geräusche eines Gesprächs, Musik oder das Klingeln des Telephons – nutzen und in ein Katapult verwandeln kann, das mich in einen tieferen Bewußtseinszustand schleudert. Diese Methode befähigt mich auch, überall und zu jeder Zeit zu meditieren.

Die Kontrolle des Atems ist an sich schon eine wirklich erstaunliche Erfahrung. Richtig angewendet, beruht die Leichtigkeit, die man empfindet, nicht auf Hyperventilation. Vielmehr geschieht etwas anderes, etwas Undefinierbares. Ich weiß aus eigener Erfahrung, daß die körperlichen Energiefelder durch kontrolliertes Atmen verändert werden und daß die Regulierung des Atems den Energiestrom aus meinen Händen regulieren kann. Wenn Sie es einmal versuchen, werden Sie wahrscheinlich selbst diese Erfahrung machen. Experimentieren Sie mit ihr.

Meine erste Meditation mit Eunice verlief so, wie ich sie geschildert habe. Solche Anweisungen, Schritt für Schritt erteilt, können auch Ihnen helfen, diese unmittelbar zu befolgen. Dabei müssen Sie nacheinander zehn kontrollierte Atemzüge tun. Auf einem Stuhl oder am Boden sitzend, wie beschrieben, die Schuhe ausgezogen und die Augen geschlossen, fangen Sie an, durch die Nase zu atmen. Wenn Ihre Lungen vollkommen geweitet sind, halten Sie, ohne sich zu verspannen, den Atem an, während Sie langsam bis sieben zählen. Dann atmen Sie langsam durch den Mund aus. Dabei soll Ihre Zunge das Gaumendach berühren, so daß ein leises Zischen ertönt. Atmen Sie langsam und tief aus, dann beginnen Sie den Zyklus von vorne. Wiederholen Sie dies insgesamt zehnmal. Diese Technik ist ein wunderbares Mittel, das Bewußtsein auf jede Art der Meditation einzustimmen und vorzubereiten.

Die Atemkontrolle allein kann bereits eine Meditation sein, falls sie über eine gewisse Zeitspanne durchgeführt wird, aber ich bevorzuge es, sie als einen Anfang zu nutzen, als einen Weg, mich für jegliche Form der Meditation zu entspannen, für die ich mich im Augenblick entscheiden will. Nach dem Zyklus von zehn Atemzügen kann man zum Beispiel mit der Kontemplation über die Bedingungslose Liebe beginnen, oder man kann die bereits beschriebene Visualisierungstechnik anwenden, bei der Zahlen mit Stecknadeln an einem schwarzen Vorhang befestigt werden. Man kann sich auch dafür entscheiden, «loszulassen und Gott machen zu lassen» – sich nicht auf irgend etwas zu konzentrieren, nichts zu tun, sondern ganz ruhig dazusitzen und ein Wohlbefinden zu spüren. Oder man kann mit der Spiralmeditation beginnen, die später in diesem Kapitel vorgestellt wird.

Erinnern Sie sich aber daran, daß die Meditation, jegliche Form der Meditation, vorbei ist, sobald Sie spüren, daß der erweiterte

Zustand schwindet und Sie wieder in Ihr gewöhnliches Bewußtsein zurückzukehren beginnen. Versuchen Sie nicht, die Rückkehr aufzuhalten. Es gibt immer wieder Gelegenheit für eine neue vertiefte Meditation. Sie werden feststellen, daß manchmal fünf Minuten zu lang sind, während ein andermal eine Stunde nicht ausreicht!

Bei der Erforschung höherer Bewußtseinsdimensionen ist das Gleichgewicht ein Schlüsselbegriff, und es kommt darauf an, daß Sie während der Zeit, die Sie in der Meditation verbringen, im Gleichgewicht bleiben. Oft sehe ich Leute, die sich bemühen, durch lange Meditationsübungen, ohne richtige Anleitung, eine Art von Erleuchtungszustand zu erreichen. Was diese Leute nicht begreifen, ist, daß höhere Zustände nicht durch den Mechanismus des Bemühens erreicht werden. Sie werden durch den Mechanismus des *Zulassens* erreicht. Zuviel angestrengte Meditation anstelle von Bewußtseinserweiterung, kann Geist und Körper erschöpfen und manchmal psychotische Zustände einleiten, die schwer wieder zu beseitigen sind. Es gibt Gelegenheiten, bei denen ich mir ganz bewußt erlaube, am Morgen nicht zu meditieren. Ich kasteie mich nicht und fühle mich deswegen nicht schuldig. Irgend etwas in mir weiß, wann meine Aufmerksamkeit sich auf Angelegenheiten der äußeren Ebene richten muß. Aber ich reserviere mir jeden Morgen eine Stunde für die Erfahrung, ob ich nun meditiere oder nicht.

Zur Meditationserfahrung gehört auch die Entwicklung des Beobachterzustandes, und ein Weg dazu ist die Bedingungslose Liebe. Im Beobachterzustand kann man einen unpersönlichen Beobachter in seinem Bewußtsein entdecken. Er beobachtet einfach, ohne Reaktion auf das, was am Bewußtsein vorbeiziehen mag. Ohne Bedingungslose Liebe aber kann dieser Zustand nicht entdeckt oder weiterentwickelt werden, auch nicht, wie Sie vielleicht erkennen werden, ohne die drei Gebote, welche die hellseherisch begabte Frau am Strand von Santa Monica vernahm.

Die Bedingungslose Liebe ist, wie ich schon sagte, völlig emotionslos und unpersönlich. Und doch ist sie mit einer unerklärlichen und unbeschreiblichen Empfindung verbunden. Dieses Gefühl übersteigt solche Empfindungen wie Integration, Intimität und Inspiration. Und doch schließt es diese Gefühlswerte ein – allerdings auf emotionslose Weise.

Es ist möglich, über diesen Beobachterzustand noch weiter

hinauszugehen, an einen Ort, wo man nicht einmal mehr Mitleid empfindet. Dieser Zustand ist die *hohe Indifferenz,* über die der westliche Mystiker Franklin Merrell-Wolff in seinen Büchern *Pathway Through Space* und *The Philosophy of Consciousness Without an Object* spricht. Dieser Zustand, so sagt er sinngemäß, ist so unpersönlich, daß nur wenige es wagen, ihn zu entwickeln. Wiewohl er allen unseren Impulsen des Mitgefühls für andere – und sogar für uns selbst – zu widersprechen scheint, ist er eine wesentliche Technik, die man beherrschen sollte, weil die hohe Indifferenz eine Detailliertheit der Beobachtung und eine Klarheit der Einsicht vermittelt, die durch andere Mittel nicht zu erreichen ist.

Viele Menschen haben mich nach meinem Inneren Lehrer befragt, mit dem ich mich in der Meditation manchmal berate. Obwohl es hier überhaupt nicht auf die besonderen Aspekte meines Lehrers ankommt, müssen Sie doch wissen, daß jeder mit seinem eigenen Inneren Lehrer in Verbindung treten oder ihn hervorrufen kann. Nachdem Eunice gestorben war, erkannte ich, daß für mich kein anderer äußerer Lehrer mehr in Frage kam, und ich hatte damals in der Meditation die tiefe Absicht, mich durch mein Bewußtsein zur Entdeckung eines Inneren Lehrers leiten zu lassen. Diese Grundidee und meine Bereitschaft, sie geschehen zu lassen – mehr war nicht nötig, damit die Erfahrung sich einstellte. In solchen Dingen ist das Bewußtsein eines jeden Menschen zu den wunderbarsten Äußerungen fähig. Vertrauen Sie ihm.

In diesem Fall sollten Sie dem Bewußtseinszustand vertrauen, in den Sie eintreten, sobald sie die Ebene und die Erfahrungen des Herz-Chakras zu erleben beginnen. Unter den vielen Stimmen, die in jedem Menschen laut werden, sind einige Stimmen von Menschen, die wir kennen, oder andere Stimmen, die wir als unseren eigenen inneren Schwätzer wiedererkennen. Aber es können Komplikationen eintreten, und es besteht sogar Gefahr, wenn man sich nicht für die Ehrlichkeit der eigenen Seinsheit öffnet. Wenn man sich selbst betrügt, so werden Stimmen laut, die gar nicht hilfreich sind. Sie können sogar gefährlich werden, weil sie uns befehlen, alle möglichen Dinge zu tun, die nichts mit der Realität zu tun haben, höchstens mit einer von uns selbst zusammengebrauten Realität. Jeder, der höhere Bewußtseinszustände erforscht, muß durch Bereiche des Denkens hindurchgehen, mit denen solche Stimmen verbunden sein können. Wir können und müssen lernen, die negativen oder falschen Stimmen zu ignorieren. Es ist ein mühseliger Prozeß, dem niemand sich entziehen kann. Richten Sie Ihre Absicht fest auf das Herz-Chakra und auf die Erforschung der Liebe. Das wird dieses Entwicklungsstadium sehr für Sie erleichtern.

Die *Spiralmeditation* kam eines Morgens zu mir, in Findhorn, während ich mit dem Inneren Lehrer über das Thema der Chakras sprach. In der Meditation empfing ich das Bild eines nackten Mannes, der mit seitlich ausgestreckten Armen dastand. Aus der Region seines Herz-Chakras begann sich ein Energiemuster herauszubilden. Es strömte spiralförmig an der linken Seite des Mannes hinab zum Solarplexus-Chakra; dann strömte es weiter nach rechts und hinauf zum mittleren Brust-Chakra; dann links hinab zum Milz-Chakra; nach rechts und hinab zum Unterleibs-Chakra; nach rechts und hinauf zum Kehl-Chakra; und so weiter – immer spiralförmig – zum Wurzel-Chakra, zum Stirn-Chakra, zum linken Ellbogen, zum linken Knie, zum rechten Knie, zum rechten Ellbogen; weiter hinauf zum Scheitel-Chakra und weiter im Bogen zur linken Hand, zum linken Fuß, zum rechten Fuß, zur rechten Hand; und schließlich zu einer Region, etwa achtzehn Zoll über dem Kopf, dem transpersonalen Punkt. (Siehe Abb. 8.1)

Dic Vision war wunderschön: Alle großen und wichtigen Chakras waren zu einem einzigen Spiralmuster verbunden. Der Innere Lehrer sagte mir, ich solle am Anfang meiner Meditationen mit meinem eigenen Chakrasystem in der gleichen Reihenfolge arbeiten, und am Schluß, den spiralförmigen Energiefluß umkehrend, vom transpersonalen Punkt bis zum Herz-Chakra fortschreiten. (Siehe Abb. 8.2)

Es ist ein einziges fließendes geometrisches Muster, das auch das Milz-Chakra einbezieht. Interessant finde ich auch, daß das Herz sich in einer spiralförmigen Bewegung zusammenzieht, also nicht wie eine Pumpe, und daß das DNS-Grundmolekül eine Doppelhelix ist, eine Abwandlung der Spirale. Während der embryonalen Entwicklung sind die unteren Extremitäten des Menschen teilweise zu einer Spirale verbogen, so daß die Knie im Verhältnis zum Ellbogen um 180° gedreht sind. Im großen Maßstab bewegen wir uns in einer Reihe von simultanen Spiralen durch den Raum – und wir befinden uns in einer symmetrisch spiralförmigen Galaxie.

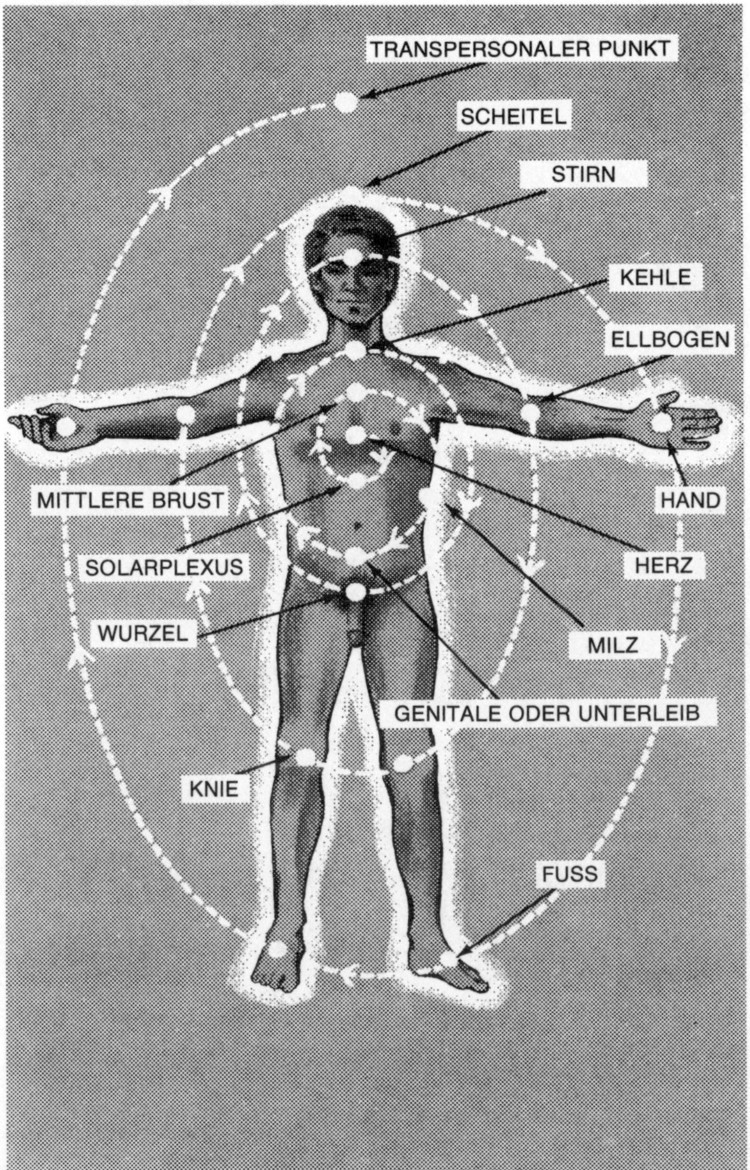


Abbildung 8.1
Sich öffnendes Spiralmuster

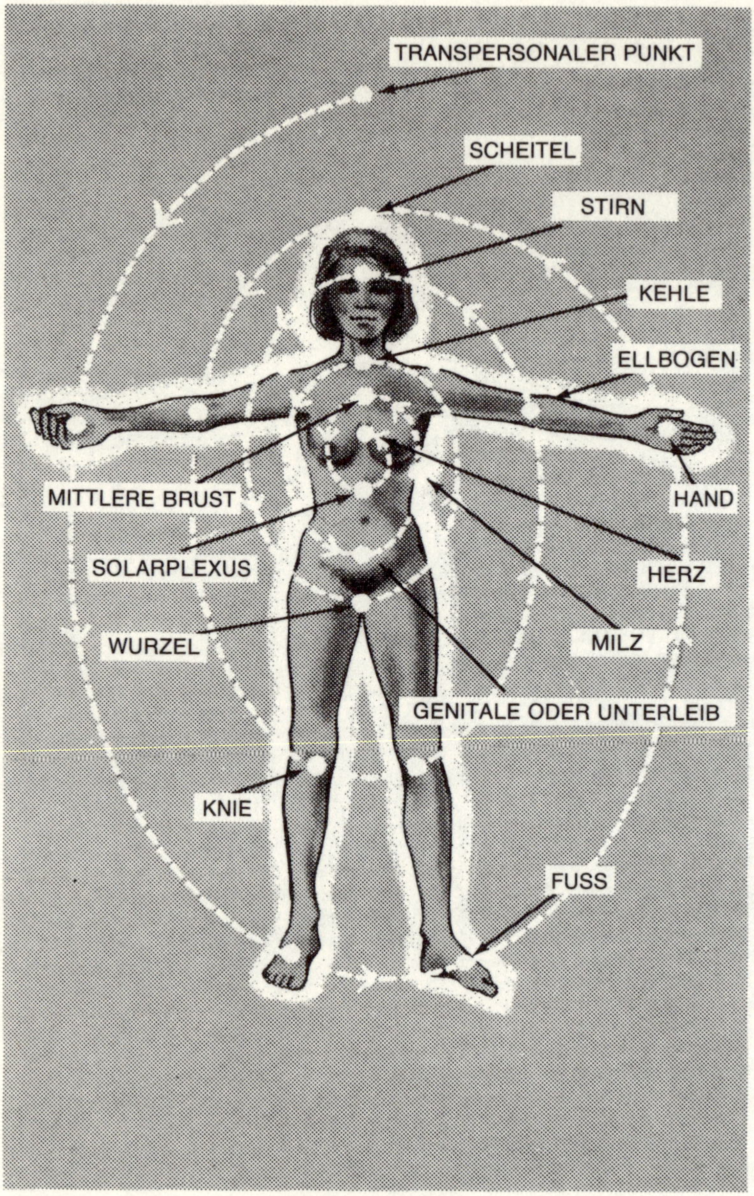


Abbildung 8.2
Sich schließendes Spiralmuster

In der klassischen metaphysischen Literatur lehrten die Ägypter, die Japaner, die Tibetaner und Sufis, daß das Zentrum des Körpers im Unterleib liege, knapp unter dem Nabel, und viele moderne Studenten der Metaphysik glauben, daß man die alten Schriften noch immer exakt befolgen müsse, wie sie vor zweitausend oder zweitausendfünfhundert Jahren verfaßt wurden. Wenn ich das Zentrum des Energiebewußtseins in das Herzzentrum verlege, so widerspricht dies offenbar jenen alten Lehren. Ich glaube, daß das Bewußtsein des Menschen sich entwickelt hat und sich weiterentwickelt und daß sich der Schwerpunkt von einem Punkt unter dem Zwerchfell zu einem Punkt über dem Zwerchfell verschoben hat. Ich sehe in unserer Zeit keine Notwendigkeit, etwas zu verkünden und zu verankern, was einem Entwicklungszustand vor Jahrtausenden entsprach. Wir bereiten uns auf eine Transformation des Bewußtseins vor, welche die Vergangenheit abschaffen wird, wobei wir von den eher machtbeherrschten Regionen, den Regionen der Herrschaft über die materielle Ebene, zu einer Verschmelzung mit dem höheren Bewußtsein fortschreiten, das mit den oberen Chakras in Verbindung steht. Das Wurzel-Chakra, das Genital-Chakra, das Solarplexus-Chakra und Milz-Chakra bilden das untere Dreieck. Es steht hauptsächlich mit der emotionalen und physischen Ebene in Verbindung. Das Mittlere Brust-Chakra, das Kehl-Chakra, das Stirn-Chakra und das Scheitel-Chakra stehen mit der Entwicklung des spirituellen Bewußtseins der Menschheit in Verbindung. Das Herz-Chakra, die vierte Ebene, sitzt in der Mitte zwischen dem unteren Dreieck und den oberen Haupt-Chakras. Diese Verschiebung des Zentrums nach oben wird die Menschheit mit einem Gefühl der Beziehung erfüllen, dessen tiefere Aspekte auf geistigen Werten und nicht auf Macht und Herrschaft über andere beruhen.

Die Menschheit lebt seit dem vorigen Jahrhundert in einem Übergangsstadium des Erwachens. Übergangsstadien sind immer chaotisch, da die Kadaver der alten, starren Institutionen zu zerfallen beginnen und die neuen Visionen in den Geburtswehen liegen. Veränderung, mag sie noch so schmerzhaft sein, ist wichtig für das Leben, und Veränderung ist es, was wir heute erleben. Die Feststellung, daß sich der Angelpunkt der Menschheit nach oben, über das Zwerchfell hinaus verschoben hat, mag für die Traditionalisten schmerzlich sein, doch ähnlich schmerzlich war für die einstigen Traditionalisten die Erkenntnis, daß die Erde nicht der Mittelpunkt des Universums ist. Wie ich bereits sagte, ist der größte Teil unserer Seinsheit nicht im physischen Körper zentriert. In der Verschiebung zum Herzen beginnt sich diese neue Wirklichkeit widerzuspiegeln – eine Hinwendung zu einer Beziehung zwischen Körper und Geist.

In der Spiralmeditation richten Sie also Ihr Bewußtsein auf den nahenden Mittelpunkt der Menschheit aus, auf die Region des Herz-Chakras, und lassen alle persönlichen Probleme hinter sich, um in einen universellen Bewußtseinszustand einzutreten. Weil das Bewußtsein im Herz-Chakra ruht, spüren Sie ein Gefühl der Wärme, der Ausdehnung oder Schwingung in dieser Region. Ich persönlich, wenn ich in der Morgen-Meditation mit meinen Chakras arbeite, verlasse das Herz-Chakra nicht, bevor ich spüre, daß es völlig aktiviert ist, um mein Bewußtsein zur Bedingungslosen Liebe für alles Lebende hinzuleiten. Mit dieser Aktivierung geht ein beinahe orgasmisches Gefühl in der Chakra-Region einher. Dann stelle ich mir vor, wie sich das spiralförmige Energie-Muster ausdehnt und die Essenz des Herz-Chakras in den Solarplexus trägt, und ich konzentriere meine Aufmerksamkeit nun auf dieses Zentrum, bis es aktiviert ist. Dies wiederhole ich, der Reihe nach, bei jedem Chakra der Spirale und warte, bis es sich aktiviert anfühlt – wiederum mit einer körperlichen Empfindung verbunden, die mehr Seligkeit denn Orgasmus ist.

Nachdem ich die Aktivierung all der Chakras in dem Spiralmuster durchgeführt habe, verweile ich schließlich beim transpersonalen Punkt und entspanne mich völlig in einen meditativen Zustand. Später, wenn ich bereit bin, die Meditation zu beenden, beginne ich beim transpersonalen Punkt und bereite – die Spirale in umgekehrter Richtung durcharbeitend – jedes Chakra auf seine Integration in die physische Ebene vor, bis ich, beim Herz-Chakra angekommen, ein Gefühl hoher Dankbarkeit empfinde für die Chance, am Leben zu sein, verkörpert und spirituell erquickt. Und ich widme erneut meine Seinsheit dem Dienst an der Menschheit.

Es gibt noch fortgeschrittenere Stufen in der Spiralmeditation, aber die hier skizzierten sind diejenigen, mit denen ich jeden Morgen arbeite. Das Erwachen der Chakras in ihrer natürlichen Reihenfolge geschieht nicht, wie oft gelehrt wird, in einem geradlinigen, leiterförmigen Muster von der Wurzel bis zum Scheitel und wieder zurück.

In dem natürlichen Muster, wie ich es sehe, werden die Chakras in aufsteigenden Paaren erweckt. Zuerst wird das zweite (Genital-)Chakra zum fünften (Kehle) transformiert, was die Transformation von der physischen Fortpflanzungs-Aktivität zu ästhetischen Aktivitäten wie Kunst, Literatur und Musik widerspiegelt. Die zweite Transformation erfolgt vom dritten Chakra (Solarplexus) zum vierten (Herz), was den Wechsel von der Machtbetontheit und den emotionalen Aspekten des Bewußtseins zu den eher kollektiven und unkonditionierten Bewußtseinszuständen widerspiegelt, die von Liebe durchdrungen sind. Schließlich wird das erste Chakra (Wurzel) aktiviert, und seine Energien steigen auf zum siebenten (Scheitel). Bei den ersten beiden Transformationen entstehen Wirkungen auf die Kopf-Zentren; aber die dritte, von der Wurzel zum Scheitel, spiegelt jene unglaubliche Energie wider, die verschiedentlich als das Feuer, das Schlangenfeuer, die Kundalini-Energie, das Feuer der Transformation bezeichnet wird. Wenn sie voll aktiviert ist und durch die Energiebahnen aufzusteigen beginnt, dabei alle Chakras der Reihe nach miteinander verbindend, so heißt dieser Vorgang das Aufsteigen der Kundalini-Kraft. Er versetzt das Individuum in kosmische Bewußtseinszustände.

Die Kundalini-Energie kann auch durch Betätigung des Willens aktiviert werden. Dieses unkontrollierte Erwachen bei einem Menschen, der seine höheren Chakras nicht auf eine solche Intensität der Energie vorbereitet hat, kann verheerende Wirkung haben und nicht nur starke körperliche Schmerzen, sondern auch psychisches Leid verursachen. Gopi Krishnas Buch, *Kundalini, Erweckung der geistigen Kraft im Menschen,* zeigt eindeutig, welche Auswirkungen es haben kann, wenn dieser letzte Ansturm transformierender Energie bei einem Menschen erweckt wird, der nicht darauf vorbereitet ist.

In diesem Zusammenhang ist es wichtig, zwischen *aktivierten* Chakras und *erweckten* Chakras zu unterscheiden. Auch wenn der Mensch ganz unerweckt ist, sind alle seine Chakras aktiv. Bei den meisten aber funktionieren sie hauptsächlich im Zusammenhang mit dem physischen Körper und der physischen Ebene des Manifesten und – auf der subtileren Ebene des Manifesten – im Zusammenhang mit dem Ätherkörper. Diese Chakras sind, wie man sagt, in einem Zustand der schlafenden oder ruhenden Aktivität. Trotz dieser Bezeichnung läßt sich die Energie-Aktivität, die von diesen schlafenden oder ruhenden Chakras ausgeht, mit der Abtast-Technik ohne weiteres erspüren. Ein erwecktes

Chakra funktioniert auf einer ganz anderen Aktivitätsebene. Ein erwecktes Chakra fühlt sich nicht nur beim Abtasten anders an, es sieht auch für den Blick des Hellsehers ganz anders aus.

Falls einige dieser Tatsachen Ihnen bekannt vorkommen, vor allem, wenn Sie Alice Bailey gelesen haben, so will ich mich nicht entschuldigen. Wer oder was mein Innerer Lehrer auch sein mag, offensichtlich ist er vertraut mit den Ideen, die nicht nur von Alice Bailey, sondern auch von Rudolf Steiner, Edgar Cayce und anderen kanalisiert wurden. Ich war verblüfft, als ich im Januar 1977 Alice Baileys Buch *Esoterisches Heilen* las und darin viele Gedanken wiederfand, die ich von meinem Inneren Lehrer empfangen hatte und bereits bei meinen Kursen lehrte.

Mit der Konzentration des Energiestroms im Körper sind verschiedene physische Phänomene verbunden. Es können unerklärliche und beänstigende Erfahrungen sein. Eine kurze Darstellung mag dem Leser eine Vorstellung vermitteln, was er zu erwarten hat. Und wieder muß ich betonen, wie wichtig es ist, daß man seine Absicht klar auf die Erfahrung des Herz-Chakra-Bewußtseins ausrichtet und sich nicht durch eine der Nebenerscheinungen verführen läßt, die sich nebenbei manifestieren.

Die Quäker heißen Quäker, weil sie bei einer bestimmten Form der spirituellen Ekstase beben *(quake)*. Die Shaker heißen Shaker, weil sie in einem ähnlichen Zustand zittern *(shake)*. Andere bezeichnen dieses Phänomen des Bebens und Zitterns als «Belebung», und es ist etwas Ähnliches, wenn auch nicht dasselbe, wie die Reaktion, die im Öffnungsprozeß bei Subud* und anderen Formen der Einführung (oder Initiation) auftreten kann und die einen veränderten oder erhöhten Bewußtseinszustand herbeiführt. Oft tritt diese körperliche Reaktion spontan ein, etliche Monate bis Jahre, nachdem man mit der täglichen Meditation begonnen hat. Die Muskelreaktion unterliegt nicht dem Willen, und sie hört auf, sobald der Bewußtseinszustand unterbrochen wird. Neuerdings höre ich immer öfter von Menschen – und zwar Menschen, die nicht meditieren und die noch niemals von einem solchen Phänomen gehört oder gelesen haben –, daß sie diese Erfahrung gemacht haben, besonders nachts im Bett.

Bei mir persönlich setzte die Belebung ein, ein paar Wochen,

* Subud, Abk. f. Sulila und Budhi und Dharma; eine okkulte Bewegung mit gymnastischen Übungen.

nachdem ich Eunice zum erstenmal begegnet war. Ich war mir sicher, daß das große kalifornische Erdbeben gekommen sei. Ich sprang aus dem Bett und suchte mich in Sicherheit zu bringen, als ich erkannte, daß in meinem Zimmer nichts in Unordnung geraten war – vor allem meine Hängelampe schaukelte nicht. Das gleiche geschah mehrere Nächte hintereinander, und jedesmal erschreckte es mich. Mein ganzes Bett schien zu zittern. Ich kontrollierte jedesmal meinen Puls, um festzustellen, ob ich Herzklopfen hätte, aber mein Herzschlag war immer ganz regelmäßig. Schließlich mußte ich daraus den Schluß ziehen, daß mein Körper zitterte oder irgendwelchen merkwürdigen, sich wiederholenden Muskelkontraktionen unterlag. Als ich Eunice davon erzählte, lachte sie und sagte: «Oh, das ist nur der Anfang des Einströmens der Energie, der dich auf das folgende Erwachen vorbereitet.» Noch heute habe ich ähnliche Erfahrungen, aber mit der Zeit haben sie sich verändert. Heute gleicht die Empfindung eher der Schwingung eines sehr kleinen Motors. Es ist eine schnelle Vibration, die sich zu verschiedenen Zeiten auf verschiedene Regionen meines Körpers konzentriert, vor allem auf Brust, Kehle und Stirn.

Dieses Phänomen ist zu unterscheiden von gewöhnlichen Muskelzuckungen und gelegentlichen Krämpfen, wie jeder sie manchmal spürt. Es ist auch zu unterscheiden vom «Zitterbein»-Syndrom, das der Arzt oft bei älteren Leuten diagnostiziert. Deren Beine wollen bei Nacht einfach nicht ruhig bleiben. Mit einem Medikament wie Quilil ist dieser Zustand für gewöhnlich zu heilen, aber dies hat keinen Einfluß auf das Phänomen der Belebung; ich habe es ausprobiert.

Die spektakulärste Erfahrung, die ich in Verbindung mit dem Belebungs-Phänomen hatte, war – wie ich es nennen will – der überhell strahlende Lichtraum.

Während der Morgen-Meditation im Februar 1976 hatte ich das Gefühl, als schalte sich ein Motor in meiner Brustregion ein, und dann sah ich einen kurzen Blitzstrahl blendend weißen Lichts. Bei jeder folgenden Meditation, und jeden Abend nach dem Zubettgehen, erlebte ich den gleichen blendend intensiven Lichtblitz. Es war viel intensiver, als wenn man in die Sonne blickte oder irgendein anderes hell strahlendes Objekt anschaute, das ich jemals gesehen hatte. Dann versuchte ich, das Licht in meinem Bewußtsein festzuhalten, aber es gelang mir nicht. Das Licht war einfach zu hell. Es war mehr, als ich ertragen konnte.

Diese Erfahrung, die manchmal ein paar Tage lang ausblieb, aber stets von gleicher Qualität war, hielt bis zum November 1976 an. Dann, eines Abends, als ich im Bett lag und gerade einschlafen wollte, sprang der Motor wieder an. Aber diesmal war es nicht der gewohnte Motor. Diesmal war es ein Lastwagen-Dieselmotor. Seine Vibration rüttelte nicht nur mich, sondern auch mein King-Size-Bett. Zuerst konzentrierte sie sich auf meine Brustregion, bewegte sich dann in den Unterleib und dann zum Kopf hinauf. Und da kam das überhell strahlende Licht. Es war nicht nur ein Blitz, nein, es hörte gar nicht mehr auf. Einen Augenblick lang war ich entsetzt. Dann hörte ich eine Stimme sagen: «Was glaubst du wohl, worauf du dich vorbereitet hast?» Ich akzeptierte es und entspannte mich für diese Erfahrung. Sie dauerte etwa sechs Stunden lang. Intensives, intensives, intensives weißes Licht, und das Zittern meines ganzen Körpers. Am nächsten Morgen fühlte ich mich ungewöhnlich ausgeruht und nichts erschien meinem Bewußtsein wesentlich anders. Aber während der nächsten Monate erkannte ich, daß meine Arbeit heranreifte und meine Fähigkeit, Energiefelder zu sehen, allmählich zunahm. In dieser Nacht war mit mir etwas Subtiles und doch Tiefgreifendes geschehen.

Seit dieser Nacht im November 1976 sind die Erfahrungen des überhell strahlenden Lichts und die Belebungs-Phänomene relativ selten aufgetreten. Aber vor kurzem habe ich festgestellt, daß sich die ursprünglichen Blitz-Muster wieder bei mir einstellen, die gleichen, die damals im Februar 1976 anfingen. Vielleicht hat ein neuer Zyklus begonnen.

Bevor wir dieses Kapitel über die Meditation beschließen, sollte noch ein Thema behandelt werden – das Konzept des «Schützens» oder «Abschirmens», das notwendig wird, wenn man in erweiterte Bewußtseinszustände einzutreten beginnt, sei es durch Meditation oder in der Einführung durch einen Lehrer.

Auch wenn die rationale äußere Vernunft vielleicht nicht akzeptieren mag, daß es Formen von Energie (sogenannte astrale oder elementare Entitäten) gibt, die Schaden oder Verletzungen zufügen können, führt die tatsächliche Erfahrung oder Begegnung mit solch einer Energieform meistens zu einer hektischen Suche nach Informationen über das Abschirmen. Wie ich in dem Kapitel über Eunice als Lehrerin schrieb, weigerte sich meine äußere Vernunft, sich auf etwas einzulassen, was ich als blanke

Paranoia und als Phantasie hinsichtlich diesen Aspekts empfand. Noch am Anfang meiner Kurs-Arbeit bekannte ich mich nur mit Worten zu der Idee des Abschirmens. Erstens hielt ich es wirklich nicht für so wichtig, und zweitens arbeitete ich in der Hauptsache mit Menschen, die solche Vorstellungen als kindischen Aberglauben abtaten. Jetzt, nachdem ich zweimal von solchen Energiefeldern getroffen wurde, weiß ich es besser.

Bei meiner gegenwärtigen Kurs-Arbeit fordere ich die Leute auf, das Konzept des Schützens und Abschirmens nicht als Aspekte der Abwehr von Übersinnlichem, sondern als ein Aspekt der Weisheit aufzufassen. Die Lektion, die ich vortrage, stammt von dem wunderbaren Beispiel des Schmetterlings.

Ich habe endlose Stunden mit der Kontemplation über diese Lebensform verbracht und habe viele Geschichten darüber zu erzählen. Im Lebenszyklus des Schmetterlings sehe ich die Quintessenz des Transformationsprozesses. Hier aber möchte ich mich auf einen Aspekt der Transformation von der Raupe zum Schmetterling beschränken, nämlich das Puppenstadium.

Wenn die Raupe bereit ist, die Transformation ihrer physischen Form zu beginnen, erzeugt sie aus ihrer eigenen physischen Seinsheit den Schutzschild, der für diesen Prozeß notwendig ist. Manche Arten spinnen nicht eigentlich einen Kokon, sondern härten irgendwie ihre Außenhaut, um die Puppe zu bilden. In beiden Fällen ist eine Abwehr der gewöhnlichen äußeren Elemente notwendig, während im Inneren die kritischen Veränderungen stattfinden. Öffnen Sie eine Puppe, und der Transformationsprozeß hört auf: Schon bloßes Sonnenlicht kann die Raupe während ihrer Transformation vernichten – eine Energie, die der Raupe früher, als sie über die natürliche Abwehr ihrer Haut verfügte, nichts anhaben konnte.

Die Analogie zum menschlichen Transformationsprozeß ist klar. Während sich der Mensch noch in relativ unerweckten und unbewußten Entwicklungsstadien befindet, während er sich also im Raupenstadium befindet, ist das menschliche Bewußtsein von einem natürlichen Energie-Schild umgeben. Wenn dann die Zeit der Transformation gekommen ist, wird dieser natürliche Schutz oder Schild zerstört, oder er genügt einfach nicht mehr. Man muß anfangen, eine Puppe zu entwickeln, ein Energiefeld, das etwas abdämpft, was vorher anscheinend nicht abgedämpft zu werden brauchte. Wie wir in dem Kapitel über die Techniken sehen werden, folgt alle Energie den Gedanken. Um daher einen Schutzschild zu entwickeln, braucht man sich nur eine Energie vorzustellen, die den ganzen Körper umgibt, und ihr die Eigenschaft verleihen, einen gegen jede Einwirkung abzuschirmen, die den Transformationsprozeß unterbrechen könnte. Die übliche Technik besteht darin, sich in weißes Licht einzuhüllen. Man kann auch andere Techniken anwenden, aber ich finde, daß diese einfachste und bekannteste Methode meist auch die wirksamste ist.

Beachten Sie aber, daß die Puppe nicht mehr notwendig ist, sobald der Transformationsprozeß abgeschlossen ist – wenn also der Schmetterling voll entfaltet ist. Der Schmetterling ist erstanden, bereit, eine neue Dimension der Seinsheit zu erkunden. Ganz ähnlich bedarf es auch der bewußten Abschirmung nicht mehr, sobald der Transformationsprozeß beim Menschen vollendet ist.

Abschließend möchte ich betonen, daß niemand zu sagen weiß, welcher Pfad oder welche Technik der Meditation die «richtige» Methode ist. Ich weiß es eindeutig nicht. Ich spüre intuitiv, daß jede Technik wertvoll sein kann, aber nur im Hinblick auf die gegenwärtigen Bedürfnisse und den jeweiligen Entwicklungsstand des einzelnen. Man muß den Augenblick der eigenen Seinsheit respektieren, wie er ist, und sich weniger mit spezifischen Einzelheiten befassen als vielmehr mit der klar bestimmten, allgemeinen und unerschütterlichen Absicht, sich zu umfassenderen Aktivitäten und Bewußtseinszuständen zu erheben.

Es gibt eine alte Regel in der Medizin: Wenn es viele Behandlungsweisen für eine Krankheit gibt, so deswegen, weil niemand etwas Genaues über diese Krankheit weiß. Ich vermute, daß diese Regel auch für die Meditation gilt. Befolgen Sie diejenige Methode, die sich bei Ihnen als wirksam erweist. Und falls sie es nicht tut, so haben Sie auch den Mut, Nein zu sagen zu einem Lehrer, sei es ein innerer oder äußerer.

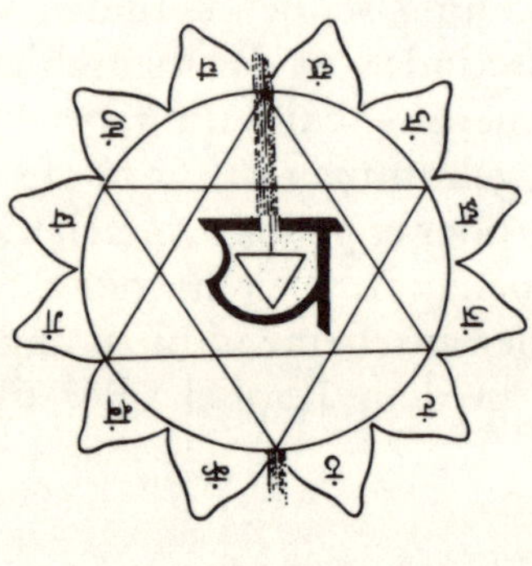

NEUNTES KAPITEL

# Abkehr von der orthodoxen Medizin, Krankheit und Tod als Transformationen, der Transformations-Therapeut

*Ein Problem kann niemals auf der Ebene des Problems gelöst werden, auch ein Paradoxon nicht auf der Ebene des Paradoxons. Man muß sich über die Ebene des Problems oder des Paradoxons erheben, um eine Lösung zu finden.*

Ich möchte gern eine Reihe von Erfahrungen mit Ihnen teilen, die – zusammengenommen – einen Angelpunkt in meinem Leben bildeten. Zu dieser Reihe gehört auch das letzte Bindeglied, das es meinem Bewußtsein ermöglichte, eine Folge von dynamischen Prozessen zu begreifen, die wiederum in den stürmischen Veränderungen meines Lebens um die Mitte des Jahres 1974 gipfelten.

Ich sagte Ihnen bereits, daß ich mit siebzehn Jahren wußte, ich würde nach meinem fünfunddreißigsten Lebensjahr nicht mehr die konventionelle Medizin praktizieren. Dieses Wissen erschien mir paradox. Der Arzt-Beruf gefiel mir so gut, daß ich mir keine andere, ähnlich befriedigende Art denken konnte, meine Seinsheit auszudrücken. Jenes Ereignis, das die Veränderungen herbeiführte, kümmerte sich aber, wie sich zeigte, nicht um meine persönlichen Wünsche oder meine unmittelbare Zufriedenheit. Ihm ging es um viel tiefere Anliegen. Am 27. Januar 1974 wurde ich fünfunddreißig. (Falls Sie sich für Astrologie interessieren: Mein Geburtsort ist Salt Lake City, Utah, und die Uhrzeit war drei Uhr nachmittags.) An diesem Tag erwartete ich eine große, dramatische Veränderung. Aber meine Morgen-Meditation brachte nichts Besonderes, kein goldener Lichtstrahl spaltete den Himmel, um mein Bewußtsein zu erleuchten, und meine Geburtstagsfeier – mit meinem Zwillingsbruder, meiner Frau und meinen Eltern in einem mexikanischen Restaurant in Costa Mesa, Kalifornien – verlief ruhig und undramatisch. Das einzige «High» wurde durch einen riesigen Margarita-Drink ausgelöst.

Bis dieser Tag vorbei war, hatte ich jenes intuitive Wissen, das mich so viele Jahre begleitet hatte, völlig hinwegrationalisiert. Immerhin hatte mein Leben sich beträchtlich verändert, seit ich Eunice und, nach ihrem Tod, dem Inneren Lehrer begegnet war. Ich hatte die Befehlstherapie entdeckt und wandte sie in meiner Praxis an. Meine Erforschung der körperlichen Energiefelder machte rasche Fortschritte. Ich unterrichtete interessierte Patienten und ein paar Ärzte über die Energiefelder des Körpers, und in meiner Wohnung traf ich mich allwöchentlich mit einer Gruppe von zehn bis zwölf Leuten, um jene Traumzustände und Bilder tiefer zu erkunden, die bei der Gruppen-Meditation im Bewußtsein aufsteigen können. «Vielleicht erfülle ich die Prophezeiung bereits in gewisser Weise, so daß ich die orthodoxe Medizin nicht aufzugeben brauche», dachte ich. Der Gedanke erleichterte mich. Auch war ich auf der beruflichen Stufenleiter der Krankenhausärzte ein gutes Stück vorangekommen. Ich hatte mich achtzehn Monate als stellvertretender Leiter der medizinischen Weiterbildung für das Verwaltungspersonal der Klinik bewährt. Meine beruflichen Beziehungen zu den Kollegen und Mitarbeitern waren vorzüglich. Ich erwartete und hoffte, daß es mir gelingen werde, die konventionelle Medizin auf sanftere Art – von innen her – zu beeinflussen. Kurz, an diesem Abend glaubte ich, daß ich das mir offenbarte Werk vollbringen könne, ohne irgend etwas anderes dafür aufzugeben. Ich beschloß, von beiden Welten den besseren Teil zu wählen.

Meine Seligkeit war die Seligkeit der Unwissenden. Ein tieferer Teil meines Bewußtseins hatte andere Pläne. In deren Verlauf sollte ich die Konsequenzen meiner Unreife und meines Festhaltens an jenen Vorstellungen kennenlernen, die ich mir über mein Leben gebildet hatte.

Einige Monate vor meinem fünfunddreißigsten Geburtstag hatten sich bei mir Leibschmerzen eingestellt. Sie traten periodisch auf, anfangs offenbar in Abständen von sechs Wochen. Das Gefühl, das ich in der oberen Bauchregion hatte, war eine plötzliche, starke Verkrampfung, die dann zum Rücken hin ausstrahlte. Damit verbunden waren Übelkeit, Schweißausbrüche, Schwindel- und Schwächegefühle. Diese Phänomene entwickelten sich binnen Minuten zu einer Intensität, die dann für zwölf bis vierundzwanzig Stunden anhielt. Als Stoiker, der ich bin, wollte ich nicht zulassen, daß mein Körper mich in meinen Verpflichtungen behinderte, sei es gegenüber meinen Patienten oder meinen Idealen. Nach jedem solchen Tag voller Schmerzen beendete ich meine Arbeit im Krankenhaus, fuhr nach Hause, stellte die Heizdecke auf die höchste Stufe und versuchte einzuschlafen. Am nächsten Morgen ließ der Schmerz meistens bereits nach, und nach ein paar Tagen fühlte ich mich so gut, als hätte der Anfall niemals stattgefunden. Ich sagte meiner Frau, daß ich nun viel mehr Verständnis für Frauen mit Menstruationskrämpfen hätte, weil meine ersten drei Anfälle genau termingerecht eingetreten waren. Aber im Februar, kurz nach meinem fünfunddreißigsten Geburtstag, kamen die Anfälle häufiger, etwa im Abstand von drei Wochen.

Als Diagnostiker hatte ich bereits vermutet, daß die Krankheit entweder die Bauchspeicheldrüse oder den Dünndarm oder beides erfaßt hatte. Gegen Ende März, zwei Monate nach meinem fünfunddreißigsten Geburtstag, kamen die Anfälle alle zwei Wochen, und ich gab mich und mein Leiden in die Hände eines Spezialisten für Magen- und Darmkrankheiten. Nach Röntgenaufnahmen, Blut- und Urinuntersuchungen, sowie einer direkten Endoskopie meines Magens und Zwölffingerdarms, mit Hilfe der Glasfiber-Optik, gelangte mein Kollege zu dem Schluß, daß ich an einer chronisch wiederkehrenden Pankreatitis leide. Nachdem alle therapierbaren Ursachen der Krankheit bei unseren Erwägungen ausschieden, gab es in meinem Fall keine Heilung.

Durch meine ärztliche Ausbildung wußte ich, daß die Krankheit unberechenbar ist. Da sie manchmal plötzlich und für unbestimmte Zeit endet, kann jeder Anfall der letzte sein. Im anderen Extremfall kann jeder Anfall sie in eine akute Pankreatitis überführen, bei der die Sterblichkeitsrate 80% beträgt. In ihrem häufigsten Verlauf führt sie progressiv zu einer Pankreas-Insuffizienz und einer Unzahl von damit verbundenen Problemen.

Ich unterzog mich einer tiefen seelischen Erforschung. Warum zeigte sich bei mir eine Krankheit, die meine Aktivitäten ernsthaft einschränken oder mich ganz aus dieser Ebene entführen konnte? Der Innere Lehrer gab keine Antwort, nicht einmal einen Fingerzeig. Bei jedem Anfall untersuchte ich die Umstände, unter denen er sich einstellte, und versuchte irgendeine regelmäßige Struktur zu entdecken. Ich fand nichts. Ich fragte mich, wo es in meinem Leben besondere Belastungen gäbe, aber sie waren unbedeutend im Vergleich zu der Krankheit und daher nicht mächtig genug, um diese auszulösen. Ich sprach mit meinem Körper und versuchte irgendeinen symbolischen Aspekt zu entdecken, der sich in einer Funktionsstörung der Bauchspeicheldrüse widerspiegeln könnte, aber es zeigte sich nichts. Ich konnte einfach nicht die Dynamik meines Problems erkennen.

Im Juli 1974 hielt ich in Los Angeles meinen ersten öffentlichen Vortrag. Es war die alljährliche Tagung des Center for the Healing Arts, und mein Thema lautete: «Metaphysik, Meditation und Medizin». Ich berichtete über meine Erfahrungen mit dramatischen Heilungen in meiner eigenen Arbeit, bei denen ich Menschen mit chronischer oder tödlicher Krankheit eine Alternative geboten hatte. Damals, fünf Monate nach meinem Geburtstag, hatte ich alle drei Tage einen Anfall. Ich konnte von Erfolgen bei der Heilung meiner Patienten berichten, aber anscheinend war ich völlig unfähig, etwas für mich selbst zu tun.

Die Monate Juli und August hielten mich sehr beschäftigt. Während meine Partner nacheinander Urlaub nahmen, wuchs meine Arbeitsbelastung auf mehr als das Doppelte. Jetzt begann meine Morgen-Meditation um 4 Uhr früh. Um 5.30 Uhr traf ich im Krankenhaus ein und begann meine Runde durch die Station, bei der ich manchmal an die fünfunddreißig stationäre Patienten visitierte, bis ich um 9.30 Uhr anfing, die in meine Praxis bestellten Patienten zu empfangen. Wenn keine Notfälle dazwischen kamen, dauerte mein Arbeitstag bis 10 oder 11 Uhr abends. So liebte ich es.

Dann kamen die dreißig Minuten, die mein ganzes Leben verändern sollten.

Es war ein Samstagmorgen. Ich hatte die Visite im Krankenhaus beendet und bearbeitete die Krankenakten einiger Patienten in meiner Praxis, als ich plötzlich ein unglaublich starkes Bedürfnis empfand, mich in Meditation zu versetzen. Es war so stark, daß ich nicht verstand, was mit mir los war. Ich schloß die Krankenakten ab und überließ mich der Impression. Ein Energiewirbel von einer Größenordnung, wie ich ihn noch nie vorher erlebt hatte, bebte durch meinen Körper und stieß mein Bewußtsein in einen super-gesteigerten Zustand. Dann sprach eine laute Stimme – nicht die des Inneren Lehrers – sinngemäß die Worte: «Deine Ausbildung und Erfahrung als orthodoxer Mediziner sind abgeschlossen. Sie sind vorbei. Die Zeit ist gekommen, da du aufbrechen und deine Seinsheit erneut einer tieferen Verpflichtung und Tätigkeit widmen mußt.» Automatisch spielte ich meine «Ja, aber»-Platte ab: «Ja, aber siehst du nicht, daß ich Verpflichtungen gegenüber meinen Patienten habe? Gegenüber meinen Partnern, gegenüber der Versicherung, gegenüber den Banken, gegenüber der Krankenkasse, gegenüber ...?»

Die Stimme kümmerte sich anscheinend nicht um meine persönlichen Sorgen und Pflichten. Vielmehr machte sie meinem Bewußtsein klar, daß ich alsbald eine Reise um die Welt antreten würde, zuerst nach Findhorn und nach England, dann nach Ägypten, Indien, Nepal – in der Nähe der tibetischen Grenze – und vielleicht nach Japan. Diese Reise sollte alte Erinnerungen meiner Seele wieder erwecken. Diese wiederum würden meinem Beußtsein ein Wissen bringen, das damals meiner äußeren Vernunft nicht zugänglich war. Die Stimme erklärte mir deutlich, daß mein Bild von mir selbst verzerrt sei durch Ideale aus der Knabenzeit und durch meine derzeitigen Auffassungen von Wissenschaft und Medizin, welche den Körper und die äußeren Ursachen überbewerteten und die Wanderung der Seele ignorierten. Ich sollte mit dem Studium alternativer Heilmethoden beginnen und Einsichten gewinnen, von denen die westliche Medizin sich nichts träumen ließ – Einsichten, die in der Vereinigung von exoterischen und esoterischen Traditionen die Grundlagen einer integrierten Methode der Heilkunst bilden sollten. Der letzte Auftrag, den die Stimme mir erteilte, war, mich einfach von allem loszulösen.

Diese Erfahrung hört sich messianisch an, und das war sie auch. Tatsächlich ist diese Meditation heute in meinem Geist so lebendig wie an jenem Tag vor mehr als vier Jahren, als sie mir zuteil wurde. Wenn man mit einer kollektiven Kraft in Berührung kommt, die stärker ist als die eigene persönliche Macht, so kann die Erfahrung erfurchtgebietend sein. Falls das Ego oder die persönliche Bewußtseinsebene die erweiterteren Zustände als ihr eigen beansprucht, so kann die daraus folgende Aufblähung des Ego verheerende Folgen für das Ich haben, sobald die erweiterten Bewußtseinsebenen sich auf irgendeine Art zurückziehen oder unzugänglich werden.

Mir ist auch klar, daß die kollektiven Regionen des Bewußtseins viele verschiedene Menschen gleichzeitig beeinflussen. Ich hatte die Wahl, entweder auf die kollektive Impression zu reagieren oder innerhalb der Grenzen meiner eigenen persönlichen Ego-Struktur zu verharren. Es gibt viele andere Menschen, die durch ihr Studium der alternativen Heilmethoden zu Kenntnissen gelangen werden, wie die westliche Medizin sie noch nicht gesehen hat. Auch werden andere Gelegenheit finden, exoterische und esoterische Überlieferungen zu integrieren. Die auf die Erde ausgestreute Saat wird bei manchen Früchte tragen, bei vielen nicht. In meinem Fall ging und geht es immer noch um die Entscheidung, ob ich an einer universelleren Lebensform teilhaben oder ob ich in persönlichen Denk- und Verhaltensmustern befangen bleiben will. Glücklicherweise ist meine Ego-Struktur in der Lage, erweiterte Impressionen durch mich wirksam werden zu lassen, ohne daß das kollektive Selbst und das individuelle Ich sich verwirren.

Ich wußte, daß die Stimme die tiefste Wahrheit gesprochen hatte. Ich sah die wiedererweckte Vision. Alles, was ich materiell erreicht hatte – finanzielle Sicherheit, Besitz, berufliches Ansehen, gesellschaftlicher Status, sogar Freunde und Familie –, sollte ich hinter mir lassen. Wofür eigentlich, das wußte ich nicht genau, aber als die Meditation vorbei war, wußte ich doch, daß ich mich in Verbindung mit den tiefsten Ebenen meiner Seinsheit fühlte. Ich vertraute die Richtung meines Lebens einem Höheren Dirigenten an. Nachdem diese dreißig Minuten vorbei waren, hatte ich kapituliert.

Aus dieser Meditation aufgetaucht, diktierte ich meinen Abschied aus der Praxisgemeinschaft und ein paar Briefe, die meinen Rücktritt vom Kollegium des Krankenhauses und von meinem Lehramt betrafen. Ich rief einen Makler an, um das Haus feilzubieten, und bat einen Freund, die Autos zu verkaufen. Wendey war damals auf Reisen. Als ich sie schließlich erreichte, war sie begeistert über meine Meditationserfahrung, doch sie war nicht recht überzeugt, ob ich eine so weitreichende Veränderung meines Lebens auch durchführen würde.

Nach sechs Wochen war alles dahin – Praxis, Lehramt, Heim, Autos und der größte Teil meiner Möbel und Kleider. Vor meiner Meditation hatte ich noch nie etwas von Findhorn gehört, aber bald darauf erfuhr ich, daß es eine spirituelle Gemeinschaft im Norden Schottlands sei. Wenn der Wirbel, der über mich hingefahren war, so etwas war wie der Hurrikan, der Dorothy und Toto in das Land Oz versetzte, so begann meine «Gelbe Ziegelsteinbrücke» in Findhorn.

(Falls Sie die Vorstellung einer solchen Stimme nicht akzeptieren können, weil Sie sie nicht begreifen, so habe ich volles Verständnis für Sie. Sie werden es noch schwerer haben, mir zu glauben, daß die Stimme mir von Findhorn erzählte, einem Ort, von dem ich noch niemals gehört hatte. Ich begreife die Stimme auch nicht, und ich kann nicht – mit kurzen, leicht verständlichen Worten, die der rationalen Vernunft zugänglich sind – erklären, wieso die Stimme von Dingen sprechen konnte, von denen ich noch nie gehört hatte. Aber ich akzeptierte sowohl die Stimme als auch das, was die Stimme sagte. Und natürlich habe ich noch einen weiteren Vorteil: Ich *weiß*, daß es geschah.)

In den sechs Wochen, bevor ich mich auf die Reise nach Europa begab, lebte ich in zwei Gefühlszuständen gleichzeitig – Schmerz und freudiger Erregung. Mein Schmerz hing damit zusammen, daß ich mich von Menschen loslösen mußte, die ich liebte, von den Patienten, von einem Heim, das mich jedesmal inspirierte, wenn ich dorthin zurückkehrte, einem anregenden Lebensstil und von der Sicherheit, die alles dies umgab. Andererseits war die Erregung, den Sprung ins Unbekannte zu tun, berauschend. Meine Zukunft bestand nicht mehr aus einer beschränkten Anzahl von Möglichkeiten – so berechenbar wie die gesellschaftlichen, kulturellen und materiellen Artefakte, auf denen sie beruhte. Mein Leben war jetzt erfüllt von einer großen Vielzahl von Möglichkeiten. Ich spürte eine neue Vitalität aus den Wurzeln meines Seins aufsteigen. Der Quell, der mein Bewußtsein nährte, war das Wissen – das absolut sichere *Wissen* –, daß der Gang der Dinge, dem ich mich überließ, wahrhaft meiner Seele entsprach. Daß es ein Sprung von der Klippe in den Abgrund zu sein schien, spielte einfach keine Rolle für mich.

Ich kann mich kaum noch an diese sechs bis acht Wochen erinnern, bevor ich in Schottland eintraf. Meine äußere Vernunft war betäubt. Erst an meinem zweiten Tage dort, während ich die Küste der Nordsee entlang wanderte, erwachte ich plötzlich zur Realität.

Ich hatte keinen einzigen Anfall von Leibschmerzen mehr gehabt seit jenem Morgen der Meditation.

«Natürlich.»

Kein anderes Wort war hier möglich, denn die Einsicht war klar: Die intensive Energie, die während der transformierenden Meditation durch meinen Körper bebte, hatte die chronische und immer wiederkehrende Pankreatitis vollständig, total und augenblicklich geheilt. Meine Krankheit war ein Signal gewesen, durch das eine mächtige Kraft in meinem Inneren nach einer Veränderung verlangte. Ich stand vor der Wahl, entweder meiner äußeren Vernunft oder meiner Seele zu gehorchen. Ich hatte mich für den Pfad der Seele entschieden, und meine Seele war frei, um frei zu fließen.

Bis zu dieser großen Meditation hatte meine äußere Vernunft ihre Einstellung zur konventionellen Medizin – ja, zu allem, was mein Leben betraf – immer nur rational begründet. Aber das tiefere Muster und jener tiefere Weg waren immer vorhanden gewesen. Ich hatte sie nur nicht sehen wollen. Und meine Weigerung, sie zu sehen, war zum Teil die Ursache meiner Krankheit.

Durch meine Arbeit mit Krebspatienten hatte ich viel gelernt. Wenn eine Krankheit einen letalen oder sich verschlechternden Verlauf nimmt, so will eine Transformation sich manifestieren. Die offenkundige Transformation, der diese Person entgegengeht, ist der physische Tod, aber es kann auch eine Transformation im Diesseits, im Leben stattfinden. Wenn die Transformation recht verstanden wird und wenn sie wirksam sein soll, dann muß eine so vollkommene Veränderung in der Einstellung und im Lebensmuster des Patienten eintreten, wie auch der Tod sie herbeiführen würde. Halbe Maßnahmen genügen hier nicht. Es gibt keinen Platz für Kompromisse. Umfassende Veränderungen sind notwendig, und jeder weiß, welche Veränderungen dies sein müssen. Den Mut und die Klarheit aufzubringen, um die notwendigen Veränderungen durchzuführen, das ist die wahre Herausforderung.

Der überwiegende Teil unserer Seinsheit weiß nicht, was Tod

und Krankheit sind. Nicht, daß dieser überwiegende Teil einfach unwissend wäre. Ganz im Gegenteil. Es sind die äußeren, fragmentierten Aspekte unserer Seinsheit, die unwissend sind. Sie erkennen nicht, welche Konsequenzen es hat, wenn wir unser Bewußtsein an konditionierten Ideen über das Leben und die Werte ausrichten. Wenn eine Veränderung notwendig wird – oftmals durch eine Krankheit oder irgendeine andere schwerwiegende Störung unseres Lebens –, dann haben wir die Wahl. Wir können uns für die direkte Aktion entscheiden, die unsere Seinsheit harmonisieren wird, oder wir können uns gegen diese direkte Aktion sperren und in unserer äußeren Vernunft so tun, als verstünden wir nicht, worum es geht. Dann wird unsere Krankheit oder unser seelischer Knoten für uns tun, was wir nicht direkt und mit Bewußtsein tun wollen. Wenn unsere äußere Vernunft nicht die Essenz unseres Wollens manifestieren kann oder will, tun es die unbewußten Mechanismen für uns. Ohne daß wir es selbst verstünden oder wollten, findet der unbewußte Mechanismus einen Weg hinaus aus dem Zustand, aus dem die Psyche Befreiung ersehnt. Der Weg, den er findet, mag der äußeren Vernunft nicht gefallen, so wenig der Tod einem Krebs- oder Pankreatitispatienten gefällt. Und dennoch ist er – wie der Tod – ein effektiver Ausweg. Wenn das Tun des Geistes die Seele daran hindert, ihre fundamentale Verpflichtung zum Leben zu erfüllen, dann sind Geisteskrankheiten, emotionale Störungen und Krankheiten des Körpers die Folge. Die Transformation hingegen bringt die Lösung. So oder anders, durch Heilung oder durch den Tod, löst sie die Symptome und die Krankheit auf.

Dieser persönliche Transformationsprozeß ist die Grundlage all meiner Arbeit, mit einzelnen Patienten wie mit den Kursteilnehmern. Die Prinzipien, nach denen der blockierte Fluß der Seele gelockert wird, können universell angewandt werden. In diesem weiten Sinn sind sie die Grundlage einer psycho-physisch-spirituellen therapeutischen Interaktion, die wir als Transformations-Psychologie bezeichnen. Das Wort Psychologie bedeutet, im wörtlichen Sinne, das Studium der Seele, auch wenn es sich im heutigen Sprachgebrauch beinahe ausschließlich auf die äußere Vernunft bezieht. Die Transformations-Psychologie ist nichts Geringeres als das Studium der Transformation der Seele – die Befreiung der Seele zu ihrer natürlichen Verwirklichung. Der zentrale Ansatzpunkt bei der Behandlung des Menschen ist der

Geist, der irgendwie in eine Kammer eingetreten ist, die Tür hinter sich zugeschlagen und das Licht gelöscht hat – um alle diese Ereignisse sofort zu vergessen.

Die meisten konventionellen therapeutischen Richtungen, die sich mit dem Geist befassen, erkennen heute die Beziehung zwischen Geist und Körper an, aber kaum eine unter ihnen ist bereit, die Integrität von Körper, Geist und Seele empirisch zu akzeptieren. Ein Geist, der von der tiefsten Quelle seiner Essenz, nämlich der Seele, abgeschnitten ist, ist wie ein Körper, der von seinem Gehirn abgeschnitten ist. Im Koma, oder wenn Teile des Gehirns durch Sauerstoffmangel, traumatische Einwirkung oder destruktive Krankheitsvorgänge zerstört sind, funktioniert der Körper immer noch in sehr beschränktem Maße und kann lange Zeit am Leben erhalten werden. Aber er wird nie auch nur annähernd vollkommen funktionieren. Auf ähnliche Weise ist der von der Seele abgeschnittene Geist noch lebensfähig und kann in sehr beschränktem Maße funktionieren. Und natürlich verhält sich die Seele, die den Geist belebt, analog zum Geist, der den Körper belebt. Wenn alle drei in Verbindung sind, wird der Transformationsprozeß des Menschen erheblich beschleunigt.

Vom metaphysischen Standpunkt betrachtet, ist der Körper eines Menschen fundamental «vollkommen» für den Betreffenden und für ein bestimmtes Leben. Es mag gewisse «eingebaute» Beschränkungen geben, die einen Menschen in seiner physischen oder geistigen Betätigung behindern, aber ganz gleich wie der Verstand darüber denkt, sind diese Beschränkungen doch immer zum Wohle des Betreffenden. Sobald der einzelne die Beschränkungen akzeptiert – und sich der Entwicklung anderer Quellen zuwendet –, hat die Beschränkung ihren Zweck erfüllt und ist in diesem wie in allen späteren Leben nicht mehr notwendig. Der einzelne wird durch die Beschränkung bereichert. Bei jedem Menschen ist die Seele stets der fortgeschrittenste Aspekt – sie steht auf einer Entwicklungsstufe, die das Bewußtsein des Verstandes oder des Körpers weit, sehr weit übersteigt.

Es ist der Verstand mit seinen Erinnerungen, der die Schwierigkeiten verursacht. Das äußere Bewußtsein ignoriert oft sein Bündnis mit dem Körper. Es gibt sich seinen Realitätskonstruktionen hin und behandelt den Körper, als sei er nur ein Objekt. Aber die Konstruktionen des Verstandes entstehen mit Hilfe stark ausgefilterter Wahrnehmungen, und es ist der Verstand, nicht der

Körper, der ein spirituelles Bewußtsein blockiert. Der Körper und der Geist brauchen keine Erziehung. Es ist der Verstand, der in Beziehung zur Seele in *dieser* Dimension Erfahrungen machen und lernen muß. Der Verstand, der die Verbindung zwischen dem Physischen und dem Spirituellen herstellen sollte, ist der einzige Aspekt des Menschen, der integriert werden muß. Von den dreien ist der Verstand der einzige Teil, der verwirrt werden kann!

Es gibt nichts Derartiges wie geistige Verwirrung oder körperliche Verwirrung – nur eine Verwirrung des Verstandes. Sobald der Verstand sich dem höheren absoluten Sein unterwirft, werden die physischen Krankheiten (Verwirrung) sowie die meisten durch die Interaktion des Verstandes mit dem Körper verursachten Krankheiten ganz einfach verschwinden.

Die Seele ist eine Individuation aus dem Geiste. Der Verstand, wie wir es hier in unkonventionellem Sinn auffassen, ist im wesentlichen ein Nebenprodukt, ein Beobachter – das heißt, solange er nicht versucht, die Stellung der Seele und des Körpers zu usurpieren, um dann sein Pandämonium zu erschaffen. Vom spirituellen Standpunkt betrachtet, muß der Verstand dauernd daran erinnert werden, daß der Körper eine Energie-Konfiguration von seelisch-geistigen Interaktionen ist – wobei der Verstand nur Beobachter ist. Der Verstand, im gewöhnlichen Sinne des Wortes, kann nicht den Körper erschaffen, auch wenn er dies oft zu tun glaubt; auch kann der Verstand nicht die Seele erschaffen, wie er sehr oft zu tun meint. Der Verstand ist nicht und kann nicht die dominierende Kraft in der Trias von Geist-Körper-Seele sein. Aber die Versuche des Verstandes, die dominierende Rolle zu spielen, sind die Ursache unserer meisten Schwierigkeiten in dieser Ebene.

Die Transformations-Psychologie ist ein Werkzeug, um die drei Teile der Trias zu integrieren. In der Erkenntnis, daß der Verstand des Patienten, mit seinem Erinnerungs-Konto an Erfahrungen aus diesem Leben wie aus vielen früheren Lebenszeiten, die meisten Fehler begeht, weist die Transformations-Psychologie die Verantwortung für alle möglichen psychischen und physischen Krankheiten unmittelbar dem Patienten zu, insbesondere dem Verstand des Patienten. Die wahre Wirklichkeit der Beziehung von Seele und Körper, aus der der Verstand nur als Nebenprodukt hervorgeht, ist wahrhaft erschütternd für den Verstand.

Diese Wirklichkeit ist für den Intellekt einfach unverständlich und unerträglich. Solange der Verstand diesen Status nicht akzeptiert und sich wieder damit abfindet, der Beobachter der Seele in der physischen Ebene zu werden, bleiben Schmerz und Leiden bestehen. Sobald der Verstand die Tatsache akzeptiert, daß das Bewußtsein und die Wahrnehmung der Seele das Bewußtsein und die Wahrnehmung des Verstandes selbst transzendierten, entsteht Freiheit. Dann braucht man nicht länger innerhalb der Grenzen des Verstandes zu verharren.

Die Transformations-Psychologie kennt drei Stadien in jedem Transformationsprozeß. Das erste ist das Erwachen zu der Erkenntnis, daß die meisten Erfahrungen des Lebens, die wir äußerlich wahrnehmen, tatsächlich Projektionen des Ich auf die Wirklichkeit sind. Im zweiten Stadium kommt es darauf an, sich diese Projektionen «anzueignen», sie in das Bewußtsein des einzelnen zurückzuholen und sie mit dem Konzept des Selbst zu integrieren. Dieses Stadium ist das entscheidende. Hier muß der einzelne lernen, daß die Dynamik jedes Problems eindeutig seiner eigenen Macht und Kontrolle unterliegt und daher veränderbar oder – ein Begriff der Transformations-Psychologie – umwandelbar ist. Dieses zweite Stadium ist abgeschlossen, sobald das, was wir die äußere Realität nennen, ohne Verzerrung wahrgenommen werden kann. Beim abschließenden Transformationsprozeß weiß der einzelne, daß es keine Trennung gibt zwischen dem, was er äußerlich erlebt, und dem, was er innerlich erlebt. Beides ist ein und dasselbe. Es gibt keine Unterscheidung mehr zwischen äußerer oder innerer Wirklichkeit.

Die tibetanisch-buddhistische Methode der Lösung von Problemen schreibt drei Wege vor. Der höchste und schwierigste besteht darin, das Problem umzuwandeln, das heißt, aus einem höheren, erweiterten Bewußtsein heraus eine Intensität zu erzeugen, um diese Energie zu nutzen und eine Veränderung in der Konfiguration der weniger erweiterten, weniger intensiven Ebene des Problems zu erzwingen und dadurch die Energie freizusetzen, welche das Problem konfiguriert. Aus der Umwandlung ergibt sich eine Änderung der Form oder Natur (aller Dinge) zu einer anderen Form oder Natur. Auf dieser Bewußtseinsstufe fließt alle Energie von stärker energiegeladenen Quellen zu weniger energiegeladenen Manifestationen, aber niemals in umgekehrter Richtung. Die höheren Aspekte des Bewußtseins wandeln immer die niedrigeren Aspekte des Bewußtseins um.

Der zweite tibetanisch-buddhistische Weg besteht darin, das Problem aufzuwerten und es zu verstehen als eine notwendige und wichtige Sprosse auf der Leiter der eigenen Entfaltung. Im Westen bezeichnen wir diesen Vorgang als Rationalisieren, aber für uns hat dieses Wort eher einen negativen Beiklang und nicht jene positive Einsicht, die es nach buddhistischer Auffassung hat.

Der dritte tibetanisch-buddhistische Weg besteht darin, direkt in das Problem hineinzugehen und ihm zu erlauben, sich deutlich zu zeigen. Hier gibt es nur ein Gebot: Man muß einen Teil seines eigenen Bewußtseins zum Zeugen machen, der das Problem beobachtet. Auf diese Weise kann es zur Einsicht kommen. Diese letzte Methode gilt als der Pfad der subtilen Weisheit, und für viele ist er ein besser geeigneter Weg als der Weg der direkten Umwandlung. In der Praxis benutzen wir – in der Auseinandersetzung mit unseren persönlichen Problemen – verschiedene Kombinationen dieser drei Wege.

Vitvan, ein westlicher Mystiker, lehrte, daß es zwei Wege gibt, um mit Problemen fertig zu werden. Der eine besteht darin, das Problem umzuwandeln, und der andere, es zu verschleppen. Manchmal scheint es, als würden wir alle an letzterer Methode festhalten.

Die Transformations-Psychologie versucht nicht, den einzelnen Menschen «normal» zu machen. Vielmehr beruht ihre Methode auf der Erkenntnis, daß jeder einzelne in diesem Leben gewisse Aspekte seiner Entwicklung in einem viel größeren Maßstab auslebt, als die meisten therapeutischen Situationen ihm gewähren. Zum Beispiel entwickelt der eine vielleicht tiefere Quellen im geistigen Bereich, bei geringerer Betonung der sexuellen und emotionalen Bereiche, während der andere die Entwicklung des emotionalen, nicht aber des geistigen oder sexuellen Ausdrucks verwirklicht. Ich finde es absurd, wenn man glaubt, daß jede Seele nach einem «normalen» Muster von «Gesundheit» «integriert» werden müsse.

Es gibt keine zwei Menschen, die zur gleichen Zeit genau die gleiche Entwicklung durchmachen. Solange das Bewußtsein des Therapeuten nicht den kontinuierlichen Fluß des Lebens erfassen kann, solange es nicht akzeptieren kann, daß die Seele jedes einzelnen ein Entwicklungsprozeß ist, der viele Dimensionen der

Erfahrung voraussetzt, solange gerät die therapeutische Arbeit oft, den Prozeß des Lebens mißverstehend, in einen unangenehmen Zwang zu phantasieloser Uniformität oder, noch schlimmer, zu selbstbezogener Allgemeinheit.

Warum müssen wir von unserer Unsterblichkeit immer erst durch jenen Prozeß erfahren, den wir Tod nennen? Wann werden wir zu unserer Unsterblichkeit erwachen, solange wir am Leben sind? Wann werden wir uns von der Vorstellung lösen, «unschuldige Opfer» zu sein? Wann werden wir erkennen, daß die Krankheit lediglich für uns tut, was für uns selbst zu tun wir uns weigern? Warum müssen wir erst die Energie der Krise verursachen, um uns dem Geistigen zu nähern? Die Transformations-Psychologie richtet den Blick der äußeren Vernunft auf diese Fragen.

Ich will aufrichtig eingestehen, daß die Entwicklung der Transformations-Psychologie erst im Anfangsstadium steckt. Sie ist kein Fertigprodukt, auch ist sie keineswegs abgeschlossen. Die Voraussetzungen sind, wenn auch nicht experimentell erwiesen, durch die Erfahrung begründet. Schließlich gibt es heute erst zehn, höchstens zwölf Menschen, die diese oder eine ähnliche Form der Therapie praktizieren.

Der Transformations-Therapeut, der bereits begonnen hat, die Filter seines eigenen Verstandes durchzuarbeiten, befindet sich auf einer Stufe, wo er nicht nur die äußere Vernunft des Klienten deutlich sieht, sondern auch in den telepathischen Rapport mit der Seele des Klienten eintreten und dadurch Einblick in die besondere Dynamik nehmen kann, die diese Seele zum Ausdruck bringt. Der Transformations-Therapeut ist also nicht nur mit dem Fluß seiner eigenen Seele verbunden, sondern auch mit dem Fluß der Seele des Patienten. Diese besondere Entwicklungsstufe des Therapeuten ist erreichbar durch Meditation, durch die Arbeit mit einem Lehrer oder durch beides.

Der Transformations-Therapeut hat die Fähigkeit entwickelt, sein Bewußtsein aus eigenem Willen zu vertiefen. Das Herz-Chakra-Zentrum und meist auch das Kehl-Zentrum, das Stirn-Zentrum und das Scheitel-Zentrum funktionieren bei ihm in einem höher entwickelten Zustand als im gewöhnlichen Bewußtseinszustand. Und diese Beherrschung seiner Chakras erlangt der Therapeut wiederum durch einen Meditationsprozeß mit Hilfe des erhebenden Einflusses eines Lehrers.

Der Transformations-Therapeut erkennt, daß der Klient ein Spiegel für das eigene Bewußtsein des Therapeuten ist und daß der Therapeut auch ein Spiegel für den Klienten ist. Der Therapeut versucht, nicht zu vergessen, daß die Dynamik, die der Klient durcharbeitet, entsprechende Gegenstücke in seinem eigenen Bewußtsein hat. Der Therapeut, der mit der Dynamik des Klienten arbeitet, arbeitet gleichzeitig mit genau der gleichen Dynamik bei sich selbst.

Aus unserer früheren Darstellung des Hologramms ergibt sich implizit, daß der Transformations-Therapeut eines Bewußtseinszustandes fähig ist, in welchem er weiß, daß die Ganzheit seiner eigenen Seinsheit auch die Seinsheit des Klienten umfaßt. Ohne daß der Klient es irgendwie physisch, emotional oder verbal ausdrücken müßte, ist im Bewußtsein des Therapeuten all das enthalten, was er über den Klienten wissen muß. Der Therapeut ist sich bewußt, daß der Klient ebenfalls die Möglichkeit hat, alles zu wissen, was der Therapeut repräsentiert und empfindet.

Anfangs kann der Transformations-Therapeut gewisse Fingerzeige wie etwa die stimmlichen Vibrationen, die Körpersprache oder die emotionalen Reaktionen des Klienten ausnutzen, um dadurch seinem eigenen Bewußtsein zu helfen, in jenen Bereich zu gelangen, der den Klienten widerspiegelt. In einem späteren Entwicklungsstadium des Therapeuten sind solche Fingerzeige nicht mehr notwendig. Der Therapeut erlebt den Klienten unmittelbar.

In der Erkenntnis, daß das spezifische Problem des Klienten nur der Schatten einer viel tieferen strukturellen Dynamik ist, beginnt der Transformations-Therapeut nicht auf der Ebene des Problems zu arbeiten, jener Ebene, auf der der Klient seine Schwierigkeiten wahrnimmt. Vielmehr bemüht sich der Transformations-Therapeut, die strukturelle Ebene des Bewußtseins, auf welcher sich das «Problem» manifestiert, zu begreifen und die umwandelnde Energie dorthin zu richten. Es wird nichts von Wert – und vielleicht gar nichts – geschehen, wenn dem Bewußtsein des Klienten erlaubt wird, in der Perspektive seines Problems zu verharren. Die Klienten sind so sehr darauf konditioniert, die alte Schallplatte ihrer Tragödie abzuspielen und ihr Problem immer wieder und wieder vorzutragen, und nicht nur dem Therapeuten, sondern jedem, der bereit ist, ihnen zuzuhören, daß sie, wenn sie auf der Ebene ihres Problems verharren, fast immer bei ihrer Gewohnheit bleiben werden, das gleiche traurige Lied in einer endlosen Schallplattenrille ewig abzuspielen.

Die erste Aufgabe des Transformations-Therapeuten ist also, das Bewußtsein des Klienten in einen Zustand der Klarheit emporzuheben. Dieser Prozeß der Öffnung kann durch verschiedene Techniken erzielt werden. Eine Möglichkeit ist, das Problem einfach zu ignorieren. Je mehr der Klient versucht, es aufzubauschen, desto mehr muß der Therapeut diese Aufbauschung ignorieren und jedes Eingehen darauf vermeiden. Der Klient mag toben und schreien, weinen und ausagieren, und all das wird ignoriert. Wenn keine stille Meditation mit dem Klienten möglich ist, kann der Therapeut zu anderen Mitteln Zuflucht nehmen, zum Beispiel mit ihm tanzen oder schwimmen gehen, einen deftigen Witz erzählen, der ein Lachen hervorruft, einen Spaziergang mit ihm machen oder Tai Chi üben, mit ihm singen oder psalmodieren – alles, was den Blick des Klienten von der Problemebene seiner äußeren Vernunft ablenken kann. Die tatsächliche Steigerung des Bewußtseins beim Klienten geschieht durch einen Induktionsprozeß. Die Bewußtseinsebene des Therapeuten, wie sie in seinem Körperfeld zum Ausdruck kommt, induziert eine ähnliche Bewußtseinsebene im Energiefeld des Klienten. Und das Bewußtsein des Klienten verlagert sich gleichzeitig, um sich entsprechend auf das neue Energiefeld einzustellen. Als Induktion bezeichnen wir jenen Vorgang, bei dem ein Körper mit elektrischen oder magnetischen Eigenschaften in einem benachbarten Körper – ohne direkten Kontakt – eine Magnetisierung, eine elektrische Aufladung oder eine elektrokinetische Kraft hervorruft. Solange sich der Patient nicht von der Ebene seines Problems ablöst, ist die therapeutische Interaktion unmöglich. Die Induktion des Energiefeldes durch das Herz-Chakra, die einen Zustand der Bedingungslosen Liebe manifestiert, hebt den Klienten aus jener Ebene, auf der die äußere Vernunft sein Problem konfiguriert, in einen Zustand der Klarheit empor. Wenn sich der Transformations-Therapeut in einem Zustand der Bedingungslosen Liebe befindet und wenn die Induktion gelingt, *kann* der Klient *nicht* auf der Ebene des Problems verharren.

Der Transformations-Therapeut muß vielleicht auch direkt auf die Chakras des Klienten einwirken. Bei dieser Technik wird Energie durch die Hände des Therapeuten geschickt, um die

Verlagerung im Bewußtsein des Klienten zu induzieren. (Dieser Teil der Arbeit wird in dem Kapitel über die Techniken beschrieben.)

Sobald sich der Klient in einem höheren Bewußtseinszustand befindet, induziert der Transformations-Therapeut bei ihm die Haltung eines Beobachters. In dieser vermag der Klient die Ebene seines Problems zu sehen, ohne geistig oder emotional darauf zu reagieren. Wenn alle möglichen Alternativen gleichzeitig erkannt sind, wird die Beurteilung des Klienten sich automatisch auf die strukturelle Ebene verlagern. Da die Alternativen, die im höheren Bewußtseinszustand erkannt werden, von überwältigender Wirkung sein können, sobald die emotionale und die geistige Ebene des Klienten anschließend reintegriert werden, muß der Therapeut den Klienten behutsam auf diese Möglichkeit vorbereiten.

Akzeptiert der Klient diese Alternativen und das neue Wertsystem, das er im höheren Bewußtseinszustand erkannt hat, so werden sich das Problem und das Krankheitsgeschehen verändern, und zwar in unmittelbarem Verhältnis zum Engagement des Klienten, eine neue Handlungsweise einzuschlagen, und zu seiner Fähigkeit, dieses neue Verhalten beizubehalten. Der Therapeut kann keine Verantwortung dafür übernehmen. Die Verpflichtung und die Einhaltung dieser Verpflichtung sind ausschließlich Sache des Klienten.

Während der Therapeut und der Klient miteinander in einem erhöhten Bewußtseinszustand sind, bringt der Therapeut so viel von der Ganzheit der Seinsheit seines Klienten ans Licht, als der Klient ertragen und erfahren kann. Statt festzuhalten an dem, was er für seinen Zweck und seine Absicht in diesem Leben hält, muß der Klient lernen, die Absichten seiner Seele zu erkennen. Dies ist das Gebiet, wo die Transformations-Psychologie zur Kunst wird und wo der Therapeut nicht nur Wissenschaftler oder Metaphysiker, nicht nur Ratgeber oder Tröster sein muß, sondern ein Künstler.

Wenn es notwendig wird, kann der Transformations-Therapeut einem sterbenden Klienten über den physischen Tod hinweghelfen. Die Entscheidung liegt immer beim Klienten selbst. Die Transformation durch den Tod ist ein und dasselbe wie der Transformationsprozeß im Leben. Wie Sie vielleicht wissen, ist es nur der mit Vorurteilen behaftete Verstand, der zwischen der einen Transformation und der anderen unterscheiden will.

Der Transformations-Therapeut lehrt den Klienten, selbst den erhöhten Bewußtseinszustand zu induzieren. Zu den Techniken, die er dabei anwendet, gehören die Verwendung eines Musikstückes, das für die therapeutische Interaktion konditioniert ist (diese Methode wird im nächsten Kapitel ausführlich diskutiert), ferner die Übung der Spiralmeditation und das Abspielen eines Tonbandes, auf dem die therapeutische Sitzung aufgenommen wurde. Diese Techniken, ob im Zusammenwirken oder für sich allein, versetzen das Bewußtsein des Klienten oft in eine Ebene ähnlich jener, in der die Sitzung stattfand.

Der Wert von Tonbandprotokollen der therapeutischen Sitzung ist nicht hoch genug einzuschätzen. Aufgrund des Phänomens des zustandsgebundenen Bewußtseins kann sich der Klient, und sei es nur wenige Stunden danach, nicht mehr daran erinnern, welches die entscheidenden Schwerpunkte einer Lösung waren. Dieses Vergessen zeigt sich nicht nur in der Transformationserfahrung, sondern ganz allgemein bei jedem psychotherapeutischen Austausch. Man hört zwar selten davon, daß Leute die Sitzungen mit ihren Therapeuten auf Band aufnehmen, aber ich bin überzeugt, daß sie es tun sollten. Ich bin mir sicher, daß viele Probleme viel rascher gelöst werden könnten.

Im Verlauf der Interaktion kann der Transformations-Therapeut mit allem signifikanten Traummaterial arbeiten, das der Klient beisteuert. Dabei kommt es nicht darauf an, den Traum zu deuten, sondern den Klienten über das Verhältnis des inneren Traumes zur äußeren Realität aufzuklären, denn in diesem Verhältnis offenbart sich die strukturelle Ebene des Bewußtseins.

Gegen Ende der ersten therapeutischen Interaktion erinnert der Therapeut den Klienten daran, daß das Bewußtsein des Klienten sich erneut auf die Perspektive des Problems polarisieren kann. Der erfahrene Transformations-Therapeut kann sich sogar entschließen, diese Möglichkeit zu demonstrieren, indem er absichtlich die Problem-Ebene und anschließend die Ebene der Lösung induziert, so daß der Klient die dramatische Verschiebung seiner Bewußtseins- und Gefühlszustände erleben kann, die der Prozeß dieser erneuten Polarisierung hervorruft.

Zum Schluß der Sitzung erfüllt der Transformations-Therapeut den Klienten mit der Schönheit und Großartigkeit des Lebensprozesses und mit der Eröffnung neuer Möglichkeiten der persönlichen Entfaltung, die das «Problem» ihm bietet. Der

Klient, inspiriert und emporgehoben, fühlt nun, daß er anfängt, das höchstmögliche Potential zu manifestieren, das ihm zugänglich ist.

Ich verurteile die übliche Praxis der einstündigen Interaktion bei täglichen oder allwöchentlichen Sitzungen. Ein Minimum von drei Stunden oder ein ganzer Tag können notwendig sein, um sich voll in eine Transformationserfahrung hinein und wieder hinauszubegeben. Auch sollte der Therapeut einer Abhängigkeit des Klienten entgegensteuern, indem er ihn weniger oft sieht, vielleicht in Abständen von sechs Wochen oder allenfalls einem Monat.

Und schließlich weiß der Transformations-Therapeut, wann er absolut nichts mehr für den Klienten tun kann – was vielleicht am schwersten fällt in einer Gesellschaft, die nach dem Grundsatz lebt: «Tu doch wenigstens irgend etwas.»

Ganz entschieden abzulehnen ist jede Technik oder medikamentöse Behandlung, die es dem Patienten nur ermöglicht, schlecht und recht weiterzuleben. Niemand will schlecht und recht weiterleben; jeder will mehr. Wenn der Klient zu höheren Ebenen der Lösung fortschreitet, dann lösen sich Symptome wie Angst und Depression von selbst. Während Tranquilizer und andere «therapeutische» Medikamente lediglich die Symptome tarnen, die als Signale der äußeren Vernunft sagen wollen, daß eine Veränderung notwendig ist, liegt die wahre Therapie in der Transformation der Wertsysteme des Klienten. Sie *ist* Veränderung.

Auch der häufige oder gewohnheitsmäßige Gebrauch bewußtseinserweiternder Drogen auf seiten des Therapeuten oder des Klienten beeinträchtigt die psychotherapeutische Interaktion. Zwar kann die Drogenerfahrung für den einzelnen einen Durchbruch bedeuten, aber die dauernde Einnahme von psychedelischen, halluzinogenen und anderen Drogen blockiert schließlich beim Therapeuten wie beim Klienten die Fähigkeit, natürliche Zustände erweiterten Bewußtseins zu erreichen. Aus eigenen Experimenten mit Halluzinogenen weiß ich, daß die Drogenerfahrung weniger befriedigend und weniger produktiv ist als die natürlich induzierten Zustände gesteigerter Bewußtheit.

Aus den Erfahrungen mit der Transformations-Psychologie bei den Kursen auf der Sky Hi Ranch weiß ich, daß der Prozeß des Emporhebens und die Entwicklung einer höheren Sicht durch die Gruppenerfahrung beschleunigt wird. Das Energiefeld einer Gruppe ist viel intensiver als das eines Transformations-Therapeuten allein. Entscheidend für den Erfolg ist aber die Kontrolle des Gruppenfeldes, denn wenn die Gruppe in negative oder begrenzende Zustände hineingerät, muß der Therapeut alle Hilfsquellen seiner Seinsheit aufbieten, um die Gruppe wieder auf einen Mittelpunkt auszurichten.

Der wichtigste Faktor bei der Anwendung der Transformations-Psychologie ist der Entwicklungsstand des Therapeuten. Ganz gleich wie gründlich geschult seine äußere Vernunft auch sei, darf sie doch niemals die psychotherapeutische Interaktion steuern. Wie hoch sie auch entwickelt sein mag, ist sie doch nur die äußere Vernunft und daher zu beschränkt, als daß ihr die Kontrolle zugestanden werden dürfte. Sie darf nicht der dominierende Dirigent sein, sondern bestenfalls ein nützliches und wichtiges Werkzeug.

Nicht alle Klienten sind in der Lage, die Induktion höherer Bewußtseinszustände auszuhalten. Wir müssen bedenken, daß die äußere Vernunft, auch wenn sie nicht die Ursache des Problems ist, doch unvermeidlich das Problem kompliziert. Da die Problem-Ebene immer nur auf sekundäre Weise auf den Klienten einwirkt, ist der Verstand oft nicht bereit oder unfähig, seine Bindung an diese aufzugeben. In der Regel habe ich festgestellt, daß ein Klient, wenn er nach der therapeutischen Sitzung das Problem schnell wieder polarisiert, mit umso größerer Intensität an dem Problem festhält. Wenn das Problem langsam wieder polarisiert wird, ist der Klient auf dem Wege, die Problem-Ebene verlassen zu können.

In der psychotherapeutischen Interaktion ist es wohl wünschenswert, daß der Klient intelligent genug sei, um zu begreifen, was während der Sitzung geschieht, aber Intelligenz ist gewiß nicht der entscheidende Faktor. Wenn der Klient unfähig ist, den Prozeß zu verstehen, genügt oft schon eine Induktion der Energiefelder des Therapeuten auf die Felder des Klienten, um das Verständnis zu fördern. Der Klient weiß vielleicht nicht, *was* geschehen ist, aber er wird sich gewiß bewußt sein, daß *etwas* geschehen ist.

Psychosen sind der Transformations-Psychologie nicht unzugänglich, aber deren Behandlung verlangt eine sehr hohe Entwicklung auf seiten des Therapeuten. Der Therapeut muß nicht nur seine eigene Angst vor der Psychose umwandeln, sondern auch den psychotischen Prozeß verstehen, denn Psychose ist nicht unbedingt ein anomaler Zustand. Auch gewalttätige Klienten sind behandelbar, aber nur durch einen Therapeuten, dessen Energiefelder sehr intensiv sind. Extreme Fälle verlangen natürlich die Verwahrung oder Hospitalisierung – oder beides –, bis die Krise nachläßt. Während der Krise aber kann der Transformations-Therapeut gleichwohl mit der Induktion fortfahren, manchmal sogar mit dramatischem Effekt.

Wenn ein Klient sich in eine selbstzerstörerische Richtung bewegt, muß der Therapeut auch erkennen, daß die richtige Therapie darin bestehen kann, *nicht* einzugreifen. Welches die angemessene therapeutische Maßnahme ist, richtet sich niemals nach den Bedürfnissen der Gesellschaft oder der konditionierten äußeren Vernunft des einzelnen Therapeuten oder nach den Erwartungen des Klienten. Der Schlüssel zu allem ist der freie Fluß der Seele. Der Therapeut hat die Aufgabe, zu ermitteln, wohin die Seele sich bewegt, und dann mitzuhelfen, die Hindernisse auf dem Weg dorthin zu beseitigen.

In unserem Zeitalter des Übergangs werden wir noch die Vereinigung der medizinischen, naturwissenschaftlichen und psycho-spirituellen Methoden zu einem Spektrum von Heilverfahren erleben, das allen Menschen offenstehen wird.

Wir sind bereits auf dem Weg.

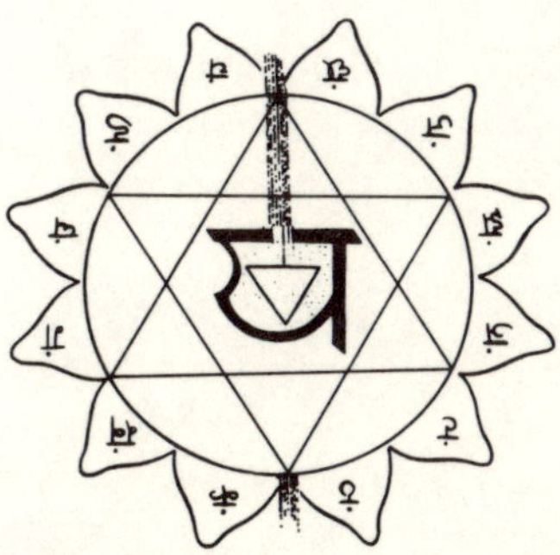

ZEHNTES KAPITEL

# Übungen und Techniken

*Alle Energie, die in und um den Körper strömt, kann durch Gedanken gesteuert werden.*

Zwei wesentliche Kunstgriffe der Transformations-Therapie sind die Fähigkeit, körperliche Energiefelder zu spüren sowie die Fähigkeit, die Energie des Herz-Chakra zu transferieren. Um diese Fähigkeiten zu entwickeln, lehre ich sieben verschiedene Arten von Übungen:

1. Den Resonanzkreis
2. Die Erforschung hoch-verstärkter musikalischer Klänge
3. Die modifizierte Spiralmeditation
4. Dyadische Übungen
5. Triadische Übungen
6. Das Abtasten mit der Hand
7. Den Energie-Transfer

Abgesehen von zwei dyadischen Übungen – nämlich der grundlegenden Augen-Übung (Trespasso-Technik), hervorgegangen aus einem Workshop mit John Lilly, sowie der Schild-Durchdringungs-Übung, die Eileen Pittler (Weiner) auf einem Workshop lehrte, den sie und ich gemeinsam im März 1976 abhielten – stammen alle diese Übungen und Techniken aus den intuitiven Regionen meines Bewußtseins.

Die Übungen erscheinen einfach, aber jede sollte beherrscht werden, bevor der Schüler zur nächsten fortschreitet. Nicht eine dieser Techniken ist unwesentlich für die Entwicklung der Kontrolle über die Körperenergie, die notwendig ist, um einem anderen Menschen bewußt Energie weiterzugeben. Sie sollten nicht unmittelbar nach einer Mahlzeit ausgeführt werden. Am besten führe man sie einige Stunden nach einer Mahlzeit aus.

Die meisten Menschen können binnen fünf Minuten lernen, Energiefelder mit der Hand abzutasten. Viele können binnen fünf Minuten lernen, Energie durch ihre Hände zu zentrieren. Aber ohne weitere Vorübung fehlt es solcher Energie an Qualität und Kontrolle. In gebündelter Form kann die Energie, mit der diese Leute arbeiten, ebenso zerstörerisch für den Körper sein, wie sie heilsam und harmonisierend sein kann. Wenn Sie mit einem Partner oder im Dreieck arbeiten, haben Sie die Verantwortung, so hoch geläuterte Energie wie nur möglich zu übergeben. Unwissenheit ist keine Entschuldigung. Sie sind verpflichtet, zu wissen – oder falls Sie nicht wissen, zu lernen –, bevor Sie an die Praxis herangehen.

Wenn ich die Kursteilnehmer in den Körpertechniken unterrichte, weise ich schon mit meinen ersten Worten deutlich darauf hin, daß die anhaltende Konzentration der Aufmerksamkeit auf die Ebene des Herz-Chakras eine zeitweilige Verzerrung der körperlichen Energiefelder bewirkt. Das auf diese Weise besonders betonte Feld des Herz-Chakras wird zeitweilig zur dominierenden Quelle der vom Körper ausstrahlenden Energie.

Die jedem Chakra zugeordnete Körperregion spiegelt eine bestimmte Bewußtseinsebene wider und ist mit lokalen Körperempfindungen verbunden. Hellseher und Leute, die gelernt haben, die Energiefelder des Körpers mit den Händen zu entdekken, können mühelos den beim einzelnen vorherrschenden Bewußtseinszustand bestimmen, indem sie feststellen, welches Energiefeld zum gegebenen Augenblick am aktivsten ist. So etwa stimuliert intellektuelle Aktivität hauptsächlich das Feld des Stirn-Chakras, emotionale Zustände spiegeln sich hauptsächlich in einer verstärkten Ausstrahlung des Solarplexus- und Milz-Chakras, und sexuelle Reaktionen zeigen sich zuerst am Unterleib-Chakra.

Diese Strahlungen haben ihr Gegenstück in Gefühlen, die der Betreffende erlebt. Gleichgültig ob ein Gedanke ein bestimmtes Chakra aktiviert oder ob die Stimulation eines bestimmten Chakras besondere Gedanken auf der entsprechenden Bewußtseinsebene auslöst, gibt es stets ein Bindeglied zwischen dem Bewußtsein des Betreffenden und den Strahlungen aus seinen entsprechenden Chakras. Wenn bei einem Menschen hauptsächlich die emotionalen Chakras strahlen, so wird seine Wahrnehmung aller äußeren Vorgänge nach der emotionalen Richtung hin verzerrt sein. Ein Mensch, der sich primär im Zustand sexueller Erregung befindet, wird dazu neigen, äußere Stimuli als sexuelle wahrzunehmen.

Diese Bereitschaft des Bewußtseins, sich mit bestimmten Chakras zu verknüpfen und seine Wahrnehmung diesen anzugleichen, führte mich zu dem Kunstgriff, die Schüler absichtlich ihre Aufmerksamkeit auf das Herz-Chakra konzentrieren zu lassen, um dieses Zentrum zu stimulieren und somit zu lernen, die Realität aus dieser Perspektive zu erleben. Der Transformationsprozeß ist aufs engste mit der Bewußtseinsebene des Herz-Chakras verknüpft.

Bevor wir nun fortfahren, muß die Frage nach der Beschaffenheit der von den Chakras ausstrahlenden Energiefelder geklärt werden.

Alle Chakras funktionieren aktiv bei allen Menschen, ob lebendig oder tot, solange der Körper in seiner menschlichen Form gestaltet ist. Ich muß aber deutlich betonen, daß ein aktives Chakra nicht notwendig auch ein *erwachtes* oder *entwickeltes* Chakra ist. Die Intensität eines Chakra-Feldes zeigt nicht an, ob es entwickelt ist, sondern nur, daß es funktioniert. Die Funktionsebene eines bestimmten Chakras wird bestimmt durch die *Qualität* der vom Chakra ausgehenden Energie. Diese Qualität spiegelt sich in der Farbe, die hellseherisch begabte Personen wahrnehmen, oder in der Frequenz, die man beim Abtasten mit der Hand spüren kann, und außerdem in der Konfiguration des ausgesandten Feldes. Ein unerwecktes Scheitel-Chakra zum Beispiel kann intensiv strahlen, aber dennoch unentwickelt sein, und sein Feld weist dann eher eine Zylinderform auf und nicht die Form einer Feder oder eines Konus, wie bei Menschen mit einem erweckten Scheitel-Chakra festzustellen. Dasselbe gilt für alle primären Chakras des Körpers. Heute kann ich dies so knapp sagen, aber ich brauchte drei Jahre, um diesen einfachen Unterschied zu verstehen.

Sexuelle Energie kann in emotionale Energie, in geistige Energie oder körperliche Energie umgewandelt werden. Dasselbe gilt für alle sogenannten primären Reaktionen des Menschen. Es stehen dem Menschen Entscheidungsmöglichkeiten offen, wie keine andere Lebensform auf diesem Planeten sie hat, außer vielleicht dem Delphin. Aber aufgrund des relativ unentwickelten Bewußtseins der Menschen (selbst der höchstentwickelte Intellekt ist nur ein Bruchteil der gesamten Bewußtheit des einzelnen) erkennt kaum jemand, daß diese Möglichkeiten existieren, und noch seltener geschieht es, daß sie einem durch Erfahrung bewußt werden.

Der Prozeß der Umwandlung ist heute bei den meisten Menschen im Unterbewußtsein wirksam. Diese unterbewußte Wirkung sowie der Konflikt mit dem unterentwickelten Zustand des äußeren Bewußtseins erzeugen die Knoten in der menschlichen Psyche und führen zu physischen, emotionalen und geistigen Abweichungen. Verstünden die Menschen die Grundmechanismen ihres Bewußtseins, dann würde es keinerlei Unterdrückung von Gefühlen wie Wut, Sexualität und Feindseligkeit geben.

Der heutige Bewußtseinszustand des Menschen ist unerträglich. Wäre kein höherer Aspekt zugänglich, die Menschheit wäre besser beraten, zur natürlichen Einfachheit des Tier-Bewußtseins zurückzukehren. Aber ich bin optimistisch genug zu glauben, daß der gegenwärtige unerträgliche Zustand des menschlichen Bewußtseins, auch wenn er schon mindestens fünfzehn bis zwanzig Jahrtausende lang in dieser Form anhält, nur ein Übergangsstadium ist. Heute stehen wir an der Schwelle zu einer neuen Epoche, es gibt die Möglichkeit der Entscheidung, und die Entscheidung ist unsere. Wir können nicht wissen, ob unser konditioniertes Bewußtsein sich aufgrund – oder gerade trotz – unserer Intelligenz entwickelt hat, aber wir können und müssen uns entscheiden, ob wir weiterhin dieses Bewußtsein, das herkömmliche Primaten-Bewußtsein, manifestieren oder die Aspekte unserer Göttlichkeit beanspruchen wollen.

Die Großartigkeit der vom Herzen ausgehenden Perspektive unseres Bewußtseins ist die direkte Verbindung zu unseren Göttlichen Aspekten. Es gibt nur noch eine andere direkte Verbindung zum Göttlichen, nämlich über das Scheitel-Chakra, eine spätere natürliche Entwicklung, die uns erst zugänglich wird, nachdem das Herz-Chakra sich entwickelt oder entfaltet hat.

Um die Verbindung mit dem Göttlichen herzustellen, wird der Kursteilnehmer aufgefordert, seine sexuellen, emotionalen, geistigen und physischen Chakras unter Kontrolle zu halten und seine Energie nur durch das Herz-Chakra zum Ausdruck zu bringen, bis er die vorhandenen Alternativen durch die Perspektive des Herz-Chakras erfährt.

Ein zorniger Mensch entdeckt zum Beispiel, daß chronische Wut nichts anderes ist als Energie, die in verzerrter und destruktiver Weise Ausdruck findet. Der Betreffende lernt, daß die Energie dieser destruktiven Verzerrung umgewandelt werden kann, wenn sie durch das Herz-Chakra Ausdruck findet. Wenn er dieses Verständnis der Umwandlung gewonnen hat, kann er erkennen, daß Wut in Wirklichkeit kaum etwas mit dem Ereignis zu tun hat, das sie «auslöste», sondern unauflöslich mit seinem eigenen verzerrten und übersensiblen emotionalen Chakra verbunden ist, nämlich seiner Neigung, auf gewisse Erfahrungen mit Zorn zu reagieren. Wenn der zornige Mensch endlich erkennt, daß es noch eine Alternative gibt zu der Gewohnheit, auf gewisse Stimuli mit Zorn zu reagieren – ganz gleich ob der Betreffende diese Alternative wirklich nutzt oder nicht –, dann ist er auch schon im Begriff zu erwachen.

Wenn ein von sexueller Energie beherrschter Mensch entdeckt, daß diese sekundäre Energie nicht auf die übliche Weise freigesetzt werden muß und daß es die Alternative gibt, sexuelle Energie mit Hilfe anderer Chakras umzuwandeln, so ist der Betreffende im Begriff zu erwachen.

Entscheidend ist aber nicht, daß Erfahrungen blockiert werden – in unserem Beispiel, daß Zorn oder Sexualität unterdrückt werden –, sondern daß es zu jeder Erfahrung eine Reihe von Alternativen gibt. Der Göttliche Aspekt des Menschlichen ist die Fähigkeit, sich ohne Verzerrung frei zu entscheiden. Eine Konsequenz des voll erwachten Bewußtseins ist, daß der Betreffende die Fähigkeit erlernt, Ausdruck und Erfahrung frei wählen zu können. Mit dieser Fähigkeit verschwinden die Verzerrungen der sexuellen, emotionalen, physischen und geistigen Bewußtseinsebenen, und es wird schließlich möglich, die rein physische, rein sexuelle, rein emotionale und rein geistige Ebene zu erleben – einzeln oder in Kombination miteinander, wie in einer Bach-Fuge. Und hervor tritt der Göttliche Mensch.

## Der Resonanzkreis

Die Energie-Arbeit während eines Kurses beginnt mit der ersten Mahlzeit. Die Teilnehmer werden aufgefordert, sich an den Händen zu fassen, bevor sie zu essen beginnen. In diesem Augenblick werden sie gebeten, ihre geistigen und emotionalen Sorgen fahrenzulassen, ihre Aufmerksamkeit auf ihre untere Brustregion zu konzentrieren, inspirierte und harmonische Gefühle einzubringen und diese Gefühle allen anderen am Tisch weiterzugeben. Der Speiseraum ist so eingerichtet, daß alle Teilnehmer und ich an zwei oder drei großen Tischen sitzen, die miteinander verbunden sind. Der Kreis unserer Hände, «die Resonanz» genannt, wird im Verlauf des Kurses eine wichtige Übung und eine der am häufigsten wiederholten. Vor jeder Mahlzeit und am Anfang und Ende einer jeden Sitzung im Kurs wird ein Resonanzkreis gebildet, so daß dieser mindestens siebenmal am Tag erlebt wird. Schon am vierten Tag eines Kurses erreicht die Energie einer Gruppe für gewöhnlich eine solche Intensität, daß nur wenige unberührt bleiben von der Macht dieser Interaktion.

Während der ersten Sitzung eines Kurses sprechen wir über die Bedeutung der Resonanzübung. Im Kurssaal sitzen die Teilnehmer in einem großen Kreis auf Kissen am Fußboden. Die meisten sitzen mit untergeschlagenen Beinen, aber erlaubt ist auch jede andere Haltung, die ihnen gestattet, sich bequem an den Händen zu halten. Ich schalte ein einfaches Bio-Feedback-Gerät in den Kreis ein, das eine unmerkliche elektrische Spannung durch die ganze, sich an den Händen haltende Gruppe schickt. Solange der Kontakt nicht unterbrochen wird, macht dieses Gerät ein Geräusch, und die Lautstärke variiert je nach dem elektrischen Widerstand in der Runde der Teilnehmer. Dies demonstriert rasch und leicht, erstens, daß die Gruppe als Leiter eines Energiestroms wirkt, und zweitens, daß die einzelnen Gruppenmitglieder das Fließen des Stroms regulieren und damit die Lautstärke des Instruments verändern können. Daraus ziehen wir die logische Schlußfolgerung, daß die Energie-«Ladung», die durch die Hände-haltende Gruppe fließt, in dem Maß intensiviert wird, wie jeder einzelne Teilnehmer eine individuelle, aus der Region seines Herz-Chakras kommende «Ladung» entwickelt. Man könnte diese Schlußfolgerung noch weiter führen, aber das Entscheidende ist hier die Erfahrung des Resonanzkreises, nicht die dem zugrunde liegende Theorie.

Bei der Resonanzübung geht es immer um dieselbe Aufgabe: Man muß sein Bewußtsein auf das Herz-Chakra konzentrieren. Ich betone immer wieder, daß schon das bloße Denken daran es geschehen läßt. Fangen Sie damit an, daß Sie die Energien des Körpers in das Herz-Chakra lenken. Sobald diese Vorstellung den Energiefluß auslöst, muß der Brennpunkt des Bewußtseins ganz beim Herz-Chakra liegen. *Man soll nicht nur daran denken, wie es wäre, sich völlig auf die Region des Herz-Chakras zu konzentrieren.* Man muß das Herz-Chakra *fühlen* und es *sein.* (Die erste Folge von *kursiv* gedruckten Worten ist – jedes für sich und alle zusammen – völlig falsch. Die letzten beiden Worte sind vollkommen richtig.)

Mit fortschreitender Übung sollte man irgendeine Empfindung in der Brustregion spüren. Es kann ein Wärmegefühl sein, ein Pochen (weil der Herzmuskel selbst stimuliert wird), ein Kribbeln, manchmal eine Vibrationsempfindung und – seltener – ein Schmerz. Schmerz in der Region eines Chakras tritt immer dann auf, wenn eine hohe Energie-Konzentration vorliegt, ohne die Möglichkeit, diese Energie freizusetzen. Ich habe Männer und Frauen von knapp zwanzig Jahren beteuern hören, sie fürchteten, einen Herzinfarkt zu bekommen. Die Körper dieser Menschen waren einfach nicht daran gewöhnt, Energie in dieser Region zu konzentrieren. Wenn man sie auffordert, die aufgestaute Energie zu entladen, indem sie imaginieren, wie aus dem Herz-Chakra – senkrecht zur Hautoberfläche über der Chakra-Region – Energie abfließt, dann lassen die Schmerzsymptome nach. Sorgen Sie immer dafür, daß die in einem Chakra angestaute Energie ein Ventil findet. Stellen Sie sich einfach vor, oder imaginieren Sie, daß die Energie in der Region, wo sie sich staut, vom Körper ausstrahlt. Die Beschwerden werden rasch nachlassen.

Diese Übung ist grundlegend: Man konzentriert sein Bewußtsein und seine Energie im Herz-Chakra und imaginiert die Freisetzung der aufgestauten Energie durch dieses Chakra, wie ein Strahl, den man direkt aus der Brust aussendet. Nach ein paar Tagen können sich alle Teilnehmer nicht nur auf die Ebene des Herz-Chakras konzentrieren, sondern auch Energie von überallher im Körper zur Herz-Region steuern und diese Energie durch das Herz-Chakra zum Ausdruck bringen.

Am Anfang ist das Gefühl des Energiestroms verschwommen. Wenn man die Übung wiederholt, wird es eine ausgeprägte Empfindung. An einem gewissen Stadium stellt sich das Bewußtsein der Bedingungslosen Liebe ein, verbunden mit einem wunderbaren Gefühl des Wohlergehens. Dann ist es ein ganz natürlicher Impuls, diese Empfindung und diesen Bewußtseinszustand weiterzugeben, indem man die Energie aus dem Herz-Chakra auf andere Menschen, auf die ganze Gruppe oder auf Familienmitglieder oder Freunde in der Ferne projiziert.

Am Anfang ist das Gruppen-Energiefeld – wie ich mich ausdrücke – inkohärent. Die Energiefelder der einzelnen Mitglieder sind von unterschiedlicher Intensität und auf verschiedenen Brennpunktsebenen. Am ausgeprägtesten sind die Stirn-Energien, die Solarplexus-Energien und manchmal auch die Genital- und Kehl-Energien. Nur selten kommt es vor, daß jemand von Anfang an die Körper-Energien in der Herz-Region konzentrieren kann. Nun haben alle Teilnehmer die Aufgabe, sich hauptsächlich auf das Herz-Chakra zu konzentrieren und diese Konzentration während des ganzen Kurses beizubehalten. Das Gelingen dieser Aufgabe hat große Folgen, wie ich berichten werde.

Wenn die Gruppe sich auf eine einzige Frequenz einstimmt – wie dies bei der Resonanzübung geschieht, sobald sich die Energien der einzelnen Teilnehmer auf der Ebene des Herz-Chakras konzentrieren –, so hat dies interessante Parallelen in der Physik.

Inkohärentes Licht – etwa Licht aus einer weißglühenden Glühbirne – ist zusammengesetzt aus vielen Lichtenergiefrequenzen. Es ist effektiv, aber lange nicht so stark wie eine einzige Lichtfrequenz, die von einer Lichtquelle ausgeht. Licht von einer einzigen Frequenz nennt man kohärentes Licht oder Laserstrahl. Die meisten von uns kennen die Macht des Laserlichts im Vergleich zu gewöhnlichem Licht aus einer Glühbirne. Ähnlich ist die Situation bei der Gruppen-Arbeit. Wenn das Energiefeld der

Gruppe kohärent wird – das ganze Feld auf einer einzigen Ebene –, so wird es ähnlich wie das Laserlicht verstärkt.

Wie William Tiller von der Stanford University aufgrund seiner Forschungen feststellt, ist die Intensität des kohärenten Gruppen-Energiefeldes nicht die Summe der Gruppenmitglieder, sondern vielmehr das Quadrat der Anzahl von Menschen in der Gruppe. Folglich hätte die Macht einer Gruppe von 200 Menschen, deren Energie kohärent wäre, einen Zahlenwert nicht von 200, sondern von 40000!

Das Induktionspotential eines Gruppenfeldes kann sehr mächtig sein. Außerdem sind ein oder zwei Individuen mit starken, auf der Herz-Ebene konzentrierten Energiefeldern in der Lage, den Rest der Gruppe auf dieselbe Bewußtseinsebene emporzuheben. Andere, die nicht im gleichen Maß auf der Herz-Ebene konzentriert sind, werden durch Induktion zur Aussendung einer kohärenten Frequenz auf der Herz-Ebene veranlaßt. Dabei hat man immer die freie Wahl, einen solchen Vorgang zu unterbrechen oder zu blockieren, aber ich kenne niemanden, der das wünscht.

Hier ist auch ein mahnendes Wort am Platz. Denn nach den gleichen Prinzipien entsteht die Massenhysterie. Jeder, der einmal in ein solches Erlebnis hineingezogen wurde, kennt die überwältigende Macht einer außer Kontrolle geratenen Menschenmenge.

Dasselbe Phänomen findet sich bei einem Publikum, das einem inspirierten Vortragsredner lauscht oder einem besonders hervorragenden Schauspieler zuschaut, der mit Hilfe dieses Prinzips das ganze Publikum zu manipulieren vermag. Durch die Wirkung des Gruppenfeldes empfindet man Pathos oder Humor viel stärker, als säße man allein dem Sprecher gegenüber.

Wenn ich hier von Induktion spreche, fühle ich mich immer durch eine wahre Geschichte ergötzt, die Lyall Watson in seinem Vorwort zu Lawrence Blairs Buch *Rhythms of Vision* berichtet:

Eine bestimmte Affengattung, die weit vor der Küste Japans auf verstreuten Inseln lebte, ohne daß die Affen miteinander Kontakt hatten, war über zwanzig Jahre lang von Forschern studiert worden. Danach gab es kaum noch etwas, das von diesen Affen nicht bekannt gewesen wäre.

Abgesehen von den Lebensmitteln, die die Forscher auf die Inseln mitbrachten, fraßen die Affen Süßkartoffeln, die dort wild gedeihen. Solange man sie beobachtete, hatten sie die Kartoffeln ausgegraben und einfach – mit Erde und allem – aufgefressen.

Aber eines Tages beobachtete ein Forscher auf einer dieser Inseln, wie ein Affe eine Kartoffel ausgrub. Statt sie – mit Erde und allem – aufzufressen, trug der Affe sie an den Strand und wusch die Erde ab, bevor er sie fraß. Kurz darauf zeigte er diese neue Errungenschaft seiner Mutter. Die Mutter wiederum zeigte es ihrem Gefährten, und bald darauf schleppten die meisten Affen dieser Insel ihre Kartoffeln zum Wasser hinunter und wuschen sie ab, bevor sie sie fraßen.

Bis hierher klingt die Geschichte wie aus einem psychologischen Einführungskurs, aber Watson weiß noch mehr zu berichten. (Weil die genaue Zahl der Tiere unbekannt ist, nimmt er eine symbolische Zahl von 100 an.)

Endlich gräbt nun der hundertste Affe seine Kartoffel aus und trägt sie zur Küste hinunter, um sie zu waschen. Dann aber, keine Stunde nachdem der hundertste Affe seine Kartoffel gewaschen hat, fangen die Affen auf zwei anderen, weit entfernten Inseln an, ihre Kartoffeln zur Meeresküste zu bringen und sie dort abzuwaschen, bevor sie sie auffressen.

Der Sinn dieser Geschichte fasziniert mich. Die Vorstellung, daß räumliche Schranken transzendiert werden, sobald die verbindende Gruppen-Aktion eine gewisse kritische Ebene erreicht, sollte jeden begeistern, der an Gebetskreisen, Heil-Zirkeln, Kommunen, kirchlichen Gruppen oder Meditationsgruppen teilnimmt – alles Zusammenkünfte von Leuten, deren Hauptanliegen es ist, der Menschheit zu dienen und denen es dabei auf Harmonie ankommt.

Wäre es möglich, daß die Ähnlichkeit geographisch weit voneinander getrennter Architekturformen – etwa der Pyramiden in Ägypten und jener in Amerika oder Asien – auf dem gleichen Phänomen beruht? Ist diese Art der Energie-Interaktion im Spiel, wenn Erfinder und Schriftsteller beinahe gleichzeitig ähnliche schöpferische Einfälle haben? Könnten kleine, aber mächtige Gruppen von einzelnen das allgemeine Feld des menschlichen Denkens telepathisch beeinflussen? Gilt das Hologramm-Gleichnis auch für das menschliche Bewußtsein?

Meine Gedanken wirbeln – erfüllt von Fragen und Möglichkeiten, die die Idee unterstützen, daß wir alle irgendwie miteinander verbunden sind.

Eine großartige Erfahrung und Übung, die das Bewußtsein des einzelnen wie der Gruppe erweitern kann, ist die Erforschung hoch-verstärkter Musik. Am Anfang jeder Gruppensitzung legen sich die Kursteilnehmer auf den Rücken, wobei ihre Handflächen den Boden berühren. Sie sind darauf vorbereitet, daß die Musik eine Intensität erreichen wird, die den üblichen Hörbereich erheblich übersteigt. Falls der Schall zu laut wird, stehen Ohrenstöpsel zur Verfügung.

Die Teilnehmer konzentrieren sich auf die Herz-Ebene und beobachten, was während dieser Erfahrung mit ihrem Körper, insbesondere mit den Händen und der unteren Brustregion passiert. Eine sorgfältig ausgewählte Schallplatte wird gespielt. Für den Fall, daß nachteilige Reaktionen auftreten, schließe ich mich nicht der Gruppe an, sondern beobachte sie.

Der Kursraum hat einen doppelt gepolsterten Teppich, eine mächtige quadrophonische Lautsprecheranlage, einen Fußboden aus Holzdielen und darunter einen riesigen Keller. Der Effekt ist, als läge man auf einer sehr großen und sehr lauten Trommel.

Die Musik wird nach ihrer Eignung ausgewählt, verschiedene Körperregionen zu stimulieren, die wiederum die Energiefelder gestalten und aussenden. Es werden hauptsächlich klassische Stücke gewählt, denn ich habe entdeckt, daß die meisten klassischen Komponisten Meister im Schaffen von Energie – Schall-Energie – waren. Die Wirkung ist, daß das Energiefeld jedes einzelnen genau dasselbe tut wie die Energiefelder aller anderen, und dies zur gleichen Zeit. Auf einer unbewußten Ebene lernt die Gruppe, Energiefelder zu harmonisieren. Dieser Vorgang entzieht sich gänzlich dem bewußten Verständnis. Er wird physisch und psychisch erlebt.

Die Erfahrung intensiver musikalischer Klänge kann, unabhängig vom ausgewählten Musikstück, Verwirrung, Desorientierung und körperliche Schmerzen nach sich ziehen. Manche ausgewählten Stücke jedoch sind weit mehr geeignet, nachteilige Reaktionen auszulösen als andere. Um diese Reaktionen möglichst gering zu halten, prüfe ich die Musik immer sehr genau. Dabei interessiert es mich nicht besonders, ob es «große» Musik im ästhetischen Sinne ist. Mich interessiert vielmehr ihre Wirkung auf körperliche Energiefelder und die Stimulation der Bilder-schaffenden Regionen des Gehirns in Verbindung mit außergewöhnlichen Bewußtseinszuständen.

Durch die Musik können eine Reihe von physischen, emotionalen und psychischen Reaktionen auftreten:

1. Es kann sich eine Empfindung hoher Frequenzen einstellen, die sich im und um den Kopf und den Hals konzentrieren, oder von mittleren Frequenzen, die in der Körpermitte (Brust- und obere Bauchregion) konzentriert sind, oder von niedrigen Frequenzen, die sich im Unterleib und in den Beinen konzentrieren. Gewisse niedrige Frequenzen können auch eine Vibration in der Brust hervorrufen.
2. Es kann das Gefühl einer Harmonisierung oder Integration verschiedener Körperregionen auftreten, besonders bei Musikstücken von Bach, Beethoven und Mozart.
3. Es kann unwillkürliche Bewegungen der Hände, Arme und Beine geben. Diese können rhythmisch sein oder in Abständen und unregelmäßig auftreten.
4. Anfangs können Finger und Handflächen vielleicht nur gewisse Frequenzen empfinden. Manchmal besteht ein ausgeprägter Unterschied zwischen den Empfindungen der rechten und der linken Hand.
5. Bei der Stimulierung durch Musik können Körperregionen, die für gewöhnlich nicht gespürt werden, ins Bewußtsein treten und neue dreidimensionale Bilder des Körpers schaffen.
6. Schmerzen und Krämpfe können überall im Körper auftreten. Sie weisen auf Regionen hin, die für den durch intensive musikalische Klänge hervorgebrachten Energiestrom blockiert sind. Diese Reaktion hilft mit, die Aufmerksamkeit auf bestimmte Regionen zu richten. Diese Regionen verlangen bei Meditationsübungen, bei denen man sich auf den Energiestrom im Körper konzentriert, besondere Aufmerksamkeit. Oft ist es möglich, den Schmerz zu lindern, indem man einen Energiestrom durch die schmerzende Region imaginiert.
7. Die Klänge können bei geschlossenen Augen, und manchmal auch bei offenen Augen, als vielfarbiges Licht erlebt werden. Dies ist ein bekanntes sensorisches Übertragungs-Phänomen. Ganz ähnlich verhält es sich, wenn man Klänge

hört, während die Augen durch Licht stimuliert werden. Die Stimulation des einen Sinnesorgans erscheint als Reaktion des anderen.

8. Es können emotionale Entladungen stattfinden, zum Beispiel unkontrollierbares Gelächter, Weinen, manchmal Wut und Angst, gelegentlich auch Leidenschaft, Sexualität und – sehr selten – ein Gefühl der Transzendenz oder ein Zustand der Seligkeit.
9. Es können traumartige Bilder in strahlenden Farben erscheinen.
10. Es können außerkörperliche Zustände eintreten. Es kann sich ein Gefühl der Levitation einstellen, mit oder ohne Bewußtseinsverlust des physischen Körpers. Man kann die Empfindung haben, in den Weltraum oder in andere Teile der Welt katapultiert zu werden. Und man kann fühlen, wie die eigene Seinsheit mit dem Gruppen-Energiefeld verschmilzt, und dadurch alle Empfindung des eigenen Ich verlieren.
11. Man kann Blitze von überhell strahlendem weißem Licht sehen.
12. Dreidimensionale Bilder von Christus oder Buddha-ähnlichen Gestalten können auftreten, von Engeln, Teufeln, dämonischen Kreaturen, geliebten Verstorbenen oder Angehörigen der eigenen Familie.
13. Der Atemrhythmus kann sich verlangsamen oder beschleunigen, manchmal so dramatisch, daß ein Hyperventilations-Syndrom auftritt. Für den Fall solcher Reaktionen sollten Papiertüten von der Größe einer Einkaufstasche zur Hand sein. Drücken Sie einfach das offene Ende der Tüte zehn bis fünfzehn Minuten lang über Mund und Nase des unter Hyperventilation Leidenden, bis der Atem wieder normal wird. Diese Korrektur sollte bei jedem vorgenommen werden, bei dem die Hyperventilation länger als einige Minuten dauert.
14. Es können religiöse Ekstasen eintreten, in denen die Leute von «spiritueller» Energie überwältigt sind. Sie können plötzlich vom Boden aufspringen und singen und predigen und den Leuten die Hand auflegen, um ihnen heilende Energie zu senden, in Zungen reden oder in «Freuden»-Tränen ausbrechen. Sie haben offenbar die Kontrolle über

ihr Tun verloren und können sich total erschöpfen, wenn der Gruppenleiter nicht die Erfahrung im Anfangsstadium unterdrückt.

15. Manchmal treten momentane Verwirrungszustände, Desorientierung sowie das Gefühl auf, man sei verrückt geworden.

Es gibt eine Unzahl möglicher Reaktionen, aber diejenigen, die ich hier aufgezählt habe, sind die häufigsten. Außerdem habe ich festgestellt, daß die Erfahrung intensiver Musik äußerst hilfreich ist bei der Arbeit mit Einzelklienten, denn es tritt eine mächtige Konditionierung ein, wenn eine vom Klienten selbst ausgewählte Musik während der Erfahrung des Energietransfers abgespielt wird.

Es steht dem Klienten frei, aus meiner Plattensammlung ein Stück auszuwählen oder seine Lieblingsplatte oder -tonbandaufnahme mitzubringen. Während ich das Energiefeld abtaste und Energie durch meine Hände transferiere, wird das Stück bei angenehmer Lautstärke abgespielt. Später wird dasselbe Musikstück, während der Klient sich zu Hause in Rückenlage entspannt, noch einmal abgespielt, was eine Rekapitulation der während des Energietransfers erlebten Körperempfindungen bewirkt. Mit ein wenig Übung kann der Klient lernen, sein eigenes Chakra-System zu stimulieren, und ist dann nicht mehr auf meine Arbeit mit den Energiefeldern angewiesen. Dieser Effekt erzeugt ein Gefühl der Selbstbemeisterung, das eine wichtige Rolle für die ganzheitliche Auffassung der Heilkunst spielt.

## Die Spiralmeditation

Ich habe die Spiralmeditation im neunten Kapitel ausführlich beschrieben. Jetzt möchte ich eine zusätzliche Technik vorstellen, die diese Übung unterstützen kann. Im Verlauf der Spiralmeditation kann die rechte Hand benutzt werden, um alle primären Chakras und alle sekundären Chakras – mit Ausnahme der rechten Hand und des rechten Ellbogens – zu stimulieren.

Sobald die Aufmerksamkeit auf das Herz-Chakra konzentriert ist und man eine körperliche Empfindung in der Brustregion wahrnimmt, imaginiert man, daß ein Teil der Energie des Herz-

Chakras zur Kehle hinauf und weiter über die rechte Schulter zur Hand hinabfließt, so daß, wenn man die rechte Handfläche über das Herz-Chakra legt, ein Stromkreis geschlossen wird. Dabei kann man die Hand leicht auf die Körperoberfläche legen oder sie einige Zentimeter von der Körperoberfläche entfernt halten. Beide Haltungen der Hand stellen die Verbindung her. (Linkshänder dürfen bei dieser Übung ebenfalls die rechte Hand benutzen.)

Beachten Sie aber, daß man sich in eine Wahrnehmungsebene versetzen muß, aus der man sowohl die rechte Hand als auch das Chakra, über dem die Hand ruht, beobachten und spüren kann. Man soll sich nicht nur denken, daß die Energie von der Herz-Region zur rechten Hand und zurück ins Herz-Chakra fließt. Man muß *fühlen*, wie die Energie auf dieser Bahn fließt.

Als nächsten Schritt bewegt man die rechte Hand zum Solarplexus-Chakra und imaginiert wiederum, wie die Energie des Herz-Chakras zur Kehle hinauf, über die rechte Schulter zur rechten Hand hinunter und zum Solarplexus-Chakra hinausfließt. Gleichzeitig muß man imaginieren, wie die Herz-Energie in einem kleinen Bogen innerhalb des Körpers nach links und hinab zum Solarplexus fließt. Die Herz-Chakra-Energie ist, mit anderen Worten, die einzige Energie, die sich selbst und alle anderen Chakras in der Spiralmeditation stimulieren kann, ganz gleich ob die Energie aus der Herzregion zur rechten Hand oder von der Herzregion in einem Spiralmuster nacheinander zu den einzelnen Chakras gelangt. Ich finde es beachtenswert, daß manche Klienten mir berichten, ein weißes Licht von jedem einzelnen Chakra ausströmen zu sehen, sobald das erweckte Herz-Chakra die übrigen Chakras aktiv stimuliert.

Durch die Hinzunahme der rechten Hand bei dieser Übung wird die rechte Hand (und schließlich auch die linke Hand) darauf vorbereitet, die Felder zu spüren und Energie aus der Herz-Ebene in jedes Chakra des eigenen Körpers oder in die Chakras eines anderen Menschen auszustrahlen.

Beachten Sie auch, daß die Linie der Spirale über die Grenzen des physischen Körpers hinausgeht, sobald man das Kehl-Chakra verläßt und sich weiter zum Lenden- oder Wurzel-Chakra bewegt. Der Energiefluß braucht nicht auf die physischen Grenzen des Körpers beschränkt zu bleiben. Wie ich betont habe, ist der physische Körper *in* Ihnen: Der Energiestrom ist *in Ihnen*, auch wenn er manchmal außerhalb des physischen Körpers ist.

Wenn Sie den Punkt erreicht haben, da der rechte Ellbogen stimuliert werden soll, imaginieren Sie sich einfach, daß die Herz-Energie sowohl über das Spiralmuster in den rechten Ellbogen als auch über die rechte Schulter zum rechten Ellbogen hinabfließt – wobei die Energie aus der rechten Hand zum rechten Ellbogen zurückgezogen wird. Wenn der Punkt erreicht ist, da die rechte Hand in das Spiralmuster einbezogen wird, lassen Sie einfach die Herz-Energie auf beiden Bahnen in die rechte Hand fließen.

Nachdem der transpersonale Punkt sich oft höher über dem Kopf befindet, als die rechte Hand zu erreichen vermag, imaginieren Sie, daß die Energie von der rechten Handfläche zu einer Stelle, achtzehn bis zwanzig Zoll über dem Kopf, strahlt, wobei Arm und Hand über den Kopf gestreckt werden.

Sobald die sich öffnende Spirale vollendet ist, legen Sie den rechten Arm und die Hand entspannt auf den rechten Oberschenkel, und lassen Sie den Meditationszustand sich entfalten. Dabei kann man imaginieren, daß die Spirale sich mit ihrem Muster bis ins Unendliche fortsetzt.

Wenn die Meditation vorbei ist, schließen Sie die Spirale, wobei Sie beim transpersonalen Punkt beginnen und das umgekehrte Muster einhalten, wie bei der Öffnung. Imaginieren Sie weiterhin, daß die Energie vom Herz-Chakra zur rechten Hand fließt und dabei gleichzeitig in einem allmählich sich verengenden Spiralmuster fließt. Nehmen Sie nacheinander alle an der Spiralmeditation beteiligten Chakras durch und hören Sie mit dem Herz-Chakra auf. Als letzten Schritt der Übung ziehen Sie die Energie von der rechten Hand ins Herz-Chakra zurück.

Beim Schließen der Spirale machen Sie sich jedes Chakra sowie den Körperteil, den es beeinflußt, total bewußt. Am Ende der Übung sollte man sich wieder völlig mit seinem Körper integriert fühlen.

Die Spiralmeditation unter Hinzunahme der aktivierten rechten Hand ist die Grundtechnik, die ich bei meinen eigenen Meditationsphasen angewandt habe. Nach den ersten drei Monaten täglicher Übungen konnte ich aufhören, die rechte Hand zu benützen, und mich einzig auf den Energiestrom in der Spirale vom Herz-Chakra her konzentrieren. Nachdem ich damals täglich mit zwei bis vier Klienten arbeitete und dabei mit der rechten wie mit der linken Hand Energie abzutasten und zu transferieren pflegte, brauchte ich meine rechte Hand bei der Meditation gar nicht mehr einzusetzen.

Alle folgenden Übungen verlangen ein Arbeiten zu zweien (Dyaden) oder zu dreien (Triaden), wobei am Schluß jeder Übung die Partner gewechselt werden. Ein Leiter ist notwendig, der Schritt für Schritt Anweisungen erteilt und die Zeiteinteilung überwacht. Die Übungen sind dazu bestimmt, jedem Teilnehmer einen *Feedback* zu geben, damit sichergestellt ist, daß jeder einzelne den Energiefluß einsetzen fühlt. Die Übungen sind nur in der hier angegebenen Reihenfolge auszuführen, und keine darf ausgelassen werden. Sie werden nur einmal ausgeführt. Die meisten Gruppen nehmen sie in einwöchigen Perioden durch, aber die ganze Sequenz kann auch binnen zwei Tagen abgeschlossen werden, falls die Gruppe ihre ganze Aufmerksamkeit auf die Arbeit mit Körperfeldern richtet.

## Dyadische Übungen

1. Den Anweisungen des Leiters folgend, sitzen sich die Partner jeder Dyade gegenüber, entweder auf Stühlen oder am Boden und in einer Haltung, die sie etwa zwanzig Minuten lang bequem beibehalten können. In jeder Dyade werden die Handflächen aneinander gelegt, die rechte Hand des einen Partners berührt die linke Hand des anderen. Die Augen sind geschlossen. Jeder wird aufgefordert, seine Aufmerksamkeit auf sein eigenes Herz-Chakra zu konzentrieren. Sobald die Konzentration vollkommen ist, muß sich jeder Teilnehmer eine Schmetterlingspuppe von weißem Licht vorstellen, die seinen Körper umgibt und ihn gegen alle äußeren Kräfte, Ablenkungen oder Störungen abschirmt.

(Das Abschirmen und das Sich-Konzentrieren auf die Herz-Ebene werden zu Beginn *aller* Übungen durchgeführt. Die sitzende Grundstellung, Hand in Hand, wird bei allen bis auf eine oder zwei beibehalten. Es kommt also darauf an, sich bei diesen Grundvoraussetzungen ungezwungen, sicher und richtig eingestimmt zu fühlen.)

Nach dem Konzentrieren und Abschirmen tut jeder Teilnehmer zwanzig Minuten lang überhaupt nichts, außer den Strom Bedingungsloser Liebe von seinem Herz-Chakra zum Herz-Chakra seines Partners zu imaginieren. Dies ist für jeden ein völliges Geben und Ausstrahlen. Das Schwergewicht liegt auf dem Geben, und man achtet nicht darauf, ob man vom Partner etwas herüberkommen spürt. Einen anderen Menschen auch nur zwanzig Minuten lang bedingungslos zu lieben, ist eine mächtige Erfahrung, und es ist nicht so leicht. Es kommt darauf an, in einem Zustand der Bedingungslosen Liebe zu sein, sich im Herz-Chakra zu sammeln und selbst die Strahlung zu sein, die man zum Partner aussendet. In den letzten dreißig Sekunden werden die Partner angewiesen, die Energie in ihre Herz-Chakra-Region zurückzuziehen. Wenn die Übung abgeschlossen ist, werden die Augen geöffnet.

2. Die zweite dyadische Übung wiederholt genau die erste, doch nach den ersten fünf Minuten werden die Teilnehmer angewiesen, einen Teil der Herz-Chakra-Energie in die Region des Kehl-Chakras fließen zu lassen, dann zu beiden Schultern und an beiden Arme hinunter, so daß sie aus beiden Händen in die Hände des Partners ausstrahlt. Jeder imaginiert, wie der Energiefluß aus seinen Händen mit dem Energiefluß aus den Händen seines Partners verschmilzt, so daß dort eine Lichtkugel um jedes Händepaar entsteht. Gleichzeitig muß die Energiestrahlung direkt vom eigenen Herz-Chakra zum Herz-Chakra des Partners beibehalten werden. Die Übung wird fünfzehn Minuten fortgesetzt, während die Energie von Herz zu Herz und von Hand zu Hand fließt. In den letzten dreißig Sekunden der Übung werden die Teilnehmer aufgefordert, die Energie in ihr eigenes Herz-Chakra zurückzuziehen, die Hände voneinander zu lösen und die Augen zu öffnen.

3. Bei der dritten Übung werden die Partner jeder Dyade willkürlich als Nummer 1 und Nummer 2 bezeichnet. Während der ersten Minute sitzen sie da, um sich zu konzentrieren und abzuschirmen. Während der nächsten vier Minuten wiederholen sie die zweite Übung. Aber der Leiter läßt die halbminütige Beendigung der zweiten Übung aus.

Nach diesen fünf Minuten werden die Partner Nr. 1 angewiesen, die Übermittlung jeglicher Herz-Chakra-Energie, sei es durch das Herz oder durch die Hände, einzustellen und sich in einen völlig rezeptiven Bewußtseinszustand zu versetzen, indem sie ruhig in der Herz-Chakra-Region ihres Bewußtseins verweilen und mit der Entwicklung der Beobachterhaltung beginnen – also einfach wahrnehmen oder beobachten was geschieht. Die Partner Nr. 2 aber fahren fort, aktiv Herz-Chakra-Energie auszusenden, sowohl durch das Herz als auch durch die Hände. Alle Teilnehmer beobachten den Unterschied ihrer Gefühle, wenn der eine Partner nur sendet und der andere nur empfängt. Nach fünf Minuten dieser Anordnung wechseln die Partner ihre Rollen, so daß Nr. 2 völlig rezeptiv bleibt, während Nr. 1 durch das Herz-Chakra wie durch die Hände aktiv Energie sendet. Auch diese Anordnung wird fünf Minuten beibehalten.

Jetzt werden alle Teilnehmer angewiesen, aktiv Energie durch das Herz-Chakra und die Hände zu senden. Wenn diese Übermittlung nach etwa dreißig Sekunden hergestellt ist, werden beide Partner jeder Dyade aufgefordert, die Energie aus ihrem Herz-Chakra sich ausdehnen zu lassen, bis sie die Brust und den ganzen Körper erfüllt und schließlich auch den Raum um den Körper. Dieser Prozeß dauert etwa eine Minute.

Jetzt werden die Teilnehmer angewiesen, eine «Feld-Umarmung» auszuführen: Jeder projiziert sein eigenes, von Herz-Chakra-Energie erfülltes Feld auf das Feld seines Partners, so daß ihre Felder sich überlagern und miteinander interagieren. Fünf Minuten lang versucht jeder Teilnehmer, einen Zustand der Verschmelzung mit seinem Partner auf der Ebene des Energiefeldes zu erreichen. Die Mitglieder der Dyaden ziehen dann ihre Energiefelder in ihre eigenen Herz-Chakras zurück und öffnen die Augen. Wenn beide Partner die Augen offen haben, umarmen die beiden sich körperlich und registrieren sorgfältig den Unterschied zwischen dem Gefühl der Feld-Umarmung und dem Gefühl der körperlichen Umarmung. Dann nehmen sie sich fünf bis zehn Minuten Zeit, um ihre Erfahrungen miteinander auszutauschen.

4. Bei der vierten dyadischen Übung werden die Partner wieder numeriert. In den ersten fünf Minuten wiederholen sie die dritte Übung, bis zum Abschluß der Feld-Umarmung. An diesem Punkt wird Partner Nr. 1 aufgefordert, in seine Herz-Ebene zurückzukehren, also alle Energie in die Herz-Region zurückzuziehen, und dann einen undurchdringlichen Schild herzustellen, der allen Energiefluß vom Partner Nr. 2 blockiert. Partner Nr. 2 wird aufgefordert zu versuchen, diesen Schild einzig durch seine

Energie-Projektion zu durchbrechen. Der Übungsleiter kann vorschlagen, daß Nr. 2 versucht, den Schild von Nr. 1 zu durchbrechen, indem er die Energie um den Rücken des abgeschirmten Partners herumlenkt, oder der Leiter schlägt vor, an der Unterseite der Füße von Nr. 1 einzudringen. Der Leiter intensiviert den Vorgang, indem er die Teilnehmer anweist, ihre Anstrengungen beim Abschirmen oder Eindringen zu verstärken. Wenn sie sich und ihre Partner bis an die Grenzen ihrer Kraft verausgabt haben, fordert der Leiter den Partner Nr. 1 auf, seinen Schild zu öffnen und das Gefühl zu registrieren, wenn er die Energie von Nr. 2 wieder hereinfließen läßt, während Partner Nr. 2, der vorher versuchte den Schild zu durchdringen, nun angewiesen wird, das veränderte Gefühl zu registrieren, wenn der Schild nun geöffnet wird. Nach einigen Minuten wird die Übung umgekehrt ausgeführt und Partner Nr. 2 wird angewiesen, sich abzuschirmen, während Partner Nr. 1 angewiesen wird, den Schild zu durchdringen. Der Leiter intensiviert abermals den Vorgang, und auf dem Höhepunkt der Interaktion weist er die Partner Nr. 2 an, ihren Schild zu öffnen. Die Partner führen eine Feld-Umarmung aus und beschließen die Übung wie in der dritten Übung. Wieder nehmen sie sich fünf Minuten Zeit, um ihre Erfahrungen auszutauschen.

Nach der Zeit des Erfahrungsaustausches diskutiert die ganze Gruppe die bisherigen Übungen gemeinsam. Wichtig ist, daß nicht weitergemacht wird, falls einer der Teilnehmer Schwierigkeiten hat. Die geläufigsten Probleme sind:

*a.* Einer oder beide Partner können sich am Ende der Übung leer oder erschöpft fühlen. Dieses Symptom zeigt, daß sie von den Reserven ihrer persönlichen Körperenergie gezehrt haben. Eine Hypothese, die ich zur Zeit untersuche besagt, daß das Herz-Chakra (und wahrscheinlich auch andere Chakras) Zugang zu einer interdimensionalen Energiequelle hat – das heißt einer Quelle, die alles übersteigt, was wir uns in der alltäglichen Realität normalerweise vorstellen können. Nachdem die Teilnehmer diese Vorstellung erörtert haben, tritt das Gefühl der Leere im Fortgang der Übungen meist nicht mehr auf. Außerdem werden die Teilnehmer aufgefordert, nicht die Energie des physischen Körpers einzusetzen – und zwar weder die eigene noch die des Partners –, sondern ein Hereinströmen von Energie aus einer anderen Dimension geschehen zu lassen, was immer dies sein mag. Wie in so vielen anderen Fällen, kommt es auch hier nicht darauf an, dies zu verstehen. Es kommt nur darauf an, sich die Möglichkeit vorzustellen.

Abgesehen vom Energie-Austausch können Menschen auch anderen Menschen Energie spenden oder Energie von anderen beziehen. Dies nennen wir das «Energisierungs/Drainage-Phänomen». Der eine strahlt Energie aus, während der andere sie aufsaugt. Am Anfang mögen «Strahler» das Gefühl haben, von Energie-«Staubsaugern» ausgesaugt zu werden, aber es ist niemals nötig, sich ausleeren zu lassen, denn das Bewußtsein des einzelnen kann eine unbegrenzte Energiequelle anzapfen, die nicht aus der physischen Ebene der Materie stammt. Der Strahler ist, wie Sie sich erinnern, nicht der Ursprung, sondern lediglich der Übermittler der Energie. Das Bewußtsein kann nicht nur diese Energie aus dem Universum anzapfen, sondern es kann sie auch in andere Formen von Energie umsetzen, deren manche der Wissenschaft wohlbekannt sind. Der menschliche Körper ist – wenn er erweckt ist – ein interdimensionaler Energie-Umwandler.

*b.* Es kann geschehen, daß ein Teilnehmer auf «Kopf-Reisen» geht oder über die Übung nachdenkt, statt die *Erfahrung* der Übung geschehen zu lassen. Das Herausgehen aus dem eigenen Kopf ist nicht leicht, besonders wenn man durch eine höhere Schulbildung konditioniert ist. Schwierigkeiten bereitet oft der Gedanke: «Ich mache es nicht richtig.» Das ist ein Gedanke, der immer und unvermeidlich jegliche Erfahrung blockiert. Um ihn zu überwinden, versuchen Sie nicht, die Übung zu *machen*, sondern *seien* Sie einfach die Übung.

*c.* Es kann geschehen, daß jemand sein Feld strahlen und fließen spürt, daß er aber nichts von seinem Partner herüberkommen fühlt. Dieses Phänomen tritt meist bei Menschen auf, die groß im Geben sind, aber Schwierigkeiten haben, von anderen etwas anzunehmen oder zu akzeptieren. Es basiert auf einem psychologischen Knoten der Selbst-Ablehnung. Je mehr das Geben durch Schwierigkeiten beim Nehmen verzerrt wird, desto größer ist das tiefere unterbewußte Gefühl der Unzulänglichkeit und Minderwertigkeit. Ein anderes deutliches Zeichen dafür ist die Art, wie jemand reagiert, wenn er ein unerbetenes Geschenk erhält: Wenn seine unmittelbare psychologische Reaktion ein Unbehagen ist, so ist er zweifellos in die psychologische Macht-Dynamik von

Geber-und-Schuldner verstrickt. Eine integrierte Persönlichkeit kann von einem anderen ein unerbetenes Geschenk annehmen, ohne sich dabei unbehaglich zu fühlen oder das Bedürfnis zu haben, etwas zurückzuschenken.

*d.* Es kann geschehen, daß jemand Energie vom anderen herüberkommen spürt, aber nicht das Gefühl hat, daß die eigene Energie zum anderen fließt. Wieder haben wir es hier mit einem Aspekt der Selbst-Ablehnung zu tun. Meistens geht der Gedanke folgendermaßen: «Ich kann Energie von dieser Person empfangen, aber ich will nicht, daß diese Person meine Energie erfährt.»

Die Lösung für die Fälle *c* und *d* besteht darin, aus der Ego-Zentriertheit oder aus der Persönlichkeitsebene des Bewußtseins herauszutreten und in erweiterte Ebenen einzutreten, wo die Wörter *bedingungsloses Schenken der eigenen Seinsheit* eine Bedeutung haben. Auf der Herz-Ebene des Bewußtseins geschieht Geben und Nehmen gleichzeitig, denn die Liebe, die aus der Herz-Ebene kommt, ist an absolut keine Voraussetzungen gebunden, sie ist bedingungslos, und in einem Zustand der Bedingungslosen Liebe zu sein heißt, sich selbst so bedingungslos zu lieben, wie man die anderen liebt!

5. Die fünfte dyadische Übung kombiniert Atemkontrolle und Spiralmeditation. Dabei benutzt der Betreffende den Atem, um die Projektion seiner Energie aus jedem Chakra in das entsprechende Chakra des Partners zu kontrollieren.

Sitzend, sich an den Händen haltend, sich konzentrierend und abschirmend wie in der ersten Übung, befolgt die Dyade ein Atmungs-Muster gemäß den Anweisungen des Leiters.

Zuerst atmet der Teilnehmer langsam durch die Nase ein und spürt dabei den Fluß der Atem-Energie in die Herz-Chakra-Region. Auf dem Höhepunkt des Atemholens fordert der Leiter die Teilnehmer auf, den Atem anzuhalten und ihre Aufmerksamkeit weiterhin auf das Herz-Chakra zu konzentrieren. Nach drei bis vier Sekunden atmet jeder Teilnehmer langsam durch den Mund aus, während die Zunge den vorderen Teil des Gaumendachs berührt. Gleichzeitig imaginiert er, wie die Energie aus dem Herz-Chakra ins Herz-Chakra des Partners projiziert wird.

Am Ende des Ausatmens atmet er wieder langsam durch die Nase ein, wobei er die Atem-Energie zum Herz-Chakra lenkt. Wieder hält er nach dem Atemholen die Luft an, konzentriert sich weiterhin auf die Region des Herz-Chakras und atmet dann durch den Mund aus, wobei er die Energie aus seinem eigenen Herz-Chakra zum Herz-Chakra des Partners lenkt. Der Leiter weist die Dyaden an, diesen Zyklus so oft zu wiederholen, bis sich ein angenehmer Rhythmus zwischen den Partnern herstellt.

Sobald beide Partner sich in diesem Anfangsstadium der Übung entspannt haben, weist der Leiter sie an, beim nächsten Atemholen den ganzen Vorgang zum Solarplexus-Chakra hin zu verschieben. Jetzt wird seine Atem-Energie beim Einatmen durch die Nase in das Solarplexus-Chakra geleitet, während des Luft-Anhaltens dort konzentriert, dann wieder aus dem eigenen Solarplexus-Chakra freigelassen und während des Ausatmens durch den Mund in das Solarplexus-Chakra des Partners projiziert. Nachdem dieser Zyklus noch einmal mit dem Solarplexus-Chakra wiederholt wurde, arbeiten die Dyaden mit dem mittleren Brust-Chakra weiter.

Im Fortgang der Übung führt jeder Teilnehmer diesen Zyklus in der Reihenfolge der Chakras zweimal aus, wobei er dem Spiralmuster folgt, bis der transpersonale Punkt erreicht ist. Nach zweimaligem Durchatmen im transpersonalen Punkt werden die Partner angewiesen, sich mit ihren transpersonalen Punkten zu vereinigen und den Atem zu einem natürlichen Rhythmus zurückkehren zu lassen.

Nach zehn Minuten werden die Dyaden angewiesen, wieder mit der Atemkontrolle zu beginnen, diesmal aber in umgekehrter Reihenfolge des Spiralmusters, wobei sie beim transpersonalen Punkt anfangen und beim Herz-Chakra enden. Bei diesem Schließen der Spirale wird nur ein Atemzug pro Chakra getan. Nachdem das Schließen mit dem Herz-Chakra vollendet ist, kehren die Dyaden zu einem normalen Atemrhythmus zurück und führen eine Feld-Umarmung aus, aber statt die Herz-Chakra-Energie vom Feld zum Herz-Chakra zurückzuziehen, lassen sie ihr Energiefeld ausgedehnt, während jeder Partner eine körperliche Umarmung ausführt, um auch die zusätzliche Qualität einer gleichzeitigen körperlichen und Feld-Umarmung zu erleben.

6. Die sechste dyadische Übung ist die erste, bei der die Projektion der Herz-Energie durch die offenen Augen im Vordergrund steht. Sie beginnt genau wie die zweite Übung, indem

die Dyaden mehrere Minuten lang einen Herz- und Handkontakt herstellen. Dann werden die Teilnehmer angewiesen, zu imaginieren, wie ein Teil der Herz-Chakra-Energie zu den Chakras der Brustmitte und der Kehle hinauf (aber nicht hinaus) und bis zur Region hinter den Augen fließt.

Wenn die Energie die Augenregion erreicht, öffnen die Teilnehmer die Augen, und jeder projiziert die aufsteigende Herz-Energie durch seine Augen in die Augen des Partners. Wenn einer der Partner feststellt, daß der andere Partner die Augen noch nicht offen hat, muß er seine Energie in den Augen festhalten, bis die Augen des Partners offen sind. Ein Blinzeln mit den Augen ist erlaubt. An diesem Punkt sollte jeder Teilnehmer sich des Strömens seiner Herz-Chakra-Energie in drei gleichzeitigen Mustern bewußt sein: erstens von Herz-Chakra zu Herz-Chakra, zweitens von Hand zu Hand und drittens von Augen zu Augen.

Wenn die Teilnehmer fühlen, wie die Energie durch die Augen freigesetzt wird, schließen sie die Augen und imaginieren, daß die Energie zum Herz-Chakra zurückkehrt. Diese Übung wird zehnmal wiederholt und endet wie die fünfte Übung.

7. Die siebente dyadische Übung ist die erste, bei der auch die Stimme mitwirkt. Während der bisherigen Übungen wurde Schweigen gewahrt. Diese Übung beginnt genau wie die sechste Übung, aber man imaginiert, daß die Energie nur bis zum Kehl-Chakra aufsteigt. Wenn die Energie diesen Punkt erreicht hat, soll jeder Teilnehmer den Klang der Herz-Chakra-Energie vokalisieren, wobei er einen einzelnen Ton anschlägt, den er singend oder summend auf den Ton seines Partners abstimmt. Die Augen bleiben geschlossen. Nach etwa einer Minute des Vokalisierens werden die Teilnehmer angewiesen, wieder zu schweigen und die Energie zum Herz-Chakra zurückkehren zu lassen, genau wie in der sechsten Übung. Wieder wird die Übung zehnmal wiederholt und endet wie die fünfte Übung.

8. Die achte dyadische Übung kombiniert die Übungen sechs und sieben. Während jeder Teilnehmer die Energie aus dem Herz-Chakra zum Kehl-Chakra aufsteigen läßt, vokalisiert er einen einzelnen Ton und läßt gleichzeitig einen Teil der Herz-Chakra-Energie in die Augen aufsteigen. Dann werden die Augen geöffnet, so daß die Partner gleichzeitig Stimmkontakt

und Augenkontakt, Handkontakt und Herz-Chakra-Kontakt haben. Nach etwa einer Minute werden die Augen geschlossen, und die Energie wird zum Kehl-Chakra zurückgezogen. Die Vokalisierung endet, während die Energie zum Herz-Chakra zurückgezogen wird. Diese Übung wird dreimal wiederholt und endet wie die fünfte Übung.

9. Die neunte dyadische Übung ist eine Wiederholung der fünften Übung, nur daß die Partner Rücken an Rücken sitzen, so daß ein Bewußtsein für das hintere Feld entwickelt wird. Jeder Partner läßt seine Hände auf seinen eigenen Oberschenkeln ruhen. Kurz vor dem Ende der Übung wird jeder Teilnehmer angewiesen, einen Teil der Herz-Chakra-Energie im Kehl-Chakra zu konzentrieren, um, während er einen einzelnen Ton vokalisiert, zu spüren, wie der Klang des Partners durch die rückwärtige Brustregion vibriert. Am Schluß, immer noch Rükken an Rücken, führen die Partner eine Feld-Umarmung aus. Der Abschluß geschieht wie in der ersten Übung.

10. Mit der zehnten dyadischen Übung wird die Auflösung des Tastsinns erforscht. *Der Schlüssel zur Auflösung eines jeden der fünf äußeren Sinne ist die Fixierung dieses Sinnes.* Im Falle des Tastsinns werden die Partner aufgefordert, sich an den Händen zu halten, ohne sie zu bewegen. Jede Bewegung der Hände unterbricht den Konzentrationszustand.

Die Übung beginnt genau wie die erste Übung. Nach zehn bis fünfzehn Sekunden werden die Teilnehmer angewiesen, ihre ganze Aufmerksamkeit auf die Hände zu lenken. Jeder Partner soll sich ganz rezeptiv verhalten und sich nur die Informationen bewußt machen, die von den Händen des Partners kommen. Mit dieser einzigen Berührung sollen sie Temperatur, Puls, Gewebestruktur, Farbe und Vibration fühlen. Nach fünf Minuten werden sie angewiesen, zu vergessen, daß sie sich an den Händen halten, und spontane Bilder von dem «Objekt», das sie berühren, in ihrem Geist aufsteigen zu lassen. Mit anderen Worten, es kommt darauf an, sich von dem Wissen loszulösen, daß man sich an den Händen hält. Das Selbst soll fühlen, daß etwas anderes festgehalten wird, und man soll dieses Etwas im Geiste imaginieren. Selten werden beide Partner das gleiche «Objekt» imaginieren. Dieser Teil der Übung dauert fünfzehn Minuten.

Nach Ablauf dieser Frist werden die Teilnehmer angewiesen, die linke Hand passiv zu halten und langsam die Finger der rechten Hand zu bewegen. Dies läßt sofort die Aufmerksamkeit der Teilnehmer zum Tastsinn zurückkehren. Jetzt müssen die Teilnehmer ihr Bewußtsein in jene Perspektive verschieben, in der sie sich bewußt sind, *gleichzeitig* durch die passive linke Hand und durch die aktive rechte Hand Stimuli zu empfangen. Dabei darf kein Pendeln des Bewußtseins von einer Hand zur anderen zugelassen werden. Die aktive rechte Hand soll die leichte Berührung, den Druck und den Rhythmus – und überhaupt jeden körperlichen Aspekt – der Hand des Partners erkunden und fühlen. Bei beiden Partnern ist die linke Hand passiv und die rechte Hand nimmt aktiv Erkundungen vor, während der Brennpunkt des Bewußtseins gleichzeitig auf beide Hände und auf beide Aktivitäten konzentriert ist.

Nach einigen Minuten werden die Partner angewiesen, ihre rechte Hand passiv und ihre linke Hand aktiv werden zu lassen und den Vorgang wie eben zu wiederholen. Schließlich sind beide Hände beider Partner aktiviert, und jeder Partner ist sich gleichzeitig sowohl der Aktivität wie des sensorischen Inputs aus beiden Händen bewußt. Die Übung endet wie die dritte Übung.

11. Mit der elften dyadischen Übung wird das telepathische Potential der Teilnehmer erforscht. Wie bei der dritten Übung werden die Partner als Nr. 1 und Nr. 2 bezeichnet und beginnen wie üblich mit dem Konzentrieren und Abschirmen.

Partner Nr. 1 wird aufgefordert, sich eine reine Gefühlsstimmung auszusuchen – z. B. Freude, Zorn, Inspiration, Liebe, Sexualität oder Erregung – und sie voll sich entfalten zu lassen. Gleichzeitig lokalisiert er jenes Chakra in seinem Körper, das ihm in der engsten Beziehung zu dieser Gefühlsstimmung steht, und projiziert die Gefühlsstimmung durch dieses Chakra auf das entsprechende Chakra des Partners Nr. 2.

Nach einigen Minuten beschreibt Partner Nr. 2, was er fühlt, während Partner Nr. 1 schweigend die Gefühlsstimmung beibehält, die er projiziert hat.

Dann beschreibt Partner Nr. 1 das Chakra und die Gefühlsstimmung, die er gesendet hat. Beide Partner werden daraufhin angewiesen, sich wieder zu konzentrieren wie am Anfang der Übung.

Partner Nr. 2 ist wieder rezeptiv, während Partner Nr. 1 sich eine Gefühlsstimmung und ein Chakra aussucht – entweder eine andere oder dieselbe wie zuvor – und wiederum auf Partner Nr. 2 projiziert. Nach einigen Minuten wird Partner Nr. 2 aufgefordert, zu beschreiben, was er gefühlt hat und wo, und dann beschreibt Partner Nr. 1, was er gesendet hat.

Nachdem der ganze Vorgang dreimal wiederholt wurde, wird die Situation umgekehrt, so daß Partner Nr. 1 der rezeptive und Partner Nr. 2 der auswählende und sendende Teil ist. Wieder wird die Übung dreimal wiederholt.

Dann werden die Teilnehmer aufgefordert, sich wieder zu konzentrieren. Partner Nr. 2 wird nun rezeptiv, während Partner Nr. 1 sich von Herz-Chakra zu Herz-Chakra mit Partner Nr. 2 verbinden und eine geometrische Figur imaginieren soll, die er durch sein Stirn-Chakra auf das Stirn-Chakra des Partners Nr. 2 projiziert. Gleichzeitig soll Partner Nr. 1 sein Kehl-Chakra aktivieren und lautlos den Namen der geometrischen Figur aus seinem Kehl-Chakra auf das Kehl-Chakra des Partners Nr. 2 projizieren.

In diesem Moment sollte Partner Nr. 1 gleichzeitig (a) sein Herz-Chakra mit dem Herz-Chakra von Partner Nr. 2 verbinden; (b) lautlos den Namen der geometrischen Figur vokalisieren und das Wort von seinem Kehl-Chakra zum Kehl-Chakra des Partners Nr. 2 projizieren; (c) das Bild der geometrischen Figur von seinem Stirn-Chakra zum Stirn-Chakra des Partners Nr. 2 projizieren.

Nach fünf Minuten wird Partner Nr. 2 aufgefordert, zu berichten, welche geometrische Figur er empfangen hat. Dieser Teil der Übung wird nun wiederholt, wobei Partner Nr. 1 dieselbe geometrische Figur oder eine andere auswählt.

Nachdem die Partner verglichen haben, was sie gesendet und was sie empfangen haben, vertauschen sie ihre Rollen, so daß Partner Nr. 1 der Empfänger und Partner Nr. 2 der Sender wird. Partner Nr. 2 befolgt dieselben Schritte – und wieder wird dieser Teil der Übung wiederholt. Die Übung endet wie die fünfte Übung.

Wie ich an anderer Stelle in diesem Buch sagte, senden Sie bei der Telepathie nicht eigentlich dem anderen etwas – sei es als Strahl oder als Wellenbewegung – durch den Raum. Vielmehr erzeugen Sie eine Impression in jenem Teil Ihres persönlichen holographischen Negativs, auf dem die Person, mit der Sie kommunizieren wollen, vorhanden ist. Bei allen holographischen Negativen in jedem Menschen werden gleichzeitig Impressionen hervorgerufen. Der Trick bei der Telepathie besteht darin, daß der Betreffende, der in Ihrem Hologramm abgebildet ist, sensibel genug sein muß, um zu erkennen, daß jener Teil *seines* Hologramms, wo Sie abgebildet sind, mit ihm kommunizieren will!

12. Mit der zwölften dyadischen Übung wird die Auflösung des Sehvermögens erforscht. Sie ist eine Abwandlung der Trespasso-Übungen, wie sie bei den Tibetanern, den Sufis und manchen esoterischen Schulen des Westens üblich ist. Sie ist unter allen Übungen die unangenehmste, denn sie verlangt, daß die Teilnehmer fünfundzwanzig Minuten lang geradeaus starren, ohne mit den Augen zu blinzeln. Das Starren ist notwendig – schon die leichteste Augenbewegung würde das Phänomen, das sich in dieser Übung entwickelt, abrupt abbrechen.

Diese Übung heißt Trespasso-Übung, weil man die äußeren Barrieren eines anderen Menschen überschreitet (trespasses), wenn man ihm in die Augen starrt – besonders in das linke Auge, da es als Pforte zur Seele gilt. Dieser Gedanke folgt einer alten Überlieferung, und wenn man die Augenübungen mehrere Monate oder Jahre lang erlebt hat, spricht vieles dafür, daß diese Überlieferung wahr ist.

Diese Übung wird am besten am Abend ausgeführt, denn es sollte gedämpftes Licht, aber nicht eigentlich Dunkelheit im Raum herrschen. Anschließend, nach Abschluß der Augenübungen – die aus drei, jeweils fünfundzwanzig bis dreißig Minuten andauernden Phasen des Anstarrens bestehen –, können die Teilnehmer ihre Augen über Nacht ausruhen. Ein heißes, feuchtes Handtuch beim Schlafengehen über die Augen gelegt, genügt meistens, um alle Beschwerden zu lindern. Nach meiner Erfahrung mit über 500 Menschen ist niemals eine Schädigung der Augen durch diese Übung bekannt geworden.

Wer eine Brille oder Kontaktlinsen trägt, sollte diese vor der Übung ablegen. Längeres Starren, während man Kontaktlinsen trägt, kann schädlich für die Augen sein. Brillengläser erzeugen einen psychologischen Puffer zwischen den Partnern. Die Partner sollen sich bequem gegenübersitzen, so nah beieinander wie möglich. Jeder Teilnehmer läßt seine Hände auf seinen Knien ruhen. Am Anfang bleiben die Augen geschlossen, während der Leiter die Anweisungen gibt.

Während die Teilnehmer sich mit geschlossenen Augen konzentrieren, weist der Leiter sie an, sich vorzustellen, sie hätten eine Eintrittskarte für eine Show gekauft. Ganz gleich was der Teilnehmer während des Starrens sieht, er soll nur die visuellen Veränderungen registrieren, ohne auf das zu reagieren, was er sieht. Auch werden die Teilnehmer angewiesen, ihren Blick auf einen einzelnen Punkt zu zentrieren und weder den Kopf noch den Körper zu bewegen. Jeder muß absolut regungslos verharren. Falls die Augen tränen, soll der Teilnehmer die Tränen ruhig fließen lassen, ohne die Hände ans Gesicht zu führen. Jeder Teilnehmer soll beim Starren die Augenlider leicht gesenkt halten und entspannen. Jeder Teilnehmer wird noch einmal angewiesen, sich zu konzentrieren und abzuschirmen, und er wird ermahnt, nicht zu reagieren auf das, was er sieht. Der Leiter sagt ihnen, sie sollen, wenn sie nun die Augen öffnen, den Blick auf die Pupille im linken Auge des Partners fokussieren. Erst nachdem diese Anweisungen erteilt wurden, werden die Augen geöffnet.

Der Leiter verläßt den Raum und kehrt nach fünfundzwanzig Minuten zurück. Die Teilnehmer werden nun angewiesen, ihre Augen zu schließen und besonders auf die Nachbilder zu achten, die sie sehen. Papiertaschentücher werden bereitgehalten. Die Partner einer jeden Dyade tauschen fünfzehn Minuten lang ihre Erfahrungen aus.

Der zweite Teil von fünfundzwanzig Minuten verläuft genau wie der erste, nur daß jeder Teilnehmer seinen Blick auf die Nasenwurzel des Partners, zwischen den Augenbrauen, fokussiert.

Beim dritten Teil von fünfundzwanzig Minuten können die Teilnehmer sich entscheiden, ob sie entweder die linke Pupille des Partners oder den Punkt über seiner Nasenwurzel anstarren wollen. Nach zehn Minuten dieser Übung versuchen sie zu sehen, ob sie irgend etwas, was sie ausgewählt haben, als Bilder in ihrem Geist erscheinen lassen können. Nach fünfzehn Minuten dieser Übung werden sie aufgefordert, den Fokus ihrer Augen beizubehalten, aber gleichzeitig nun auf das Licht um den Kopf des Partners zu achten. Nach fünfundzwanzig Minuten dieser Übung werden die Teilnehmer angewiesen, die Augen auf den ursprünglichen Fokus fixiert zu halten und das Geschlecht des Gesichts des

Partners zu vertauschen. Nach fünfundzwanzig Minuten dieser Übung werden sie aufgefordert, zu sehen, ob sie Bilder aus einem früheren Leben des Partners in ihrem Bewußtsein aufsteigen lassen können.

Nach Ablauf von dreißig Minuten schließen die Partner die Augen und tauschen zwanzig Minuten lang ihre Erfahrungen aus. Dann erfolgt ein Erfahrungsaustausch in der ganzen Gruppe, bei dem es darauf ankommt, die Bedeutung dieser Übung für die Auflösung der gewohnten Seh-Erfahrungen zu erkennen.

Diese Augenübungen sind mächtige Übungen. Der Leiter muß bereit sein, mit dem emotionalen Inhalt fertig zu werden, der während oder nach den Übungen aufsteigen kann.

Schließlich soll jeder die Trespasso-Übung allein für sich vor einem Spiegel ausführen. Die meisten werden gern abwarten, bis ihre Augen wieder ausgeruht sind, bevor sie mit den Übungen fortfahren.

Um den Leser nicht zu beeinflussen, werde ich nicht mitteilen, welche Art von Erfahrungen die Leute während dieser Übung haben.

Viele esoterische Schulen verlangen von den Novizen, die Übung mit dem Spiegel zweimal täglich eine halbe Stunde lang auszuführen und dies über unbestimmte Zeitspannen hinweg. Sie ist äußerst wertvoll, um verstehen zu lernen, wie der menschliche Geist funktioniert, vor allem, wie er die äußere Realität verzerrt.

Die Augenübungen sind die Anfangsschritte zum Hellsehen, zur Arbeit mit der Kristallkugel, zum Lesen aus Teeblättern und den höheren Techniken der Tarotkarten-Deutung, die allesamt Dimensionen jenseits der äußeren Vernunft erschließen.

13. Die dreizehnte dyadische Übung eröffnet den Vorgang der Energie-Übertragung – durch die eine und dann die andere Hand – zu einem Partner, und zwar mit wie ohne körperlichen Kontakt.

Die Anfangsposition der Dyaden ist wie bei der ersten Übung. Die Partner werden als Nr. 1 und Nr. 2 bezeichnet. Die Augen bleiben geschlossen, während die Teilnehmer sich konzentrieren und abschirmen. Partner Nr. 2, der in einem völlig rezeptiven Bewußtseinszustand verharrt, soll seine Aufmerksamkeit auf die Hände konzentrieren. Partner Nr. 1 soll Energie aus seinem Herz-

Chakra durch die rechte oder die linke Hand zu Partner Nr. 2 lenken. Partner Nr. 2, der nicht weiß, welche Hand der Partner Nr. 1 benutzt, versucht die betreffende Hand nur an dem Energiefluß zu erkennen, den er spürt. Partner Nr. 1 soll nun jeglichen Energiefluß aus jener Hand abschalten, die keine Herz-Chakra-Energie ausstrahlt. Da die Hände Kontakt haben, kommt es darauf an, dem Partner überhaupt keinen Hinweis zu geben, etwa durch leichte Bewegungen der Energie sendenden Hand, leichte Verstärkung des Drucks, usw. Nach einigen Minuten wird Partner Nr. 2 aufgefordert, diejenige Hand zu drücken, die den Energiefluß ausstrahlt. Beide Partner verharren schweigend.

Partner Nr. 1 wird nun angewiesen, entweder die eine Hand oder die andere zu wählen, um den gleichen Vorgang zu wiederholen. Wieder muß Partner Nr. 2 nach einigen Minuten diejenige Hand drücken, die Energie sendet. Diese Sequenz wird insgesamt fünfmal wiederholt, bevor die Rollen vertauscht werden und Partner Nr. 1 sich völlig rezeptiv verhält, während Partner Nr. 2 die rechte oder die linke Hand mit Herz-Chakra-Energie aktiviert. Wieder hat Partner Nr. 2 fünfmal Gelegenheit, eine seiner beiden Hände zu wählen, um sie zu aktivieren, und Partner Nr. 1 hat fünfmal Gelegenheit, zu bestimmen, welche Hand Partner Nr. 2 aktiviert hat.

Partner Nr. 1 wird nun aufgefordert, seine Hände, die Handflächen nach unten gerichtet, etwa drei Zoll über den Händen von Partner Nr. 2 zu halten. Partner Nr. 2 wird angewiesen, sich völlig rezeptiv zu verhalten, wobei er die Hände, die Handflächen nach oben, auf seinen Schenkeln ruhen läßt. Partner Nr. 1 wird angewiesen, eine Hand zu aktivieren und Herz-Chakra-Energie aus dieser Hand auf die Hand des Partners Nr. 2 zu strahlen. Partner Nr. 1 soll imaginieren, wie die Energie durch den leeren Raum zwischen der strahlenden Hand und der empfangenden Hand des Partners Nr. 2 fließt, und er wird ermahnt, die Energie in der nicht aktivierten Hand «abzuschalten». Nach einigen Minuten hebt Partner Nr. 2 die Hand, die den Energiestrom empfängt, und berührt leicht diejenige Hand des Partners, die empfangen hat. Beide Partner halten die Augen geschlossen. Diese Sequenz wird insgesamt fünfmal wiederholt, aber mit einer weiteren Abwandlung: Partner Nr. 1 kann die rechte Hand, die linke Hand oder beide aktivieren, und Partner Nr. 2 ist sich dieser Möglichkeit bewußt.

Dann werden die Rollen vertauscht, und Partner Nr. 1 läßt seine Hände, die Handflächen nach oben, auf seinen Oberschenkeln ruhen, während Partner Nr. 2 seine Hände, die Handflächen nach unten, ungefähr 3 Zoll über ihnen hält. Die ganze Sequenz wird insgesamt fünfmal wiederholt, wie im vorhergehenden Abschnitt.

Dann werden die Rollen wieder vertauscht. Das gleiche Verfahren wird befolgt, aber diesmal hält Partner Nr. 1 seine Hände sechs bis acht Zoll über den Händen des Partners Nr. 2. Die Sequenz wird wiederholt wie zuvor, wobei jeder Partner fünfmal Gelegenheit hat, einen Energiestrom zu senden oder zu empfangen.

In der abschließenden Sequenz sind die Hände der Partner zwölf bis achtzehn Zoll voneinander entfernt. Bei dieser Entfernung kann es, wenn der Zeitpunkt kommt, da der Empfänger den Sender informieren soll, nötig werden, daß der Empfänger die Augen öffnet, um zu sehen, wo die Hand des Partners ist, und sie berührt. Wieder hat jeder Partner fünfmal Gelegenheit, zu senden und zu empfangen. Der Abschluß ist wie bei der fünften Übung.

Damit sind die dyadischen Übungen abgeschlossen. Falls einer der Teilnehmer bei der letzten Übung nicht feststellen konnte, welche Hand der Partner aktivierte, soll er mit der Übung fortfahren, bis er sie beherrscht.

Die meisten Teilnehmer der Kurse auf der Ranch haben mit dieser letzten dyadischen Übung wenig Schwierigkeiten. Die meisten finden es sogar leichter, aus der Entfernung Energie zu senden und zu empfangen, als wenn die Hände körperlichen Kontakt haben.

Es verwundert mich immer wieder, wie schnell die Teilnehmer diese Energie-Übungen lernen können. Vielleicht liegt es daran, daß ich ihnen, bis sie diese letzte Übung versuchen, bereits meine eigene Fähigkeit demonstriert habe, Energie auf diese Weise weiterzugeben. Ich vermute, daß diese Demonstration ihre Fähigkeit katalysiert. Wenn die meisten der Teilnehmer die dreizehnte Übung mit nur noch wenigen Irrtümern ausführen, kann die Folge der triadischen Übungen (mit drei Teilnehmern) beginnen.

## Triadische Übungen

Die triadischen Übungen ähneln den dyadischen Übungen, aber sie werden durch das Hinzukommen einer dritten Person kompliziert.

1. Bei der ersten triadischen Übung werden die drei Teilnehmer angewiesen, sich in einem Dreiecks-Muster hinzusetzen, das Gesicht nach innen. Sie können am Boden oder auf Stühlen sitzen. Jeder hält die Hände der Partner zu beiden Seiten und läßt die Hände auf den Knien ruhen, die zu beiden Seiten die Knie der Partner berühren. Alle Teilnehmer konzentrieren sich und schirmen sich ab. Die Augen bleiben während der Übung geschlossen.

Nachdem ungefähr eine Minute lang eine gemeinsame Basis hergestellt wurde, werden die Teilnehmer angewiesen, fünfundzwanzig Minuten lang die neue wechselseitige Beziehung zu erforschen und die Unterschiede zwischen der dyadischen Beziehung und der triadischen Beziehung herauszuspüren. Jeder muß sich auf die Unterschiede zwischen den Partnern zu beiden Seiten einstellen.

Jeder hält jetzt je eine Hand von zwei anderen Personen, statt zweier Hände einer Person wie bei den dyadischen Übungen. Es lassen sich quantitative und qualitative Unterschiede zwischen den Händen der Partner zu beiden Seiten feststellen – Unterschiede der Körpertemperatur, der Feuchtigkeit, des Pulsschlags und der Vibration. Die Übung wird schweigend und regungslos durchgeführt.

Nach Ablauf von zwanzig Minuten sollen die Mitglieder jeder Triade sich auf die Herz-Ebene konzentrieren und ihre Herz-Chakra-Energie ausdehnen, bis das Feld jedes einzelnen Herz-Chakra-Energie ausstrahlt. Dann sollen sie als Einheit eine Feld-Umarmung ausführen. Nach einigen Minuten werden sie angewiesen, die Energie zu ihrem Herz-Chakra zurückkehren zu lassen, die Augen zu öffnen und als Einheit eine körperliche Umarmung auszuführen. Dann tauschen sie zehn Minuten lang ihre Erfahrungen aus.

2. Die zweite triadische Übung erkundet die Möglichkeiten der Mitglieder, die Triade zu einer Einheit zu verschmelzen. Nach-

dem genau wie in der ersten triadischen Übung angefangen wurde, soll jeder Teilnehmer einen Energiestrahl imaginieren, der, vom Herz-Chakra ausgehend, zum Mittelpunkt des Dreiecks strahlt. Nach ungefähr einer Minute werden alle Mitglieder der Triade aufgefordert, den Brennpunkt ihres Bewußtseins aus den Grenzen ihres physischen Körpers hinaustreten und zum Mittelpunkt des Dreiecks werden zu lassen. Wenn das Bewußtsein sich im Mittelpunkt des Dreiecks befindet, soll jeder Teilnehmer – ohne die Augen zu öffnen – seinen Körper beobachten, wie er dasitzt und eine Seite des Dreiecks bildet. Nachdem es dem Teilnehmer mit geschlossenen Augen gelungen ist, aus der Perspektive des Dreiecks-Mittelpunktes ein detailliertes Bild seines Körpers zu sehen, soll er die beiden anderen Partner der Triade auf gleiche Weise vom Mittelpunkt des Dreiecks her sehen. Diesem Abschnitt werden fünf Minuten gewidmet.

Die Mitglieder jeder Triade sollen dann ihr Bewußtsein im Mittelpunkt des Dreiecks mit dem der anderen verschmelzen und jegliches Gefühl ihres individuellen Ich verlieren. Diesem Abschnitt sind fünf Minuten gewidmet.

Nun werden die Teilnehmer angewiesen, diesen verschmolzenen Bewußtseinszustand sich ausdehnen und den ganzen Saal ausfüllen zu lassen, dann das Haus, den geographischen Distrikt usw. bis zum ganzen Planeten und schließlich weiter über das Sonnensystem in die Unendlichkeit. Diesem Abschnitt werden fünf Minuten gewidmet.

Dann werden die Teilnehmer angewiesen, allmählich ihr mit den anderen verschmolzenes Bewußtsein wieder einzuziehen, zurück durch das Sonnensystem, den Planeten Erde, einen immer kleiner werdenden geographischen Distrikt, das Haus und den Saal, bis sie schließlich mit ihrem verschmolzenen Bewußtsein in ihrem eigenen Dreieck anlangen. Die Übung endet, genau wie die erste triadische Übung, mit der Feld-Umarmung und der dreiseitigen körperlichen Umarmung. Die Mitglieder jeder Triade nehmen sich Zeit, solange sie wollen, um ihre Erfahrungen auszutauschen.

3. Die dritte triadische Übung erkundet Dreier-Probleme und Dreier-Lösungen. Das Problem – das berühmte klassische «ewige Dreieck» – soll durch die Trinitäts-Übung gelöst werden. Die Übung beginnt genau wie die erste triadische Übung. Nachdem

die Teilnehmer sich konzentriert und abgeschirmt haben, werden sie angewiesen, das Dreieck zu erkunden. Dann soll jeder von ihnen – mittels nichts anderem als dem Ausdruck des Energiestroms durch eine Hand – eine Verbindung mit *nur einem* der beiden anderen Mitglieder des Dreiecks herstellen. Wie in den vorhergehenden Übungen muß jeder Teilnehmer darauf achten, kein Zeichen durch eine Bewegung oder den Druck seiner Hand zu geben und einzig mit dem Energiestrom zu arbeiten.

Zur bequemeren Darstellung will ich die Mitglieder der Triade als A, B und C bezeichnen, aber in der Praxis brauchen sie nicht bezeichnet zu werden.

Falls A nach einiger Zeit keine Erwiderung des Energiestroms von B (den er zu kontaktieren versucht) spürt, kann er annehmen, daß B gerade versucht, mit C Kontakt aufzunehmen. Die Energie der nicht aktivierten Hand soll während des Versuchs, Kontakt herzustellen, bewußt abgeschaltet werden. Wenn aber A, der B zu kontaktieren versucht, Energie von C in seine nicht aktivierte Hand strömen spürt, soll er aufhören, B zu kontaktieren, und statt dessen eine Verbindung mit C herstellen, das heißt, er soll die B berührende Hand abschalten und die Hand, die C berührt, einschalten.

Diesen Anweisungen zufolge können nur jeweils zwei Mitglieder einer Triade in Verbindung stehen. Dem dritten ist es nicht gelungen, eine Verbindung herzustellen, und er ist, wie es in dem bekannten Abzähl-Reim heißt, «draußen». Dieser Dritte muß nun herausfinden, wie er in dem Dreieck bleiben kann, während er doch nicht Teil der von den beiden anderen gebildeten Dyade ist. Er muß den Energiestrom beider Hände ausschalten und dennoch Teil der Interaktion zwischen den anderen beiden bleiben.

Der Leiter weist die Teilnehmer an, ihre Aktivierung zu verstärken, und sagt nun, daß die Mitglieder, die miteinander verbunden sind, jeweils die Hand, die den Kontakt hält, drücken sollen. Falls die Kommunikation perfekt wäre, würden zwei Hände von den sechs Händen der Triade einander drücken, aber diese Kommunikation ist, wie in den vielen anderen Fällen, nicht immer perfekt: A kann zum Beispiel eine Verbindung mit B spüren, während B keine Verbindung mit A fühlt. Es kann geschehen, daß alle drei an der Triade Beteiligten eine Hand drücken (in welchem Fall keine der gedrückten Hände den Druck erwidert), und es kommt auch häufig vor, daß jeder der drei Beteiligten fühlt, daß die beiden anderen Kontakt aufnehmen, so daß jeder glaubt, er sei «draußen». In diesem Fall drückt keiner der an der Triade Beteiligten eine Hand.

Nachdem dieses Verfahren einmal durchgenommen wurde, konzentrieren sich die Teilnehmer wieder und wiederholen den Vorgang, wobei sie neue Verbindungen herzustellen suchen. Die Sequenz wird insgesamt fünfmal wiederholt, und die Übung endet wie die erste triadische Übung.

4. Die vierte triadische Übung wiederholt die dritte triadische Übung, nur daß die Hände der an dem Dreieck Beteiligten, bei den einzelnen Versuchen einzig durch den Energiefluß eine Verbindung mit dem Partner herzustellen, im Abstand von drei, sechs und zwölf Zoll voneinander gehalten werden. Es macht keinen Unterschied, wessen Hand oben oder unten ist, solange nur die Hände Handfläche gegen Handfläche gehalten werden. Wenn es Zeit ist, die im Dreieck hergestellte Verbindung anzuzeigen, berühren die zwei Teilnehmer, die in Energie-Verbindung stehen, einander mit den Händen. Diese Sequenz wird insgesamt fünfmal wiederholt und endet wie die erste triadische Übung.

5. Die fünfte triadische Übung erkundet Vokalisierung und Augenkontakt. Diese Übung beginnt, wie die erste triadische Übung, mit Konzentration und Abschirmung bei geschlossenen Augen und schweigend. Nach einigen Minuten werden alle Teilnehmer aufgefordert, einen Teil ihrer Herz-Chakra-Energie zum Kehl-Chakra fließen zu lassen, und jeder Teilnehmer vokalisiert einen Ton, der die Energie der Triade symbolisiert. Wenn alle drei einen Ton vokalisieren (oder Töne – nicht notwendig denselben), sollen sie in ihrer Triade den Klang erforschen und ihre Stimmen in den verschiedenen Stimmlagen beibehalten. Diese Erfahrung dauert zehn Minuten. Die Augen bleiben geschlossen.

Dann weist der Leiter die Teilnehmer an, sich wieder auf das Herz-Chakra zu konzentrieren. Nach dreißig bis vierzig Sekunden werden sie angewiesen, die Herz-Chakra-Energie in die Region hinter ihren Augen aufsteigen zu lassen. Wenn die Energie aus dem Herz-Chakra die Augen erreicht, öffnet jeder Teilnehmer die Augen und stellt einen Kontakt mit *einem* der zwei anderen Partner in der Triade her. Wieder wird ein Mitglied keinen

Partner finden, mit dem es eine Verbindung herstellen kann, und es muß herausfinden, wie es damit fertig wird, bei offenen Augen keinen Augenkontakt mit einem der Partner herstellen zu können. Die beiden Mitglieder der Dyade innerhalb der Triade sollen imaginieren, wie ihre Herz-Chakra-Energie durch ihre Augen fließt, während sie einander gleichzeitig Herz-Chakra-Energie durch ihre verbundenen Hände und durch ihre Herz-Chakra-Felder zustrahlen. Die Teilnehmer werden nun aufgefordert, diesen Vorgang bei jeder folgenden Wiederholung in immer kürzerer Zeit durchzuführen, wobei sie jedesmal mit Augen, Händen und Herz-Chakra-Feldern eine erneute Verbindung der Dyade innerhalb der Triade herstellen.

Jetzt werden sie angewiesen, den Augenkontakt abzubrechen und mit Hilfe der Augen eine Verbindung mit einem anderen Partner herzustellen, um eine neue Dyade innerhalb der Triade zu bilden.

Der eine Außenstehende muß die Augen offen lassen, auch wenn er keinen Augenkontakt aufnehmen kann. (Blinzeln mit den Augen ist zulässig.) Wenn die neue Dyade gebildet ist, werden ihre zwei Mitglieder angewiesen, ihre Hand- und Augenkontakte zu intensivieren.

Dann werden die Teilnehmer aufgefordert, den Augenkontakt abzubrechen und abermals eine neue Dyade innerhalb der Triade zu bilden, wiederum mit Augenkontakt. Für diesen Vorgang sind sechs Sekunden vorgesehen.

Und wieder werden die Mitglieder aufgefordert, den Augenkontakt abzubrechen und eine neue Dyade zu bilden. Diesmal sind dafür vier Sekunden vorgesehen.

Während der Leiter mit den Worten «Abbrechen, neue Dyade» jeweils zur nächsten und übernächsten Dyadenbildung aufruft, sind für jeden Zyklus nur noch zwei Sekunden vorgesehen. Die Teilnehmer werden ermahnt, daß sie jedesmal, wenn sie in eine dyadische Beziehung eingehen, mit ihren Augen, Händen und Herz-Chakras Kontakt herstellen sollen. Wenn sich der Streß dieser Übung bei den Teilnehmern bemerkbar macht, weist der Leiter sie an, eine körperliche Dreiecks-Umarmung auszuführen und damit die Übung abzuschließen.

Bei jeder dieser triadischen Übungen, bei denen Dyaden gebildet werden, sollte der außenstehende Dritte in der Lage sein, sich in einen Zustand zu versetzen, in der sein Bewußtsein die Dyade zu einer einzigen Einheit verschmolzen sieht – und dann verschmilzt der Außenstehende mit ihr als Einheit. Der Außenstehende erlebt also Einheit und Verschiedenheit zugleich. Dies ist die Lösung des ewigen Dreiecks – weder ausgeschlossen zu sein, noch einen der Partner aus der Dyade für sich zu gewinnen, sondern die Dyade als Einheit zu sehen und mit ihr zu verschmelzen.

Der zweite wichtige Punkt ist, daß es den Teilnehmern gelingen muß, in weniger als einer Sekunde seine Herz-Chakra-Energie durch Hände, Stimme und Augen auf eine andere Person zu projizieren. Das Verschenken Bedingungsloser Liebe – das ist es, was diese Übung trainieren soll! Wenn man den Energiefluß des Herz-Chakras beherrscht, fließt die Bedingungslose Liebe augenblicklich dem anderen zu. Es kommt nicht darauf an, ob die Energie zurückgegeben wird. Sie ist eine universelle Energie, die verschenkt werden sollte. Sie ist unerschöpflich!

Allzu viele Menschen erleben das, was ich als «Erfrischungsstand-Bewußtsein» bezeichne. Sie berauschen sich in der Meditation, im Gottesdienst oder in der Gegenwart anderer Menschen, die Bedingungslose Liebe zum Ausdruck bringen. Aber nach ein paar Stunden oder Tagen, wenn sie zu ihrer «normalen» menschlichen Perspektive zurückkehren, versickert ihre Energie. Sie haben noch nicht gelernt, diesen Energiestrom unmittelbar und in jedem Augenblick anzuzapfen. Diese Aufgabe ist nicht leicht, denn mehr als 99 % der Menschheit bringen andere Energien als die der Bedingungslosen Liebe zum Ausdruck, und der Sog des kollektiven menschlichen Feldes ist oft überwältigend. In dieser Übergangsphase der menschlichen Entwicklung ist es schwer genug, auch nur sporadischen Kontakt mit der Herz-Ebene des Bewußtseins beizubehalten. Das Schenken der Bedingungslosen Liebe muß eine lebenslange Übung sein.

Menschen, die alle diese Übungen abgeschlossen haben, sind nun fähig, menschliche Energiefelder in einem Abstand vom Körper zu spüren, einem anderen Menschen durch ihre Hände Herz-Chakra-Energie zu übermitteln und das Chakra-System des Betreffenden, mit dem sie interagieren, auszubalancieren. Als Nebenprodukt dieser Arbeit können sie womöglich auch Schmerzen lindern und den Verlauf von Krankheiten verändern.

Was zählt, ist nicht die Intensität der ausgesandten Energie sondern ihre Qualität. Es ist leicht, sexuelle Energie, emotionale Energie und geistige Energie zu übermitteln, und alle diese Energieformen können andere Menschen in positiver wie negativer Weise beeinflussen. Herz-Chakra-Energie stärkt unweigerlich alle Seelen: sie kann nicht anders, als positiv sein.

Verlieren Sie sich nicht an die *Macht* der Energie. Das Ego kann sich leicht aufblähen, aber diese Übungen dürfen kein Ego-Trip werden. Ohnehin ist es nicht Ihre Energie: es ist unsere. Sie dürfen sie lediglich durch sich hindurchleiten und sie an die manifeste Ebene weitergeben. Wenn Sie Bedingungslose Liebe zum Ausdruck bringen, fungieren Sie als Umwandlungsstation einer Energie, die nicht von dieser Welt ist.

## Abtasten mit der Hand

In diesem Abschnitt wird ausführlich geschildert, wie man die Hände benutzen kann, um vom menschlichen Körper ausstrahlende Energiefelder zu entdecken. Diese Übung heißt «Abtasten mit der Hand».

In einem der vorigen Kapitel sprachen wir über die Lokalisierung der vorderen Felder und wie sie sich für die verschiedenen Menschen anfühlen. Ich betone noch einmal, daß die Energiefelder keine den meisten modernen Naturwissenschaftlern bekannte Frequenz aufweisen. Die Energiefelder sind da, und der menschliche Körper, als Instrument, kann sie entdecken. Meistens aber muß der einzelne angeleitet werden, die Energiefelder zu entdekken. Die bloße Tatsache, daß die gewöhnliche menschliche Wahrnehmung die Felder nicht fühlt oder sieht, ist kein Beweis gegen ihr Vorhandensein.

Wie ich schon sagte, können die Körperenergie-Felder eine Reihe verschiedener sensorischer Systeme in den Händen stimulieren – Wärmerezeptoren, Kälterezeptoren, Vibrationsrezeptoren, Druckrezeptoren, Berührungsrezeptoren und Schmerzrezeptoren. Bei verschiedenen Leuten werden verschiedene Arten der Sinneswahrnehmung überwiegen und sie als primäres sensorisches System zur Bestimmung der Energiefelder des Körpers empfinden, aber die große Mehrheit aller Menschen empfindet diese Felder als subtile Wärme oder subtile Kälte. Nur einige wenige werden imstande sein, die Felder mit mehr als einer Art von Sinneswahrnehmung zu entdecken. Und ganz wenige werden anfangen, die Felder zu sehen. Obgleich viele Menschen die Energie als Wärme oder Kälte empfinden, ist zweifelsfrei bekannt, daß die Energie kein Temperaturphänomen ist.

Während jener Phase der Körperenergie-Arbeit, bei der mit der Hand abgetastet wird, muß das Bewußtsein des Abtastenden völlig rezeptiv sein, und seine Aufmerksamkeit muß sich ganz auf die eine Hand oder beide Hände konzentrieren. Die Beobachterhaltung des Bewußtseins wird aktiviert. Man muß sorgfältig darauf achten, daß man nicht das, was man zu entdecken erwartet, in den Raum um die abzutastende Person hineinprojiziert. Vielmehr kommt es darauf an, den umgebenden Raum um die Person, die abgetastet werden soll, genau zu erkunden, um festzustellen, was wirklich da ist.

Die als Detektor wirkende Hand ist dabei entspannt. Die Finger sollten leicht gespreizt und leicht gekrümmt sein, wie in einer klassischen Ballettpose. Eine starre flache Hand mit fest zusammengedrückten Fingern ist als Detektor nicht annähernd so wirksam.

Da bei manchen Menschen der Unterarm sensibler ist als die Hand, wenn es gilt, Körperenergie-Felder zu entdecken, sollte die Hautoberfläche von der Hand bis zum Ellbogen entblößt sein. Lange Ärmel werden aufgerollt.

Leute, die eben erst anfangen, die Technik des Abtastens mit der Hand zu lernen, sollten die Felder zuerst mit der rechten, dann mit der linken Hand erforschen. Selten ist der Anfänger in der Lage, die Felder mit beiden Händen gleichermaßen zu entdekken. Linkshänder werden meist feststellen, daß ihre linke Hand sensibler ist. Schließlich aber wird die Sensibilität beider Hände gleich gut entwickelt sein.

Wichtig ist die Geschwindigkeit, mit der die Hand bewegt wird. Eine zu schnelle Bewegung gibt dem Geist nicht genug Zeit, den sensorischen Input zu registrieren, und es gibt stets eine leichte Verzögerung zwischen dem Zeitpunkt, da der Stimulus auf den Rezeptor trifft, und dem Zeitpunkt, da der Stimulus das Hirn erreicht. Bis man sich der Empfindung bewußt wird, ist die Hand immer schon über die Stelle hinaus, wo die Energie sie gestreift hat. Man lernt aber bald, diese Abweichung auszugleichen.

Wenn dagegen die Hand zu langsam über den Körper gleitet,

wird der Abtastende häufig seine eigene, von der Körperoberfläche reflektierte Hand-Energie spüren. In diesem Fall wird sich jeder Teil der Körperoberfläche für den Abtastenden gleich anfühlen. Eine praktische, brauchbare Geschwindigkeit liegt etwa bei einem halben Fuß pro Sekunde.

Außerdem haben Anfänger häufig das Gefühl, als würde die abtastende Hand «über-aufgeladen». Sie fängt an zu kribbeln oder zu pulsieren, manchmal mit einem ziehenden Gefühl oder sogar mit Schmerz verbunden. Diese Empfindung blockiert die Bewußtwerdung aller einlaufenden Stimuli. Das Gefühl schwindet in der Regel, wenn man die Hand ausruht oder die Finger ausschüttelt. Oft hilft es auch, sich mit der flachen Hand auf den Schenkel zu schlagen. Die Zuhilfenahme der anderen Hand kann ebenfalls diese Schwierigkeit abstellen.

Das heftige *Bemühen*, die Felder zu fühlen, blockiert meist das sensorische Bewußtwerden. Man muß vielmehr die Körperenergien in das Bewußtsein eindringen *lassen*. Das Bewußtsein des Abtastenden muß sich auf eine Ebene einstimmen, wo die Energie gefühlt werden kann. Eine vergleichbare Situation gibt es im Medizinstudium, nämlich wenn die Studenten lernen sollen, gewisse Herztöne zu hören. Dabei lernen sie als erstes, wo sie ihr Hör-Bewußtsein konzentrieren sollen. Denn der gewöhnliche Hör-Mechanismus lauscht einfach nicht in jene Bereiche, wo diese Herzgeräusche gehört werden können. Dasselbe gilt auch für den subtilen Tastsinn, zumindest im Anfangsstudium.

Ich empfehle immer, am Anfang einen Abstand von ungefähr acht bis zwölf Zoll zur Körperoberfläche einzuhalten, wobei die abzutastende Person in Rückenlage auf einem Tisch liegt, dessen Höhe ungefähr der Hüfthöhe des Abtastenden entspricht. Der Tisch kann mit einer Matratze bedeckt sein, aber vorzuziehen ist eine dünnere, festere Matte. Auf dem Boden zu arbeiten ist ganz gut, nur daß es für den Abtastenden unbequem sein kann, besonders wenn er die linke Seite der Person abtastet, also die dem Standpunkt des Abtastenden gegenüberliegende Seite. Holztische sind Metalltischen vorzuziehen, weil Energiefelder von metallenen Gegenständen stark reflektieren.

Gold, Silber, Halbedelsteine und Edelsteine, ja sogar die gröberen Mineralien haben sehr starke Strahlungsfelder. Amulette wurden in alten Zeiten weder als Schmuck getragen, noch beruhte ihre Wirkung auf Aberglauben. Die von manchen Steinen ausstrahlenden Felder können die Körperenergie-Felder beeinflussen. Kristalle, mit Energie aus den Händen aufgeladen, sind besonders mächtig, ähnlich wie viele andere Edelsteine, die als Schmuck getragen werden. Wegen der restlichen Energie, die in solchen Stoffen noch enthalten ist, sollten die abzutastenden Personen alle Schmuckstücke ablegen, auch Uhren und große Ringe. Männer sollten große Gürtelschnallen ablegen. Es ist aber nicht nötig, sich zu entkleiden. (Der Abtastende kann, aber braucht persönlichen Schmuck nicht abzulegen.)

Der Abzutastende wird angewiesen, sich in einen ruhigen, entspannten Bewußtseinszustand zu versetzen. Die Füße sollten im Abstand von wenigstens zwölf Zoll gespreizt sein, die Hände sollten bequem an den Seiten ruhen. Die Person soll sich frei fühlen, Arme oder Beine zu bewegen, sobald ihre Lage unbequem wird. Sie soll auch ruhig husten, sich schneuzen oder kratzen, falls dies nötig ist. Von Gesprächen während des Abtastens ist dringend abzuraten.

Nun wendet sich der Abtastende zuerst der rechten Seite der Person zu. Die rechte Hand des Abtastenden fühlt den Puls im rechten Handgelenk der Person. Falls Sie nicht wissen, wie man den Puls an der Handwurzel fühlt, bitten Sie eine Krankenschwester oder einen Arzt, es Ihnen zu zeigen. Ich bevorzuge die Methode des Pulsnehmens mit drei Fingern, ähnlich der Technik, wie sie bei der asiatischen Akupunktur zur Anwendung kommt. Für den Anfänger im Abtasten genügt es, das Pulsieren der Arterie im Handgelenk zu spüren und es zu nutzen, um sein Bewußtsein auf das der Person einzustimmen.

Während der Abtastende den Puls fühlt, verlagert er sein Bewußtsein zur Ebene des Herz-Chakras und führt den Prozeß des Sich-Konzentrierens und Abschirmens aus. Dann versetzt sich der Abtastende in einen völlig rezeptiven Zustand und konzentriert seine Aufmerksamkeit ganz auf die abtastende Hand.

Dem Neuling in der Körperenergie-Arbeit empfehle ich, mit dem Abtasten über der Brust und der oberen und unteren Bauchregion zu beginnen, wo die Energiefelder gewöhnlich am stärksten und daher am leichtesten zu entdecken sind. Es kann hilfreich sein, mit dem Abtasten an einer Körperseite der Person anzufangen und über die Körperoberfläche hin und her zu streichen, aber auch über die Grenzen der Körperoberfläche hinaus, um der abtastenden Hand den notwendigen Kontrast zu vermitteln. In diesem Fall erfolgt die Bewegung vom Körper fort und zurück über die Körperregion, vom Körper fort und wieder über den Körper. Nachdem man sich mit dem Gefühl der Körper-Energiefelder vertraut gemacht hat und sie leicht entdecken kann, braucht man diesen starken Kontrast nicht mehr und kann nun ausschließlich über dem Körper arbeiten.

Nur durch Versuch und Irrtum kann man das erste Energiefeld entdecken. Ich empfehle, immer die Augen zu schließen, um die Konzentration nicht abzulenken und sie ganz in den Händen zu behalten. Während manche Leute die Felder sofort spüren, stellt sich bei anderen zuerst nur ein unbestimmtes Gefühl ein. Der Schlüssel zu dieser Methode liegt in der Arbeit mit kontrastierenden Regionen.

Die Felder sind nicht zu spüren, wenn die Hand nur über sie gehalten wird. Vielmehr muß die Hand sich durch sie hindurchbewegen. Dieses Prinzip ist wichtig. Während des Abtastens muß die Hand in dauernder Bewegung sein. Sie muß in die Felder hinein und wieder hinaus fahren. Wenn sie in einem Feld verharrt, ist nur wenig zu spüren. Es kommt darauf an, die strahlenden Felder in verschiedene Ebenen zu zerlegen und so zu erkennen, welche Konfiguration das Feld aufweist. Sein Durchmesser und sein Projektionswinkel lassen sich nur feststellen, indem man die Hand dauernd – in wechselndem Abstand von der Körperoberfläche – in das Feld hinein und wieder hinaus bewegt. Folgern Sie nicht vorschnell, daß das Feld direkt unter der Hand strahlt. Man muß eine Reihe von Erkundungen über das Feld anstellen, bevor man eine Schlußfolgerung hinsichtlich seines Ursprungs ziehen kann.

Sobald ein Feld gefunden ist, bestimmt man seine Strahlungsdistanz, seinen Durchmesser in verschiedenen Ebenen und seinen Winkel zur Körperoberfläche. Die Entfernung, bis zu der das Feld von der Körperoberfläche zu strahlen scheint, ist anfangs von der Sensibilität des Abtastenden abhängig. (Ich entdecke die Felder in zwei- bis dreimal weiterem Abstand vom Körper, als die Anfänger es tun.) Am Anfang aber genügt es, die Felder all jener Chakras zu entdecken, die an der Spiralmeditation beteiligt sind. Diese primären Felder – besonders diejenigen zwischen Wirbelsäulenbasis und Schädelplatte – sind am leichtesten zu entdecken. Zu diesem ersten Abtasten gehört auch, die Intensitätsunterschiede zwischen den Feldern aller Chakras abzuschätzen.

Bei manchen Feldern fällt die Unterscheidung schwer. Das Kehl-Chakra ist leicht mit der Atemwärme der Person zu verwechseln. Um diesen Irrtum zu vermeiden, bitten Sie die Person, den Atem anzuhalten, während sie das Kehl-Chakra kontrollieren. Um die Entdeckung des Kehl-Chakras zu erleichtern, kann es auch ratsam sein, das Kinn anzuheben, so daß die abtastende Hand sich nicht direkt über dem Mund oder den Nasenlöchern befindet.

Die Chakras von Kehle, Brustmitte, Herz und Solarplexus liegen nah beisammen, aber ihre Felder sind immer getrennt: Man muß besonders darauf achten, sie beim Abtasten auseinanderzuhalten. Die Chakras des Unterleibs und der Leistenregion werden oft verwechselt, weil auch sie nah beisammen liegen. Aber auch sie sind immer getrennt, und man muß seine Sensibilität steigern, um sie zu unterscheiden.

Wenn man sich nur auf die an der Spiralmeditation beteiligten Felder konzentriert, so wird dies viel Zeit und Energie sparen. Es gibt mehr als vierzig verschiedene normale Felder, die nach vorne, nach den Seiten und nach hinten von der Körperoberfläche abstrahlen. Die meisten sind so subtil, daß eine große Sensibilität notwendig ist, um sie zu entdecken. Manchmal sind starke Energiefelder über der Brustregion von Frauen zu spüren sowie über der Nabelregion von Männern wie von Frauen. Wenn Sie sie spüren, ist es gut. Wenn nicht, konzentrieren Sie sich auf die Felder der Spiralmeditation.

Beim Erlernen des Abtastens mit der Hand ist es vorteilhaft, in der Gruppe zu arbeiten, weil verschiedene Personen unterschiedliche Intensitäten der einzelnen Energiefelder aufweisen werden. Wenn man die Energiefelder eines Menschen erkundet, dessen Energien sehr subtil sind, könnte man daraus folgern, daß die Felder nicht vorhanden sind oder daß man unfähig ist, sie zu spüren. Aber die starken, leicht zu entdeckenden Energiefelder der nächsten Person können einem die Gewißheit geben, daß man tatsächlich die Fähigkeit hat, Felder aufzuspüren.

Nachdem die Erkundung der von der vorderen Körperseite strahlenden Felder abgeschlossen ist, bitten Sie den Partner, sich umzudrehen, so daß auch die hinteren Felder entdeckt werden können. Da ich bisher noch nicht angedeutet habe, wo diese Felder lokalisiert sind, hat jeder Abtastende Gelegenheit, sie selbst zu entdecken, ohne ihre Lokalisierung im voraus zu kennen. (Siehe Abb. 10.20, S. 306. Bitte verzichten Sie darauf, die Abbildung zu studieren, bevor Sie nicht Gelegenheit hatten, die hinteren Felder zu spüren.)

Während die Person in Bauchlage liegt, tasten Sie auch unter dem Tisch ab, falls dies durchführbar ist, und untersuchen Sie die Felder, die Sie erforscht haben, während die Person in Rükkenlage lag. Die Felder durchdringen alles. Beseitigen Sie die Blockierung ihrer Vernunft, die Sie glauben machen will, der Tisch könne ein Hindernis für die Energiefelder sein, und Sie werden feststellen, daß sie ganz leicht zu entdecken sind. Passen Sie aber auf, daß Ihre Hand mindestens sechs Zoll von der Unterseite des Tisches entfernt ist, so daß Sie nicht die zurückgeworfene Energie Ihrer Hand spüren. Bei dieser Gelegenheit tasten Sie unter und über dem Tisch gleichzeitig (zweihändiges Abtasten) um sich zu vergewissern, ob das hintere Feld und das vordere Feld miteinander in Verbindung stehen.

Als letzte Übung bitten Sie die Person, sich wieder umzudrehen und Ihnen die Vorderseite darzubieten. Lassen Sie die Person die eine oder die andere Hand heben, so daß der Unterarm senkrecht zum Tisch steht, wobei der Oberarm auf dem Tisch ruht. Dann tasten Sie gründlich die erhobene offene Hand ab und kontrollieren den Handrücken, die Handfläche und die Fingerspitzen aus einem Abstand von ungefähr sechs Zoll. Dann bitten Sie die Person, die Hand «einzuschalten» – wie bei den dyadischen und triadischen Übungen –, und tasten die Hand nochmals ab, wobei sie die Intensitätszunahme feststellen und auch, wo die Intensität am größten zu sein scheint. Bitten Sie die Person, die Hand «abzuschalten» und kontrollieren Sie nochmals die Felder. Falls Sie Ihre Fähigkeit, Energiefelder zu entdecken, noch einmal testen wollen, bitten Sie die Person, abwechselnd ein- und abzuschalten, ohne daß Sie es wissen, und zeigen Sie der Person an, wann Sie glauben, daß die Hand aktiviert ist und wann nicht.

Falls Sie bei Ihrer ersten Erkundung der Körperenergie-Felder nur wenig spüren, versuchen Sie es nach vierundzwanzig Stunden noch einmal. Oft legt sich die Befangenheit beim Aufspüren der Felder, und am nächsten Tag verläuft die Erkundung viel befriedigender. Nachdem weniger als 1 % aller Menschen völlig unfähig sind, die Felder zu entdecken, stehen die Chancen sehr gut für Sie.

Die Fähigkeit, Felder zu entdecken, ist entscheidend für die nächste Phase der Körperenergie-Arbeit, nämlich den Transfer von Energie an eine Person. Ohne die Felder zu spüren, kann man nicht wissen, wohin man die Energie übermitteln oder wieviel man übermitteln soll. Üben Sie die Abtast-Techniken, bis Sie die meisten, wenn nicht alle Chakras der Spiralmeditation fühlen können.

### Die Übertragung von Körperenergie

Die Technik des Energie-Transfers auszuführen, erfordert ein hohes Maß an Konzentration. Sowohl die Person, der Energie übertragen wird (der Empfänger), als auch die Person, die Energie überträgt (der Operator) werden anfällig für Kräfte, deren die meisten Menschen sich völlig unbewußt sind. Man muß sich dauernd die Qualität und Intensität der transferierten Energie bewußt machen, denn es ist allzu leicht, das Funktionieren eines Chakras zeitweilig zu stören.

Um etwaige Komplikationen möglichst gering zu halten, wird der Empfänger aufgefordert, als Bio-Feedback-Instrument zu fungieren, wobei er die in den Körper einfließendc Energie dauernd überwacht und dem Operator berichtet, ob die Energie zu schwach, zu intensiv oder gerade richtig ist. Wenn sich der Energiefluß gut anfühlt, ganz gleich bei welcher Intensität, werden sich keine nachteiligen Folgen manifestieren.

Die Personen, die bei dieser letzten Übung Energie empfangen, sind also absolut verantwortlich für das, was mit ihnen passiert. Der Operator ist verantwortlich für die Qualität und Intensität der Energie, und er ist verpflichtet, ihr Fließen nach den Anweisungen des Empfängers zu regulieren. Zwischen Operator und Empfänger muß ein wechselseitiges Vertrauen bestehen.

Die Ausführung dieser Übung kann sechzig bis neunzig Minuten dauern. In der Gruppenarbeit kann der Leiter das Tempo der einzelnen Sequenzen bestimmen und vorschlagen, wann jede Phase enden sollte. Aber für jede Phase ist reichlich Zeit vorzusehen. Besonders bei dieser Übung kommt es auf die Sensibilität und Erfahrung des Leiters an.

Während der eigentlichen Phase der Energie-Übertragung muß der Operator bei dieser Übung nicht nur die Hand aktivieren, die seine Herz-Chakra-Energie transferiert, sondern sich gleichzeitig in einen Zustand der Empfindsamkeit versetzen, der es ihm erlaubt, den Energiefluß und die Reaktion des jeweiligen Chakras zu spüren, über das er seine Hand hält. Während des Abtastens ist die Hand immer in Bewegung. Während der Übertragung verharrt sie über jedem Chakra reglos.

Die Intensität der von der Hand ausgestrahlten Energie kann auf dreierlei Weise kontrolliert werden. Die erste Methode besteht darin, ein regulierendes Ventil oder einen Rheostat (Widerstandsregler) zu imaginieren, der mehr oder weniger Energie hindurchfließen läßt, je nach der gewünschten Intensität des Energiestroms. Falls diese Methode nicht funktioniert, können Sie die Entfernung zwischen der strahlenden Hand und der Körperoberfläche in der Region des Chakras verändern. Ein weiterer Abstand vom Körper wird die empfundene Intensität verringern, ein kürzerer Abstand zur Körperoberfläche wird sie verstärken. Mitunter ist es notwendig, mit zwei bis drei Fuß Abstand von der Körperoberfläche zu arbeiten. Ein andermal wird es notwendig sein, die Hand leicht auf der Kleidung aufliegen zu lassen. Die Abstände variieren nicht nur von Operator zu Operator, sondern auch von Empfänger zu Empfänger – sowie von Chakra zu Chakra desselben Empfängers. Die dritte Methode besteht darin, daß der Operator in die Herz- und Handregion «hinein»-atmet, wie in der fünften dyadischen Übung.

Bevor mit der Übung begonnen wird, sollten die Partner nonverbale Zeichen vereinbaren, damit der Empfänger dem Operator mitteilen kann, in welche Richtung er den Energiefluß regulieren soll. So etwa ist es ein praktisches Signal, wenn der Empfänger einen Finger hebt, um anzuzeigen, daß zu wenig Energie fließt und er mehr wünscht. Zwei Finger zeigen an, daß der Energiefluß genau richtig ist. Und drei Finger zeigen an, daß zuviel Energie fließt und daß der Empfänger um weniger bittet. Da der Operator gewöhnlich zur Rechten des Empfängers steht, würden mit der rechten Hand gegebene Zeichen normalerweise außerhalb des Gesichtskreises des Operators bleiben. Wenn der Empfänger und Operator sich in der üblichen Stellung zueinander befinden, ist es ratsam, daß der Empfänger mit beiden

Händen gleichzeitig Zeichen gibt. Die Signale sollten deutlich sein, so daß sie nicht mißverstanden werden können, und der Empfänger sollte dauernd, von Augenblick zu Augenblick, das Gefühl des Energiestroms anzeigen: Der Empfänger sollte dauernd das eine oder andere Signal geben. Da der Operator oft mit geschlossenen Augen arbeitet, sollte der Empfänger vielleicht mit den Fingern schnippen oder den arbeitenden Partner berühren, um anzuzeigen, daß er eine Veränderung wünscht. Der Empfänger darf sich während der Übung nicht in eine Traumwelt versetzen.

Bevor die Übung beginnt, ist es auch ratsam, daß der Empfänger dem Operator genau die Körperstelle zeigt, wo er etwa Schmerzen oder Unbehagen empfindet, so daß der Operator im voraus weiß, wo er sich mit der Übung zu konzentrieren hat.

Um eine Störung der Konzentration des Operators zu vermeiden, darf der Empfänger nicht sprechen. Nicht einmal Flüstern ist erlaubt. Die einzigen hörbaren Geräusche sollte ein gelegentliches Fingerschnippen sein, um den Operator daran zu erinnern, daß er auf die Signale des Empfängers achte. Friedliche Musik im Hintergrund kann eine günstige Atmosphäre schaffen.

Die Übung besteht aus acht Abschnitten.

1. Konzentrieren, Einstimmen und Abschirmen
2. Abtasten mit der Hand
3. Eröffnung der Spiral-Chakra-Arbeit mit Energie-Übertragung
4. Verbindung der Chakras durch Energie-Übertragung
5. Linderung von Schmerz oder Unbehagen und intuitive Arbeit
6. Abschließendes Abtasten mit der Hand, zusammen mit letztem Ausbalancieren
7. Abschluß der Spiral-Chakra-Arbeit
8. Befreiung

Die Konzentration des Bewußtseins auf der Herz-Ebene sollte nach den bisherigen Übungen beherrscht werden. Es ist hier besonders wichtig, weil es die Qualität der zu übermittelnden Energie bestimmt. Wie bei der anfänglichen Übung des Abtastens mit der Hand erfolgen Konzentration, Abschirmen und Einstimmung auf den Empfänger, während der Puls geprüft wird und der Pulsrhythmus die Verbindung zwischen den Partnern intensiviert.

Der Abschnitt des Abtastens mit der Hand verläuft genau wie bei der vorherigen Übung, mit der einen Ausnahme, daß nur die von der Vorderseite abstrahlenden Felder des auf dem Tisch liegenden Partners untersucht werden. Ich empfehle, beim transpersonalen Punkt, falls man ihn spürt, oder aber beim Scheitel-Chakra anzufangen und langsam weiterzutasten bis zu den Füßen hinab, wobei Ellbogen und Hände während des Abtastens der Brust- und Bauchregion kontrolliert werden. Bei diesem Abtasten kommt es darauf an, die relative Intensität der Chakras der Reihe nach festzustellen, um zu bestimmen, welche Chakras bei dem späteren Übertragungsvorgang mehr bzw. weniger Energie benötigen. Bei diesem Abtasten muß die Hand des Operators in ständiger Bewegung sein. Der Bewußtseinszustand des Operators ist rezeptiv, seine Aufmerksamkeit konzentriert sich auf die Hand, welche die Felder entdeckt. Der Empfänger darf ruhig Energie aus der Hand des Operators herüberkommen spüren. Solange dies kein Unbehagen verursacht, ist es während dieses Teils der Übung nicht nötig, dem Operator Signale zu geben. Erst während der nächsten drei Abschnitte ist ein *Feedback* vom Partner auf dem Tisch erforderlich.

Wenn das Abtasten abgeschlossen ist, sollte der Operator sich wieder der Brustregion zuwenden und mit der Stimulation aller Chakras in der gleichen Reihenfolge beginnen, wie sie bei der Spiralmeditation üblich ist, wobei er beim Herz-Chakra anfängt und schließlich den transpersonalen Punkt erreicht. Dazu muß der Operator die Bewußtseinsebene wechseln, die Energie des Herz-Chakras aktivieren und imaginieren, wie sie zur Schulter und in die Hand fließt, mit der die Energie übertragen wird. Ich empfehle, die Hand ungefähr sechs Zoll von der Körperoberfläche entfernt zu halten, dabei mit geringeren Intensitäten zu beginnen und es dem Empfänger zu überlassen, die Steigerung der Intensität mit Signalen zu steuern. Der Operator wird irgendwann – in einer Zeitspanne von dreißig Sekunden bis zu einigen Minuten – eine «Verbindung» mit dem Chakra spüren. Jetzt *imaginieren* Sie, wie die Energie in den Körper des Partners in die Herz-Chakra-Region einfließt, und *fühlen* Sie gleichzeitig die dem Partner zufließende Energie. Während dieses Abschnitts kommt es nicht darauf an, die Chakras auszubalancieren, sondern sie mittels der vom Operator ausgesandten Herz-Chakra-Energie zu stimulieren. Ungefähr zwei Minuten lang sollte man sich jeder Chakra-Region widmen. Der Bewußtseinszustand während der Übertragungsarbeit ist die Bedingungslose Liebe.

Nachdem die Stimulation des Stirn-Chakras abgeschlossen ist, würde man sich im Spiralmuster normalerweise dem linken Ellbogen zuwenden. Ich lasse aber beim Öffnen und Schließen der Spiralen die oberen Extremitäten aus und gehe beim Öffnen der Spirale direkt von der Stirn zu den Knien weiter, und beim Schließen der Spirale vom Scheitel zu den Knien. Es empfiehlt sich, wie ich meine, mit beiden Knien gleichzeitig zu arbeiten, wobei ich meine rechte Hand über das linke Knie und meine linke Hand über das rechte Knie halte. Auf diese Weise beginnt man auch die linke Hand zu aktivieren, die im nächsten Abschnitt – nachdem die Spirale der Chakras eröffnet ist – benötigt wird. Wenn man, dem Spiralmuster folgend, mit dem Scheitel-Chakra fertig ist, empfehle ich das gleiche Verfahren, unter Einsatz beider Hände, mit den Fuß-Chakras.

Falls Sie den transpersonalen Punkt nicht spüren können, schlage ich vor, eine symbolische Energie-Übertragung über dem Kopf auszuführen, nachdem die Stimulierung der Chakras in der Reihenfolge des Spiralmusters abgeschlossen ist.

Der nächste Abschnitt, nämlich die Verbindung der Chakras miteinander, verlangt die Aktivierung beider Hände, der rechten wie der linken. Man beginnt bei dem rechten Fuß und dem rechten Knie. Die rechte Hand wird über das rechte Fuß-Chakra und die linke Hand über das rechte Knie-Chakra gehalten. Man imaginiert dabei, wie Energie in den rechten Fuß fließt und sich durch den Unterschenkel ins rechte Knie ausbreitet. Dann fühlt die linke Hand diese Energie und schickt den Strom zum rechten Fuß zurück, und schließlich imaginiert man, wie die Energie zwischen den beiden Chakras im rechten Bein des Empfängers hin und her fließt. Sobald der Energiefluß sich frei und unbehindert anfühlt, kann die nächste Verbindung hergestellt werden.

Die Chakra-Verbindungen werden in dieser Reihenfolge hergestellt:

1. Vom rechten Fuß des Empfängers zum rechten Knie, wobei die rechte Hand des Operators über dem rechten Fuß des Empfängers, seine linke Hand über dem rechten Knie des Empfängers ist.

2. Vom rechten Knie zur rechten Hüfte, wobei die rechte Hand des Operators über dem rechten Knie des Empfängers, seine linke Hand über der rechten Hüfte ist.
3. Vom linken Fuß zum linken Knie; rechte Hand über linkem Fuß, linke Hand über linkem Knie.
4. Vom linken Knie zur linken Hüfte; rechte Hand über linkem Knie, linke Hand über linker Hüfte.
5. Von der rechten Hüfte zur linken Hüfte; rechte Hand über linker Hüfte, linke Hand über rechter Hüfte.
6. Vom Wurzel-Chakra zum Unterleibs-Chakra; linke Hand über dem Unterleib, rechte Hand über der Wurzel.
7. Vom Unterleib zum Solarplexus; rechte Hand über dem Unterleib, linke Hand über dem Solarplexus.
8. Vom Solarplexus zur Milz; linke Hand über dem Solarplexus, rechte Hand über der Milz.
9. Vom Solarplexus zum Herz-Chakra; rechte Hand über dem Solarplexus, linke Hand über dem Herz-Chakra.
10. Vom Herz-Chakra zur Brustmitte; linke Hand über Brustmitte, rechte Hand über dem Herz-Chakra.
11. Von der rechten Hand zum rechten Ellbogen; rechte Hand über rechtem Handgelenk, linke Hand über rechtem Ellbogen.
12. Vom rechten Ellbogen zur rechten Schulter; rechte Hand über rechtem Ellbogen, linke Hand über rechter Schulter.
13. Von der linken Hand zum linken Ellbogen; rechte Hand über linkem Handgelenk, linke Hand über linkem Ellbogen.
14. Vom linken Ellbogen zur linken Schulter; rechte Hand über linkem Ellbogen, linke Hand über linker Schulter.
15. Von der rechten Schulter zur linken Schulter; rechte Hand über linker Schulter, linke Hand über rechter Schulter.
16. Von der Brustmitte zur Kehle; linke Hand über der Kehle, rechte Hand über der Brustmitte.
17. Von der Kehle zur Stirn; rechte Hand über der Kehle, linke Hand über der Stirn.
18. Von der Stirn zum Scheitel; rechte Hand über der Stirn, linke Hand über dem Scheitel.
19. Vom Scheitel zum transpersonalen Punkt; rechte Hand über dem Scheitel, linke Hand mit der offenen Handfläche zum Transpersonalen Punkt.

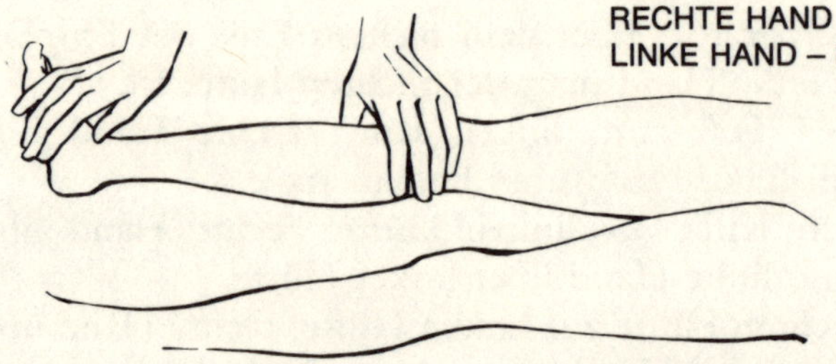

Abb. 10.1
RECHTE HAND – RECHTER FUSS
LINKE HAND – RECHTES KNIE

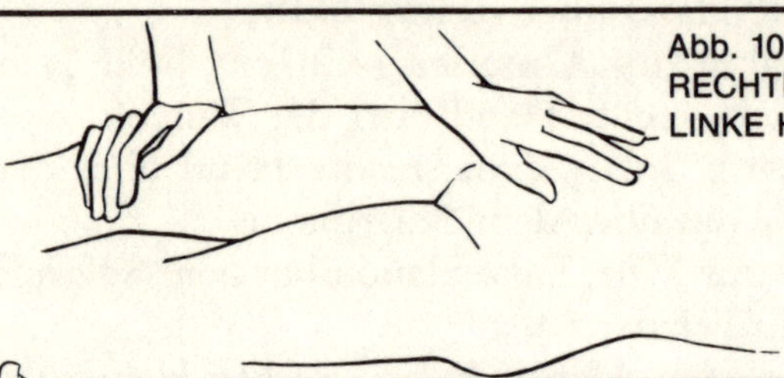

Abb. 10.2
RECHTE HAND – RECHTES KNIE
LINKE HAND – RECHTE HÜFTE

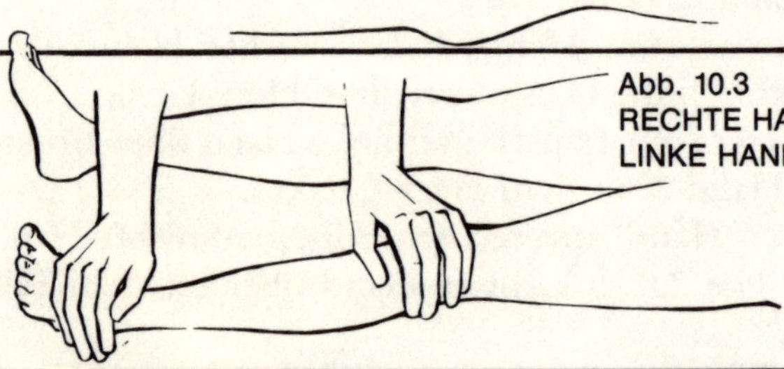

Abb. 10.3
RECHTE HAND – LINKER FUSS
LINKE HAND – LINKES KNIE

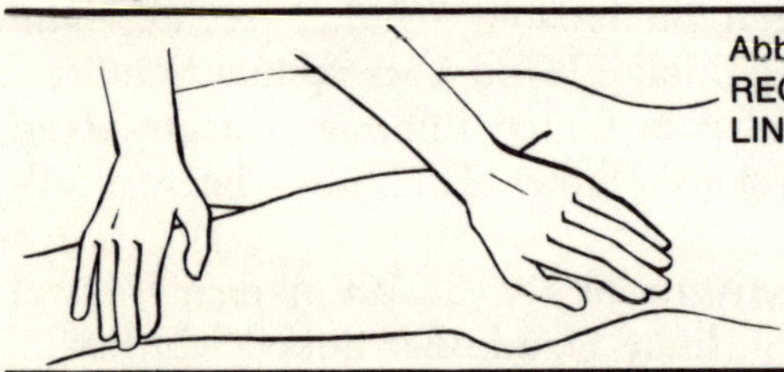

Abb. 10.4
RECHTE HAND – LINKES KNIE
LINKE HAND – LINKE HÜFTE

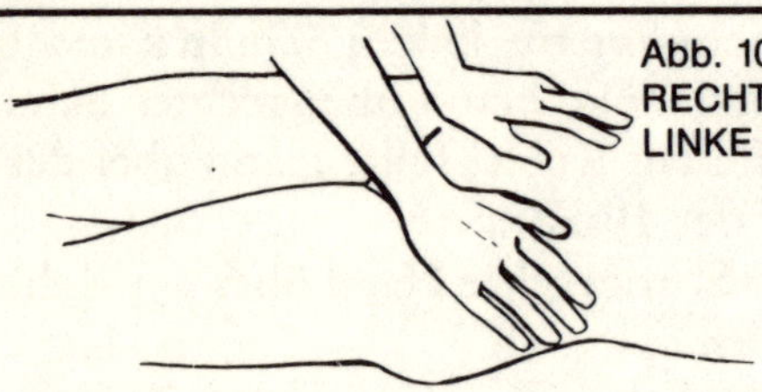

Abb. 10.5
RECHTE HAND – LINKE HÜFTE
LINKE HAND – RECHTE HÜFTE

Die Chakra-Verbindungen

Abb. 10.6
LINKE HAND – UNTERLEIB
RECHTE HAND – WURZEL

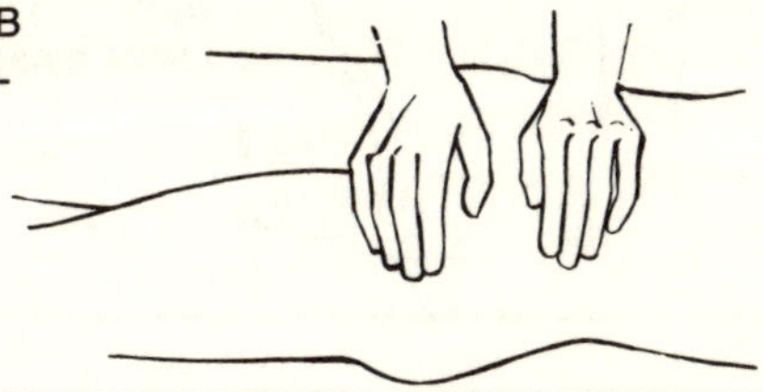

Abb. 10.7.
RECHTE HAND – UNTERLEIB
LINKE HAND – SOLARPLEXUS

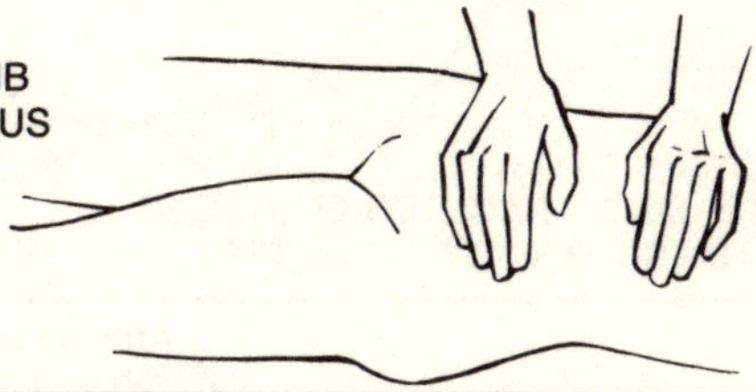

Abb. 10.8.
LINKE HAND – SOLARPLEXUS
RECHTE HAND – MILZ

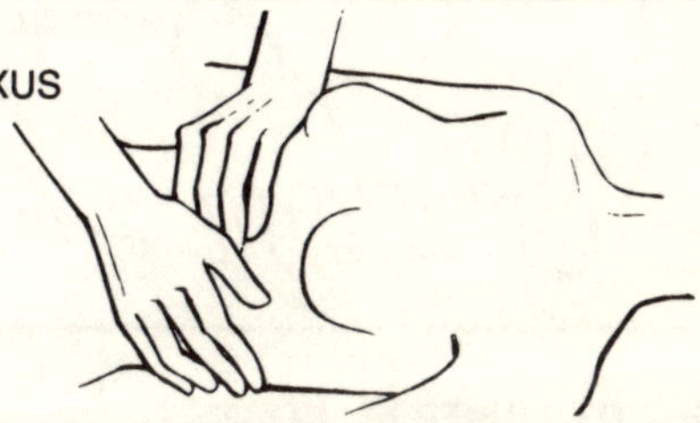

Abb. 10.9
RECHTE HAND – SOLARPLEXUS
LINKE HAND – HERZ

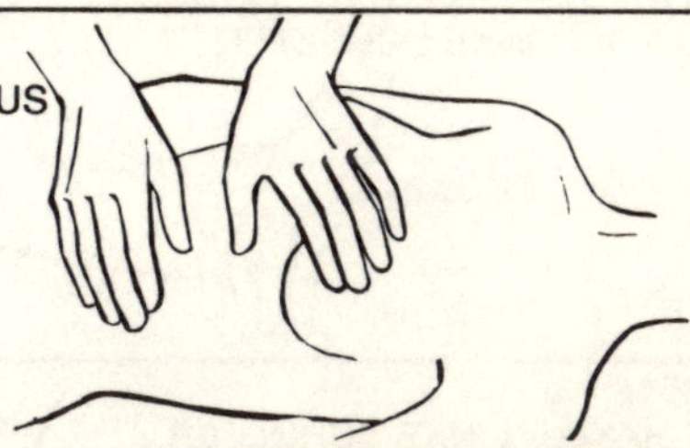

Abb. 10.10
LINKE HAND – BRUSTMITTE
RECHTE HAND – HERZ

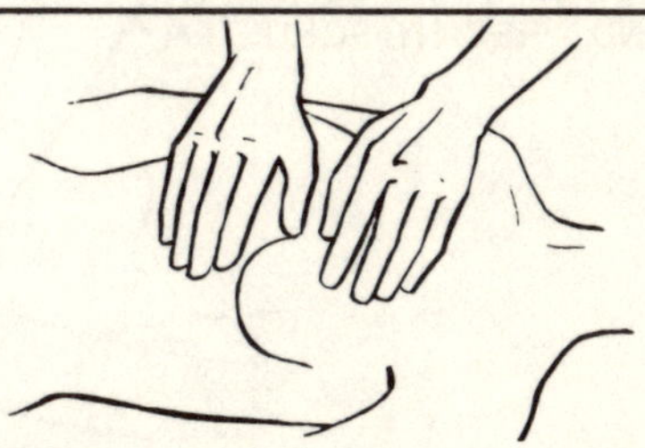

Die Chakra-Verbindungen

Abb. 10.11
RECHTE HAND – RECHTES HANDGELENK
LINKE HAND – RECHTER ELLBOGEN

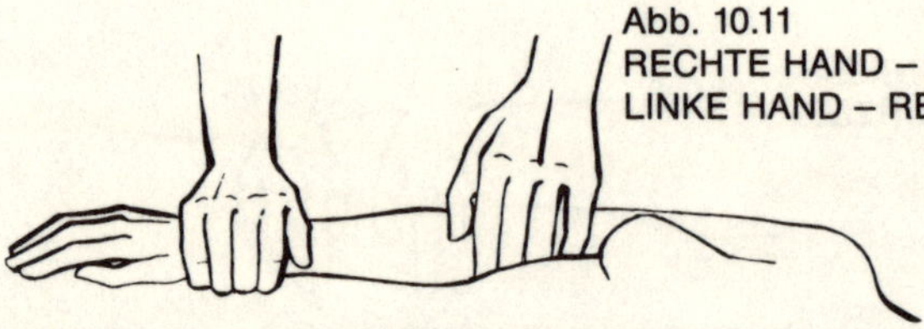

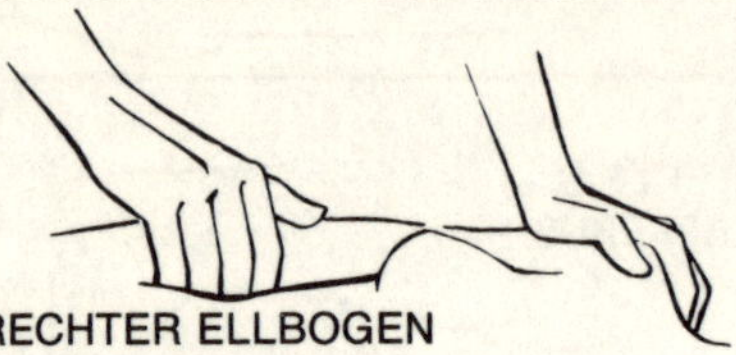

Abb. 10.12
RECHTE HAND – RECHTER ELLBOGEN
LINKE HAND – RECHTE SCHULTER

Abb. 10.13
RECHTE HAND – LINKES HANDGELENK
LINKE HAND – LINKER ELLBOGEN

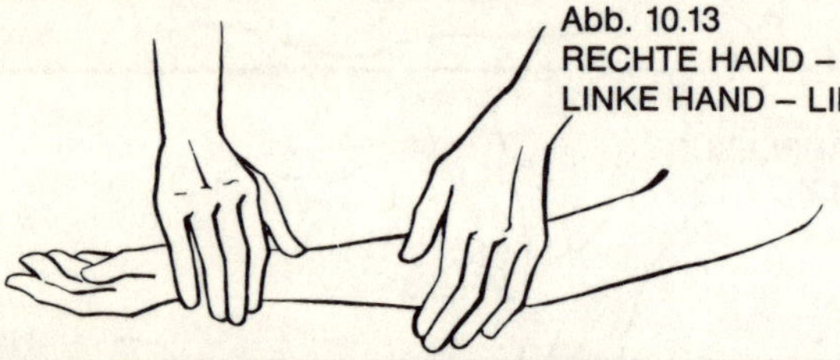

Abb. 10.14
RECHTE HAND – LINKER ELLBOGEN
LINKE HAND – LINKE SCHULTER

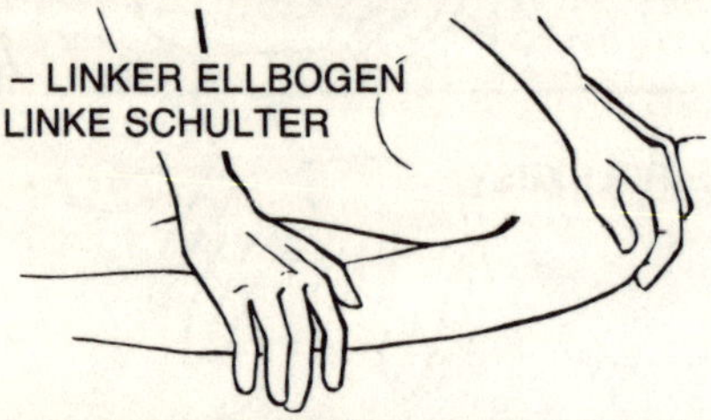

Abb. 10.15
RECHTE HAND – LINKE SCHULTER
LINKE HAND – RECHTE SCHULTER

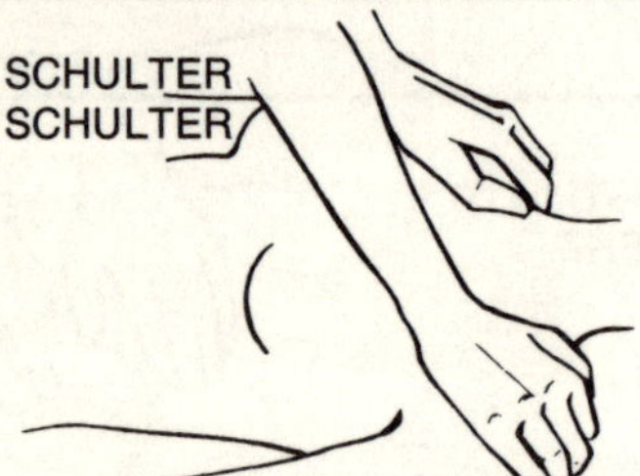

Die Chakra-Verbindungen

Abb. 10.16
LINKE HAND – KEHLE
RECHTE HAND – BRUSTMITTE

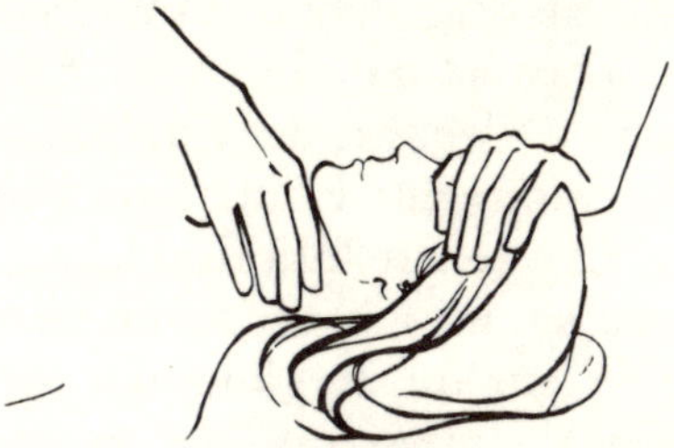

Abb. 10.17
RECHTE HAND – KEHLE
LINKE HAND – STIRN

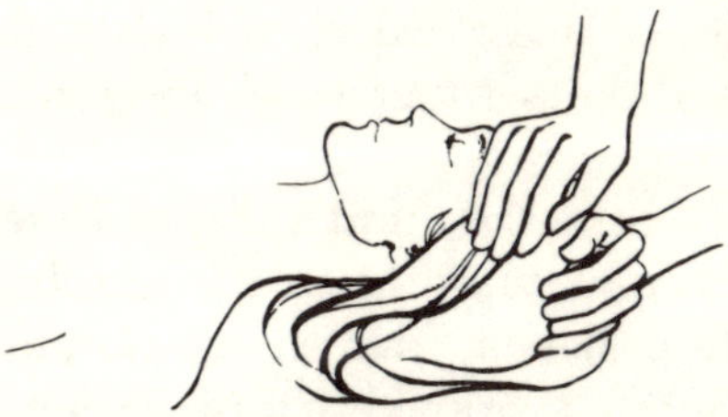

Abb. 10.18
RECHTE HAND – STIRN
LINKE HAND – SCHEITEL

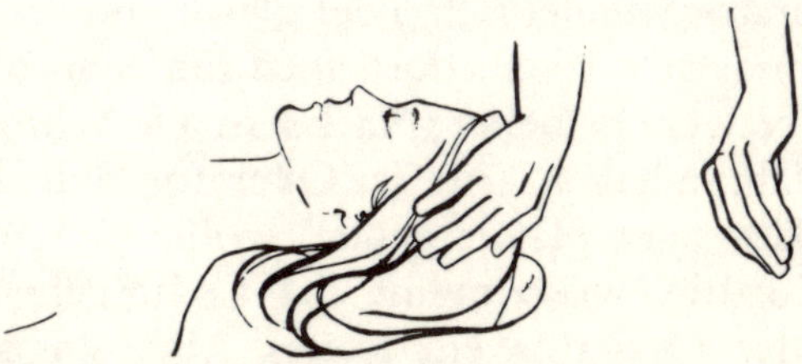

Abb. 10.19
RECHTE HAND – SCHEITEL
LINKE HAND – TRANSPERSONALER PUNKT

Die Chakra-Verbindungen

Beim Herstellen der Verbindung zwischen Wurzel und Scheitel sollte der Operator die Energie ungehindert zwischen seiner rechten und seiner linken Hand fließen fühlen. Am Schluß des Herstellens der Chakra-Verbindungen sind die meisten Energiefelder des Empfängers ausbalanciert, und der anfänglich vorhandene Schmerz ist größtenteils beseitigt oder in seiner Intensität abgeschwächt.

Beim nächsten Teil der Übung konzentriert sich der Operator auf Anomalien, seien es solche, die der Empfänger anfangs gemeldet hat, oder solche, die bislang nicht erwähnt, jedoch beim Abtasten entdeckt wurden. Dies ist eine intuitive Arbeit, denn nach der Linderung der Beschwerden, die der Empfänger anfangs geschildert hat, läßt der Operator seine Hände nun beim letzten Ausbalancieren der Chakras von seiner Intuition leiten.

Um Schmerz oder Unbehagen im Körper zu lindern, legt der Operator beide Hände direkt auf die Region, wo die Störung sitzt, und läßt seinen vollen Energiestrom tief in den Körper eindringen. Falls es Rückenschmerzen sind, über die der Partner auf dem Tisch klagte, wird er aufgefordert, sich umzudrehen, so daß die Hände direkt auf die schmerzende Region aufgelegt werden können.

Bei der Linderung von Schmerzen und anderen Beschwerden wird der Energiefluß auf maximale Intensität geschaltet. Der Operator sollte das Gefühl haben, daß seine Hände intensiv lodern – wie strahlende Sonnen. Sobald Schmerz oder Unbehagen völlig beseitigt sind, gibt der Empfänger dem Operator ein Zeichen. Der Operator wendet sich nicht gleich von der betroffenen Region ab, sondern verweilt dort noch fünfzehn bis dreißig Sekunden, bevor er weiterarbeitet. Nachdem alle Schmerzregionen Linderung erfahren haben, tritt der Operator in die Phase der Intuition ein: Er läßt seine Hände gehen, wohin *sie* wollen, und nicht unbedingt dorthin, wo *er* meint, daß sie hingehen sollten.

Dann nimmt der Operator ein letztes Abtasten über dem Körper des Empfängers vor – vom Scheitel bis zu den Füßen, wobei er seine Hände langsam weiterbewegt und dort, wo es notwendig ist, Energie hinzufügt. Nach Abschluß dieses Abtastens sollte bei allen Chakra-Feldern etwa die gleiche Intensität zu spüren sein.

Die Schlußphase der Arbeit mit der Chakra-Spirale beginnt beim transpersonalen Punkt des auf dem Tisch liegenden Partners und erfolgt in der gleichen Reihenfolge wie beim Abschluß der Spiralmeditation. Bei dieser Phase stellt die Hand des Operators nur eine kurze Verbindung mit jedem der Chakras her, während der Operator eine tiefe Dankbarkeit für sein Privileg empfindet, einem anderen Menschen Energie schenken zu dürfen.

Wenn das Schließen der Spirale beim Herz-Chakra angelangt ist, legt der Operator beide Hände auf diese Region, wobei er die Kleidung des Empfängers leicht berührt und sich – von Herz-Chakra zu Herz-Chakra – mit dem Empfänger zu verschmelzen sucht. Der Operator hält diese Verbindung mehrere Minuten aufrecht und zieht dann allmählich ganz bewußt den Energiefluß seiner Hände von dem Raum zwischen Operator und Empfänger zurück. Diesen Augenblick nennen wir die «Phase der Befreiung». Falls der Operator nicht eine totale Befreiung vom Empfänger empfindet, wird ein unterschwelliger Energietransfer für eine unbestimmte Zeitspanne andauern.

Während der ganzen Übung muß der Operator das Gefühl haben, daß er das Beste gibt, was er zu bieten hat, so daß am Ende der Übung kein Gefühl der Unvollkommenheit bleibt. Wenn man das Beste schenkt, was man im Augenblick bieten kann, so gibt es kein bedauerndes «Ich hätte es besser machen können».

Es gibt kein größeres Geschenk, das man anbieten könnte, als die Energie der Bedingungslosen Liebe.

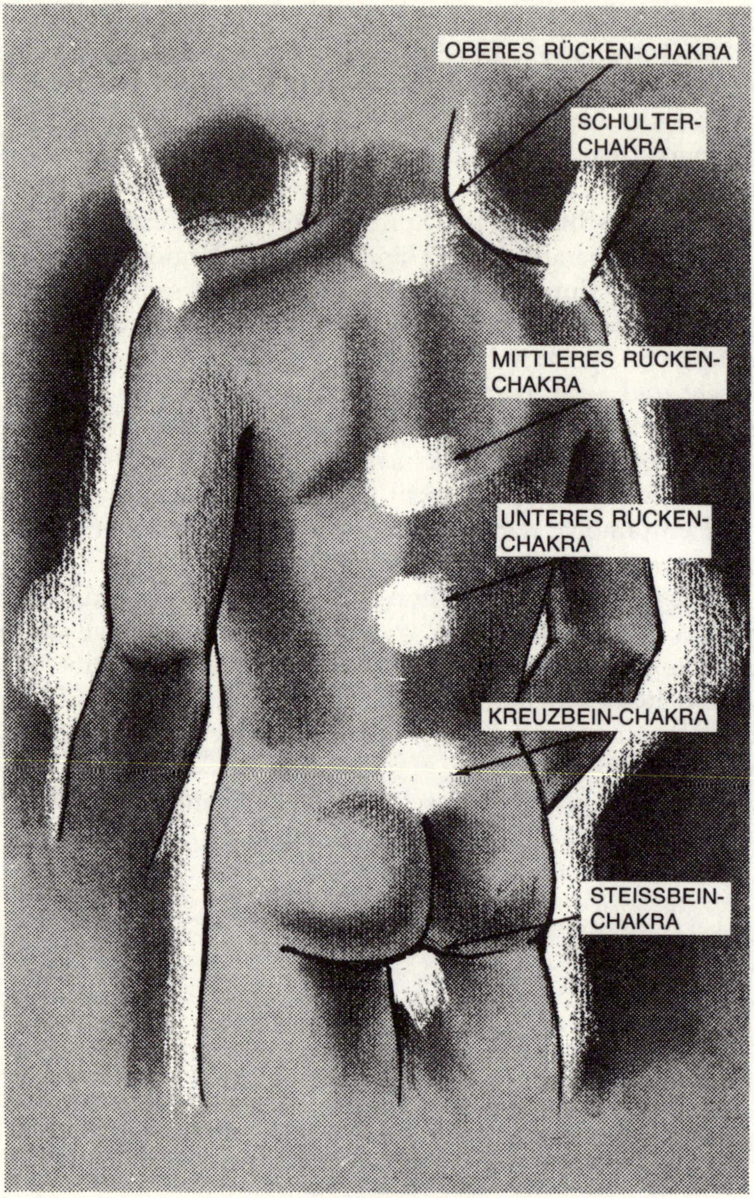


Abbildung 10.20
Die wichtigsten hinteren Chakra-Felder
(Vergleiche S. 293)

Elftes Kapitel

# Die Transformation

*Erleuchtungen mögen noch so intensiv sein – man muß vorher wie nachher Holz hacken und Wasser holen.*

Die dreizehn Jahre, die ich in das Studium und die Praxis der orthodoxen Medizin investiert habe, sind heute nur noch ein verblassender Traum in Schwarz/Weiß, aber das Wissen, das ich dabei erworben habe, ist wie jener Edelstein mit dem Namen Chrysolith – es ist klar, leuchtend, wertvoll und dauerhaft. Da sind Einsprengsel in Gelb, der symbolischen Farbe des Intellekts, und in Grün, der Symbolfarbe der Heilkunst seit alten Zeiten, ausgedrückt auch in dem grünen Mantel und Barett, die einem bei der Promotion an der Medical School verliehen werden. Diese dreizehn Jahre führten mich an die vorderste Front der wissenschaftlichen und nicht ganz wissenschaftlichen Erforschung von Harmonie und Disharmonie des physischen Körpers und weiter zur Untersuchung der modernen Theorien über den menschlichen Geist und seine Verirrungen. Aber nichts von alledem konnte mich das lehren, wonach ich mich zu erfahren sehnte – die umfassende Bewußtheit von Körper, Seele und Geist.

Eine tiefere Suche führte mich ins Reich der Metaphysik, wo Zweifel, die alle Klarheit verdrängten, meinen Intellekt erschütterten, bis er kapitulieren mußte vor seiner eigenen Einsicht in das Prinzip der relativen Wirklichkeit. Die Metaphysik lehrt, daß die ganze materielle Ebene wandelbar ist, daß nichts feststeht, solange der menschliche Geist es sich nicht als feststehend vorstellt. Morgendämmerung und Abendzwielicht, die Zeiten der Wandlung, sind großartige metaphysische Lehrer – genau wie es Long Chen Pa, der buddhistische Lehrer aus Tibet, sagte:

Da alles nur eine Erscheinung ist,
Vollkommen als das, was es ist,
Und nichts zu tun hat mit Gut oder Böse,
Mit Annahme oder Ablehnung,
Kann man wohl in Gelächter ausbrechen.

Und das tut man oft. *Humor ist der Königsweg in die – und durch die – Transformation.*

Eine große Toleranz für Vieldeutigkeit eröffnet Alternativen, wo es vorher keine zu geben schien. Sobald man die Mehrdeutigkeit akzeptiert, tauchen, wie durch Magie, neue Möglichkeiten der Erfahrung und der Verwirklichung auf.

Doch meine tiefste Suche führte mich zu den Pforten des Geistigen, sichtbar geworden durch einen Strahlenglanz der Liebe, der durch Eunice hervorströmte und die Spiegelkabinette der Wissenschaft wie der Metaphysik transzendierte. Es war zum Schluß eine Ahnung jener wesenhaften Seinsheit, aus der alles andere hervorgeht.

Der Sprung von der Klippe in den Abgrund war nicht schwierig. Es war eine natürlich fortschreitende Entwicklung. Wenn auch meine geistige Strenge eine gewisse Klarheit bot, war sie doch bedrückend, und meine Seinsheit suchte Befreiung daraus. Alles, was ich tun mußte, war sterben – für die alten Traditionen sterben, für die alten Vorbilder, die alten Methoden, die alten Glaubenssysteme, die alten Lehrer, die alten Freunde, die alten Wohnungen und für mein altes Ich. Das einstige Paradigma funktionierte gut, solange es nicht mit einem tieferen, intuitiven Wissen konfrontiert war. Für Systeme, die doch auf «Fakten» beruhen, ist es verblüffend, wie viele Fakten die Wissenschaft und die metaphysischen Denkmodelle ignorieren. Beide Systeme sind in relativem Sinne wahr, aber keines ist umfassend – wenigstens nicht umfassend genug für mich.

Es war eine Herausforderung, aber auch eine frustrierende Erfahrung, in den verschiedenen, selbstgeschaffenen Abteilungen meines Verstandes umherzulaufen und immer Buch zu führen, welche Gedanken wohin gehörten, welche Handlungsweisen unter gewissen Umständen am Platze waren und welche nicht, wann das Irrationale erwähnt werden durfte und wann nicht, ob ich mich als informierten Menschen betrachten und dennoch intuitiv erkennen durfte – und so weiter und so weiter und so *weiter*! Dann aber kommt eine Zeit, in der ich gleichzeitig auf vielen verschiedenen Ebenen, in vielen verschiedenen Welten lebe, in der meine Gedanken und meine Taten mir heuchlerisch vorkommen.

Aber in der innersten Sphäre der eigenen Seinsheit ist all das gelöst – nicht auf konventionelle Weise, nicht durch irgendeine «Lösung» für irgendein «Problem», sondern durch die einfache Tatsache, daß der innerste Kern unserer Seinsheit weit genug ist, um alles einzuschließen, um Konflikte bedeutungslos zu machen. Hier, wo es keine Zeit, keine Ursache und keine Wirkung gibt, können Konflikte nur scheinbare sein. Echte Konflikte kann es nicht geben.

In dieser innersten Sphäre weiß unsere Seinsheit von Tausenden anderen Dimensionen, von unzähligen Lebenszeiten – und zwar von Lebenszeiten, wo die persönlichen und gesellschaftlichen Normen in Widerspruch standen (oder stehen oder stehen werden) zu jenen, die heute zu gelten scheinen. Sobald man anfängt, einen Überblick zu gewinnen über diese verschiedenen Erfahrungen – eine jede davon stets in die gegenwärtige Lebensform gespiegelt –, muß man zu dem Schluß gelangen, daß die modischen Verhaltensweisen und Strukturen der heutigen Zeit nur zeitweilige Erscheinungen sind, ohne dauerhafte Geltung, und man muß gleichzeitig begreifen, daß andere Werte aus anderen Zeiten eine weitaus bedeutsamere Rolle in der heutigen Lebenserfahrung des Menschen spielen können.

Wenn alles menschliche Tun in Vergangenheit, Gegenwart und

Zukunft – wie ich glaube – gleichzeitig stattfindet, so muß ich mich fragen: Warum soll mein Bewußtsein sich auf diese eine Dimension und auf dieses eine Leben beschränken? Bilden sie denn die Grenzen dessen, was meine Seele sich vorstellen kann? Entwickle ich mich, entfalte ich alle Aspekte meiner Seinsheit? Worum es beim Transformationsprozeß geht, ist offenkundig: Es geht darum, ein interdimensionales Bewußtsein wiederzuerlangen, während man gleichzeitig ins Gewebe der linearen Zeit eingeflochten ist. Für mich sind heute die Göttlichen Aspekte der Liebe die einzige Lösung. Für die äußere Vernunft ist die Liebe vielleicht nur ein Lamettafaden, aber für das höhere Bewußtsein ist sie ein goldener Faden.

Alte, traditionelle Muster haben sich in das Gedächtnis der Zellen eingeprägt. Mein Leben funkelt gegenwärtig nur so vor kreativen Einsichten und kreativen, erwachenden Menschen, die mich umgeben. Ja, ich bin umgeben von Bewußtheiten, die in unterschiedlichen Graden Zugang zu multidimensionalen Seinswirklichkeiten haben, die nicht, wie die meisten, in Raum und Zeit gefangen sind, die manche Aspekte der Zukunft und der Vergangenheit so leicht zu erkennen vermögen wie die Gegenwart, die sich mit der geistigen Essenz identifizieren und nicht mit ihren Gedankenformen. In der Veränderbarkeit ist das Wunderbare enthalten, und Wunderbares erlebe ich nicht nur beim Heilen meiner chronisch rückfälligen Pankreatitis, sondern auch bei Erfahrungen mit dem interdimensionalen Bewußtsein, die meinen Weg bis zu diesem Augenblick geführt und erleuchtet haben. Meine Erfahrung ist ausgedrückt in den Worten des Hl. Augustinus: «Die Wunder stehen nicht im Widerspruch zur Natur, sondern im Widerspruch zu unserem Wissen von der Natur.»

Ich bin nicht vollendet, sondern erst ein Anfänger. Die vier Jahre, seit ich die ärztliche Praxis aufgab, erscheinen mir wie eine Folge von Träumen in überlebhaften Farben, die mir verkündigen, was sein wird. Es gibt Zeiten, da der Skeptiker in meiner äußeren Vernunft sich über die Nebelhaftigkeit dieses Beginnens entrüstet, da er meine Seinsheit anspornt, den Wert dieser gegenwärtigen Suche noch einmal kritisch zu prüfen, und dabei manchmal sogar für eine Rückkehr zu Sicherheit, Stabilität und Konventionalität plädiert. Aber die tiefere Intuition setzt sich durch, und sie verdeutlicht meinem Bewußtsein jene Erfahrungen, die weder geleugnet noch als ungültig hinwegrationalisiert werden können. Einen Vorgeschmack des Sublimen zu kosten, das war die erste Todesahnung für das persönliche Ich. Man findet seine frühere Existenz zu bedrückend, wie ein abgetragenes Gewand. Vielleicht weiß ich nicht, was vor mir liegt, aber ich weiß mit Sicherheit, was hinter mir liegt. Ich habe nicht die Absicht, mich zu re-formieren! Die zweite Todesahnung kündigte sich mit dem Aufwallen der Kundalini-Energie an – der tödlichen Schlange, die das Ego-Bewußtsein bedroht –, als sie ihre vorbereitenden Stromstöße auszuteilen begann.

Ich habe das Gefühl, daß die Erforschung des Bewußtseins, soweit sie dem Menschen bisher gelungen ist, etwa so weit fortgeschritten ist wie unsere Erforschung des Mondes: In beiden Fällen bleibt uns noch, das ganze Universum zu begreifen. Angesichts so weitreichender Forschungen erinnere ich mich an die Worte eines lutherischen Geistlichen. Sie wurden ihm eingegeben während einer Gruppenmeditation in meinem Hause, 1974 in Los Angeles. Es sind nur drei: «Vereinfachen. Vereinigen. Reinigen.» Wie mächtig sind diese Worte in meinem Leben doch geworden. Natürlich! Der alles-umfassende Weg ist ein Weg der Vereinfachung, der Vereinigung und der daraus folgenden Reinigung. Ich begrüße das Einfache in mir.

Christopher Fry schrieb in seiner Dichtung *A Sleep of Prisoners* ein paar Zeilen, die wunderbar hierher passen:

> So viele tausend Jahre dauert das Erwachen,
> Doch werdet Ihr, erbarm dich Gott, erwachen?

Fry meint natürlich das gleichzeitige Erwachen des individuellen und des kollektiven menschlichen Bewußtseins. Das «Ihr», wie hier verwendet, ist ein magisches Wort, denn es bezeichnet die höchste Form der Einzahl und/oder zugleich die höchste Form der Mehrzahl, je nach der Betrachtungsweise des Lesers. Die Beziehung des einen zu den vielen, des Teils zum Ganzen, ist heute ein Thema der Wissenschaft wie auch der Metaphysik, so daß wir nicht nur den Einfluß des kollektiven Bewußtseinszustandes auf den einzelnen tiefer begreifen können, sondern auch die Auswirkung der Transformation eines einzelnen auf den Bewußtseinszustand des Kollektivs.

Wir beginnen eben erst, die Folgen dieser Wechselwirkungen zu erleben. Wenn die Zahl der «bewußt werdenden» einzelnen zunimmt, wird eine kritische Intensität der Bewußtheit erreicht, und das Bewußtsein des Ganzen verändert sich merklich: Das Hundert-Affen-Phänomen ist am Werk. Die neue kollektive Erfahrung wiederum pflanzt den Keim zu neuem individuellen Erwachen, bis plötzlich ein Sprung im Bewußtsein des einzelnen wie der Gruppe geschieht. Das Wunder ist, daß dieser Sprung überhaupt geschehen kann!

Für mich kündigt sich in den Untergangsprophezeiungen, von denen es in der modernen Literatur wimmelt, eine Revolution von erstaunlichsten Ausmaßen an, aber es ist keine Revolution auf der physischen Ebene, sondern es ist eine Revolution des Bewußtseins, eine Revolution auf geistiger Ebene. Ich spüre ein psychisches Erdbeben herannahen, in einer Größenordnung, wie es sich seit Jahrtausenden nicht, vielleicht noch niemals, im menschlichen Bewußtsein abgespielt hat.

Wenn man an die alten Strukturen der Psyche fixiert ist, mögen einem die gegenwärtigen Veränderungen in den Denkmustern breiter Menschenmassen als destruktiv, rückschrittlich und unlogisch erscheinen. Doch wenn man sich einem Bewußtseinszustand nähert, der wandelbar ist und die Zukunft zu erschauen vermag, so erscheinen einem dieselben psychischen Beben als konstruktiv, fortschrittlich und logisch. Weil ich das Potential meiner eigenen, individuellen Transformation kenne, gilt meine Begeisterung der nun unmittelbar bevorstehenden kollektiven Erleuchtung.

Bitte, erwachen Sie zu dem Potential Ihrer eigenen Seinsheit!

Sky Hi Ranch
Lucerne Valley, California

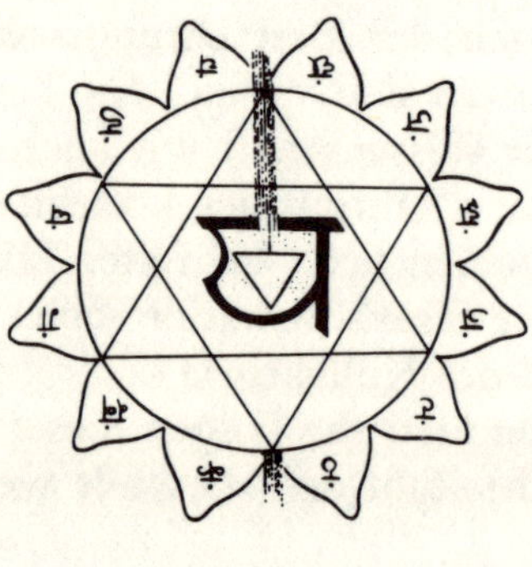

# Namen- und Sachregister